David J. Bosch

GANZHEITLICHE MISSION

David J. Bosch

Ganzheitliche Mission

Theologische Perspektiven

francke

Über den Autor:
David Bosch (1929–1992), Professor für Missiologie an der *Universität von Südafrika* (UNISA), hat als Brückenbauer zwischen dem *Ökumenischen Rat der Kirchen* und der weltweiten *Evangelischen Allianz* gewirkt und bestimmt die missiologische Diskussion bis heute.

Bibliografische Information Der Deutschen Bibliothek
Die Deutsche Bibliothek verzeichnet diese Publikation in der Deutschen Nationalbibliografie; detaillierte bibliografische Daten sind im Internet über http://dnb.ddb.de abrufbar.

ISBN 978-3-86827-244-4

Originaltitel: Witness to the World

35037 Marburg an der Lahn
Deutsch von Reiner Behrens
Covergestaltung: www.provinzglueck.com
Satz: Verlag der Francke-Buchhandlung GmbH
Druck: Bercker Graphischer Betrieb, Kevelaer

www.francke-buch.de

Inhaltsverzeichnis

Vorwort für die deutsche Ausgabe

Der südafrikanische Missiologe und Autor mehrerer Bücher zum Thema Mission kann als die große Wiederentdeckung in der deutschen Missionswissenschaft der Gegenwart gelten. Es fällt auf, wie oft sein Name in den neuesten Entwürfen zur Mission fällt. Das gilt fast für alle Seiten des berühmten christlichen Zaunes, der die Christen in unserem Land voneinander trennt. In gleich mehreren Verlagen werden Übersetzungen seiner Bücher für den deutschen Markt vorbereitet. Die mit diesem Buch vorliegende Übersetzung eines der bekanntesten Werke Boschs zur Missionstheologie, das in den USA unter dem Titel „Witness to the World" bereits in den Siebzigerjahren erschien, erschließt die Grundlagen des Denkens dieses großen Missiologen auch für den deutschen Leser.

David Boschs Buch „Witness to the World" las ich zum ersten Mal 1980 als Pflichtlektüre im Fach „Missionstheologie" während meines Theologiestudiums in den USA. Unser aus Brasilien stammender Professor schwärmte vom Buch und seinem Autor. „Endlich ein Text, der nicht nur Gelehrsamkeit, sondern auch Leidenschaft wiedergibt", sagte er. Ich hatte bereits jahrelang in Deutschland Theologie studiert, aber der Name Bosch war mir bis dahin nicht über den Weg gekommen. Übrigens, wie auch viele andere Namen weltweit bekannter Theologen und Missiologen nicht. Irgendwie kam ich mir vor, als wäre ich von einer einsamen Insel in die große Welt aufgebrochen. Und jetzt war es Bosch. Es dauerte nicht lange, bis die Lektüre dieser überschaubar gehaltenen Einführung in die Theologie der Mission auch mich in ihren Bann zog. Hier entwickelte ein in Europa ausgebildeter Mann, der in meinen Kategorien dachte und forschte, eine Theologie der Mission auf dem Hintergrund seiner südafrikanischen von der Apartheid gezeichneten Heimat, einer Welt, die ich nur aus den Zeitungen kannte und die mich durch ihren menschenverachtenden Geist abstieß. Man merkte es fast jedem Satz an, dass er nicht hinter dem grünen Tisch eines Universitätsprofessors entstanden war und dass der, der ihn schrieb, ihn unter höchster persönlicher Anstrengung formuliert zu haben schien, so als würde er an den eigenen Worten leiden. Erst viel später, als Student von Bosch, verstand ich die Leidenschaft hinter diesen Sätzen.

David J. Bosch war in vielerlei Hinsicht ein Bure, ein weißer Afrikaner, dessen Herz eng mit Afrika, der Kopf aber mit Europa, der Heimat seiner Vorfahren, verbunden ist. Alles, was die Buren in Afrika geworden waren, verdankten sie dieser merkwürdigen Symbiose von Herz und Kopf. Und deshalb schickten die besser betuchten Afrikaner ihre Söhne auch gerne zum weiteren Studium nach Europa, vor allem um Theologie zu studieren. In der kirchlichen Heimat von Bosch, der Holländisch-Reformierten Kirche, fand Afrika in Liturgie und Praxis weder Ausdruck noch Form. Man lebte in Afrika und liebte Afrika. Und doch durfte nichts Afrikanisches den Eurozentrismus des Glaubens stören. Auf diesem Hintergrund entstand die Idee und das System der Apartheid, das vor allem die Weißen und ihren Besitz schützte und die Schwarzen in einen sklavischen Zustand des Zuarbeiters versetzte. Und so wurde aus dem Eurozentrismus ein System des Rassismus.

Und an diesem System litt der Mann, der seine theologischen Grade bei Karl Barth und Oskar Cullmann in Basel erworben hatte. Hier in Europa wuchs in Bosch sein Unbehagen gegen eine kirchliche Welt, die zwar enorme missionarische Energien entwickelte und ihre Missionare in die weite Welt aussandte, aber im Prinzip nur wenig am Status quo in der von den Weißen dominierten Welt zu ändern bereit war. Bosch selbst wurde nach seinem Studium Missionar seiner Kirche und konnte nun täglich beobachten, wie menschenverachtend die Kirche der Weißen mit den Schwarzen umging. Begründet war eine solche Haltung in einem Verständnis von Mission und Sendung, das Evangelisation und Mission von der Gesellschaftsgestaltung und Transformation trennte.

Dieses Verständnis zu ändern und Mission als ganzheitliche Aktion des alle Menschen liebenden Gottes in der Lebenswelt der Menschen zu begreifen, hierfür trat der junge Professor an der University of South Afrika an, als er sein bald weltweit gelesenes und in viele Sprachen übersetztes Buch *„Witness to the World“* schrieb. Und bezeichnenderweise erschien es in den USA, denn in seinem eigenen Land hätte das Buch sicher wenig Chancen gehabt, veröffentlicht zu werden. Und bei uns in Europa? Immerhin schrieb Bosch seine Dissertation in Deutsch. Die Rezeption dieses Buches in der deutschen Missiologie in den letzten Jahren zeigt, dass man seine Veröffentlichung kaum bemerkt hat. Und während es anderswo in der Welt gefeiert wurde, schwieg sich die deutsche missiologische Elite über Bosch aus. Warum? Waren seine Aussagen für die einen zu radikal, während die anderen sie für naiv hielten? Wurden die Aussagen Boschs missverstanden? Vieles spricht dafür.

Endlich erscheint es nun doch nach mehreren Jahrzehnten auch in Deutsch. Sicher werden uns, dem modernen Leser des Buches, die Bezüge zu manchen Fragestellungen von heute fehlen. Die neueren Ansätze in der Missionstheologie finden hier noch keine Erwähnung. Missiologie in den 70er- und 80er-Jahren des letzten Jahrhunderts orientiert sich an der Theologie. Doch dem aufmerksamen Leser wird schnell auffallen, dass im Entwurf Boschs schon damals eine intellektuelle Offenheit wiederzufinden ist, die auf dem Hintergrund der Zeit geradezu erfrischend wirkt. Während die theologische Welt sich gerade im Stellungskrieg übte und die Ökumene der Methode der historisch-kritischen Theologie tiefe Verbeugung zollte, die Evangelikalen im Gegensatz dazu jedem historisch-theologischen Arbeiten die Faust zeigten, weigerte sich Bosch, in einen dieser Gräben einzusteigen. Während in der Ökumene Moratorien für die christliche Mission und Evangelisation und ihren angeblich allgegenwärtigen Geist des Kolonialismus formuliert wurden und in den evangelikalen Kreisen die absolute Priorität der Verkündigung des Wortes als Rückkehr zur biblischen Wahrheit gefeiert wurde, erhob Bosch seine Lanze für die Ganzheitlichkeit der Mission. Für ihn gehören die so kontrovers diskutierten Themen zusammen. Gottes Mission in der Welt kommt weder ohne den Einsatz für soziale Gerechtigkeit und Frieden, gesellschaftliche Transformation und Menschenwürde, noch Verkündigung und Evangelisation aus. Sicher, diese Vorstellungen scheinen zuweilen einander zu behindern, ja gar zu widersprechen. Dennoch hielt Bosch daran fest, dass die Aufgabe der einen unwillkürlich den Verlust des ganzen Evangeliums nach sich ziehen würde. Statt gegen die Unterschiede zu polemisieren, suchte er den Konsens. Zu bitter ist ihm die eigene triste Wirklichkeit in Südafrika, das unter der Last der Apartheid zum Land hinter Stacheldraht geworden ist. Ein Land, wo die Kirche Menschen zum Glauben führte, nur um sie schon im nächsten Moment ihres Landes zu berauben und in die Tristesse eines Homelands zu entlassen. Bosch kann und will Einseitigkeiten nicht akzeptieren. Er selbst benutzt für seine Haltung den vom britischen Missionstheologen Newbeginn stammenden Begriff der „kreativen Spannung“. Nein, für nichts in der Welt war er bereit, einem wissenschaftlichen Dogmatismus das Wort zu reden, und genauso wenig war er bereit, einen naiven Biblizismus zu akzeptieren. Er suchte beides. Er suchte eine biblische Mitte. Und sein Buch reflektiert diese Suche anschaulich und zugleich inspirierend.

Man würde meinen, heute hätten wir Christen unsere Gräben verlassen. In Südafrika ist längst die Apartheid besiegt. Europa ist dabei zusammenzuwachsen. Den Ost-West-Konflikt gibt es nicht mehr. Und Europa ist schon lange nicht mehr die dominante Stimme in Sachen Glauben, Theologie und Mission. Längst sind afrikanische Missionare in Europa effektiver als die europäischen in Afrika. Wie gesagt, man würde das meinen. Die Lektüre des Buches von Bosch zeigt mir jedoch immer wieder neu, wie aktuell sein Buch immer noch ist. Heute formulieren die Evangelikalen ihren Beitrag zur sozialen Gerechtigkeit und in den Kreisen der Ökumeniker rückt die evangelistische Verkündigung wieder an die Stelle der Kernkompetenz der Kirche. Wir Christen suchen unsere verlorene Mitte wieder und vielleicht ist sie wieder einmal da, wo Bosch sie vermutet hat – zwischen den Positionen, in der kreativen Spannung der scheinbar so schwer zu vereinigenden „Totalwahrheiten“.

Ich freue mich jedenfalls, Boschs „Witness to the World“ in deutscher Übersetzung in den Händen zu halten. Hier kommt die Stimme des Kämpfers für Versöhnung zum Tragen. Hier findet die neue Generation, die sich nicht mehr an ihrer Treue zu den festgefahrenen Positionen der Vergangenheit messen lassen möchte und bereit ist, ihre konfessionelle Box zu verlassen, Antworten auf ihre Fragen, wie Mission als transformatives, den ganzen Menschen und seinen Lebensraum umfassendes Handeln begriffen werden kann. „Ganzheitliche Mission“ hat so das Potenzial, zu einer Neubelebung des missionarischen Anliegens in unserem Land, in Kirchen und Freikirchen, beizutragen. Nichts anderes würde sich mein verehrter Lehrer David J. Bosch wünschen.

Johannes Reimer

Vorwort

Dies ist kein Buch für professionelle Missionstheologen. Sein Hauptzweck besteht vielmehr darin, Pastoren, Missionare, Theologiestudenten und interessierte Christen mit den Problemen vertraut zu machen, die der missionarischen Kirche heute begegnen. Ich setze ein wenig theologisches Allgemeinwissen voraus, doch ich habe mich bemüht, so zu schreiben, dass auch Leser mit wenig Hintergrundwissen sowie Theologiestudenten, die noch am Anfang ihres Studiums stehen, in der Lage sind, der Argumentation relativ problemlos zu folgen.

Wir legen hier keine „Einleitung in die Missiologie" vor. Es geht hier um die *Theologie* der Mission. Eine große Vielfalt missiologischer Themen (wie die Beziehung zwischen „älteren" und „jüngeren" Kirchen, das Problem der Kommunikation des Evangeliums über kulturelle Grenzen hinweg, die Bewertung der nichtchristlichen Religionen, um nur ein paar zu nennen) werden hier nicht diskutiert. Ich habe mich vielmehr auf einige grundlegende Fragen beschränkt, welche die Mission betreffen, wie z. B.: Warum Mission? Was ist das Ziel der Mission? Wie hat die Kirche im Verlaufe von neunzehn Jahrhunderten ihre Verantwortung für die Welt aufgefasst? Wie sieht die Beziehung zwischen „Mission" und „Evangelisation" aus? Wie sollten wir die verwirrende Fülle von Antworten interpretieren, die heute der Kirche auf die Frage nach der Mission gegeben werden?

All diese Fragen sind meiner Ansicht nach zutiefst bedeutsam. Sie können vielleicht auf eine einzige reduziert werden: Was heißt es, in der heutigen Welt die Kirche Jesu Christi zu sein? Falls die folgenden Seiten die Leser stimulieren, auf verantwortliche Weise über diese Fragen nachzudenken, hat sich meine Mühe mehr als gelohnt, selbst wenn hier und da keine Übereinstimmung erzielt werden kann.

Ich habe versucht, alle theologischen Überzeugungen fair zu behandeln. Das ist zufällig auch der Ansatz, mit dem ich Missiologie an der University of South Africa zu unterrichten versuche. Unsere Studenten bringen eine verwirrende Vielfalt theologischer Hintergründe und eine große ethnische Vielfalt mit. Es ist eine Herausforderung, aber auch eine Chance, in solch einer Umgebung Missiologie zu lehren. Die Leser werden hoffentlich entdecken, dass ich trotz meiner versuchten Fairness nicht zögerlich war, einen eigenen Standpunkt zu vertreten.

Ich möchte abschließend meiner Dankbarkeit für zwei Freunde Ausdruck verleihen, für meinen Freund Canon Trevor Verryn von der University of South Africa und für Dr. Arthur Glasser vom Fuller Seminary in Pasadena, Kalifornien. Beide haben das gesamte Manuskript gelesen und unschätzbare Ratschläge gegeben – denen ich allerdings nicht immer gefolgt bin. Ebenso bin ich zu Dank gegenüber Dr. Peter Toon und Dr. Ralph Martin verpflichtet, den Herausgebern der Reihe Theological Library, und auch gegenüber dem Verlag, dass er diesen Band in seine Reihe aufgenommen hat.

Pretoria, im September 1979
David J. Bosch

Teil I:

Die gegenwärtige Missionstheologie

1. Mission in der Krise

„Damals hatte die Mission Probleme ...“

Der Internationale Missionsrat (IMR) traf sich zum letzten Mal zu einer Weltmissionskonferenz in Achimota, Ghana, vom 28. Dezember 1957 bis zum 8. Januar 1958. Die Meilensteine in der Geschichte des IMR waren Edinburgh (1910 – wo im Prinzip die Gründung des IMR beschlossen wurde), Jerusalem (1928), Tambaram nahe Madras (1938), Whitby, Ontario (1947), Willingen, Deutschland (1952) und schließlich Ghana (1958). Drei Jahre später sollte der IMR in Neu Dehli in den Ökumenischen Rat der Kirchen (ÖRK) integriert werden und seinen unabhängigen Charakter verlieren.

Das Treffen in Ghana war daher hauptsächlich als eine Gelegenheit zur Bestandsaufnahme und Vorbereitung der Integration in den ÖRK gedacht. Einer der Redner war der deutsche Missiologe Walter Freytag, der die Veränderungen in den westlichen Missionsgesellschaften diskutierte. Er war einer der ganz wenigen, die an allen Treffen des ÖRK seit Jerusalem (1928) teilgenommen hatten. Er fasste die Unterschiede zwischen 1928 und 1958 zusammen, indem er sagte: 1928 hatten die Missionsgesellschaften Probleme, 1958 waren sie selbst zu einem Problem geworden.

Fünf weitere Jahrzehnte sind vergangen, seit Freytag jene Worte aussprach. Es ist zunehmend klar geworden, dass seine Bewertung der modernen Missionslage korrekt war. Die Mission ist heute ein Problem, das größer und umstrittener ist als je zuvor.

In seiner Doktorarbeit *The Theology of Mission: 1928–1958* fasst Gerald Anderson die Lage wie folgt zusammen: In Edinburgh lautete die dominante Frage: Mission – *wie*? In Jerusalem lautete sie: Mission – *wozu*? In Tambaram lautete die Schlüsselfrage: Mission – *woher*? Auf der ersten Konferenz nach dem Krieg rangen die Delegierten in Whitby mit der Frage: Mission – *wohin*? Und in Ghana lautete die Frage schließlich: *Was* ist Mission?

Andersons Analyse ist zweifellos von erheblichen Schematisierungen und zu starken Vereinfachungen gekennzeichnet. Dennoch enthält sie ein Wahrheitsmoment, vor dem wir nicht unsere Augen verschließen sollten. Für die Konferenz in Edinburgh und größtenteils auch für die in Jerusalem waren die Fragen zur Mission von praktischer Natur. Wie sollten wir die missionarischen Unternehmungen angehen? Worauf zielen wir ab? Schritt für Schritt befassten sich die Fragen jedoch zunehmend mit grundsätzlichen Angelegenheiten, besonders seit Tambaram. Mission war nicht mehr für alle selbstverständlich. Die Fragen von Willingen und Ghana – *Mission: Warum?* und *Was ist Mission?* – wurden in Edinburgh nicht einmal gestellt. Damals wusste noch jeder, was Mission war. Es brauchte zwei Weltkriege, um der Christenheit bewusst zu machen, dass nicht nur die Mission, sondern die Kirche selbst eine Krisenzeit durchmachte, die in ihrer Geschichte ohnegleichen war.

Natürlich gab es selbst nach den beiden Weltkriegen einige die meinten, die Krise in Kirche und Mission sei nur vorübergehender Natur. Selbst heute findet diese Sicht noch zahlreiche Anhänger. Bereits im Jahre 1951 warnte jedoch Johannes Dürr: Der Glaube, wir würden bloß durch eine Phase gehen, die zwar außergewöhnlich sei, aber auch nicht mehr als das, und dass wir bald zu früheren Ansichten und Ansätzen zurückkehren würden, als ob sich nichts verändert hätte, ist eine ernsthafte Fehleinschätzung.[1]

Die Zeit eindeutiger, einfacher Antworten war unwiderruflich vorbei. Wir könnten so weitermachen, als sei nichts geschehen, und die Antworten früherer Generationen ohne Modifikationen wiederholen. Die Gefahr besteht dann jedoch nicht nur darin, irrelevant für den Kontext zu werden, in dem wir leben, sondern auch dem Herrn ungehorsam zu werden, der uns zur Mission berufen hat.

Das Ende einer Ära

Wir wollen an dieser Stelle nicht die Ursprünge der gegenwärtigen Krise von Kirche und Mission detailliert Revue passieren lassen. Das

1 J. Dürr, „Die Reinigung der Missionsmotive“, *Evangelisches Missionsmagazin* 95 (1951), 3.

gesamte Ausmaß und die Schwere der Krise wird sich hoffentlich im Verlaufe der Arbeit selbst entfalten, besonders im dritten Teil dieses Buches. Dennoch ist es nötig, einleitend und paradigmatisch einige der Elemente des Wesens und Ausmaßes der Krise aufzuzeigen.

Die Geschichte der christlichen Kirche (und mit ihr die Geschichte der ganzen westlichen Welt) kann in drei Abschnitte unterteilt werden: die frühe Kirche (die ersten drei Jahrhunderte), das konstantinische Zeitalter (ab dem 4. Jahrhundert) und die nachkonstantinische moderne Zeit. Die Kirche manifestierte sich nach der Konstantinischen Wende besonders in den folgenden Charakteristika: Die kleine, verunglimpfte Gemeinschaft entwickelte sich zu einer großen, einflussreichen Kirche; die verfolgte Sekte wurde über kurz oder lang zum Verfolger von Sekten und Dissidenten; die Verbindung zwischen Judentum und Christentum wurde letztendlich gekappt; es entwickelte sich eine zunehmend enge Verbindung zwischen Thron und Altar; die Zugehörigkeit zur Kirche wurde zu einer Formsache; die vorherrschende Beschäftigung mit der Unsterblichkeit der Seele ersetzte die Erwartung des kommenden Reiches Gottes; die Gaben des Geistes wurden größtenteils ignoriert; die kirchlichen Ämter wurden institutionalisiert; die Kirche wurde reich und wusste nicht mehr so genau, was sie mit der Botschaft Jesu tun sollte (besonders mit der Bergpredigt); die christliche Lehre und Praxis wurde zunehmend in starren Formen fixiert.[2]

Diese Elemente dominierten die römisch-katholische und die orthodoxe Kirche und später auch die protestantischen Kirchen, und sie wurden bis vor Kurzem kaum herausgefordert. Die Akzeptanz dieser Dominanz als eine selbstverständliche Tatsache ist heute größtenteils Vergangenheit. Es versteht sich von selbst, dass das konstantinische Zeitalter nicht in allen Ländern und Gemeinschaften gleichzeitig aufhörte. Während die Demontage des Konstantinismus in Teilen Westeuropas bereits mit der Renaissance begann, gibt es sogar bis heute Regionen und Gemeinschaften, in denen die Bevölkerung immer noch in konstantinischen Kategorien denkt und handelt.

Insgesamt gesehen ist diese Zeit jedoch vorbei. Die typische

2 Vgl. F. Boerwinkel, *Einde of Nieuw Begin?* (Bilthoven: Ambo, 1974), 54-64.

Machtkonstellation während des goldenen Zeitalters des Konstantinismus war folgende absteigende Ordnung: Gott – Kirche – Könige – Adel – Mensch. Die Renaissance strich die Kirche im Prinzip von der Liste. Die amerikanische und die französische Revolution forderten danach die göttlichen Rechte der Könige und des Adels heraus. Selbst in Ländern, in denen keine Revolutionen stattfanden, spielte die Monarchie eine zunehmend untergeordnete Rolle. Aus der ursprünglichen Ordnung verblieben nur Gott und der Mensch. Während der Zeit der Aufklärung und des Rationalismus sowie während des Aufstiegs der Naturwissenschaften im 19. Jahrhundert wurde auch Gott zunehmend eliminiert. Nur der Mensch blieb übrig. Statt dass der Mensch seinen Ursprung auf Gott zurückführte, suchte man den Ursprung nur in der Welt der Pflanzen und Tiere. Die Position des Menschen am Ende der Liste Gott – Kirche – Könige – Adel – Mensch hatte sich umgekehrt. Der Mensch stand nun an der Spitze einer neuen Liste: Mensch – Tiere – Pflanzen – Gegenstände.[3]

Zusätzlich zum Ende der allgemeinen Akzeptanz der herrschenden Position der Kirche und des christlichen Ethos in der Gesellschaft müssen wir (zweitens) die Tatsache unterstreichen, dass sich die *politische* Lage heute völlig verändert hat und dass diese Tatsache die Kirche und die Mission stark beeinflusst. Während des Mittelalters war das Christentum mehr oder weniger eine europäische Angelegenheit. Die globale Verbreitung des Christentums begann erst im 16. Jahrhundert. Dieser Prozess fiel zeitlich mehr oder weniger komplett mit der Ausdehnung der europäischen Dominanz über die Welt zusammen, eingeläutet mit der Entdeckung Amerikas durch Kolumbus (1492) und des Seeweges nach Indien durch da Gama (1498). Die Ära von Vasco da Gama liegt jedoch noch nicht unwiderruflich hinter uns. In einigen Teilen der Welt, besonders in Südamerika, begann der Prozess des schrittweisen Endes der westlichen Dominanz im 19. Jahrhundert. Für einen Großteil Asiens und Afrikas begann er erst 1947, dem Jahr, in dem Indien von Großbritannien unabhängig wurde.

3 Vgl. E. A. Nida, *Religion Across Cultures* (New York: Harper & Row, 1968), 48-57.

Das Ende der Dominanz des „christlichen Westens“ hatte unvermeidlich weitreichende Veränderungen in der Wahrnehmung der Religion des Westens in den ehemaligen Kolonien mit sich gebracht. In einigen ehemaligen Kolonien sind Missionare aus dem Westen heute nicht mehr willkommen.

Drittens: In der heutigen *kirchlichen* Szene finden wir uns ebenfalls in einer völlig neuen Lage vor. Dank der globalen missionarischen Unternehmungen der (hauptsächlich westlichen) Kirchen gibt es nun jüngere Kirchen in fast allen nicht westlichen Ländern. Einige dieser Kirchen lehnen es jedoch zunehmend ab, irgendwelche Hilfe von westlichen Kirchen anzunehmen, weil eine derartige Hilfe als unhaltbare Bevormundung und als Versklavung angesehen wird. Im Februar 1971 regte John Gatu aus Kenia ein fünfjähriges *Moratorium* zur Mission und zu Missionaren aus dem Westen an. Sowohl auf der Konferenz der Kommission für Weltmission und Evangelisation in Bangkok (1973) als auch auf dem Lusaka-Treffen der Gesamtafrikanischen Kirchenkonferenz (1974) wurde diese Anregung eines Moratoriums ausführlich diskutiert. Seine Wichtigkeit wird zusätzlich von der Tatsache unterstrichen, dass die April-Ausgabe des *International Review of Missions* fast vollständig der Moratorium-Frage gewidmet war.

Viertens: Wir befinden uns heute in einer völlig neuen Lage, was die *Religion* im Allgemeinen angeht. Seit die Kirche in Europa gegen Ende des Mittelalters die große nichtchristliche Welt jenseits ihrer Grenzen in den Blick bekam und auch ihre missionarische Verantwortung für jene Welt, hatte sie wenig Zweifel, dass sie und nur sie Träger der einzig wahren Botschaft war und letztendlich triumphieren würde. Dieser Triumphalismus hielt sich ohne Unterbrechung bis in die Zwanzigerjahre des 20. Jahrhunderts. Ein typisches Beispiel für den vorherrschenden Geist jener Zeit ist der Titel eines Buches von Johannes Warneck „Die Lebenskräfte des Evangeliums: Missionserfahrungen innerhalb des animistischen Heidentums (1908).[4]

4 Anm. des Übersetzers: Um den Punkt hervorzuheben, um den es ihm in diesem Absatz geht, verweist Bosch hier auf den englischen Titel des deutschen Originals *The Living Christ and Dying Heathism. The Experiences of a Missionary in Animistic Heathendom (1909).*

Genauso typisch ist die Berechnung, die der Norweger Lars Dahle im Jahre 1900 anstellte. Aufgrund des Vergleichs der Anzahl von Christen in der Dritten Welt im Jahre 1800 und im Jahre 1900 war er in der Lage, eine mathematische Formel zu entwickeln, welche die exponentielle Wachstumsrate der Kirche im 19. Jahrhundert offenbarte. Ausgehend von dieser Berechnung wandte er die Formel auf nachfolgende Jahrzehnte im 20. Jahrhundert an und sagte seelenruhig voraus, dass im Jahre 1990 die gesamte Menschheit für das Christentum gewonnen sein würde.

Der Optimismus von Warneck und Dahle ist heute äußerst selten. In vielen Kreisen wird stillschweigend akzeptiert, dass das Christentum eine Religion unter vielen bleiben wird. Im Jahre 1900 waren rund 36 Prozent der Weltbevölkerung Christen. Bis 1973 fiel dieser Anteil auf 26 Prozent. Wir sollten nicht die Möglichkeit einer neuen Erweckung ausschließen, die zu einem ganz anderen Bild im 21. Jahrhundert führen könnte. Erneuerungsbewegungen der Vergangenheit, wie z. B. die Reformation im 16. Jahrhundert und die Evangelische Erweckung im 18. Jahrhundert, hätten die Berechnungen durcheinandergebracht, wenn es denn Berechnungen gegeben hätte.

Einige würden natürlich argumentieren: Was wirklich auf dem Spiel stehe, sei viel radikaler als die bloße Frage, ob sich das Christentum hält oder nicht. Der prominente römisch-katholische Theologe Hans Küng hat die traditionelle Lehre sehr genau unter die Lupe genommen, dass es außerhalb der Kirche kein Heil gebe (*extra ecclesiam nulla salus*). Gegenwärtig, so sagt er, seien die Christen immer noch eine Minderheit in der Welt; können wir wirklich sagen, dass jene, die außerhalb der Herde der Kirche leben, verloren sind? Können wir, so fügt er hinzu, selbstgefällig auf die Vergangenheit schauen, in dem Wissen, dass in vergangenen Zeitaltern Millionen von Menschen völlig isoliert von der Kirche lebten und dann sagen, dass sie alle verloren sind? Können wir im Blick auf die Zukunft weiterhin darauf bestehen, dass Erlösung ausschließlich in der Kirche zu finden ist, wenn die Statistiken darauf hinweisen, dass die Christen einen stetig schrumpfenden Prozentsatz der Weltbevölkerung ausmachen werden? Küng glaubt daher, die Zeit sei gekommen, um sich diese

Lehre noch einmal neu vorzunehmen.[5] Andere haben Küng zugestimmt. Im Verlaufe der Zeit sind in der Tat einige in ihren theologischen Spekulationen noch weiter gegangen. Die nichtchristlichen Religionen sollten zusammen mit dem Christentum in etwas Größeres eingebunden werden (W. E. Hocking); es sollte eine vollständige gegenseitige „Anteilnahme" an den verschiedenen Religionen von ganzem Herzen geben (W. Cantwell Smith); oder man sollte Nichtchristen als „anonyme Christen" ansehen und ihre Religion als „latentes Christentum" (Karl Rahner) – um nur einige vorgeschlagene Verfeinerungen des immer populäreren Universalismus zu erwähnen.

Um das gesamte Problem zu unterstreichen, wird manchmal die Aufmerksamkeit auf die Tatsache gelenkt, dass die christliche Mission nur unter den Anhängern von Stammes- oder Urreligionen erfolgreich gewesen sei – erfolgreich zumindest im numerischen Sinne. Das älteste und beste Beispiel ist Europa, wo das vorchristliche Heidentum die Form von nicht verschrifteten Stammesreligionen annahm und wo die Kirche außergewöhnlich erfolgreich war. Ähnliche Erfolge wurden später in Afrika, Lateinamerika, überall im pazifischen Ozean und in Teilen Asiens gefeiert. Überall dort, so fährt diese Argumentation fort, wo die Kirche geschlossenen, „höheren" Schriftreligionen begegnete, wie dem Islam, dem Hinduismus und dem Buddhismus, war ihr Vorankommen gering.

Außerdem werden wir an die Tatsache erinnert, dass diese Religionen selbst missionarisch geworden sind. Einige westliche Gelehrte haben sogar angefangen zu glauben, dass die Erlösung aus Asien kommen wird.[6] Der „spirituelle Osten", so sagt man, hält die Antwort auf die tiefsten Bedürfnisse des Menschen bereit, nicht der „materielle Westen". Der Hinduismus ist nicht mehr auf Indien beschränkt; in Form der Ramakrishna Mission, der Transzendentalen Meditation, der Verbreitung von Yoga und den *Ashrams* des hinduistischen Heiligen Sri Aurobindu ist er in vielen westlichen Ländern aufgetaucht. Der Islam ist nicht mehr auf Nordafrika, die arabische

5 H. Küng, *Christenheit als Minderheit: Die Kirche unter den Weltreligionen* (Einsiedeln: Benziger, 1965), 9-11.

6 Vgl. M. Mildenberger, *Heil aus Asien?* (Stuttgart: Quell-Verlag, 1974).

Welt und abgelegene Teile Asiens beschränkt, sondern hat sich in Teilen der Welt ausgedehnt, in denen er völlig unbekannt war. Der Buddhismus ist nicht mehr nur eine Religion Süd- und Ostasiens; er ist hauptsächlich in der Form des Zens in den Westen eingedrungen. Die Konferenz der World Federation of Buddhists (Weltverband der Buddhisten), die 1961 in Kambodscha abgehalten wurde, offenbarte eine Energie und einen Missionseifer, die in scharfem Gegensatz zu der Atmosphäre einiger der großen christlichen Weltmissionskonferenzen standen.[7] In dieser Hinsicht kommt den vielen neuen religiösen Bewegungen (besonders in Japan, aber auch anderswo) eine spezielle Bedeutung zu, Bewegungen, die eine besondere Herausforderung für das Christentum darstellen. Wir erwähnen hier nur Sōka Gakkai, eine Religion, die wie ein Phönix aus der japanischen Nachkriegsasche aufgestiegen ist und die eine innerweltliche Erlösung und Glück betont. Viele dieser Bewegungen legen eine Aggressivität an den Tag, welche die christliche Mission nicht mehr kennt.

All dies führt zu einem letzten Element der gegenwärtigen Krise von Kirche und Mission – zu der Tatsache, dass in vielen Kreisen eine große Unsicherheit hinsichtlich der Frage besteht, was Mission eigentlich ist. In gewisser Weise ist die gesamte vorliegende Arbeit ein Versuch, mit diesem Problem zu ringen: Was ist Mission? Jedes der bereits identifizierten Elemente der Krise – die unsichere Position von Kirche und Mission in einer nachkonstantinischen Welt, die Veränderungen der politischen Macht, die sich vom traditionellen christlichen Westen in andere Richtungen bewegt, der Ruf nach einem Moratorium und die anderen kritischen Stimmen aus der Dritten Welt, sowie die zunehmende Selbstsicherheit und das missionarische Bewusstsein unter Anhängern nichtchristlicher Religionen – ließ in bestimmten kirchlichen Kreisen die Frage aufkommen, ob christliche missionarische Arbeit immer noch sinnvoll ist und welche Form diese Arbeit in der heutigen Welt annehmen sollte. Stephen Neill erwähnt eine gewisse nervliche Schwäche und einen Unwillen im Blick auf die

7 Vgl. G. F. Vicedom, *The Challenge of the World Religions* (Philadelphia: Fortress, 1963).

Mission,[8] und Samuel Moffett, ein prominenter presbyterianischer Missionar, schreibt: „In den Tagen meines Vaters war die Rückkehr eine Art Triumph. Der Missionar war ein Held. Heute ist er ein Anti-Held. Selbst in christlichen Kirchen werde ich scheel angesehen, als ein Rückschritt in eine primitivere Zeit.“[9]

Dieser „Unwillen“ ist bei Weitem kein universales Phänomen. Doch selbst dort, wo es nicht feststellbar ist, ringt man auf neue Weise um die Frage des Wesens der Mission. Ist Mission mit Evangelisation identisch im Sinne der Proklamation ewiger Erlösung? Umfasst sie soziales und politisches Engagement, und wenn ja, wie? Wo findet Erlösung statt? Nur in der Kirche oder auch im Individuum, in der Gesellschaft, in der „Welt“ oder in nichtchristlichen Religionen?

Dies ist also die komplexe Lage, vor der alle stehen, die heute ernsthaft über Mission nachdenken wollen. Das Bild ist ein Bild der Veränderung und Komplexität, von Spannung und Dringlichkeit, und es besteht in nicht geringem Maße Verwirrung im Hinblick auf das grundlegende Wesen der Mission als solcher. Unsere Aufgabe besteht darin, in die gegenwärtige Debatte einzusteigen und Antworten zu suchen, die im Einklang mit dem Willen Gottes und in der Situation relevant sind, in der wir uns vorfinden.

Umstrittene Mission

Es ist natürlich möglich, die Elemente der Krise, die wir gerade erwähnt haben (man könnte noch weitere hinzufügen), zu ignorieren und die Kirche zu ermutigen, weiterzumachen, als ob diese Dinge nur Nebensächlichkeiten wären. Es wäre in Gottes Augen jedoch mit Sicherheit ein sträfliches Versäumnis, wenn man die energischen Beteuerungen der Gültigkeit der christlichen Mission einfach wiederholen würde, ohne zu versuchen, das volle Ausmaß der gegenwärtigen Krise der Mission einzubeziehen. Er möchte, dass seine Kirche „die Zeichen der Zeit“ erkennt. Die gegenwärtige Krise der Mission zu

8 S. Neill, *Salvation Tomorrow: The Originality of Jesus and the World's Religions* (Cambridge: Lutterworth Press, 1976), 135.
9 Zitiert in *Reformed Ecumenical Synod News Exchange*, 22. Februar 1972.

ignorieren könnte das Ausmaß und die Schwere der Krise nur noch vergrößern.

Tatsächlich ist es theologisch sehr viel korrekter und praktisch sehr viel realistischer, die missionarischen Unternehmungen der Kirche als etwas anzusehen, das aufgrund des grundlegenden Wesens dieser Unternehmungen immer umstritten sein wird. Es war nicht normal, dass es eine Zeit gab, in der die Mission nicht umstritten war, und wir müssen uns ernsthaft fragen, ob das, was die Kirche damals tat, *wahrhaftig* als Mission bezeichnet werden kann, als die missionarische Arbeit in Europa mithilfe des Schwertes ausgeführt wurde oder als Päpste wortwörtlich denjenigen den Himmel versprachen, welche die Moslems aus Palästina vertreiben würden, oder als die Mission, wie leidenschaftlich sie auch betrieben wurde, zum Kumpan und zur Magd der europäischen Expansion in Afrika und Asien wurde. Doch selbst in jenen unglücklichen Episoden und Epochen konnte man immer noch Zeichen der wahren Mission finden.

Die praktischen missionarischen Bemühungen der Kirche bleiben immer und unter allen Umständen zwiespältig. Mission ist niemals eine Selbstverständlichkeit, und nirgendwo kann sie erfolgreich alle Verwirrungen, Missverständnisse, Rätsel und Versuchungen beseitigen – weder in der Praxis der Mission noch in der besten theologischen Reflexion über die Mission.[10]

In unseren theologischen Reflexionen zur Mission geht es daher um etwas Ernsthafteres als um die bloße Wahl zwischen dem Optimismus einer früheren Zeit und dem heutigen Pessimismus. Keins von beiden ist hier relevant. Theologie befasst sich mit der Reflexion des Wesens des Evangeliums, die Theologie der Mission fragt, auf welchem Wege die Kirche dieses Evangelium verbreitet. Sie befasst sich also mit der Beziehung zwischen Gott und der Welt im Lichte des Evangeliums.

Walbert Bühlmann liegt daher richtig, wenn er erklärt: „Es ist sicherlich kein Anachronismus, wenn man weiterhin über die Missi-

10 Vgl. D. J. Bosch, „The Question of Mission Today", in: *Journal of Theology for Southern Africa* 1 (1972), 5-15.

on spricht."[11] Mission ist ein permanenter Aspekt des Lebens der Kirche, solange die Kirche auf die eine oder andere Weise in Beziehung zur Welt steht. Mission ist das traditionelle und biblische Symbol, das die Antwort auf die Frage nach der dynamischen und funktionalen Beziehung der Kirche zur Welt gibt.[12] In den Worten Emilio Castros: „Mission ist die grundlegende Wirklichkeit unseres christlichen Lebens ... Unser Leben in dieser Welt ist ein missionarisches Leben."[13]

11 W. BÜHLMANN, *The Coming of the Third Church* (Maryknoll: Orbis Books, 1977), 98.

12 Vgl. R. D. HAIGHT, S.J., „Mission: The Symbol for Understanding the Church Today", in: *Theological Studies* 37.4 (1976), 620-649.

13 E. CASTRO, „Liberation, Development, and Evangelism: Must We Choose in Mission?" in: *Occasional Bulletin of Missionary Research* 2.3 (1978), 87.

2. Mission und Evangelisation

Die geographischen und theologischen Komponenten

Unser Fazit am Schluss des vorhergehenden Kapitels lautete, dass Mission eine „grundlegende Wirklichkeit" im Leben des Christen in der Welt ist. Leider hilft diese Einsicht als solche nicht bei der Klärung, *was* Mission eigentlich ist. Wir werden nun versuchen, einen Schritt näher an die Antwort auf diese Frage heranzukommen, indem wir die Beziehung zwischen Mission und Evangelisation untersuchen.

Die enorme Zunahme der Verwendung des Wortes „Mission" in den letzten Jahrzehnten, besonders in Kreisen, die dem Ökumenischen Rat der Kirchen nahestehen, scheint eher ein Hindernis denn eine Hilfe zu sein. Das Wort „Mission" war einst sehr rar im Vokabular bestimmter Kirchen. Heute ist es zu einem Allgemeinplatz geworden.

Dieser Anstieg in der Verwendung des Konzeptes „Mission" hatte in der Tat einen inflationären Effekt, denn „Mission" ist nun zu einer Flagge geworden, unter der praktisch jede kirchliche (und manchmal sogar jede allgemein menschliche) Aktivität segelt. Stephen Neill hat daher wiederholt darauf hingewiesen, dass dann, wenn alles Mission ist, Mission nichts ist. Walter Freytag verwies ebenfalls auf den „Geist des Pan-Missionismus". Diese Entwicklung erreichte ihren Gipfel bei der vierten Vollversammlung des ÖRK (Uppsala, 1968), an der praktisch alles unter den Schirm „Mission" gebracht wurde – Gesundheits- und Wohlfahrtsdienste, Jugendprojekte, Aktivitäten politischer Interessengruppen, Projekte für wirtschaftliche und soziale Entwicklung, konstruktive Gewaltausübung, Kampf gegen Rassismus, die Heranführung der Bewohner der Dritten Welt an die Möglichkeiten des 20. Jahrhunderts und die Verteidigung der Menschenrechte. Da wundert es kaum, dass Donald McGavran die Versammlung von Uppsala in einem offenen Brief dafür kritisierte, dass sie eine Entwicklung zuließ, die unter Mission „jegliches gutes Werk zu Hause oder in Übersee versteht, das irgendjemand als etwas deklariert, das dem Willen Gottes entspricht."

Seit Mitte der 70er-Jahre fand das Konzept der „Evangelisation", in ökumenischen Kreisen lange vernachlässigt und wenig betont, erneut größere Beachtung, weil es auf dem Internationalen Kongress für Weltevangelisation und auf der vierten römisch-katholischen Bischofssynode betont wurde (beides fand 1974 statt). Auf der fünften Vollversammlung des ÖRK (Nairobi 1975) wurde der Evangelisation sozusagen wieder ein Ehrenplatz in der ökumenischen Bewegung zugewiesen, besonders aufgrund des motivierenden Beitrags von Mortimer Arias und der dadurch angestoßenen Diskussion. Wie es nach solchen Versammlungen jedoch oft der Fall ist, wurde auch hier das Konzept „Evangelisation" zunehmend genauso häufig benutzt wie der Begriff „Mission" und oft mit demselben umfassenden Bedeutungsspektrum. Bei dieser Sachlage darf man bezweifeln, ob irgendetwas von Bedeutung erreicht wurde, als man die Kirche wieder zu ihrer evangelistischen Aufgabe rief.

Diese Entwicklungen haben nichtsdestotrotz einen wichtigen Beitrag geleistet: Sie haben mit der früheren Auffassung gebrochen, nach der es sowohl bei der Mission als auch bei der Evangelisation ausschließlich um die Verkündigung des Evangeliums durch das Wort geht. In der alten Definition lag der einzige Unterschied zwischen den Begriffen im jeweiligen Objekt, auf das sich die Bemühungen richteten.

Manchmal wurde der Unterschied als ein bloß geografischer angesehen: „Mission" war das, was in weit entfernten heidnischen Ländern getan wurde. „Evangelisation" bezog sich auf unser eigenes Umfeld. Dieser Bedeutungsunterschied hatte mit der Tatsache zu tun, dass das Konzept „Mission" im Sinne von Christianisierung nur schrittweise in Mode kam, als die Entwicklung im 16. Jahrhundert begann. Diese Entwicklung überschnitt sich zeitlich mit der frühen Phase der europäischen Kolonialisierungen in Afrika, Asien und den beiden Amerikas. „Mission" setzte von daher eine etablierte christliche Kirche in Europa voraus, die Missionare nach Übersee aussandte, um die Heiden zu bekehren. Auf diese Weise wurde dem Begriff eine starke geografische Komponente beigelegt. Jemand war ein „Missionar", wenn er im Dienste einer Kirche oder Gesellschaft in Europa (oder in einer anderen westlichen Basis) stand und von dieser Organisation in eine abgelegene Gegend geschickt wurde. Wenn er in seiner Heimat arbeitete, war er ein „Evangelist".

Manchmal war ein theologischer Unterschied entscheidend, kein geografischer. „Mission" hatte mit Menschen zu tun, die „noch nicht" Christen waren. „Evangelisation" bedeutete „Wiederbelebung" von Menschen, die „nicht mehr" oder nur noch nominell Christen waren. Diese Interpretation unterschied sich in der Praxis kaum von der vorherigen; immerhin befanden sich die Menschen, die „noch nicht" Christen waren, normalerweise in der Dritten Welt, und diejenigen, die „nicht mehr" Christen waren, im Westen. Dennoch war die Hauptüberlegung für einige eine theologische. Der holländische Theologe A. A. van Ruler plädierte dafür, dass man zwischen dem Apostolat im Westen und in nicht-westlichen Kulturen unterscheiden müsse, da man ansonsten individualistisch und unhistorisch denken würde. Gott in Christus, so betonte er, ist mit den Völkern des Westens einen langen Weg gegangen, sie können diese Geschichte nicht mehr rückgängig machen, selbst wenn sie das wünschten. In Europa ist Gott selbst der Anknüpfungspunkt für das Evangelium auf eine Weise, die sich sehr von derjenigen in Asien unterscheidet. Ein säkularisierter, entchristlichter Europäer ist kein Heide. Der Mensch des Westens *kann* in der Tat *unmöglich* zum Heidentum zurückkehren, denn das Heidentum sei in Europa vollkommen zerstört worden. Er kann niemals wieder vor-christlich werden (oder heidnisch), höchstens nach-christlich. Aus genau diesem Grunde müssen wir den Unterschied zwischen Mission und Evangelisation aufrechterhalten.[14]

In römisch-katholischen Kreisen ist diese Unterscheidung oft noch in Mode, wenn auch ohne Verwendung der Argumente van Rulers. Wir finden sie beispielsweise in den Dokumenten des Zweiten Vatikanischen Konzils. Sowohl in der Konstitution über die Kir-

14 Vgl. A. A. van Ruler, „Theologie des Apostolats", in: *Evangelische Missionszeitschrift* 11.1 (1954), 1-11.

che (*Lumen Gentium*) als auch im Dekret über die Mission (*Ad Gentes)* werden die Menschen, die „noch nicht" Christen sind, als Missionsobjekte beschrieben, wenn die Konzilsväter auch davon absahen, diese „Noch-nicht-Christen" mit der Bevölkerung bestimmter geografischer Gebiete zu identifizieren.

Es kann jedoch auch passieren, dass Mission und Evangelisation (beide immer noch als verbale Verkündigung verstanden) als Alternativen verwendet werden, ohne zwischen den Adressaten zu unterscheiden. Hendrik Kraemer und Johannes Hoekendijk plädierten z.B. beide für eine Interpretation von Mission und Evangelisation, die beide Begriffe als Synonyme versteht: Europa sei genau wie Asien oder Afrika ein Missionsfeld mit der Kirche in der Minderheitenposition. Ob wir unter Nichtgläubigen in Europa oder Asien arbeiten und ob wir das Mission oder Evangelisation nennen, macht letztlich keinen Unterschied.

In der englischsprachigen Welt werden die beiden Wörter ebenfalls oft als austauschbare Konzepte verwendet, anscheinend ohne dass damit irgendwelche theologischen Überlegungen widergespiegelt werden. Dieselbe arglose Verwendung ist immer noch im Namen der „Kommission für Weltmission und Evangelisation" des Weltkirchenrates sichtbar. Als diese Abteilung 1961 gegründet wurde, wurde sie wie folgt definiert: „... um die Verkündigung des Evangeliums von Jesus Christus in der ganzen Welt zu fördern, mit dem Ziel, dass alle Menschen an ihn glauben mögen und gerettet werden." Philipp Potter wies daher richtigerweise darauf hin, dass als Faustregel gilt, dass „Mission", „Evangelisation" und „Zeugnis" in der ökumenischen Literatur austauschbare Konzepte sind.

Auf sechs Kontinenten

Wir haben bereits gesagt, dass man gegenüber allen oben angesprochenen Interpretationen Einwände erheben könnte. Wenn man daran festhält, dass der Unterschied zwischen Mission und Evangelisation im Wesentlichen geografischer Natur ist, könnten sich Christen im Westen dem Vorwurf ausgesetzt sehen, sie würden in kolonialistischen Denkmustern stecken bleiben und die Welt schlicht in einen „christlichen“ Westen und eine „nichtchristliche“ Dritte Welt einteilen. Diese Unterteilung ist nicht mehr akzeptabel und außerdem sowohl existenziell als auch theologisch unhaltbar. Das ist einer der Gründe, warum besonders seit dem Treffen der Kommission für Weltmission und Evangelisation 1963 in Mexiko City die Wortführer der Ökumene dazu neigen, von „Mission auf sechs Kontinenten“ zu sprechen. Die Auffassung, Mission finde nur auf drei Kontinenten statt, bei der die geografische Komponente das konstitutive Element darstellt, wird von daher zunehmend abgelehnt.

Auch der Versuch, Mission auf die Arbeit unter Menschen zu beschränken, die „noch nicht“ Christen sind, und Evangelisation auf Menschen, die „nicht mehr“ Christen sind, ist ebenfalls keine Lösung. Es wird immer schwieriger, diesen Unterschied konkret festzumachen. Ist ein säkularisierter und entchristlichter Europäer, dessen Eltern und Großeltern bereits jeglichen Kontakt zur Kirche verloren haben, „noch nicht“ oder „nicht mehr“ Christ? Van Ruler mag mit seiner Auffassung recht haben, dass so jemand eine nachchristliche Person ist, keine vorchristliche. Das bedeutet jedoch lediglich, dass ein bestimmter Ansatz gewählt werden muss, um dieser Person das Evangelium zu kommunizieren; es macht noch keine unterschiedliche theologische Terminologie erforderlich. Dazu kommt, dass wir es in Asien und Afrika zunehmend mit Menschen zu tun haben, deren Großeltern Christen waren, die jedoch selbst völlig säkularisiert und entchristlicht sind. Gehören sie zur Zielgruppe für Mission oder Evangelisation? Sie sind „nicht mehr“ Christen in einem Umfeld, das hauptsächlich aus Menschen besteht, die „noch nicht“ Christen sind.

Sollte man es daher vorziehen, „Mission“ und „Evangelisation“ als austauschbare Begriffe zu benutzen, wozu viele Kirchen neigen? Wenn dann ein evangelistischer Vorstoß gewagt wird, sei es in New York oder in Neu Delhi, nennen wir ihn entweder „Evangelisation“ oder „Mission“.

Diese Sichtweise hat einige Vorteile, löst jedoch nicht unser Problem des Versuchs, festzulegen, was Mission ist. An der Stelle, an der die erste Sichtweise die geografische Komponente verabsolutiert, besteht die Gefahr dieser Sichtweise darin, dass diese Komponente komplett verschwinden könnte. Was die Kirche *in* England oder Deutschland tut, ist schließlich auch „Mission"; daher *hat sie es nicht nötig*, geografische und kulturelle Grenzen zu überschreiten um sich an der Mission zu beteiligen. Traditionell hatte Mission ausschließlich mit der nichtchristlichen Welt zu tun; das war falsch und nicht gut durchdacht. Heute ist die gegensätzliche Einseitigkeit möglich. Man kann argumentieren, dass Mission immer weniger mit der großen noch nicht erledigten Aufgabe zu tun hat, die zumindest auf absehbare Zeit besonders in der Dritten Welt auf uns wartet. Kirche und Mission entwickeln dann eine beklagenswerte Kurzsichtigkeit und einen unzeitgemäßen Regionalismus. Sie verlieren auch die weite Vision eines Wesley, der sagen konnte: „Ich betrachte die ganze Welt als meine Pfarrei."

Gottes rettendes Eingreifen

Sollten wir die ganze Frage der Beziehung zwischen Mission und Evangelisation nicht aus einer ganz anderen Perspektive angehen? Wir haben gesehen, dass sich diese beiden Aktivitäten laut der traditionellen Ansicht nur im Hinblick auf ihre „Objekte" unterschieden. Vielleicht sollte man den Unterschied im Wesen der beiden Unternehmungen suchen. Wenn wir das zugestehen, könnten wir die Beziehung wie folgt definieren: Mission ist umfassender als Evangelisation.

Wir haben bereits erwähnt, dass es seit Kurzem eine Tendenz in ökumenischen Kreisen gibt, Mission umfassender zu definieren, als es üblich war. Das ist an sich eine verheißungsvolle Entwicklung. Zwei Kritikpunkte müssen jedoch vorgebracht werden. Erstens: Mission kann derart umfassend definiert werden, dass (mit den Worten Stephen Neills) alles zur Mission wird. Mission wird zum Sammelbegriff für alles, was Gott tut, sowie für alles, was Christen meinen, tun zu sollen. Zweitens: Es gibt das Problem, dass Evangelisation ungefähr seit der Mitte der 1970er-Jahre oft genau so weit und umfassend definiert wurde wie Mission. Und damit sind wir dann wieder da, wo wir begonnen haben.

Es gibt sogar eine Tendenz, die Bedeutung des Wortes „Evangelisation“ auszuweiten und die Bedeutung von „Mission“ einzuschränken. „Evangelisation“ wird dann zum Oberbegriff „für den gesamten Weg, auf dem das Evangelium eine Wirklichkeit im Leben eines Menschen wird.“ Der Begriff umfasst dann Verkündigung, Übersetzung, Dialog, Dienst und Präsenz: alle Aktivitäten, Methoden und Techniken, mit denen die Kirche in der Welt engagiert ist, sind Evangelisation. Mission hingegen wird zu einem rein theologischen Konzept, „verwendet für den Ursprung, die Motivation und Ratifikation“ all dieser Aktivitäten.[15]

In seinem Beitrag beim Lausanner Kongress (1974) und in seinem sehr gut lesbaren Buch *Christian Mission in the Modern World* unternahm John Stott den begrüßenswerten Versuch, Klarheit in die ganze Diskussion zu bringen. Er kam zu dem Schluss, dass „Mission“ ein umfassendes Konzept ist, „das alles umfasst, womit Gott sein Volk beauftragt und in die Welt gesandt hat.“ Evangelisation ist im Vergleich dazu weniger umfassend und bildet in der Tat nur eine Komponente der „Mission“. Mission wird dann als „Evangelisation plus soziale Aktion“ definiert.

Diese Sichtweise hat zweifellos ihren Wert, doch sie ist nicht in jeder Hinsicht befriedigend. Evangelisation ist mehr als nur eine Komponente der Mission, und Mission ist dynamischer als die Summe aus Evangelisation plus sozialer Aktion. Gerade dann, wenn wir Mission in zwei so ganz unterschiedliche Komponenten unterteilen, kann sich der Kampf der beiden um die Vorherrschaft ganz leicht entzünden. In gewisser Hinsicht ist Stott selbst ein Opfer dieses Zusammenhangs. In seinem Kapitel zum Thema „Mission“ zitiert er zustimmend ein Dokument des National Evangelical Anglican Congress, das sagt: „Evangelisation und mitfühlender Dienst gehören in der Mission Gottes zusammen.“ (S. 27). Der Vorrang des einen vor dem anderen kann von den Umständen diktiert werden (S. 28), und Jesu „größtes Gebot“ und sein „Missionsbefehl“ gehören untrennbar

15 Vgl. M. Geijbels, „Evangelization, Its Meaning and Practice“, in: *Al-Mushir* 20.2 (1978), 73-82. Geijbels fußt mit seinen Ansichten größtenteils auf dem Artikel von R. M. C. Jeffrey, „Mission, Theology of“, in: A. Richardson, *A Dictionary of Christian Theology* (London: SCM, 1969).

zusammen (S. 23 und 29). In seinem Kapitel über „Erlösung" wird der sozialen Aktion jedoch eine zweitrangige Rolle zugewiesen. Zu einem späteren Zeitpunkt werden wir dieses ganze Problem genauer unter die Lupe nehmen.

Wir sollten versuchen, die Beziehung und den Unterschied zwischen Mission und Evangelisation auf andere Weise zu erklären, und zwar unter Verwendung eines Teils der Analysen von John Stott und anderen, unter ihnen Jürgen Moltmann.[16]

Mission und Evangelisation haben beide mit jenem Punkt im Leben der Kirche zu tun, an dem sie die Grenzen zur Welt überschreitet. Dies ist nicht das einzige Merkmal ihrer Existenz. Die Kirche soll auch eine anbetende Präsenz sein, die sich durch die Liturgie (*leitourgia*), Gemeinschaft (*koinonia*) und die Lehre (*didaskalia*) um die Auferbauung ihrer Mitglieder kümmert (*oikodome*). Daher sollten wir nicht alles, was die Kirche tut, „Mission" oder „Evangelisation" nennen.[17]

Mission hat mit Grenzüberschreitung zu tun. Sie beschreibt die Gesamtaufgabe, die Gott der Kirche zur Rettung der Welt gestellt hat. Mission ist die Aufgabe der Kirche, die in Bewegung ist, der Kirche, die für andere lebt, der Kirche, die nicht nur mit sich selbst beschäftigt ist, die sich „von innen nach außen wendet" (Hoekendijk), die sich der Welt zuwendet.

Mission ist damit umfassend definiert (bezieht aber nicht alles ein, was Kirche ausmacht) und umfasst mehr als die Verkündigung des Evangeliums. Als Jesus sein öffentliches Wirken in Nazareth begann, skizzierte er dieses Wirken im Sinne der Mission: *„Der Geist des Herrn ist auf mir, weil er mich gesalbt hat, zu verkündigen das Evangelium den Armen; er hat mich gesandt, zu predigen den Gefangenen, dass sie frei sein sollen, und den Blinden, dass sie sehen sollen, und den Zerschlagenen, dass sie frei und ledig sein sollen, zu verkündigen das Gnadenjahr des Herrn."* (Lukas 4,18-19). Die Konferenz in Mexiko City, auf die wir bereits verwiesen haben, beschrieb Mission zu Recht

16 Vgl. J. MOLTMANN, *Gott kommt und der Mensch wird frei* (München: Kaiser, 1975), 21-35.

17 Wir kehren in Kapitel 21 zu diesem Aspekt zurück.

als „das gemeinsame Zeugnis der gesamten Kirche, die das ganze Evangelium der ganzen Welt bringt."

Mission ist das Symbol der Kirche, die sich auf die Welt zu bewegt. Die Vollversammlung des ÖRK in Nairobi (1975) formulierte dies folgendermaßen:

Das Evangelium ist die gute Nachricht von Gott, unserem Schöpfer und Erlöser ... Das Evangelium umfasst immer die Verkündigung des Königreiches und der Liebe Gottes durch Jesus Christus, das Angebot der Gnade und Vergebung der Sünden, die Einladung zur Umkehr und zum Glauben an ihn, den Ruf zur Gemeinschaft in Gottes Kirche, und die Aufforderung, Gottes rettende Worte und Taten zu bezeugen, die Verantwortung, am Kampf für Gerechtigkeit und Menschenwürde teilzunehmen, die Verpflichtung, alles zu verurteilen, was vollständiges Menschsein verhindert und eine Bereitschaft, das Leben selbst zu riskieren.

Es mag Fragen zu einigen Aspekten dieser Formulierung und zu ihrer praktischen Implementierung durch den ÖRK geben, doch die Formulierung verleiht der Ganzheitlichkeit des Engagements Gottes in der Welt durch die Kirche Ausdruck. Die Formulierung identifiziert einige der Grenzen, welche die Kirche in ihrer Mission zur Welt überschreiten sollte. Diese Grenzen können ethnischer, kultureller geografischer, religiöser oder sozialer Natur sein. Mission findet dort statt, wo die Kirche in der Totalität ihres Engagements in der Welt und in der Vollständigkeit ihrer Botschaft in Wort und Tat ihr Zeugnis in der Form eines Dieners ablegt, und zwar mit Verweis auf Unglauben, Ausbeutung, Diskriminierung und Gewalt, aber auch mit Verweis auf Erlösung, Heilung, Befreiung, Versöhnung und Gerechtigkeit.

Das Zentrum des Mandates Gottes

Was ist dann Evangelisation? Wir sahen, dass John Stott sie als Komponente der Mission definiert und hinzufügt, dass „soziale Aktion" der andere Teil der Mission ist. Evangelisation ist jedoch *mehr* als ein bloßes Segment der Mission (denn als Segment kann sie natürlich leicht von dem anderen Segment isoliert werden). Evangelisation ist vielmehr eine wesentliche Dimension der Mission. Sie ist das Herz der christlichen Mission in der Welt, „das Zentrum des alles umfassenden Mandates Gottes für die Kirche", wie Hans Bürki es ausdrückt.[18]

John Stott hat daher recht, wenn er dafür plädiert, dass Evangelisation nicht im Blick auf die „Objekte" oder Ergebnisse beschrieben werden sollte (S. 37-40), sondern vielmehr im Blick auf ihre *Inhalte*. Seine nähere Identifikation dieser Inhalte geschieht zu Recht als Auslegung des neutestamentlichen Kerygmas, das nach seinen Worten mindestens aus fünf Elementen besteht: „die Ereignisse des Evangeliums", „die Zeugen des Evangeliums", „die Zusicherungen des Evangeliums", „die Verheißungen des Evangeliums" und „die Anforderungen des Evangeliums" (S. 44-54). Er sagt ausdrücklich (S. 40), dass Evangelisation mehr ist als verbale Verkündigung. Die Predigt des Wortes sollte von Zeichen des ankommenden Reiches Gottes und von einem neuen Leben des Gehorsams und der Gemeinschaft begleitet sein.

Evangelisation ist immer auch aufgrund der vornehmlichen Bedeutung des Wortes *euangelion* das Überbringen einer guten Nachricht. Sie beinhaltet immer auch ein einladendes Element: Der Gott der Gnade lädt uns ein. Das *euangelion* ist jedoch niemals eine allgemeine gute Nachricht, sondern ist immer eine ziemlich konkrete und kontextuelle gute Nachricht im Gegensatz zu den „schlechten Nachrichten", die das Leben der Empfänger bedrohen und beherrschen.

Evangelisation ist daher niemals die bloße Verkündigung „objektiver" Wahrheiten, sondern sie ist die Verkündigung dessen, was Emil Brunner „Wahrheit als Begegnung" nannte.[19] Die evangelisierende Person oder Kirche ist nicht nur Ausführender der Evangelisation, sondern auch selbst Teil der Botschaft. Die Glaubwürdigkeit der Kirche ist von höchster Bedeutung, nicht nur, damit ihre evangelistische Unternehmung „Erfolg hat", sondern damit ihr Zeugnis authentisch

18 H. Bürki, *The Christian Life in the World* (Reprint IFES Journal, 1969), 26.
19 Vgl. in diesem Zusammenhang W. J. Hollenweger, *Evangelisation gestern und heute* (Stuttgart: Steinkopf, 1973), 25-48.

ist und Substanz hat. Das Evangelium nimmt im Zeugen, in der Kirche, konkrete Form an und ist niemals eine allgemeine, objektive, unabänderliche Offenbarung. Wahre Evangelisation ist inkarnatorisch.[20] Die Situation der Person, der das Evangelium gebracht wird, und das Engagement desjenigen, der die Botschaft in dieser Situation bringt, determinieren auf konkrete Weise den Inhalt der Evangelisation – natürlich auf eine von den Schriften informierte Weise. Das Neue Testament offenbart dieses Muster auf vielerlei Weise – der Inhalt der Evangelisation ist oft unterschiedlich, je nachdem, ob der Adressat Zachäus ist, der Kriminelle am Kreuz, der reiche Jüngling, Kornelius, der äthiopische Beamte oder Saulus vor Damaskus. In all diesen Fällen ist die Wahrheit eine Wahrheit als Begegnung. Unmittelbar nach seiner Aussage, Evangelisation sei das Zentrum von Gottes alles umfassendem Mandat für die Kirche, sagt Hans Bürki mit Recht: „Verschiedene Zeiten und verschiedene Gesellschaften brauchen jedoch unterschiedliche Betonungen. In einem bestimmten Land und an einem bestimmten Ort ist der Zustand der Slums von einer Art, die es nicht erlaubt, dass Christen aus den Vorstädten einen evangelistischen Kurzeinsatz machen, um »das Evangelium« diesen »armen Massen« zu »predigen«, um sich dann wieder in ihre komfortablen Häuser zurückzuziehen, ohne dass die Liebe Gottes dabei gotteslästerlich verspottet wird.“ [21]Wenn es keine Wahrheit als Begegnung gibt, mit anderen Worten: Wenn diejenigen, die evangelisieren, nicht selbst Teil der Botschaft sind, die sie verkündigen, findet gar keine Evangelisation statt.

Wenn wir Evangelisation auf diese Weise konzipieren, dann kommt der Begriff nah an die Beschreibung von *Mission* heran, die wir oben formuliert haben. Dagegen sollte man keine Einwände erheben. Paul Löffler sagt:

Wenn es um die theologische Bedeutung geht, ist „Evangelisation“ praktisch mit „Mission“ identisch. Wenn es um das evangelistische Zeugnis geht, bedeutet „Evangelisation“ spezifischer „die Kom-

20 Vgl. M. Arias, „Evangelization: Incarnational Style“, in: *The Other Side* 84 (1978), 30-43.
21 H. Bürki, *The Christian Life in the World* (Reprint IFES Journal, 1969), 26.

munikation Christi an diejenigen, die sich nicht als Christen betrachten" ... Evangelisation ist daher sowohl ausreichend von der Mission unterschieden, aber dennoch nicht von ihr getrennt.[22]

Es geht bei der Evangelisation wie bei der Mission um die Überschreitung von Grenzen, doch hier um die ganz spezifischen Grenzen zwischen Glaube und Unglaube. Emilio Castro fügt hinzu: „... Es wird sich nur in dem Maße um ‚*euangel*' handeln, in dem auf die Gesamtheit der Liebe Gottes verwiesen wird, die in die Welt eindringt."[23] Evangelisation bleibt daher eine wesentliche Dimension der Mission, in der die Überschreitung aller Grenzen zwischen Kirche und Welt entscheidend bleibt. Das eine sollte niemals isoliert vom anderen betrachtet werden.[24]

---

22 P. LÖFFLER, „The Confessing Community", in: *International Review of Missions* 264 (1977), 341.

23 E. CASTRO, „Liberation, Development, and Evangelism: Must We Choose in Mission?" in: *Occasional Bulletin of Missionary Research* 2.3 (1978), 88.

24 Vgl. K. BLASER, *Gottes Heil in heutiger Wirklichkeit* (Frankfurt: Otto Lembeck, 1978), 104-113.

3. Theologie der Mission

Grundlage, Motiv, Absicht

Wir befassen uns hier insbesondere mit der *Theologie* der Mission, die Anderson als das Studium „der grundlegenden Voraussetzungen und zugrundeliegenden Prinzipien" beschreibt, „welche die Motive, Botschaften, Methoden, Strategien und Ziele der christlichen Weltmission vom Standpunkt des christlichen Glaubens aus" beschreiben.[25] Wir befassen uns daher an dieser Stelle weniger mit der Frage, *wie* Mission betrieben wird – eine Frage, die an eine andere Stelle gehört – als mit der Frage, warum Mission notwendig ist, wozu sie da ist und was sie ausmacht.

Um es anders auszudrücken: In der Theologie der Mission befassen wir uns vornehmlich mit der *Grundlage*, dem *Motiv* und der *Absicht* der Mission. Wir könnten die Theologie der Mission vermutlich nach diesen drei Aspekten gliedern. Einige Missiologen wie Thomas Ohm[26] haben versucht, genau das zu tun, sogar mit einigem Erfolg. In Wirklichkeit sind die Grundlage, das Motiv und die Absicht jedoch derart miteinander verzahnt, dass es schwierig ist, sie völlig getrennt zu behandeln. Immerhin geht das Motiv für die Mission normalerweise aus der Grundlage hervor, während beide einen entscheidenden Einfluss auf die Absicht haben. Wenn man z.B. urteilt, dass die Quelle der Mission in der Kirche zu finden ist, dann wird auch das Motiv der Mission dort zu finden sein, und man wird die Verbreitung der Kirche oder Neugründungen von Kirchen als Hauptabsicht der Mission ansehen. Wenn man die westliche Kultur als Grundlage der Mission ansieht, dann wird das Bewusstsein von der Überlegenheit jener Kultur als missionarisches Motiv und ihre Verbreitung als missionarische Absicht fungieren. Statt Grundlage, Motiv und Absicht isoliert voneinander zu betrachten, sollten wir da-

---

25 *Concise Dictionary of the Christian World Mission* (London: Lutterworth, 1971), 594.

26 Vgl. T. Ohm, *Machet zu Jüngern alle Völker* (Freiburg: Wevel, 1962), 139-220.

her vielmehr dem Zusammenspiel der drei Aspekte unsere Aufmerksamkeit schenken. Die beiden gerade erwähnten Beispiele unterstreichen in jedem Fall die Notwendigkeit sorgfältiger theologischer Unterscheidungen für unsere Untersuchung.

Kirche und Theologie

Es versteht sich von selbst, dass das Wie, die Praxis der Mission, in unseren Überlegungen nicht ignoriert werden kann. Theologie und Praxis sollten in einer dynamischen, kreativen Spannung zueinander stehen. Die Praxis der Mission braucht stetig die kritische Führung der Missionstheologie, hingegen muss diese Theologie die Missionspraxis ernsthaft mit in Betracht ziehen, natürlich ohne dabei bloße Effektivität zur höchsten Norm zu erklären. Auf diese Weise müssen wir kontinuierlich versuchen, die Kluft zwischen missionarischer Theologie und Praxis zu verringern. Die Gefahr, dass die beiden Aspekte sich so weit gegenseitig entfremden, dass die theologische Reflexion beinahe prinzipiell jegliche praktische Anwendung ablehnt, und dass die Praxis sich auf vergleichbare Weise weigert, von der theologischen Reflexion geleitet zu werden, ist eine reale Gefahr, nicht nur eine eingebildete.

Ein paar allgemeine Anmerkungen zur Beziehung zwischen Kirche und Theologie könnten einige Richtlinien für die Beziehung zwischen der Theologie und Praxis der Mission aufzeigen.

Die Theologie redet die Kirche niemals sozusagen von einem sicheren Blickwinkel aus an. Sie steht nicht als objektiver Beobachter an der Seitenlinie. Theologie wird in der Solidarität mit der Kirche praktiziert. Ihre Hauptfunktionen bestehen in der Untersuchung des Wesens und Inhaltes des Evangeliums sowie in der Befragung, ob die kirchliche Praxis das Evangelium getreu widerspiegelt. Sie reflektiert daher darüber, was die Kirche sein soll, nicht darüber, was sie ist oder aller Wahrscheinlichkeit nach sein wird. Die Theologie weiß, dass die Kirchengeschichte oft die Geschichte der Betrübung des Geistes statt der Siege des Geistes ist und dass es unwahrscheinlich ist, dass die Zukunft ganz anders sein wird. Die Theologie hört dennoch niemals auf, die Kirche herauszufordern, das zu werden, was sie in Christus bereits ist, und aufzuhören, das zu sein, was sie in der gegenwärtigen Praxis widerspiegelt.

Das heißt allerdings nicht, dass die Theologie als etwas angesehen werden muss, das über die Kirche erhoben und gegenüber ihren Versuchungen und Fehlern immun ist. Im Gegenteil: Theologie bleibt ein exponiertes und riskantes Unterfangen ohne jegliche Garantie, dass ihre Voraussetzungen und Schlussfolgerungen fehlerfrei sein werden. Alle theologische Erkenntnis bleibt daher Stückwerk. Sie ist unvollkommen und kann bestenfalls nur Annäherung an das sein, was sie sein sollte.

Es ist außerdem wesentlich zu betonen, dass die Kirche nicht von der Theologie erwarten kann, diese würde Ergebnisse hervorbringen, die sie ihrem Wesen und Sein nach nicht hervorbringen kann. Es ist z. B. *nicht* die Aufgabe der Theologie, in der Kirche missionarischen Eifer hervorzurufen und anzuregen. Es stimmt zwar, dass die Theologie der Kirche dient und dass sie im Hinblick auf die missionarische Bemühung der Kirche auch helfen kann, größere Klarheit über missionarische Absichten und Motive zu gewinnen; sie kann der Kirche ihre eigene Geschichte als Beispiel vor Augen führen; sie kann denjenigen, die in der Mission aktiv sind, helfen, Strategien und Methoden zu vergleichen; sie kann als Korrektiv für die Willkür und Einseitigkeit der Kirche fungieren. Es liegt dennoch außerhalb des Bereiches der Theologie, die Kirche zu motivieren und zu aktivieren, sich missionarisch zu betätigen. Um es anders auszudrücken: Nicht die Theologie, sondern der Herr der Kirche gewährt der Kirche Glaube, Vision, Leidenschaft und Durchhaltevermögen. Theologie kann der Kirche keine Waffen und Instrumente zur Verfügung stellen, die das Vertrauen des Glaubenden in Gott überflüssig oder die Aktivitäten der Kirche weniger riskant machen würden. Die Theologie kann und muss sogar das Gewissen der Kirche herausfordern, aber sie darf niemals als Ersatz für jegliche Taten und Entscheidungen des Glaubens benutzt werden.[27]

27 Siehe auch K. Barth, „Die Theologie der Mission in der Gegenwart", ursprünglich veröffentlicht in *Zwischen den Zeiten* 1932, neu veröffentlicht in

„Ereignischarakter" und „theologisierender Charakterzug"

Gelegentlich wurde die Theologie als ein Instrument angesehen, das die nötige „Munition" für die Missionspraxis liefert. Oft ist es jedoch auch so gewesen, dass sich Theologie und Praxis als Gegner angesehen haben.

In diesem Zusammenhang verweisen wir auf einen informativen Artikel von Herbert C. Jackson zum Thema „The Missionary Obligation of Theology".[28] Jackson argumentiert, dass es eine gewisse Spannung und gar einen Gegensatz zwischen dem gibt, was er den „Ereignischarakter" des Christentums nennt, und dem „theologisierenden Charakterzug des religiösen Menschen". Wo Ersterer dominiert, neigt Letzterer dazu, von der Bildfläche zu verschwinden, und umgekehrt. Er illustriert seine These wie folgt: Während der ersten drei Jahrhunderte der christlichen Zeitrechnung, einer Zeit rapider missionarischer Ausdehnung, dominierte der „Ereignischarakter" und drängte den „theologisierenden Charakterzug" beiseite. Während der anschließenden fünf Jahrhunderte, der Zeit von sieben ökumenischen Konzilen, herrschte genau der umgekehrte Trend vor; das war eine größtenteils missionslose Zeit.

Aufgrund einer ähnlich pauschalen Sicht im Blick auf die folgenden Jahrhunderte der Kirchengeschichte argumentiert Jackson, dass sich dasselbe Phänomen wiederholte, sowohl in der römisch-katholischen als auch in den protestantischen Kirchen. Im Blick auf die Letzteren sieht er z.B. das 16. Jahrhundert als eine Zeit theologischer Blüte an, hauptsächlich aufgrund der beeindruckenden Beiträge Luthers und Calvins. Zur selben Zeit sei jeglicher Gedanke an einen protestantischen Versuch, Nichtchristen zu erreichen, verdächtig abwesend. Während der missionarischen Erweckung des Pietismus und der Großen Erweckung (Great Awakening) war die Lage genau umgekehrt. Jackson leitet daraus ab, dass sich „praktische missionarische Arbeit" und „theologische Reflexion" gegenseitig ausschließen. Wo eins von beiden im Vordergrund steht, ist das andere per definitionem abwesend.

Theologische Fragen und Antworten. Vorträge, 3. Band (Zollikon: Evangelischer Verlag, 1957), 100-126.

28 *Occasional Bulletin from the Missionary Research Library* 14.1 (1964).

Wenn Jacksons Theorie stimmen würde, könnte das nahelegen, dass wir jegliche „Theologie" über Bord werfen und all unsere Energie der Missionspraxis widmen sollten. Wir glauben jedoch, dass wir hier vor eine falsche Wahl gestellt werden. In der Tat erweist das Neue Testament selbst die Ungültigkeit der späteren Entwicklung. Immerhin kombinierte Paulus seine ausgedehnten missionarischen Aktivitäten mit einer ähnlich intensiven Arbeit auf dem Gebiet der Theologie. Seine Theologie übte einen entscheidenden Einfluss auf seine Praxis aus; umgekehrt gilt: Die Art und Weise, auf die er praktische Fragen behandelte, hatte einen klaren Einfluss auf seine Theologie. Immerhin entwickelt die theologische Reflexion gerade an der Grenze zwischen Glauben und Unglauben ihre größte Dynamik. Martin Kähler merkte von daher bereits 1908 mit Recht an, dass Mission in der Tat die Mutter der Theologie ist.

Wie reagieren wir von daher auf jene, die die missionarischen Aktivisten aufgrund ihrer mangelnden theologischen Reflexion schelten? Vielleicht sollten wir zunächst darauf hinweisen, dass Theologie nicht nur in systematischer Form Gestalt gewinnen kann – in Bekenntnissen, konziliaren Verlautbarungen und dogmatischen Abhandlungen. Die Theologie befasst sich mit den grundlegenden Voraussetzungen und zugrundeliegenden Prinzipien, die unseren kirchlichen Aktivitäten Richtung geben. Solche Voraussetzungen und Prinzipien sind *immer* vorhanden, in jeder kirchlichen Aktivität, selbst wenn sie nicht immer systematisch ausgedrückt oder ausformuliert sind. Das impliziert, dass hinter jeder missionarischen Unternehmung in den verschiedenen missionarischen Erweckungszeiten tatsächlich theologische Reflexion stand, wenn diese auch nicht immer formell artikuliert wurde. Theologie war daher gerade nicht abwesend. Mission ist ohne Theologie nicht möglich.

Das Gegenteil ist jedoch möglich: Theologisieren ohne Mission. An dieser Stelle liegt Jackson völlig richtig. Die Frage lautet dann, in welchem Maße man hier von *echter* Theologie reden kann. Authentische Theologie entwickelt sich immerhin nicht dort, wo die Kirche sich fast ausschließlich mit sich selbst beschäftigt oder wo sie verzweifelt in ihrem eigenen Bereich Barrikaden zur Verteidigung errichtet.

In so einem Fall erhalten wir keine Theologie, sondern tote Orthodoxie. Erlösung wird zu einem Schatz, über den die Kirche edelmütig verfügt, das Evangelium wird zu einem selbstverständlichen Besitz der Kirche, das Königreich Gottes zu einer Institution und das neue Leben in Christus zu einer guten Gewohnheit.

Authentische Theologie entwickelt sich jedoch nur dort, wo die Kirche in einer dialektischen Beziehung sich auf die Welt zu bewegt, mit anderen Worten, wo die Kirche Mission betreibt, im weitesten Sinne des Wortes. Innere Erneuerung der Kirche und missionarische Erweckung gehören zusammen.

Die Frage nach der Bedeutung von „Mission“ ist daher gewissermaßen einfach eine andere Fassung der Frage nach dem Verständnis der Kirche von ihrem eigenen Glauben und ihrer Botschaft. Missiologie – und spezifischer die Theologie der Mission – ist nicht bloß eine überflüssige theologische Nebensache, sondern sie gehört, wie Hendrik Kraemer mit Recht anmerkte, zu den „Norm setzenden“ Gegenständen in der theologischen Enzyklopädie. Missiologie ist, wie E. Jansen Schoonhoven es ausdrückt, *„theologia viatorum“*. Sie umfasst die gesamte Reflexion, Bewertung und den Lobpreis der Kirche, während „sie das Evangelium auf seinem Weg durch die Nationen und Zeiten begleitet“.[29]

Wir haben gesagt, dass jede missionarische Unternehmung der Kirche ihre theologische Grundlage hat, wenn auch manchmal implizit und unreflektiert. Es ist notwendig, das explizit auszudrücken, was nur implizit irgendwo im Hintergrund ist (vgl. 1. Petrus 3,15). Wir müssen dem Impliziten Ausdruck verleihen, es ausformulieren, ihm erlauben, in Dialog zu treten, und zwar nicht nur mit der Praxis der Mission, sondern auch mit der theologischen Reflexion anderer Autoren. Das ist nicht nur um der Mission, sondern auch um der Theologie willen notwendig.

In dem erwähnten Artikel plädiert Jackson in der Tat nicht nur für eine „Theologie der Mission“, sondern für eine „missionarische Theologie“. In nachfolgenden Kapiteln werden wir darauf hinweisen

---

29 E. Jansen Schoonhoven, *Variaties op het Thema Zending* (Kampen: Kok, 1974), 14.

– wie Jackson mit Recht sagt –, dass so eine Theologie in keinem Stadium der Kirchengeschichte entwickelt worden ist, dass jedoch in der gegenwärtigen Phase hier und da ein paar Knospen so einer missionarischen Theologie erkennbar werden. So eine Entwicklung ist allerdings nur dort möglich, wo die Kirche sich des Pilgercharakters ihrer Existenz bewusst geworden ist.

Bewegung und Institution

Wir kehren für einen Augenblick zu Jacksons Hauptthese zurück – zur Tatsache, dass „Ereignis" und „Theologisieren" im Verlauf der Kirchengeschichte dazu neigten, sich abzuwechseln. Das Problem hinter diesem Phänomen besteht darin, dass die Kirche immer die doppelte Form von *Institution* und *Bewegung* an den Tag gelegt hat, manchmal mehr das eine, manchmal mehr das andere.[30] Es ist jedoch tragisch, dass die beiden Elemente sich nur zu oft feindlich gegenüberstehen oder versuchen, sich gegenseitig auszuschließen. Dann erhalten wir eine einseitige Betonung entweder des Institutionellen und Offiziellen, oder der Kirche als Ereignis und Bewegung. Wir sollten allerdings gar nicht vor so eine Wahl gestellt werden. Es sollte eine dynamische und kreative Spannung zwischen beiden aufrechterhalten werden. „Institution" ohne „Ereignis" wird schrittweise zu einem Museum oder Asylantenheim. „Ereignis" ohne „Institution" verschwindet nach kurzer Zeit, oder wo das nicht passiert, wird das „Ereignis" schrittweise institutionalisiert.

In seinem Buch *Der Gedanke des Gottesreichs im amerikanischen Christentum* spürte H. Richard Niebuhr dieser Interaktion nach, und zwar in Bezug auf amerikanische kirchliche Entwicklungen seit der Zeit der Puritaner. Griechische Vorlieben für Abstraktion und römische Vorlieben für Systematisierung führten im Verlaufe der Zeit zur fast vollständigen Verknöcherung der mittelalterlichen Kirche. Im Gegensatz dazu war die protestantische Reformation ein „Ereignis", das

30 Vgl. J.-L. LEUBA, *New Testament Pattern: An Exegetical Enquiry into the "Catholic" and "Protestant" Dualism* (London: Lutterworth, 1953). Ursprünglich auf Französisch veröffentlicht: *L'institution et l'Evénement* (1950).

jedoch nach ihrem Frühling auf ähnliche Weise institutionalisiert wurde. Jene Puritaner und andere Nonkonformisten, die nach Nordamerika auswanderten, bildeten auf ihre Weise ein Korrektiv dazu. Doch auch sie unterlagen wiederum demselben Verlauf (vgl. Cotton Mather).

Zwischen dem Statischen und dem Dynamischen bleibt jedoch ein unaufhörlicher interaktiver Prozess bestehen. Immer, wenn die Kirche wie das alte Israel ihren Charakter als Pilger und Ereignis vergisst und sich am Wegesrand niederlassen will, immer, wenn sie vergisst, dass sie nicht von dieser Welt ist und anfängt, in der Gesellschaft Macht auszuüben, entwickelt sich ein unruhiges Element in ihr, das oft die Form von Zellen, Gruppen, Gesellschaften oder Sekten annimmt, welche die etablierte Kirche herausfordern. Immer, wenn die Kirche sich erlaubt, sich in einem derartigen Ausmaß der Welt anzupassen, dass sie die dynamischen Elemente verwirft oder vernachlässigt, die zu ihrem Wesen gehören, beginnen sich alle möglichen Gegenströmungen zu entwickeln. Die Adventisten entstanden als Korrektiv angesichts der Missachtung der Erwartung der Wiederkunft Christi, die Pfingstbewegung als Protest gegen das Verschwinden der Geistesgaben, der Darbyismus als Zurückweisung der Institutionalisierung und hierarchischen Struktur der kirchlichen Ämter, die Baptisten als Ablehnung der automatischen Mitgliedschaft in der Kirche, Marxismus als Verurteilung der Vernachlässigung der sozialen Gerechtigkeit und der Transzendentalisierung der Erlösung, und das Quäkertum sowie die Mennoniten als Kritik der kirchlichen Akzeptanz von Gewalt und Krieg als einer Normalität.[31]

Wenn die Institution kein Auge oder Ohr für diese Proteststimmen hat, nimmt sie sich selbst die Möglichkeit der Erneuerung und stirbt langsam den Erstickungstod. Wenn die Erneuerungsbewegungen andererseits die Stabilität und Weite der Institution ablehnen, werden sie wie wundeschöne Blumen ohne Wurzeln, die auf dem Wasser treiben und von den Winden hin und her getrieben werden, bis sie ihre Herrlichkeit verlieren und ans Ufer gespült werden. Andere versuchen, ihren Elan und ihre Bedeutung dadurch zu behalten, dass sie sich bewusst als „separatistische Kirche“ organisieren.

31 Vgl. F. Boerwinkel, *Einde of Niew Begin?* (Bilthoven: Ambo, 1974), 64-65.

Diese dynamische Interaktion zwischen Bewegung und Institution ist keine einfache Angelegenheit. Die wahre Tragödie geschieht, wenn die Erneuerungsbewegung ihre glühenden Überzeugungen in die Herzen der Menschen gießt, um dann festzustellen, dass sich diese Überzeugungen über kurz oder lang abkühlen und zu kristallisierten Kodexen, verhärteten Institutionen und versteinerten Dogmen werden.[32] Der Prophet wird dann zum Priester des Establishments, das Charisma wird zum Amt, die Liebe zur Routine.

Mission ist per definitionem ein Element der Erneuerung. Der enge Kanal, in dem sich die institutionalisierte Kirche bewegt, ist ja praktisch immer zu eng für den Impuls der missionarischen Strömung. Der Kanal neigt dann dazu, über die Ufer zu treten. Manchmal wird diese missionarische Strömung zu einem getrennten Strom neben dem Kanal der institutionalisierten Kirche und im Gegenüber zu ihm. Wenn das passiert, ist das zum Schaden sowohl der Kirche als auch der Mission. Institution und Bewegung – diese beiden sollten niemals als sich gegenseitig ausschließende Kategorien angesehen werden. Dasselbe gilt für Theologie und Mission.

32 Vgl. H. R. Niebuhr, *Der Gedanke des Gottesreichs im amerikanischen Christentum* (New York: Church World Service, 1948), 121.

4. Gegensätzliche missionarische Modelle

Polarisierung in der Mission

Das einleitende Kapitel wies darauf hin, dass die Mission heute in einer Krise steckt. Diese Krise ist radikaler und umfassender als alle Probleme der Kirche im Verlaufe ihrer Geschichte. Die Kapitel 10 bis 17 werden der Kirche auf ihrem missionarischen Weg durch die Jahrhunderte nachgehen. Der Hintergrund, vor dem sich die gegenwärtige Krise entwickelte, wird dann schrittweise klarer werden. Doch um genau diesen historischen Weg der Mission besser zu verstehen, ist es bereits jetzt hilfreich, die vorherrschenden gegenwärtigen Interpretationen der Mission zu begutachten.

Wir werden dabei momentan nicht versuchen, die feineren Schattierungen und Komplexitäten zu beleuchten, die hinter dem gegenwärtigen Missionsverständnis stehen. Wir werden vielmehr versuchen, die moderne missionarische Theologie auf eine gewisse stereotype Weise mithilfe von zwei gegensätzlichen Modellen zu skizzieren. Auf diese Weise werden wir die Parameter einer Missionstheologie skizzieren und damit sozusagen eine „Skala" entwerfen, die dem gesamten Spektrum gegenwärtiger Interpretationen der missionarischen Aufgabe Raum gibt.

Man sollte natürlich in Erinnerung behalten, dass keine dieser verschiedenen Interpretationen einfach so vom Himmel gefallen ist. Sie alle gehören zum historischen Erbe. Die Wurzeln der modernen missionarischen Kontroverse sollten zu einem Großteil mindestens bis ins 18. Jahrhundert zurückverfolgt werden, in mancher Hinsicht sogar bis in noch frühere Zeiten.

Im gegenwärtigen Stadium unserer Studie werden wir die Unterschiede in der modernen Missionstheologie auf nur zwei Positionen reduzieren. Das ist zugegebenermaßen eine kaum haltbare Vorgehensweise. Die Wirklichkeit ist viel verschwommener. Doch gerade das Skizzieren der beiden extremen „Flügel" kann helfen, das Wesen, das Ausmaß und den Ernst der grundlegenden Unterschiede klarer in den Blick zu bekommen. Die beiden Positionen, die wir näher untersuchen wollen, werden oft das „ökumenische" und das „evangelikale" Missionsverständnis genannt. Wir wollen damit nicht sagen, dass alle Ansichten über die Mission fein säuberlich in eines dieser „Lager" eingepasst werden können. In den folgenden Kapiteln werden wir argumentieren, dass so eine rigorose Unterscheidung unhaltbar ist. Die Unzulänglichkeit unserer Terminologie beruht auch auf der Tatsache, dass wir unmöglich alle „Evangelikalen" als unökumenisch einstufen können oder alle „Ökumeniker" als nicht evangelikal. Aber diese Begriffe werden heute fast universal verwendet und wir können sie kaum ignorieren.

Wir müssen das unvermeidbare Risiko eingehen und Personen beim Namen nennen. Viele Missiologen – ich denke z.B. an Stephen Neill, Lesslie Newbigin, Johannes Verkuyl, Gerhard Rosenkranz, Hans-Werner Gensichen, Gerald Anderson, Bengt Sundkler, Eric Sharpe, Mortimer Arias, John Mbiti, Olav Myklebust – würden es vermutlich ablehnen, entweder als „evangelikal" im Gegensatz zu „ökumenisch" eingestuft zu werden, oder umgekehrt. Es gibt in der Tat Autoren, die (manchmal unter gewissen Vorbehalten) entweder als „evangelikal" oder als „ökumenisch" eingestuft werden können und die ihre jeweiligen Positionen mit beachtlicher Kohärenz verteidigen und propagieren. Zu den Repräsentanten des „evangelikalen" Flügels der letzten beiden Jahrzehnte zählen Peter Beyerhaus, Arthur Johnston, Herbert Kane, Byang Kato, Donald McGavran, Arthur Glasser und Ralph Winter. Typische Ökumeniker sind Burgess Carr, J. G. Davies, Johannes Hoekendijk, Ludwig Rütti, Richard Shaull, M. M. Thomas und Thomas Wieser.

Es ist bemerkenswert, dass die Trennlinie nicht nur Protestanten, sondern auch römisch-katholische Christen in zwei „Lager" unterteilt. Die Terminologie „evangelikal" – „ökumenisch" ist zwar unter Katholiken nicht gebräuchlich, aber die Dynamiken sind dieselben. In einem Beitrag zum Thema „Die Versuchung der ‚Neuen Christenheit'" warnt ein anonymer römisch-katholischer Autor seine Leser vor genau denselben theologischen Gefahren, die ein „evangelikaler"

Protestant sehen würde.[33] Während die beiden „Flügel" in der römisch-katholischen kirchlichen Struktur weiterhin aufgrund ihrer gemeinsamen Abhängigkeit vom Heiligen Stuhl organisch zusammengehalten werden und daher weiterhin in der Lage sind, gegenseitig ins Gespräch zu kommen, besteht im Protestantismus die Gefahr, dass sich evangelikale und ökumenische Gruppen nicht nur *ignorieren*, sondern gar gegenseitig *bekämpfen*.

Die ökumenische Sicht wird heute hauptsächlich in den Kreisen des ÖRK propagiert. Die evangelikale Position ist entweder eine Minderheitenstimme im ÖRK, oder sie wird von Gruppen propagiert, die sich aus dem ÖRK zurückgezogen haben oder niemals zum ÖRK gehörten.

Im gegenwärtigen Stadium ist es nicht unsere Absicht, diese Positionen kritisch zu bewerten oder einer Position den Vorzug zu geben. Eine derartige Bewertung *muss* natürlich vorgenommen werden, aber zu einem späteren Zeitpunkt. Wir werden daher im vierten Teil der vorliegenden Studie darauf zurückkommen.

Das evangelikale Missionsverständnis

Peter Beyerhaus hat darauf hingewiesen, dass Evangelikale keinen einförmigen Block bilden. Ihm zufolge gibt es mindestens sechs unterscheidbare evangelikale Gruppierungen.[34] Die erste und größte Gruppe sind die sogenannten „neuen Evangelikalen", zu denen Billy Graham gehört und die versuchen, alle evangelikalen Kräfte zu vereinen. Ihnen gegenüber stehen die separatistischen Fundamentalisten, die sich in Organisationen wie dem *Carl McIntyre's International Council of Christian Churches* zusammengeschlossen haben. Eine dritte Gruppe sind die „Bekenntnisevangelikalen", zu denen Beyerhaus selbst gehört. Eine vierte Kategorie ist in den pfingstlerischen und charismatischen Bewegungen zu finden. Die fünfte Gruppe sind die sogenannten „radikalen Evangelikalen", die besonders auf dem

33 „The Temptation of the ‚New Christianity'", in: *Christ to the World* 19.4 (1974), 310-318.

34 Vgl. P. Beyerhaus in W. Künneth und P. Beyerhaus (Hrsg.), *Reich Gottes oder Weltgemeinschaft?* (Bad Liebenzell: VLM, 1975), 307-308.

Lausanner Kongress für Weltevangelisation (1974) hervorgetreten sind und unter denen Lateinamerikaner wie Samuel Escobar, René Padilla und Orlando Costas herausragen, aber auch verschiedene nordamerikanische Gruppen, besonders die Mennoniten. Sie betonen aus biblischen Gründen die Notwendigkeit sozio-politischer Einmischung. Letztlich gibt es die Gruppe, die Beyerhaus als „ökumenische Evangelikale" bezeichnet. Dies sind Leute, die trotz oft scharfer Kritik eine positive Haltung zur ökumenischen Bewegung einnehmen. Hier erwähnt Beyerhaus Festo Kivengere, der auf dem Lausanner Kongress bei der abschließenden Abendmahlsfeier zusammen mit anderen Evangelikalen dafür plädierte, dem ÖRK freundschaftlich die Hand zu reichen. Unabhängig von Beyerhaus unterscheidet John de Gruchy in einem gut lesbaren Artikel fünf evangelikale Gruppen. Seine Klassifizierung stimmt grob mit derjenigen von Beyerhaus überein.[35]

Im Lichte des oben Gesagten ist klar, dass es unmöglich ist, die Ansichten der evangelikalen Bewegung auf eine Weise zu charakterisieren, der jeder Repräsentant dieser Bewegung von ganzem Herzen zustimmen wird. Dennoch glauben wir, dass die folgende Darstellung als eine solche angesehen werden kann, welche die hervorstechenden Merkmale des evangelikalen Missionsansatzes im Gegenüber zum ökumenischen Ansatz repräsentativ wiedergibt.

Die breitere Interpretation von „Mission", die wir im zweiten Kapitel diskutiert haben, wird in evangelikalen Kreisen tendenziell zurückgewiesen. Arthur P. Johnston sagt kategorisch: „Historisch gesehen besteht die Mission der Kirche allein in der Evangelisation", und er tadelt John Stott dafür, dass dieser „Evangelisation als *das* einzige historische Ziel der Mission entthront" habe.[36]

Harvey Hoekstra hält die Einführung der Vorstellung der „neuen Mission" und den daraus folgenden „Niedergang der Evangelisation" für den Hauptbeweis für die Apostasie des ÖRK.[37] Die Tatsache,

35 Vgl. J. DE GRUCHY, „The Great Evangelical Reversal: South African Reflections", in: *Journal of Theology for Southern Africa* 24 (1978), 45-57.

36 A. P. JOHNSTON, *The Battle for World Evangelism* (Wheaton: Tyndale House, 1978), 18, 302-303.

37 Vgl. H. T. HOEKSTRA, *The World Council of Churches and the Demise of Evange-*

dass John Stott, selbst ein eingefleischter Evangelikaler, ein breiteres Missionsverständnis unterstützt als dasjenige von Johnston und anderen, beweist jedoch, dass Evangelikale in dieser Sache nicht alle einer Meinung sind.[38]

Das vornehmliche Motiv für Mission findet sich nach Ansicht der Evangelikalen in der Tatsache, dass Christus sie befohlen hat (Matthäus 28,19-20), und da die Autorität der Schrift ohne Abstriche akzeptiert wird, ist dieses Motiv ausreichend. Nicht alle Evangelikale würden Johnston jedoch beipflichten, wenn er sagt: „Ein Evangelist, der der wörtlichen Unfehlbarkeit und vollen Autorität der Schrift verpflichtet ist, besitzt die notwendige theologische Grundlage, um die Botschaft klar zu erkennen und sie mit der vom Heiligen Geist verliehenen Kraft und Überzeugung einfach zu verkündigen."[39]

Ein sekundäres, aber ebenso wichtiges Missionsmotiv ist die Überzeugung: Wenn wir keine Missionsarbeit machen, gehen die Menschen, die das Evangelium nicht gehört haben, ewig verloren. Umgekehrt gilt: Wenn sie das Evangelium hören und annehmen, werden sie in die ewige Herrlichkeit eingehen. Das Evangelium wird hier manchmal hauptsächlich als ein „Gegenstand des Glaubens" verstanden, weniger als eine „Lebensweise".[40] Es ist eine Botschaft, die den Eintritt ins Reich Gottes garantiert, wenn sie „angenommen" wird.

Der größte Schmerz des Menschen ist seine Verlorenheit vor Gott, sein größtes Bedürfnis besteht darin, von der Sünde erlöst und mit Gott versöhnt zu werden, seine größte Angst ist die ewige Höllenstrafe, seine größte Hoffnung die ewige Herrlichkeit im Jenseits. In dieser Definition hat Sünde hauptsächlich mit der Beziehung des Menschen zu Gott zu tun, die schiefgelaufen ist. Sünde ist außerdem etwas persönliches und individuelles: „... das Auge des Evangelisten ist immer auf die Einzelperson gerichtet, mit der Absicht, zur persön-

---

lism (Wheaton: Tyndale House, 1979).

38 Vgl. Stotts Reaktion auf Johnston in *Christianity Today* vom 5. Januar 1979, 34-35.

39 Johnston 1978, 50.

40 *Ibid.*, 59.

lichen Bekehrung zu motivieren ... Gerettet werden können nur Individuen *als* Individuen."[41]

Evangelikale neigen dazu, die Welt, in der wir leben, als wesentlich böse anzusehen. Sie ist dem „Fürsten dieser Welt" übergeben worden (Johannes 16,11; vgl. 1. Johannes 5,19). Der Christ darf die Dinge dieser Welt nicht genießen; er sollte im Gegenteil „die Dinge dieser Welt" stets meiden. Sein Bürgerrecht ist immerhin im Himmel. Kontakt mit der Welt soll daher auf ein Minimum reduziert werden.

In den stärker adventistischen und dispensationalistischen Kreisen liegt die gesamte Betonung auf dem *kommenden* Reich Gottes. Der Gläubige wartet sehnsüchtig auf die Wiederkunft Christi. Die Gegenwart ist leer. Nur die herrliche Zukunft zählt. Um diesen Punkt mit einer Metapher zu illustrieren: Die Kirche ist ein kleines Rettungsboot auf stürmischer See, fleißig damit beschäftigt, Überlebende aufzugreifen. Die Überlebenden werden in ein unbequemes Rettungsboot gezogen, wo sie sich aneinanderklammern, aus Angst, die Wellen könnten sie aus dem Boot spülen. Dort kauern sie sich also zusammen, ertragen die Unbequemlichkeit, die Kälte, die Feuchtigkeit oder die stechenden Sonnenstrahlen. Sie können wenig tun, außer im Kreis zu fahren und nach weiteren Überlebenden Ausschau zu halten. Und ihre volle Konzentration ist auf den fernen Horizont gerichtet. Denn eines Tages – niemand weiß genau, wann, auch wenn ständig alle möglichen Berechnungen angestellt werden – wird ein Luxusliner auftauchen und sie in einen sicheren Hafen bringen. Sie leben nur für jenen Tag. Das kleine Rettungsboot ist ihre „Kirche", aber in Wirklichkeit dient es hauptsächlich dazu, sie vor dem Ertrinken und vor den Haien zu bewahren und sie angesichts des herrlichen Tages in der (fernen?) Zukunft bei der Stange zu halten. Es bestehen kaum positive oder dynamische Beziehungen zwischen dem Rettungsboot und dem Meer. Das Meer, die Umgebung, ist feindlich, böse und eine permanente Bedrohung.

Selbst adventistische Gruppen finden es jedoch schwierig, so eine strenge Zukunftsorientierung durchzuhalten. Das gerade dargebote-

41 C. E. Braaten, *The Flaming Center* (Philadelphia: Fortress, 1977), 112.

ne Portrait charakterisiert die adventistische Bewegung in ihren frühen Anfängen, aber es würde wohl kaum der heutigen Bewegung mit all ihren Facetten gerecht werden.

Evangelikale legen außerdem eine gewisse Zurückhaltung an den Tag, wenn es darum geht, sich in den Strukturen der Gesellschaft selbst zu engagieren: „Die Welt gleiche einem brennenden Gebäude, sagen sie; die einzige Aufgabe eines Christen bestehe darin, an einer Rettungsexpedition teilzunehmen, bevor es zu spät sei. Jesus Christus könne jeden Augenblick wiederkommen; es habe keinen Zweck, an den Strukturen der Gesellschaft herumzubasteln, denn die Gesellschaft sei dem Untergang geweiht und stehe vor der Zerstörung." – so fasst John Stott diese Ansicht zusammen.[42] Oder mit den Worten Arthur Johnstons: „... das Ziel der biblischen Evangelisation besteht nicht in einer christianisierten Welt oder in einer Christus ähnlichen Welt, sondern in einer Weltevangelisation, die den König zurückbringt."[43] Selbst John Stott, der Mission als Evangelisation plus soziale Aktion definiert, verteidigt den Vorrang der Evangelisation, wenn er die umfassende Mission der Kirche beschreibt, die auf die Welt ausgerichtet ist. Das sollte jedoch nicht dahingehend verstanden werden, dass Evangelikalen Mitgefühl und humanitäres Interesse fehlt. Sie legen oft größeres aufopferndes Engagement für die existenziellen Nöte der Opfer der Gesellschaft an den Tag – für Drogenabhängige, Flüchtlinge, die ausgebeuteten Armen, die Kranken etc. – als viele Ökumeniker, die über die Evangelikalen wegen ihres Mangels an sozialem Interesse lästern.

Die meisten Evangelikalen würden allerdings die Linie dort ziehen, wo es um das direkte Engagement der Kirche in den strukturellen Veränderungen der Gesellschaft geht. Solche Veränderungen – die von Evangelikalen oft tatsächlich als erstrebenswert erachtet werden – sollten vielmehr als ein mögliches *Ergebnis* der Evangelisation angesehen werden. Die Betonung liegt auf Evolution, nicht auf Revolution. In diesem Zusammenhang wird oft die Haltung des

42 J. Stott, *Gesandt wie Christus: Grundfragen christlicher Mission und Evangelisation*. ABCteam, Bd. 62 (Wuppertal: Brockhaus, 1976), 12.
43 Johnston 1978, 52.

Neuen Testaments zur Sklaverei bemüht. Auf keiner Seite des Neuen Testaments wird Sklaverei ausdrücklich verdammt; doch wegen der Verbreitung des Christentums geriet das ganze System zunehmend in Verruf und es wurde letztlich abgeschafft. Aus demselben Grund engagieren sich Evangelikale heute als Teil ihrer missionarischen Unternehmungen im Bildungssystem, im Gesundheitswesen, auf dem Agrarsektor, in der Hoffnung, dieses Engagement werde schrittweise zu Veränderungen der gesamten Infrastruktur einer Nation führen.

Es gibt jedoch auch jene Evangelikale, die derartige „Dienste" nicht als logische Folge der Evangelisation ansehen, sondern als vorbereitende Hilfe für die Evangelisation. Schulen, Krankenhäuser, Waisenhäuser und ähnliche Einrichtungen werden primär als Mittel gesehen, die den Schülern, Patienten und Waisen die Möglichkeit geben, das Evangelium zu hören. Indem man sich dem Körper zuwendet (z. B. in Krankenhäusern) oder dem Verstand (in der Missionsschule), bereitet man die Menschen auf das Evangelium vor. Der Erfolg von Missionsschulen oder Missionsspitälern wird oft anhand der Anzahl von Bekehrten gemessen, die sie hervorbringen.

Aufgrund ihrer Zurückhaltung bei der direkten Einmischung in die negativen Seiten der gesellschaftlichen Strukturen – ethnische Diskriminierung, Wanderarbeiter, ökonomische und politische Ausbeutung etc. – werden Evangelikale oft als solche wahrgenommen, die auf der Seite der bestehenden sozio-politischen Ordnung stehen. Im Begriff „konservativer Evangelikaler" scheint das Wort „konservativ" oft sowohl die theologischen als auch die politischen Aspekte abzudecken.

Wenn es um nichtchristliche Religionen geht, neigen Evangelikale dazu, diese als Spiegel der religiösen Suche des gefallenen Menschen anzusehen. Der Mensch, der in der Dunkelheit umherirrt, fällt dabei Satan zum Opfer, und die Systeme, die der Mensch erfindet, verhindern nur allzu oft, dass er auf die Herrschaft Christi reagiert. Eine nichtchristliche Religion ist eine Höhle, in der sich der Mensch vor Gott versteckt, während er angeblich Gott sucht. Wenn ein Mensch das Evangelium annehmen möchte, muss er seiner heidnischen Vergangenheit entschlossen den Rücken zukehren und die Botschaft bedingungslos akzeptieren.

Der Ruf zur Mission wird von Evangelikalen oft als „ein direkter Befehl" angesehen, „der aufgrund der Exegese des Missionsbefehls (Mt 28) jedem einzelnen Gläubigen gilt."[44] Die Autorität für die Evangelisation ist nicht von der Kirche abgeleitet, eine Auffassung, für die tendenziell Ökumeniker argumentieren. Diese Betonung der Berufung des Einzelnen ist einer der Faktoren gewesen, die zur Folge hatten, dass die evangelikalen Missionsorganisationen immer zahlreicher wurden, besonders in Nordamerika. Die unterstützende Basis vieler dieser Organisationen ist nicht die offizielle Kirche, sondern freie Vereinigungen einzelner Christen.

Wo die institutionelle Kirche eine so kleine Rolle in der Berufung und Beauftragung von Missionaren spielt, sollte es nicht überraschen, dass das Gründen von Gemeinden und Kirchen auf dem Missionsfeld oft nur wenig Aufmerksamkeit bekommt. Wesentlich ist, dass Menschen „für Christus gewonnen" werden; ihre Eingliederung in eine kirchliche Organisation ist von sekundärer Bedeutung. Die Kirche als Institution und Organisation kann sogar als ein Hindernis für das geistliche Wachstum der Bekehrten angesehen werden.

In anderen evangelikalen Kreisen hat die Kirche eine große Bedeutung. Mission wird vornehmlich als Gemeindegründung oder Ausdehnung einer Kirche verstanden. Was wirklich zählt ist das, was innerhalb des Kirchengebäudes geschieht: öffentlicher Gottesdienst, Taufe, Konfirmation, Gebetstreffen. Die Qualität des christlichen Lebens eines Bekehrten wird hauptsächlich anhand seiner Beteiligung an diesen Aktivitäten gemessen. Die evangelikale Tendenz, sich aus Angst vor Verunreinigung aus der Welt zurückzuziehen, ist seltsamerweise oft mit der Vorstellung verbunden, die Welt sei ein Gebiet, in das man einmarschieren muss, um die Gefangenen zu befreien. Auf diese Weise können Teile der Welt neu für Gott zurückerobert werden.

Es passiert oft, dass junge Kirchen, die von evangelikalen missionarischen Unternehmungen gegründet wurden, als unreif eingestuft

44 *Ibid.*, 298.

werden und daher nur ein begrenztes Maß an Autonomie erhalten. Sie werden als Kirchen angesehen, die ständig auf die Hilfe und Ratschläge der erfahrenen westlichen Missionare und Missionsgesellschaften angewiesen sind, besonders im Blick auf geistliche Fragen. Es muss eine beträchtliche Zeit verstreichen, bevor diese Kirchen als solche eingeschätzt werden, die in der Lage sind, eigene Entscheidungen darüber zu treffen, was richtig und falsch ist. Eine Art von Treuhänderverhältnis, das gelegentlich in zahlreichen präzisen und oft gesetzlichen Vorschriften Ausdruck findet, wird aufrechterhalten. Die endgültigen Entscheidungen werden in Europa oder Nordamerika getroffen.

Mission aus ökumenischer Perspektive

Wenn wir sozusagen vom Evangelikalismus zur ökumenischen Position wechseln, scheint es, als würden wir von einem Planeten zu einem anderen wechseln – Planeten, die oft Lichtjahre voneinander entfernt zu sein scheinen. Im Allgemeinen kann man sagen, dass die ökumenische Position einen ernsthaften Versuch widerspiegelt, alle Dualismen der vorherigen Position zu überwinden, z.B. die Dualismen zwischen ewig und zeitlich, Seele und Leib, Individuum und Gemeinschaft, Religion und Kultur, Evangelisation und sozialem Engagement, vertikal und horizontal, Erlösung und Befreiung, Verkündigung und Präsenz, religiös und säkular, Kirche und Welt.

Ein grundlegendes Charakteristikum der ökumenischen Position ist ihre Offenheit gegenüber der Welt. Ein Buch eines Theologen aus der DDR, Hanfried Müller, kann zur Illustration dafür dienen: *Von der Kirche zur Welt* (1961). Müller findet die Bewegung von der Kirche zur Welt beispielhaft im Leben und Werk Dietrich Bonhoeffers, des Mannes, der seine theologische Laufbahn mit einer Abhandlung zur Kirche begann, *Sanctorum Communio*, die Gemeinschaft der Heiligen. Bonhoeffer beendete sein Lebenswerk mit Briefen aus einem Gestapo-Gefängnis, in denen die Betonung voll auf der „erwachsen gewordenen Welt“ liegt.

Gottes Interesse gilt in erster Linie nicht der Kirche oder geretteten Individuen, wie die Evangelikalen meinen, sondern es gilt der gesamten Welt der Menschen. Die Vollversammlung des ÖRK in Uppsala (1968) formulierte es folgendermaßen: In früheren Zeiten, z.B. zur Zeit Luthers, lautete die Grundfrage des Menschen, wo man den wahren und gnädigen Gott finden könne; die Aufgabe der Mission bestand darin, den Menschen zu helfen, diesem Gott zu begegnen. „Heute zielt die Grundfrage viel stärker auf den *wahren* Menschen." Das Ziel der Mission bestehe heute in der Humanisierung der Gesellschaft, indem man der Menschheit dient. Daher kann eine deutsche protestantische Sonntagszeitung einen Artikel mit dem Titel veröffentlichen: „Indien braucht Hilfe, keine Mission!" An anderer Stelle lautet die Forderung: „Traktoren, nicht Traktate!" Erlösung hat mit persönlicher und sozialer Befreiung von allem zu tun, was die Menschen daran hindert, eine Existenz in Gerechtigkeit und Gemeinschaft zu erlangen. Die Kirche hat der Welt selbstlos zu dienen und damit das Leben auf der Erde in jeder Hinsicht menschlicher zu machen. Das Schlüsselkonzept, von Hoekendijk eingeführt, ist hier der alttestamentliche Begriff *schalom*, Frieden im Sinne von gesellschaftlicher Harmonie, die laut Uppsala in folgenden Dingen Ausdruck findet: „Die Emanzipation der farbigen Rassen, die Bemühung um die Vermenschlichung der Beziehungen in der Industrie, verschiedene Versuche, benachteiligte Landgebiete kulturell und wirtschaftlich zu fördern (in der Schweiz z.B. die Bergbauernhilfe), das Ringen um wirtschaftliche und berufliche Ethik, das Bemühen um intellektuelle Redlichkeit und Integrität."[45]

1964 veröffentlichte Manfred Linz seine Doktorarbeit *Anwalt der Welt: Zur Theologie der Mission*. In der Arbeit analysiert er deutsche Predigten zum Thema Mission in den Jahren von 1900 bis 1960. Er kommt zu dem Schluss, dass fast alle Predigten darauf hinweisen, dass der Prediger im Grunde nicht wusste, was er über die Welt sagen sollte. In einer Predigt über Mission muss notwendigerweise irgendwann etwas über „die Welt" gesagt werden, doch

45 *Die Kirche für andere und Die Kirche für die Welt im Ringen um Strukturen missionarischer Gemeinden*. Genf: ÖRK, 1967, 18.

„die Welt" bleibt in diesen Predigten völlig blutleer und schlecht definiert, sie ist bestenfalls eine geografische Größe. Linz plädiert dann für eine Richtigstellung. Die Welt muss von der Peripherie ins Zentrum gerückt werden. Mission soll „Anwalt der Welt" werden. Ein Missionar zu sein heißt, Gottes Mitarbeiter *in* der Welt zu sein. Die Aufgabe der missionarischen Kirche besteht darin, „zu verkündigen, was Gott in der Welt tut",[46] oder spezifischer ausgedrückt: „In seiner Teilnahme an Gottes Mission tritt der Mensch daher in Partnerschaft mit Gott in die Geschichte ein ..." (Versammlung von Uppsala 1968).[47]

Der gegenwärtige Säkularisierungsprozess wird in ökumenischen Kreisen oft als im Wesentlichen positiv eingeschätzt – auch wenn es manchmal nötig sein mag, feine Unterscheidungen zwischen Konzepten wie säkular, Säkularisierung, Säkularismus und Säkularität vorzunehmen.

Einmischung in die Welt kann in einem bestimmten Kontext die Form von politischer oder gar revolutionärer Aktion annehmen. Mission findet nicht nur in der südlichen Hemisphäre statt – was viele Vertreter des evangelikalen Missionsverständnisses immer noch glauben. Mission findet vielmehr überall in der Welt statt, inmitten all jener sozio-politischen Ereignisse, die sich gegenwärtig im Anstieg von Erwartungen und Bewegungen für soziale Veränderungen widerspiegeln, die das Los der Menschen verbessern wollen. Mission ist die Gesamtverantwortung der Kirche für die Welt. Das heißt nicht, dass die Kirche dieselben Funktionen ausführt wie normale säkulare Organisationen, oder dass sie mit diesen in Konkurrenz treten soll. Ihre Aufgabe besteht vielmehr darin, „eine Quelle der Unzufriedenheit und Störung zu sein und die Aufmerksamkeit auf Probleme, Realitäten und Verantwortungen zu lenken, die ansonsten ignoriert werden ... Die Kirche ist als eschatologische Gemeinschaft berufen, die Zukunft als eine explosive Kraft in die Gegenwart zu bringen, ein Zeichen der Macht der Versöhnung zu sein, indem sie alte Mauern

46 *Ibid.*
47 *Ibid.*, 16.

einreißt und alte Konflikte überwindet."[48] Ludwig Rütti formuliert es wie folgt: Mission findet weder im privaten Innenleben der Einzelperson noch im abgegrenzten Raum der Kirche statt, sondern in der konkreten Welt im Leben der Menschen. Wie Hoekendijk definiert er Mission als das Bringen von *schalom*, das er als Einmischung in soziale Prozesse beschreibt, als permanente Gesellschaftskritik und Sozialreform. Als solcher ist der Prozess des *schalom* ein universaler; er muss auf alle Bereiche des Lebens und der Welt ausgedehnt werden.[49]

Auf derselben Linie liegt ein Statement, das Burgess Carr, bis 1978 Generalsekretär der *All Africa Conference of Churches*, auf einem Treffen jener Organisation im Mai 1974 in Lusaka machte: „Wir müssen die Befreiungsbewegungen unmissverständlich unterstützen, denn sie haben der Kirche geholfen, eine neue und radikale Wertschätzung des Kreuzes wiederzuentdecken. Indem er die Gewalt des Kreuzes akzeptierte, heiligte Gott in Jesus Christus Gewalt als ein erlösendes Instrument, durch das ein vollständigeres menschliches Leben hervorgebracht wird." Bei einer früheren Gelegenheit hatte er bereits gesagt, dass es die ausdrückliche Absicht der *Conference of Churches* sei, „die potenziell marginalisierten Gruppen ... für Aufruhr und die Umstrukturierung der Gesellschaft einzuspannen ... Dies ist die Art und Weise, auf die wir heute Evangelisation und Erlösung wahrnehmen."[50]

All dies bedeutet, dass die Grenze zwischen Kirche und Welt, und damit auch zwischen Heilsgeschichte und Weltgeschichte, zunehmend verschwommen wird. In der Tat gilt: „Die Entsakralisierung der Heilsgeschichte führt zur Sakralisierung der Weltgeschichte."[51] Es ist unbedeutend, was die Kirche *ist*; von Wert ist nur, was sie *tut*. Die Kirche ist fast auf einen Bindestrich zwischen Gott und Welt reduziert. Wir sollten uns daher nicht länger mit der Entwicklung

48 R. SHAULL, „Towards a Reformulation of Objectives", in: N. A. HORNER (Hrsg.), *Protestant Crosscurrents in Mission* (Nashville: Abingdon, 1968), 104.

49 Vgl. L. RÜTTI, *Zur Theologie der Mission: Kritische Analysen und neue Orientierungen* (München: Kaiser, 1972), 188-189.

50 Zitiert in der Johannesburger Zeitung *Star* vom 26. Juli 1974.

51 Vgl. P. BEYERHAUS, *Humanisierung: Einzige Hoffnung der Welt?* (Bad Salzuflen: Verlag für Missions- und Bibelkunde, 1969), 49.

einer religiösen, „christianisierten“ Kultur befassen, sondern vielmehr mit der säkularen Kultur. *Dort* ist Gott am Werk, nicht in der religiösen Sphäre.[52]

Schon seit 1964 lehnte der Christliche Studenten-Weltbund Begriffe wie „Evangelisation“, „Zeugnis“, „Mission“ ab – und implizit auch „Kirche“ –, denn all diese Begriffe legen Folgendes nahe: „Ein christliches Verhalten, das redet, bevor es zuhört, das Menschen aus ihren natürlichen Gemeinschaften herausruft in eine christliche Gruppierung, und das auf Kosten des gesamten Lebens vornehmlich mit der Seele beschäftigt ist.“ Im Gegensatz dazu fanden die Studenten die Haltung der „christlichen Präsenz“ sehr viel akzeptabler: „Diese Haltung versucht das Abenteuer zu beschreiben, im Namen Christi präsent zu sein, oft anonym, zuzuhören, bevor wir sprechen, zu hoffen, dass Menschen Jesus erkennen und in den Zusammenhängen bleiben, in denen sie sind, an dem harten Kampf gegen alle Entmenschlichung teilzunehmen, bereit, gegen dämonische Mächte anzugehen, sich mit den Ausgestoßenen zu identifizieren, gnadenlos die modernen Götzen und neuen Mythen lächerlich zu machen.“

Während die Evangelikalen versuchen, die Schrift deduktiv anzuwenden – mit anderen Worten: von der Schrift ausgehend die Linien in die gegenwärtige Situation auszuziehen – folgen Ökumeniker der induktiven Methode: Die Situation, in der sie sich vorfinden, wird zum hermeneutischen Schlüssel. Ihre These lautet: Wir erheben Gottes Willen *aus* einer spezifischen Situation, nicht *in* ihr. Daher muss das Wesen und Ziel der christlichen Mission von Zeit zu Zeit neu formuliert werden, um mit den Ereignissen Schritt zu halten.[53] Mit den Worten der Versammlung von Uppsala: „Die Welt setzt die Tagesordnung.“[54]

Abgesehen von jenen Ökumenikern, die die gesamte Betonung auf die Säkularisierung der Kirche legen, gibt es solche, die in spezifisch religiösen Kategorien reden, doch auf eine Weise, welche die Erlösung in nichtchristlichen Religionen hervorhebt. Diese beiden

52 Shaull 1968, 98 (mit Verweis auf A. Th. van Leeuwen).
53 Vgl. *ibid.*, 96.
54 *Kirche für andere*, 23.

Ansätze widersprechen sich nicht; im Gegenteil, „säkulare" und „religiöse" Ökumeniker ergänzen einander. Wie im ersten Ansatz die Trennlinie zwischen Kirche und Welt verschwimmt, so verschwimmt im zweiten Ansatz die Trennlinie zwischen christlich und nichtchristlich. Wenn die säkulare Welt außerhalb der Kirche der Bereich des Wirkens Gottes ist, dann sollte dasselbe für die religiöse Welt außerhalb der Christenheit gelten. Wenn es nicht länger nötig ist, Menschen aus der Welt in die Kirche zu bringen, dann ist es auch überflüssig, sie vom Heidentum zum Christentum zu bringen. Wir sollten daher nicht länger akzeptieren, dass die Erfüllung des Planes Gottes mit den nichtchristlichen Völkern von der Frage abhängt, ob sie zum Christentum bekehrt werden und sich einer seiner vielen Denominationen anschließen.[55] Das Ziel unserer Mission sollte nicht darin bestehen, Menschen der Kirche einzuverleiben, sondern vielmehr darin, sie zu befreien, in einen erlösenden Kontakt mit dem Besten in ihren eigenen religiösen Traditionen zu treten; christliche Theologie sollte einen theologischen Raum für die großen Weltreligionen aufreißen.[56]

Die christliche Mission hat daher im Grunde keine andere Verantwortung für die Anhänger anderer Religionen, als dem Hindu zu helfen, ein besserer Hindu zu werden, und dem Buddhisten, ein besserer Buddhist zu werden. In unserem Dialog (denn dieses Konzept ersetzt die ältere Vorstellung von „Mission") könnte es passieren, dass ein Buddhist Christ wird; es ist jedoch genauso möglich, dass ein Christ Buddhist wird, oder dass beide schließlich Agnostiker werden (J. G. Davies). In Anknüpfung an eine Aussage von Paulus könnte man sagen, dass Mission bedeutet, den Gottlosen ein Gottloser zu werden, den Nihilisten ein Nihilist zu werden, und denen, die außerhalb der Kirche sind, jemand zu werden, der außerhalb der Kirche steht – wobei das „wie" ausgelassen wird, das Paulus in seine Ausführungen in 1. Korinther 9,20-22 einschließt. Im Bericht der Konferenz von Bangkok zu „Erlösung heute" wird der Bruder gelobt, der

55 Vgl. Shaull 1968, 88-89.

56 Vgl. G. Baum, „Is There a Missionary Message?", in: G. H. Anderson und T. F. Stransky (Hrsg.), *Mission Trends No. 1* (Grand Rapids: Eerdmans, 1974), 81-86.

die gesamte traditionelle Sprache als bedeutungslos erkannt hat und „durch die Gnade Gottes ein Atheist" geworden ist. Die Kirche wird damit überflüssig und unnötig, ja, sie wird selbst ein Stein des Anstoßes. Der Kreis ist damit geschlossen: Das jahrhundertealte *extra ecclesiam nulla salus* (keine Erlösung außerhalb der Kirche) hat schrittweise dem *extra ecclesiam multa salus* (reichlich Heil außerhalb der Kirche) den Vortritt gelassen, und man neigt hier und da bereits dem *intra ecclesiam nulla salus* zu (kein Heil innerhalb der Kirche).

Sind die Positionen miteinander zu versöhnen?

Die evangelikalen und ökumenischen Ansätze zur Mission haben in großem Maße die Theorie und Praxis der Mission in den letzten Jahrzehnten dominiert. Die Polarisierung scheint eine vollständige zu sein: Verkündigung steht „christlicher Präsenz" gegenüber; Jesus der Erlöser steht Jesus dem Menschen für andere gegenüber; Erlösung der Humanisierung; die Erlösung der Seele der Befreiung und Revolution.

Dennoch ist es möglich, gleichzeitig eine eigene Ansicht zu vertreten und der Meinung anderer zuzuhören. Immerhin wird Theologie auch durch Zuhören getrieben. Besonders in umstrittenen Angelegenheiten ist der Versuch wichtig, zu verstehen, *warum* eine Person oder Gruppe eine bestimmte Position vertritt. Das Motiv eines anderen zu verstehen beinhaltet in keiner Weise, seinen Ansichten zuzustimmen. In der Tat ist keine bedeutsame Kritik möglich, bevor wir nicht zumindest bereit sind, die guten Absichten der Person anzunehmen, mit der wir nicht übereinstimmen.

Die Tragödie besteht darin, dass die extremeren Repräsentanten der beiden „Lager" kein ernsthaftes Verlangen an den Tag legen, mit ihren Gegnern in einen Dialog zu treten. Nur zu oft ist man auf beiden Seiten überraschenderweise bestrebt, die andere Seite zu kritisieren, kombiniert mit einem nur schwach kaschierten Vergnügen an jedem neuen „Beweis" des Extremismus der Gegner. Zweifellos ist es die einfachste Sache der Welt, die ökumenische Position aus evangelikaler Sicht komplett auseinanderzunehmen und dabei Etiketten wie

„Liberalismus", „Neomarxismus", „revolutionäre Ideologien", „Ablehnung der Autorität der Schrift" etc. zu benutzen. Es ist genauso einfach für die ökumenisch Gesinnten, ihre evangelikalen Kollegen als „engstirnig", „konservativ", „altmodisch", „auf der Seite der Unterdrücker", „blind für die Nöte der Menschen" etc. zu brandmarken. Bevor wir einander nicht in Demut annähern, helfen wir niemandem, sondern intensivieren die Polarisierung noch. Wahre Theologie kann nur in Schwachheit praktiziert werden und von einer selbstkritischen Haltung begleitet sein. Wenn wir das Verständnis und Motiv der Mission in der Schrift und durch die nachfolgenden neunzehn Jahrhunderte hindurch verfolgen, werden wir uns der Begrenzungen, Unzulänglichkeiten und Relativität unserer eigenen Einsichten in dieses große Geheimnis sehr bewusst werden.

Teil II:

Die biblische Grundlage der Mission

5. Eine biblische Theologie der Mission

Besonders in protestantischen Kreisen ist es üblich, eine Diskussion der Theologie der Mission mit den „biblischen Grundlagen“ zu beginnen. Ein Beispiel dieser Vorgehensweise bietet J. H. Bavinck mit seiner *Introduction to the Science of Missions.* Nach einem kurzen Überblick über das Wesen der Missionsforschung und die Bereiche der Missionstheorie bringt er die „biblische Grundlage der Mission“.[57] Sobald diese „biblische Grundlage“ geklärt ist, kann man zur Erläuterung der Missionspraxis (die deskriptive Aufgabe) übergehen und diese im Lichte der Bibel kritisch bewerten (die normative Aufgabe).

Sowohl in protestantischen als auch in römisch-katholischen Kreisen lässt man kaum Zweifel an der Notwendigkeit der biblischen Grundlage der Mission aufkommen. Ferdinand Hahn bestätigt den in dieser Hinsicht bestehenden heutigen Konsens, fügt jedoch hinzu, dass dieser Konsens nicht so selbstverständlich sei wie man denken könnte, denn die Missionstheologie des 19. Jahrhunderts ging anders vor. Gustav Warneck, Vater der protestantischen (und im Grunde auch der römisch-katholischen) Missiologie, legte neben biblischen, dogmatischen und ethischen Grundlagen auch kirchliche, historische und ethnologische vor.[58] Frühe protestantische Missionare, besonders pietistische und mährische, liefern ebenfalls nur wenige Belege für ernsthafte Untersuchungen der biblischen Grundlagen der Mission.

In der traditionellen römisch-katholischen Missiologie sah die Lage nicht sehr anders aus. Diese maß dem Auffinden einer biblischen Grundlage der Mission noch weniger Bedeutung zu. In der zweiten Auflage seiner *Inleiding in de Missiewetenschap* widmet Alphons Mulder dem, was er „biblische Missionstheologie“ nennt, nur zehn Seiten. Selbst auf diesen wenigen Seiten behandeln jedoch nur ein paar Absätze die Grundlage der Mission als solche. Der „traditio-

57 J. H. Bavinck, *An Introduction to the Science of Missions* (Grand Rapids: Baker, 1960), 11-76.

58 Vgl. F. Hahn, *Das Verständnis der Mission im Neuen Testament.* 2. Aufl. WMANT 13 (Neukirchen-Vluyn: Verlag des Erziehungsvereins, 1965), 149.

nellen", „dogmatischen" und „moralischen" missionarischen Theologie wird sehr viel mehr Zeit, Energie und Platz eingeräumt.[59] In seinem 927 Seiten starken missiologischen Handbuch *Machet zu Jüngern alle Völker* erwähnt Thomas Ohm die biblische Grundlage der Mission nur ganz nebenbei, und zwar in seinen Kapiteln zu „Ursache", „Ursprung" und „Ziel" der Mission.[60] Belege aus der Schrift werden zwar ausführlicher in den Abschnitten über Planung, Berufung, Vorbereitung der Mission, über den Missionar selbst und über die verschiedenen missionarischen Aktivitäten stärker berücksichtigt, doch das hat mit der *Grundlage* als solcher nur indirekt zu tun.

Induktiv oder deduktiv?

Es wäre jedoch falsch, würde man aus dem gerade Gesagten ableiten, protestantische Missionstheologie sei per definitionem biblischer als ihr römisch-katholisches Gegenstück. Ein ausführliches Kapitel über die „biblische Grundlage der Mission" an den Anfang einer Abhandlung zur Missionstheologie zu stellen ist in sich selbst noch keine Garantie, dass das, was folgt, tatsächlich biblischer sein wird als das, was Bücher bieten, in denen so eine formale Reflexion fehlt. Der Grund dafür besteht darin, dass wir alle unbewusst die Bibel aus einem bestimmten historischen und sozialen Kontext heraus lesen und unsere eigenen Überzeugungen auf die Bibel zurückprojizieren. Diese Tendenz ist nirgendwo offensichtlicher als in den vielen Büchern über Jesus, die in den letzten zweihundert Jahren veröffentlicht wurden. Zu Beginn des 20. Jahrhunderts veröffentlichte Albert Schweitzer sein Werk *Geschichte der Leben Jesu Forschung*. Darin zeigte er auf brillante Weise, wie jeder Gelehrte im Verlaufe der Geschichte auf den Seiten des Neuen Testaments einfach das Spiegelbild seiner eigenen Vorstellungen über Jesus von Nazareth gefunden hatte. Schweitzers eigener Versuch, die Person und das Wirken Jesu zu rekonstruieren, unterschied sich in dieser Hinsicht jedoch kaum von den

59 A. Mulders, *Inleiding in de Missiewissenschap* (Bussum: Paul Brand, 1950), 130-140; 140-185.

60 Ohm 1962, 141-320.

Versuchen seiner Vorgänger. In jedem einzelnen Fall erwies sich der „historische Jesus" als der Jesus des jeweiligen Historikers. Immer wieder wird der Christus der Schrift schlicht und einfach mit dem Christus der eigenen Erfahrung identifiziert.

Besonders in theologisch konservativen Kreisen wie denjenigen, die wir im vorhergehenden Kapitel diskutiert haben, wird üblicherweise behauptet, die Heilige Schrift sei die einzige Norm der Theologie. Der Ausgangspunkt lautet hier, dass Theologie „deduktiv" getrieben werden muss. Zunächst muss festgestellt werden, was die Schrift zu einer bestimmten Sache oder in einer bestimmten Perikope sagt. Danach müssen aus diesem Befund normative Leitlinien abgeleitet werden, die für die Gläubigen in ihrer gegenwärtigen Situation gelten. Aus dem, was oben bereits gesagt wurde, sollte jedoch klar hervorgegangen sein, dass die Anwendung der deduktiven Methode in der Tat nicht immer über alle Zweifel erhaben garantiert das feststellt, was die Bibel zu bestimmten zeitgenössischen Themen zu sagen hat. Wir nehmen normalerweise vorschnell an, dass wir die Bibel als eine Art objektiven Vermittler in theologischen Disputen zitieren können. Auf diese Weise sind wir blind gegenüber den Voraussetzungen, die hinter unseren eigenen Interpretationen stehen.

In ökumenischen Kreisen wird andererseits normalerweise die „induktive" Methode benutzt. Eine gegebene Situation wird als Ausgangspunkt genommen (Uppsala 1968: „Die Welt setzt die Tagesordnung"[61]) und man versucht, die Schrift im Lichte dieser Situation zu lesen. Der Kontext wird zum hermeneutischen Schlüssel, der ein „richtiges" Verständnis der Bibel ermöglicht. Gerhard Ebeling hat die Kirchengeschichte als „Geschichte der Interpretation der Bibel" definiert. Heute gibt es die Tendenz, die gesamte Weltgeschichte auf diese Weise zu beschreiben. Das ist die letztendliche Konsequenz einer „induktiven" theologischen Methode.

Wir haben es hier jedoch mit zwei falschen Alternativen zu tun, wenn wir zwischen einer „deduktiven" und „induktiven" Methode wählen sollen. Der erste Ansatz ist in jedem Fall nicht praktikabel, denn trotz der sorgfältigsten Forschung, die man sich vorstellen

61 *Kirche für andere*, 23.

kann, trennen uns rund zwanzig Jahrhunderte von den frühesten biblischen Dokumenten. Wir haben keinen unmittelbaren Zugang zu ihnen. Selbst wenn unser gegenwärtiger Kontext unsere Interpretation der Schrift nicht mitbestimmen sollte – unsere historischen und theologischen Traditionen tun das ganz sicher. Ein amerikanischer Protestant liest die Bibel auf eine Weise, die sich von der Leseweise eines deutschen Katholiken oder eines Kimbanguisten aus Zaire unterscheidet. Die *zweite* Methode ist praktikabel, aber nicht zu rechtfertigen. Historische Ereignisse und persönliche oder gemeinschaftliche Erfahrungen sind zu mehrdeutig, um als Schlüssel für die Interpretation eines biblischen Textes dienen zu können.[62]

Was sollen wir also tun? Sollten wir eine dritte Methode ausprobieren? Im Grunde existiert keine dritte Methode, die man als praktisches, klar definiertes „Rezept" übernehmen könnte. Im vollen Bewusstsein der Grenzen und Relativität *sowohl* der „deduktiven" *als auch* der „induktiven" Ansätze können wir dennoch von diesen beiden Gebrauch machen. Wie G. Casalis sagt: „Die Theologie denkt, vom Wort Gottes genährt, über eine historische Situation nach, welche in der Fülle eines verantwortlichen Engagements gelebt wird." Und an anderer Stelle: „Die Situation ist nie das Wort (Gottes); das Wort (Gottes) ist nie außerhalb der Situation; nur der Rekurs auf die Analyse und auf das Wort erlaubt die Entdeckung aller Dimensionen der Situation"[63] Es ist wichtig, das Wort „erlauben" in Casalis' Statement zu registrieren. Es deutet an: Selbst wenn wir der „richtigen" Methode folgen, haben wir immer noch keine Garantie, dass wir das Wort oder die Situation richtig interpretieren. Wir haben bereits in einem früheren Kapitel argumentiert, dass ein Risiko bleibt, wenn wir Theologie treiben. Wir können uns nur zögerlich mit der Theologie befassen.

Dieser Gedankengang ist für unsere Überlegungen zur biblischen Grundlage der Mission nicht unwichtig. Im Gegenteil. Er erklärt zum Beispiel, warum das gegenwärtige Kapitel nicht das erste in diesem Buch ist. Wenn missiologische Veröffentlichungen mit einem

---

62 Vgl. auch BLASER 1978, 32-34.
63 Zitiert bei BLASER 1978, 34 und 33.

Abschnitt über die biblische Grundlage beginnen, passiert es nur zu oft, dass der Autor von der Annahme ausgeht, dass seine Leser bereits wissen, was Mission ist (ihre Definition stimmt mit seiner überein!), und dass seine Aufgabe darin besteht festzustellen, was die Bibel über die bereits definierte Mission zu sagen hat.

Wir müssen auf eine andere Weise vorgehen. Indem wir die Aufmerksamkeit auf die Verwirrung gelenkt haben, die im Blick auf die Bedeutung und den Inhalt des Konzeptes „Mission" herrscht, haben wir es zumindest möglich gemacht, mit einem bestimmten Maß an Offenheit auf das zu hören, was die Schrift dazu zu sagen hat. Wir sind uns nun der Tatsache bewusst, dass unsere eigenen Definitionen nicht einfach so im voraus beanspruchen können, die einzig gültigen zu sein. Wir könnten sogar entdecken, dass es nicht mal in der Bibel eine einzige sorgfältig definierte und unveränderbare Vorstellung von Mission gibt, sondern dass in der Bibel vielmehr eine Vielfalt von Betonungen und Ansätzen vorliegt. Diese sind in den größeren Rahmen eines Verständnisses von Mission eingebettet, der in Gottes Sorge um die Welt und die Erlösung der Menschheit besteht.

Die Bibel als „mein Besitz"

Wenn sie isoliert voneinander oder gegeneinander eingesetzt werden, haben die deduktive und die induktive Methode noch einen weiteren Nachteil. In beiden Fällen kann es bewusst oder unbewusst leicht passieren, dass die Leser nur jene biblischen Belege zitieren, die ihnen besonders gefallen oder die genau die „Antworten" geben, nach denen sie gesucht haben. Die Kontroverse zwischen Evangelikalen und Ökumenikern beruht weithin auf dieser selektiven Verwendung der Schrift. Im Ergebnis geschieht es unweigerlich, dass sich ein Kanon im Kanon entwickelt. Was einer bestimmten Gruppe nicht gefällt, wird einfach ignoriert. In den Kreisen der Befreiungstheologie konstituiert die Geschichte vom Exodus oder von Jesu Botschaft in der Synagoge von Nazareth (Lukas 4,16-20) so einen Kanon im Kanon. In evangelikalen Missionskreisen kann es andererseits passieren, dass der Missionsbefehl (Matthäus 28,18-20) als zentrales Missionsmandat angesehen wird.

Dieser Ansatz führt leicht dazu, dass die Bibel als „Goldmine" angesehen wird, aus der „missionarische Texte" unter einigen Schwierigkeiten ausgegraben und an die Oberfläche gebracht werden können – im gerade diskutierten Fall Texte zur biblischen Grundlage der Mission. Es wird davon ausgegangen, dass der Großteil der Bibel, besonders das Alte Testament, zweifellos „partikularistisch" ist – der Fokus liegt hier klar auf Israel – und dass dieser Teil wohl kaum eine Grundlage für eine weltweite Mission bietet. Wenn wir jedoch sorgfältig und ausdauernd unter den Steinen und dem Geröll suchen, werden wir tatsächlich echte Goldstücke finden. Das Alte Testament hält Geschichten von Heiden wie Ruth und Naäman bereit, die Israels Glauben annahmen. Es enthält auch „universalistische" Abschnitte in den Psalmen und in Jesaja 40-66. Das Neue Testament beschreibt Begegnungen zwischen Jesus und Nicht-Juden. Manchmal sind keine derartigen Goldstücke zu sehen; dann muss das Erz sorgfältig eingeschmolzen und das Gold extrahiert werden, und zwar mithilfe eines mühsamen Prozesses unter Einbeziehung von Exegese und Hermeneutik.

Lassen Sie mich illustrieren, was ich meine. In den letzten Jahrhunderten haben die Konzepte „Mission" und „missionarisch" sehr spezifische Bedeutungen in der westlichen Welt angenommen, sowohl im römisch-katholischen als auch im protestantischen Raum. Es ist daher offensichtlich: Wenn die Leser unbewusst mit dieser Bedeutung an die Bibel herangehen, werden sie sich von jenen Bibeltexten angezogen fühlen, die ihrer bereits bestehenden Sichtweise entsprechen.

Der Beginn der modernen Missionsära fiel mit den Anfängen der europäischen Entdeckung der Welt jenseits der Grenzen Europas zusammen. Zu jener Zeit war Europa komplett christianisiert. „Heiden" waren Menschen, die in weit entfernt liegenden Ländern auf der anderen Seite der Ozeane lebten. „Mission" bedeutete, zu ihnen zu gehen. „Missionare" waren die Leute, die dorthin gingen. Der „Mission" wurde damit eine stark geografische Komponente beigelegt.

Immerhin sagte der Missionsbefehl: „Geht hin in alle Welt ..." (Matthäus 28,19). Der Ort, nicht die Aufgabe entschied, ob jemand ein Missionar war oder nicht. Wenn jemand von der Kirche an einem bestimmten Ort beauftragt wurde, woanders hinzugehen, dann handelte es sich um einen Missionar. Je größer die Entfernung zwischen beiden Orten war, umso klarer war es, dass es sich um einen Missionar handelte.

Ein weiteres Element wurde dem geografischen beigeordnet. Weil die moderne missionarische Bewegung zeitlich größtenteils mit der westlichen Kolonisierung der nicht-westlichen Welt zusammenfiel, wurde die Bewegung unabsichtlich und unmerklich mit Aspekten der westlichen Gefühle von Überlegenheit, Macht, Wissen und der paternalistischen Vorstellung verquickt, dass diejenigen, die etwas haben, die beglücken, die nichts haben. Mission wurde daher in den typisch aktivistischen westlichen Kategorien verstanden, in denen es um die Überschreitung von vorzugsweise weit entfernt liegenden geografischen Grenzen ging, um Völker unterlegener Kulturen mit etwas zu „beglücken", das sie nicht besaßen.

Wenn Theologen mit diesen vorgefertigten Vorstellungen von dem, was Mission ist oder sein sollte, die Bibel studieren, ist zu erwarten, dass sie – zumindest was das Alte Testament betrifft – zu dem Schluss kommen werden, dass das Alte Testament einen „völlig passiven Charakter" im Blick auf die Mission widerspiegelt. Die Vorstellung, hinauszugehen und die Nationen zu evangelisieren, fehlt im AT fast vollständig.[64] Die einzige Ausnahme im AT, so würden einige einräumen, ist das Buch Jona. Hier haben wir mit Sicherheit eine Geschichte, die mit unserer traditionellen westlichen Ansicht von der Mission übereinstimmt: Ein Prophet reist in ein weit entferntes Land, um die Botschaft JHWHs einem heidnischen Volk zu verkündigen.

Jesus von Nazareth und Mission

Im Blick auf das Neue Testament werden die vier Evangelien normalerweise ebenfalls in diesem „partikularistischen" Rahmen verstan-

64 Vgl. Hahn 1965, 13.

den. Die Vorstellung von einer Heidenmission scheint außerhalb des Blickfeldes von Jesus zu liegen. Adolf von Harnack war einer der ersten Theologen, der die Evangelien im frühen 20. Jahrhundert (1902) entsprechend interpretierte. Er argumentierte, dass keiner der Sprüche aus den Evangelien, die traditionell als Verweise auf eine Heidenmission verstanden wurden, direkt auf Jesus zurückverfolgt werden kann. Sie sind alle späteren Ursprungs.[65] Die Ansichten von Harnack und anderen veranlassten viele in Missionskreisen, die kritische Theologie entweder zu ignorieren oder auf apologetische Weise zu versuchen, „Mission“ so zu „retten“, wie sie traditionell in der westlichen Kirche verstanden wurde (man vergleiche die Beiträge von Karl Bornhäuser, Max Meinertz und Friedrich Spitta, sämtlich innerhalb von ein paar Jahren nach der Erstveröffentlichung des Werks von Harnack verfasst).

Wir wollen nicht nahelegen, dass Harnack und jene, die ihm folgten oder in Opposition zu ihm standen, die Bibel einfach als „Goldmine“ verwendeten, aus der sie Texte freilegten, die ihre jeweilige Position unterstützten. Dennoch stimmt es, dass sie erstens dazu neigten, sich in kleinen Einzelheiten zu verlieren, in denen nur zu oft die Vorlieben des jeweiligen Forschers eine entscheidende Rolle spielten. Zweitens akzeptierten sie die traditionelle westliche Definition der Mission als axiomatischen Ausgangspunkt.

Im Lichte einiger Anmerkungen in früheren Kapiteln, aus denen hervorgeht, dass Mission mit gleichem Recht anders und breiter definiert werden kann, wollen wir eine andere Methode anwenden. Diese besteht darin, die zentrale Stoßrichtung der Botschaft der Schrift festzustellen.[66] Wir müssen dabei natürlich die unterschiedlichen Schattierungen und Variationen der Daten der Schrift berücksichtigen. Zu glauben, alle biblischen Autoren würden in den kleinsten Einzelheiten übereinstimmen, wäre eine unberechtigte zu starke Vereinfachung.

Unsere Betonung liegt in dieser Studie auf der biblischen *Grund-*

65 Vgl. A. VON HARNACK, *Die Mission und Ausbreitung des Christentums in den ersten drei Jahrhunderten*. 4. Aufl. (Leipzig: Hinrichs, 1924), 39-48.

66 Vgl. auch J. VERKUYL, *Contemporary Missiology: An Introduction* (Grand Rapids: Eerdmans, 1978), 90.

lage der Mission. Dazu gehört zum Beispiel, dass in unserer Diskussion der Daten aus den vier Evangelien die Haltung des historischen Jesus zur Heidenmission für unser Thema nicht von entscheidender Bedeutung ist. Für mich persönlich repräsentiert dieser Ansatz eine gewisse Abkehr von einer früheren Position. Damals glaubte ich noch wie Meinertz, Spitta und andere, dass die positive Haltung des historischen Jesus zur Heidenmission grundlegend zur biblischen Basis der Mission dazugehörte.[67] Heute würde ich das anders ausdrücken: Obwohl die Frage nach Jesu Haltung zu einer möglichen Heidenmission zweifellos theologische Auswirkungen auf unser Verständnis seines Wirkens hat, ist das nur von zweitrangiger Bedeutung für unsere gegenwärtige Untersuchung einer biblischen Grundlage der Mission. Um unsere Schlussfolgerung vorwegzunehmen: Selbst wenn der historische Jesus keinen Kontakt zu Nicht-Juden gehabt und nichts über sie gesagt haben sollte, hätte es in der Zeit nach der Auferstehung trotzdem eine Heidenmission gegeben. Dass er tatsächlich Nicht-Juden begegnete und einige erstaunlich positive Dinge über sie sagte, sollte nicht als *Motiv* für die Kirche verstanden werden, Mission zu betreiben, sondern vielmehr als *Ergebnis* der wesentlich missionarischen Dimension der Offenbarung Gottes in Jesus.

Wir wollen nun diese wesentlich missionarische Dimension sowohl im Alten als auch im Neuen Testament beleuchten und dabei den folgenden Elementen Aufmerksamkeit schenken: dem Mitgefühl Gottes und dessen Bedeutung für die Grundlage der Mission; dem historischen Charakter der biblischen Offenbarung; der missionarischen Dimension des Leidens der Zeugen; und der Mission als Werk Gottes.

67 Vgl. D. J. Bosch, *Die Heidenmission in der Zukunftsschau Jesu* (Zürich: Zwingli Verlag, 1959).

6. Gottes Mitgefühl

Die Erwählung Israels

Im Alten Testament offenbart sich Gott als derjenige, der neben anderen Charakteristika Mitgefühl mit den Armen hat, mit den Unterdrückten, den Schwachen und Ausgestoßenen.[68] Israels Erwählung ist auf dieses göttliche Mitgefühl zurückzuführen, nicht auf irgendwelche Qualitäten, die Israel auszeichnen könnten. Eine der bewegendsten Beschreibungen dieses Zusammenhanges findet sich in Hesekiel 16,3-6: Israel wird als Kind eines amoritischen Vaters und einer hethitischen Frau portraitiert, das nach der Geburt ungewaschen und vernachlässigt auf dem offenen Feld ausgesetzt wurde. JHWH hatte jedoch Mitgefühl mit diesem Findelkind: „Ich aber ging an dir vorüber und sah dich in deinem Blut liegen und sprach zu dir, als du so in deinem Blut dalagst: Du sollst leben! Ja, zu dir sprach ich, als du so in deinem Blut dalagst: Du sollst leben."

Aus diesem Grunde wurde das Exodus-Ereignis („Ich bin der HERR, dein Gott, der ich dich aus Ägyptenland, aus der Knechtschaft, geführt habe"; Exodus 20,2) der Eckstein des Glaubensbekenntnisses Israels. Dieses Mitgefühl mit den Unwürdigen unterschied JHWH von den anderen Göttern. Er ist „ein Vater der Waisen und ein Helfer der Witwen, Gott in seiner heiligen Wohnung, ein Gott, der die Einsamen nach Hause bringt, / der die Gefangenen herausführt, dass es ihnen wohlgehe" (Psalm 68,6-7). Das Volk Israel wird daher folgendermaßen herausgefordert: „Denn frage nach den früheren Zeiten, die vor dir gewesen sind, von dem Tage an, da Gott den Menschen auf Erden geschaffen hat, und von einem Ende des Himmels zum andern, ob je so Großes geschehen oder desgleichen je gehört sei, dass ein Volk die Stimme Gottes aus dem Feuer hat reden hören, wie du sie gehört hast, und dennoch am Leben blieb?

68 Vgl. z. B. F. Deist, „The Exodus Motif in the Old Testament and the Theology of Liberation", in: *Missionalia* 5.2 (1977), 58-69; C. J. Labuschagne, „De Godsdienst van Israel en de Andere Godsdiensten", in: *Wereld en Zending* 4.1 (1975), 4-16.

Oder ob je ein Gott versucht hat, hinzugehen und sich ein Volk mitten aus einem Volk herauszuholen durch Machtproben, durch Zeichen, durch Wunder, durch Krieg und durch seine mächtige Hand und durch seinen ausgereckten Arm und durch große Schrecken, wie das alles der HERR, euer Gott, für euch getan hat in Ägypten vor deinen Augen? Du aber hast's gesehen, auf dass du wissest, dass der HERR allein Gott ist und sonst keiner." (5. Mose 4,32-35). Während die Götter der vorwiegend hierophantischen Religionen Ordnung, Harmonie, Integration und das Aufrechterhalten des Status quo betonten und jeder Verstoß gegen diesen Status quo ihren Zorn heraufbeschwor, offenbarte sich JHWH als Gott der Veränderung, als Gott, der den Armen und Bedürftigen zur Rettung kommt.

Die Grundlage von Gottes Erwählung Israels wurde durchgängig in dieser spontanen und unverdienten Gnade gesehen (5. Mose 7,6-8). Die Propheten erinnerten das Volk Israel immer wieder daran, dass ihre Erwählung nicht ihrem eigenen außergewöhnlichen Charakter zuzuschreiben sei, sondern allein dem Mitgefühl Gottes. Es mangelte jedoch nicht an Problemen, und im Verlaufe der Zeit wurde der Bund in etwas verkehrt, das er nie hätte sein sollen. Gottes Treue war eigentlich vom Gehorsam Israels gegenüber seinem Gesetz abhängig. Die Israeliten hatten jedoch mehr und mehr das Gefühl, Gott sei bedingungslos verpflichtet, Israel zu bewahren, weil Israel den heidnischen Nationen überlegen wäre. In den Tagen Jeremias wurde diese Verzerrung zum Hauptpunkt, als Jeremia die falschen Propheten konfrontierte.

In der Zeit des früher sogenannten „Spätjudentums" lautete die neue Konzeption folgendermaßen: Man meinte, Abraham wäre nicht auf der Grundlage der Gnade Gottes erwählt worden, sondern aufgrund seiner eigenen Leistungen. Er sei nicht nur der Vater der phönizischen und ägyptischen Astrologie gewesen; er sei auch der erste Missionar gewesen, der eine Menge von Proselyten um sich scharte. Die Geschichte vom Sinaibund wurde ebenfalls überarbeitet. Gott, so lautete die neue Version, hatte seine Tora den Völkern der Erde in allen Sprachen angeboten (man ging von 70 Sprachen aus). Nur Israel, die unbedeutendste Nation – die letzte, der Gott das Angebot gemacht hatte – akzeptierte die Tora und rettete Gott damit aus dieser peinlichen Lage. Nun hatten die Heiden keinerlei Entschuldigung mehr. In der Tat war es so, dass Gott den Heiden die Tora angeboten hatte, damit sie keine Entschuldigung mehr haben *konnten.* Damit war Israels Lohn doppelt so groß. Wie die Heiden seit dem Sinaiereignis einen unauslöschlichen Stempel als Feinde Gottes trugen, so war Israel als Volk und Freund Gottes gekennzeichnet. Die Tora gab Israel einen besonderen Charakter, der das Volk praktisch unabhängig von Gott machte. Immerhin brauchte JHWH Israel; ohne Israel wäre er ein Gott ohne Anbeter gewesen. Wenn Israel die Tora abgelehnt hätte, wäre die Erde wieder „wüst und leer" geworden (1. Mose 1,2). Gottes Königtum wurde von Israel abgeleitet, nicht umgekehrt. *Israel* hatte *Gott* erwählt, hatte ihn in seiner Not gerettet und ihn zu dem gemacht, was er ist. Seit dem Sinaibund wird er daher nicht mehr „Gott aller Nationen" genannt, sondern nur noch „Gott Israels". Israel war ein „heiliges Volk". Diese Heiligkeit war jedoch nicht mehr das, was sie im Alten Testament einmal gewesen war, ein Geschenk Gottes. Sie war eine Eigenschaft Israels. Die Qualität dieser Heiligkeit war unauslöschlich. Selbst wenn Israel sündigte, blieb es doch Gottes Volk. Damit ersetzten menschliche Eigenschaften die Gnade Gottes.[69]

Seit den frühesten Zeiten, aber besonders seit dem 8. Jahrhundert, setzten die Propheten ihre leidenschaftlichen polemischen Spitzen gegen die Entwicklung dieser Tendenzen. Israel hätte nicht nur seine gesamte Existenz dem Mitgefühl und der Gnade Gottes zuschreiben sollen. Gott erwartete von seinem Volk auch ein entsprechendes Mitgefühl mit anderen Menschen.

Die Absicht der Erwählung bestand im Dienen, und wo nicht gedient wurde, verlor die Erwählung ihre Bedeutung: „Aus allen Geschlechtern auf Erden habe ich allein euch erkannt, darum will ich auch an euch heimsuchen all eure Sünde." (Amos 3,2). Erwählung hieß hauptsächlich weder Privilegien oder Bevorzugung, sondern Verantwortung. Israel war ein Fremder in Ägypten gewesen und soll-

69 Die hier skizzierte Entwicklung wird mit Belegen ausführlicher in BOSCH 1959, 31-35 dargelegt.

te Mitgefühl mit dem Fremden in der eigenen Mitte haben. Das konstitutive Element war weder das ethnische noch das biologische oder das kulturelle; der Fremde, der in Israel lebte, sollte voll und rückhaltlos aufgenommen werden. Für ihn galten dieselben Anweisungen für das Passah- und das Brandopfer (4. Mose 9,14; 15,14) sowie dasselbe Recht auf Zuflucht (Josua 20,9). Israel sollte auch nicht die Tatsache aus den Augen verlieren, dass es im Wesentlichen keinen Vorzug vor den umliegenden Nationen hatte: „Seid ihr Israeliten mir nicht gleich wie die Mohren?, spricht der HERR. Habe ich nicht Israel aus Ägyptenland geführt und die Philister aus Kaftor und die Aramäer aus Kir?“ (Amos 9,7).

Das Buch Jona

In dieser Hinsicht erteilt uns das Buch Jona eine unvergleichliche anschauliche Lektion über JHWHs Mitgefühl.[70] Wir haben die Aufmerksamkeit bereits auf die Tendenz gelenkt, dieses Buch als ein missionarisches Dokument par excellence zu betrachten, da es erstaunlich gut mit dem traditionellen Verständnis von Mission als Überschreitung geografischer Grenzen übereinzustimmen scheint.

Wenn wir uns das Buch jedoch etwas näher ansehen, finden wir kaum etwas, das der populären missionarischen Geschichte ähnelt. In derartigen Erzählungen portraitiert der Autor üblicherweise einen heroischen Missionar, der von seiner missionarischen Berufung überzeugt ist, in ein fernes Land geht, dort auf unvorstellbare Hindernisse trifft, doch diese schrittweise überwindet. Aus seiner Predigt entsteht eine junge Kirche. Eine solche Erzählung schenkt der Qualität und dem geistlichen Leben der neuen Christen große Aufmerksamkeit.

Das Buch Jona unterscheidet sich radikal von derartigen Missionsgeschichten. Es sagt z. B. kaum etwas über die Reaktion der Leute in Ninive. Wir sind versucht zu fragen: War ihre Bekehrung von Dauer? An diesem Aspekt scheint das Buch kaum interessiert zu sein, sodass unsere Frage unbeantwortet bleibt.

Das Buch ist vielmehr an Jona selbst interessiert – an einem „Mis-

70 Vgl. J. Verkuyl 1978, 96-100.

sionar" ohne missionarischem Herz – und über Jona auch an Israel. Die Botschaft, die Gott ihm für Ninive auftrug – den raubgierigen Feinden des nördlichen Königreiches – beinhaltete keinen Ruf zum Glauben an JHWH. Die Botschaft handelte vom unmittelbar bevorstehenden Gericht, nicht von der Gnade. Die ganze Geschichte ist eine heilige Satire, denn die Heiden – Empfänger der Botschaft vom Zorn Gottes – taten das, was Israel – Empfänger der Botschaft von Gottes Gnade – so oft nicht tat: Sie wandten sich Gott bußfertig zu. Und dennoch: Weil Jona etwas von Gottes Gnade wusste, versuchte er, Gottes Plan zu unterlaufen: „Ich wusste, dass du gnädig, barmherzig, langmütig und von großer Güte bist und lässt dich des Übels gereuen" (Jona 4,2; vgl. 2. Mose 34,6). Er wollte nicht zulassen, dass den Leuten von Ninive vergeben wurde!

Die Betonung der Geschichte von Jona liegt von daher nicht auf der Bekehrung Ninives. Das Buch ist ein Ruf an Israel. Israel soll zulassen, selbst zu einem Mitgefühl bekehrt zu werden, das dem Mitgefühl JHWHs vergleichbar ist. Die missionarische Bedeutung liegt nicht in der physischen Reise eines Propheten JHWHs in ein heidnisches Land, sondern darin, dass JHWH ein mitfühlender Gott ist. Sein Mitgefühl kennt keine Grenzen. Gegeißelt wird, dass Jona und Israel Gottes Wohlwollen und Mitgefühl exklusiv für sich selbst in Besitz nehmen. Verkuyl drückt es so aus: „Warum ist Jona wirklich zornig? Aus keinem anderen Grund als dem folgenden: Gott behandelt Menschen außerhalb seines Bundes genau wie Menschen innerhalb des Bundes." Dann fügt er noch hinzu: „Das Buch endet mit einer verunsichernden Frage, die nie beantwortet wird."[71]

Das Wirken Jesu

Mitgefühl ist auch der Kern der Botschaft des Neuen Testaments, besonders der Botschaft Jesu. Der missionarischen Kirche ist es manchmal peinlich, dass Jesus sehr wenig über Heiden gesagt hat und kaum Kontakt zu Heiden hatte. Es entsteht der Eindruck, als schmälere diese Sachlage die Grundlage der Mission ziemlich deut-

71 *Ibid.*, 99-100.

lich. Die wahre Grundlage für die Mission sollte jedoch anderswo in Jesu Wirken gesucht werden – sie liegt in seinem grenzenlosen Mitgefühl. *Dieses Mitgefühl* unterschied ihn von allen zeitgenössischen Gruppen – von den Pharisäern, Sadduzäern, Zeloten und Essenern: das Mitgefühl, nicht die Vorstellung von einer Heidenmission als solcher. Jesus sagte sogar, dass die Schriftgelehrten und Pharisäer bereit waren, über Land und Meer zu reisen, um *einen einzigen Menschen* zu bekehren (Matthäus 23,15). Hier bestand also kein Unterschied.

Im Unterschied zu anderen Lehrern seiner Zeit rekrutierte Jesus seine Jünger nicht, um sie in der Tora zu unterrichten. Er wollte, dass sie ihm „nachfolgen". An entscheidenden Punkten stellte er traditionelle jüdische Werte infrage. Das wurde besonders sichtbar, als er sich den von der Gesellschaft Ausgestoßenen zuwandte und ihnen die Botschaft von Gottes Mitgefühl verkündigte. Gleichzeitig radikalisierte er die ethischen Anforderungen der Tora, indem er das Liebesgebot ins Zentrum rückte, besonders die Feindesliebe. In seinen Wundern spiegelt sich seine Sorge um alle Bereiche, in denen die menschlichen Bedürfnisse zum Vorschein kommen – Armut, Krankheit, Hunger, Sünde, dämonische Besessenheit.

Die Art und Weise, wie die Menschen beschrieben werden, denen Jesus sein Mitgefühl entgegenbrachte, ist bemerkenswert. Sie werden folgendermaßen benannt: Arme, Blinde, Krüppel, Leprakranke, Hungernde, Weinende, Kranke, Kleine, Witwen, Gefangene, Letzte, Mühselige, von Gesetzlichkeit Belastete, verlorene Schafe. Genauso bemerkenswert ist folgender Vergleich: Während diese Beschreibungen grenzenloses Mitgefühl signalisieren, verweisen die Pharisäer auf dieselben Leute als „Sünder" und als „das Gesindel, das nichts vom Gesetz versteht".[72]

Es geht hier immer wieder um Menschen, die an den Rand der jüdischen Gesellschaft gedrückt oder gar von ihr ausgeschlossen werden – natürlich Heiden, aber auch Samaritaner, Frauen, Kinder, Leprakranke, Steuereintreiber und Frauen von zweifelhaftem Ruf. Jesus ging sogar in Häuser von Nicht-Juden. Er erzählte das Gleichnis vom verlorenen Sohn, in dem er die Axt an die Wurzel jeglicher mensch-

72 Vgl. A. Nolan, *Jesus Before Christianity* (Cape Town: David Philip, 1976), 21.

licher Rechtfertigung aus Werken und Stolz auf eigene Leistung legte. Er erzählte auch die Geschichte vom guten Samariter und deckte damit alle nationale jüdische Selbstgerechtigkeit auf, allen Stolz auf die Herkunft. Er fragte den jungen Schriftgelehrten: „Wer von diesen dreien, meinst du, ist der Nächste gewesen dem, der unter die Räuber gefallen war?" Und dieser musste widerwillig zugeben: „Der die Barmherzigkeit an ihm tat." (Lukas 10,36-37). Die radikalste und revolutionärste Anforderung, die dieses Gleichnis illustriert, ist der Ruf, die Feinde zu lieben (Matthäus 5,44; Lukas 6,27-29). Dies wird besonders von Lukas in den Mittelpunkt gestellt, dem Evangelisten, der das Element der Vergebung im Wirken Jesu mehr als die anderen Evangelisten betont. Diese Art der Liebe widersteht allen Formen und jedem Ausdruck ethnischen Stolzes im Herzen der Jünger.

Die Ersetzung der Rache

In diesem Zusammenhang schenken wir der Perikope unsere Aufmerksamkeit, die mehr oder weniger zum Schlüsseltext der modernen Befreiungstheologie geworden ist: Lukas 4,16-30. Joachim Jeremias und Walter Grundmann[73] haben argumentiert, dass der Proteststurm gegen Jesu Predigt in der Synagoge von Nazareth aller Wahrscheinlichkeit nach der Tatsache zugeschrieben werden sollte, dass er jeglichen Verweis auf den „Tag der Rache unseres Gottes" ausließ.

Im Unterschied zu Matthäus und Markus positioniert Lukas diese Episode direkt an den Anfang des öffentlichen Wirkens Jesu. In diesem einzigartigen Ereignis entfaltet sich das gesamte zukünftige Muster des Wirkens Jesu. Jesus liest aus Jesaja 61,1-2 – einem Text, den die Synagoge als messianischen Text ansah. Im Kontrast zu Johannes dem Täufer, der die Nähe des Reiches Gottes verkündigte, als etwas, das direkt vor der Tür steht, sagt Jesus nun kategorisch: „*Heute* ist dieser Text wahr geworden!"

73 Vgl. J. Jeremias, *Jesu Verheißung für die Völker* (Stuttgart: Kohlhammer, 1956), 37-39, und W. Grundmann, *Das Evangelium des Lukas* (Berlin: Evangelische Verlagsanstalt, 1974), 118-123.

So wichtig wie die Ankündigung der Gegenwart des Reiches Gottes ist auch die Art und Weise, wie Jesus aus der Jesaja-Schriftrolle zitierte. Er bricht absichtlich vor den Worten ab: „und ein Tag der Rache unseres Gottes“ (Jesaja 61,2) und gibt die Rolle dem Diener zurück. In der Predigt der Synagoge war es zu jener Zeit üblich, die gesamte Betonung genau auf diese Worte zu legen – Gottes Rache an seinen (und daher an Israels) Feinden. Jesus tut jedoch das Unvorstellbare: Er liest nur den Teil über die Gnade, nicht den über die Rache! Das war unverzeihlich, besonders, da es implizierte, dass dieselbe Haltung von seinen Nachfolgern verlangt werden konnte.

Jeremias und Grundmann argumentieren, dass diese Auslassung den gesamten weiteren Ablauf der Ereignisse in Nazareth bestimmte. Sie glauben jedoch, dass Vers 22 meistens falsch übersetzt worden ist, z. B. folgendermaßen: „Und sie gaben alle Zeugnis von ihm und wunderten sich, dass solche Worte der Gnade aus seinem Munde kamen“. Stattdessen sollte man übersetzen: „Sie protestierten mit einer Stimme und waren aufgebracht, denn er sprach nur von (Gottes Jahr der) Gnade (und ließ die Worte über die messianische Rache aus“).[74] Der nächste Satz passt zu dieser Übersetzung: „Sie fragten: Ist das nicht Josefs Sohn?“ Mit anderen Worten: Er hat nie studiert; er ist kein Rabbi; wie kann er es wagen, den Anbruch des neuen Zeitalters zu verkündigen, und wer gibt ihm das Recht, die Schrift willkürlich dadurch zu kürzen, dass er den Verweis auf Gottes Rache auslässt?[75]

Dass Jeremias wahrscheinlich mit seiner Exegese der Ereignisse in Nazareth richtig liegt, geht auch aus einem Vergleich mit dem hervor, was wir in Lukas 7,22-23 finden (und in der Parallele Matthäus 11,5-6).[76] Jesus zitiert hier recht frei aus drei Jesaja-Perikopen: 29,18-20; 35,5-6 und 61,1-2. In allen drei Fällen gibt es einen Verweis auf den eschatologischen Tag der Rache (Jesaja 29,20; 35,4; 61,2), den Jesus

74 Argumente für diese Übersetzung finden sich bei Jeremias 1956, 37-39.

75 Jeremias' Interpretation dieser Passage ist von H. Anderson angefochten worden („The Rejection at Nazareth Pericope of Luke 4,16-30 in the Light of Recent Critical Trends“, in: *Interpretation* 18.3 (1964), 266-270). Die neueren Entdeckungen in Qumran weisen jedoch eher in Richtung der Ansichten von Jeremias: siehe R. P. Martin, *New Testament Foundations*, Bd. 2 (Grand Rapids: Eerdmans, 1978), 255. Vgl. auch A. A. Trites, *The New Testament Concept of Witness* (Cambridge: Cambridge University Press, 1977), 71

76 Vgl. Jeremias 1956, 39.

jedoch in seiner Botschaft an Johannes den Täufer auslässt. Das kann wohl kaum unabsichtlich sein. Daher ist die Anmerkung verständlich: „... und glücklich sind die, die keinen Anstoß an mir nehmen" (Lukas 7,23; Matthäus 11,6). Mit anderen Worten: Gesegnet ist jeder, der keinen Anstoß an der Tatsache nimmt, dass sich das Zeitalter der Erlösung von dem unterscheidet, was man erwartet hatte, dass also Gottes Mitgefühl mit den Armen und Ausgestoßenen die göttliche Rache ersetzt hat!

Wir könnten andere Beispiele für dieses Mitgefühl im Wirken Jesu zitieren. Man könnte das Mitgefühl in der Tat zum Schlüsselkonzept in seinem gesamten Wirken erklären. Die oben angegebenen Beispiele sollen hier allerdings reichen. In ihrem Lichte hat Martin Hengel recht, wenn er sagt, dass das Wirken Jesu wohl kaum weniger „missionarisch" war als das Wirken seiner Jünger nach Ostern. Er zitiert auch zustimmend Erich Gräßer, der sagt: „Die Kirche sah in Jesus den archetypischen Missionar."[77]

Was wir hier über Jesu mitfühlendes Wirken als Grundlage der Mission gesagt haben, ist nicht zu verwechseln mit der Auffassung, die Mission mit Sympathie begründen will. Während des Aufkommens des Pietismus war Sympathie ein besonders dominanter Missionsgrund. E. Jansen Schoonhoven erinnert uns daran, dass es bis heute viele Befürworter der Mission gibt, die glauben, dass es auf dem „Missionsfeld" ausschließlich bedauernswerte Kreaturen gibt, die permanent von Angst gequält werden, Menschen, die im geistlichen und körperlichen Elend existieren. Für westliche Christen, die solche Ansichten vertreten, könnte es ein unsanftes Erwachen bedeuten, wenn sie einen konservativen Theologen wie Karl Heim hören, einen Mann, der die weltweite Mission der Kirche aus ganzem Herzen unterstützte: „Vielleicht leben Buddhisten oft glücklicher und harmonischer und sterben friedlicher als viele Christen." Sympathie der Art, die wir gerade genannt haben, stellt daher kaum eine solide Basis der Mission dar – sie ist zu sentimental und geht darüber hinaus aus dem Überlegenheitsgefühl des westlichen Menschen hervor. Biblisches

77 Vgl. M. Hengel, „Die Ursprünge der christlichen Mission", in: *New Testament Studies* 18.1 (1971), 35-36.

Mitgefühl ist etwas völlig anderes und stellt in der Tat eine echte Quelle der Mission dar.[78]

Zusammengefasst: Sowohl im Alten als auch im Neuen Testament offenbart sich Gott als derjenige, der Mitgefühl mit den weniger Privilegierten, den Randfiguren und den Ausgestoßenen hat. Er ist der Gott der Gnade. Wenn wir nach einer biblischen Grundlage der Mission suchen, werden wir sie in diesem wesentlichen Element der biblischen Religion als einer Religion der Gnade und des Mitgefühls finden, weniger in gelegentlichen Verweisen auf Begegnungen zwischen Mitgliedern des biblischen Bundesvolkes und den umliegenden Nationen. Eine Religion, in der Mitgefühl eine derartige Zentralstellung einnimmt, kann nur eine missionarische Religion sein. Verkuyl hat recht, wenn er in allen Begegnungen unseres Herrn mit Heiden entdeckt, dass „Jesus mit heiliger Ungeduld auf den Tag wartet, an dem alle Stoppschilder fallen und die Botschaft in die Heidenwelt hinausgeht."[79]

Mit dieser Beobachtung Verkuyls haben wir jedoch bereits ein zweites Element einer biblischen Grundlage der Mission berührt, dem wir nun unsere Aufmerksamkeit schenken.

78 Vgl. E. Jansen Schoonhoven 1974, 26.
79 Verkuyl 1978, 104.

7. Gott und Geschichte

Die religiöse Kluft

Neben der biblischen Botschaft vom Mitgefühl gibt es ein weiteres Element, das von entscheidender Bedeutung für eine biblische Grundlage der Mission ist – nämlich die Tatsache, dass die biblische Religion im AT und NT durchgängig ihren *historischen* Charakter offenbart. Damit Geschichte jedoch Geschichte sein kann, muss sie spezifisch, lokal und partikular sein. Gerade dieser Aspekt wird jedoch zum Problem für Leute, die nach einer biblischen Grundlage der Mission suchen. Insbesondere das AT hat aufgrund seiner scheinbar völlig einseitigen Konzentration auf Israel die missionarische Kirche immer in Verlegenheit gebracht. Das AT ist „partikularistisch". Das wird beinahe mit Bedauern gesagt, als würde man hinzufügen wollen: „Wir hätten es bei Weitem vorgezogen, wenn sich die Bibel von Anfang an nicht nur um Israel gekümmert hätte, sondern um die ganze Menschheit." Es scheint daher so, als sei die Tatsache, dass die Bibel eine historische Religion offenbart, ein Stein des Anstoßes für eine missionarische Grundlage und keine Hilfe. Oberflächlich betrachtet scheint eine Religion, die auf ewigen, universalen Werten basiert, für so einen Zweck besser geeignet zu sein. Doch was meinen wir, wenn wir behaupten, dass die Religion der Bibel in ihrem Wesen einen historischen Charakter offenbart?

Trotz vieler Unterschiede hatten die alten Religionen Ägyptens, Babyloniens und Kanaans viele Gemeinsamkeiten. Diese fanden ihren Ausdruck in rituellen Praktiken, die vornehmlich mit Problemen in Verbindung standen, vor die sich eine vorwiegend bäuerliche Bevölkerung gestellt sah. In diesen Praktiken spielte der König als irdischer Repräsentant der Götter eine wichtige Rolle. So ein rituelles Muster beinhaltete üblicherweise die folgenden Elemente: eine dramatische Präsentation des Todes und der Auferstehung der Fruchtbarkeitsgottheit; eine heilige Schlacht gegen die Mächte des Chaos; eine Triumphprozession; eine Thronbesteigung und dann die heilige

Hochzeit. Alle diese Religionen enthalten ein starkes zyklisches Element, das auf der Folge der Jahreszeiten beruht und sich jährlich wiederholt. Indem uranfängliche Ereignisse nachgespielt werden, wird die mythische Zeit „zurückgebracht". Auf diese Weise wird der Status quo stabilisiert.[80]

Der alttestamentliche Kanon enthält zweifellos viele Elemente, die ursprünglich Teil der altorientalischen religiösen Welt waren. Diese wurden von den Autoren des AT bearbeitet. Aufgrund seiner Einzigartigkeit schloss das selbstkritische Element in Israels Religion eine völlige Identifikation mit dem Naturzyklus aus und bewahrte Israel davor, ein Opfer religiöser Rituale zu werden, die an die Jahreszeiten gebunden sind – neues Leben, Reife, Altern und Verfall und dann wieder Auferstehung und neues Leben. Der Glaube an JHWH forderte diese zyklische Sichtweise heraus; selbst in der Weisheitsliteratur wurde der Zyklus mit den (historischen) Dimensionen von Ursache und Wirkung ersetzt.[81] JHWH ist der Gott der *Geschichte*. Der biblische Kultus ist eine „Feier des Exodus", immer wieder eine neue Reise in die Zukunft. Bei ihm geht es nicht um Feste der Erinnerung oder um eine Rückkehr zu einer einmaligen Erscheinung Gottes in mythischer, uranfänglicher Zeit (eine Hierophanie), weil der Mensch nicht im passiven Gedenken gefangen ist, das sich auf die Vergangenheit richtet. Die Bibel spricht vorwiegend in der Begrifflichkeit persönlicher Beziehungen. Sie verwendet „Begegnungsterminologie" und behandelt Fragen fast nie abstrakt oder als Aspekte allgemeiner Konzepte. Darauf bezieht sich Daniel T. Niles, wenn er sagt, dass die biblische Offenbarung nicht gelehrt, sondern nur verkündigt werden konnte: „Der christliche Evangelist verkündigt, dass etwas geschehen ist, was sowohl von unmittelbarer als auch von ultimativer Bedeutung ist ... Die Anhänger anderer Religionen ... erläutern die Lehren ihrer eigenen Religionen als wahre Interpretation der Bedeutung und der Verantwortungen des Lebens."[82] Bischof Lesslie Newbigin erzählt

---

80 Vgl. M. ELIADE, *Kosmos und Geschichte: Der Mythos der ewigen Wiederkehr* (Reinbek: Rowohlt, 1966).

81 Vgl. G. VON RAD, *Weisheit in Israel* (Neukirchen-Vluyn: Neukirchener Verlag, 1970), 165-181.

82 D. T. NILES, *Upon the Earth: The Mission of God and the Missionary Enterprise of*

vom Erstaunen eines frommen und gelehrten Meisters der Ramakrishna Mission, als er entdeckte, dass Newbigin bereit war, seinen gesamten Glauben an Christus an die wesentliche Zuverlässigkeit der historischen Berichte des Neuen Testaments über Jesus zu knüpfen: „Er schien als Axiom anzunehmen, dass man derart entscheidenden Fragen religiöser Wahrheit nicht gestatten konnte, von den Zufällen der Geschichte abhängig zu sein. Wenn die Wahrheiten, die Jesus beispielhaft vorlebte und lehrte, wahr sind, dann sind sie immer und überall wahr, ob eine Person namens Jesus je gelebt hat oder nicht."[83]

Die Gefahr, von den unhistorischen kultischen Formen der Religionen der umliegenden Völker überwältigt zu werden, bedeutete eine permanente Bedrohung für die Gläubigen des AT und des NT. In der frühen Zeit kam diese Bedrohung besonders von den kanaanitischen Fruchtbarkeitskulten, personifiziert in den Baalim und Asherim. In neutestamentlicher Zeit nahm diese Bedrohung üblicherweise die Form der griechischen Mysterienreligionen oder des Gnostizismus an, die in zumindest einer Hinsicht übereinstimmten: in ihrem unhistorischen Wirklichkeitsverständnis.

Es gibt in der Tat ein legitimes Element in der Vorstellung der kultischen Wiederholung dessen, was einst gewesen ist. Israels Feste waren solche kultischen Wiederaufführungen des Exodus, des Einzugs in Kanaan etc.[84] Die Gegenwart Christi beim heiligen Abendmahl ist ein weiteres Beispiel, genauso Kierkegaards Vorstellung vom Status des Christen als eines „Zeitgenossen Christi". Wenn das zyklische Denkmuster jedoch die Überhand gewinnt und der historische Charakter der biblischen Offenbarung und des Lebens der Gläubigen in der Gegenwart der Vorstellung von ewigen, unveränderbaren und zeitlosen Wahrheiten Platz macht, dann hat man den Boden der biblischen Offenbarung verlassen.

Ein ebenso unakzeptabler Gefährte der Ungeschichtlichkeit ist die Tendenz, Ereignisse zu „überhistorisieren". Das kann auf zwei Arten geschehen. Erstens: Wenn energisch festgehalten wird, dass es in

the Churches (London: Lutterworth Press, 1962), 242-243.

83 L. Newbigin, *The Finality of Christ* (London: SCM, 1969), 50.

84 A. Weiser, *Einleitung in das Alte Testament*. 4. Aufl. (Göttingen: Vandenhoeck & Ruprecht, 1957), 76, 79-80.

der biblischen Offenbarung um geschichtliche Ereignisse geht, man aber zusätzlich darauf besteht, dass man an der historischen Richtigkeit jeder Einzelheit der Geschichten aus ferner Vergangenheit festhalten muss. Die Folge ist, dass die Geschichte völlig *statisch* wird. Man betont die ewigen Konstanten, sodass es wichtiger wird, die historische Richtigkeit des ursprünglichen Ereignisses zu bewahren, als in die Zukunft zu gehen und im Lichte jenes Ereignisses zu handeln. Die Bibel wird dann zum Orakel. Konservativismus und tote Orthodoxie werden dann wichtiger als die Risikobereitschaft, in die Zukunft zu gehen und neue „Vorlagen“ für den Gehorsam zu ersinnen.

Wo die eine Form der Überhistorisierung zu einer totalen Akzentuierung der Vergangenheit führt, da legt die andere Form alle Betonung auf die Zukunft. Ein Beispiel dafür ist die Apokalyptik. Innerhalb eines Rahmens aus utopischen Kategorien wird eine überwältigend herrliche Zukunft erwartet, eine Zukunft, die keine Ähnlichkeit mit der düsteren und tristen Gegenwart hat. Es wird kein Versuch unternommen, die gegenwärtigen trostlosen Umstände zu ändern. Man kann nur dasitzen und auf den Anbruch einer neuen Zeit warten – wie es die Gemeinschaft von Qumran in ihrer Siedlung nahe des Toten Meeres tat.

In Wirklichkeit sind diese gegensätzlichen Formen der Überhistorisierung eng miteinander verbunden. In beiden Fällen wird die Gegenwart entleert. Gottes Aktivität wird entweder in die Vergangenheit oder in die Zukunft verlegt. Und da die Gegenwart leer ist, ist ein echtes missionarisches Engagement in beiden Fällen unmöglich. Mission impliziert, dass hier und jetzt etwas Neues geschieht. Mission ist per definitionem ein eminent historisches Ereignis. Das wird klar, wenn wir die frühchristliche Kirche mit der Qumran-Gemeinschaft vergleichen. Letztere verstand sich ebenso wie die frühe Kirche als Heilsgemeinde der Endzeit. Doch beide Gemeinschaften leiteten völlig unterschiedliche Dinge aus diesem Bewusstsein ab: Die Kirche verstand sich als missionarische Bewegung, während sich die Qumran-Gemeinschaft aus der Welt zurückzog und vor jeglichem missionarischen Engagement zurückscheute.[85]

85 Vgl. auch H. Kasting, *Die Anfänge der urchristlichen Mission* (München: Kai-

Gott beginnt etwas Neues

Unsere These lautet, dass gerade der historische Charakter der biblischen Offenbarung von wesentlicher Bedeutung für eine biblische Grundlage der Mission ist, wie paradox das auch erscheinen mag. Die alttestamentliche Konzentration auf Israel ist weit davon entfernt, eine fehlende missionarische Dimension widerzuspiegeln. Das genaue Gegenteil ist der Fall. Geschichte muss spezifisch sein, oder es handelt sich nicht um Geschichte. Ohne das Element der Besonderheit wäre die Erlösung JHWHs unhistorisch. Eine sorgfältige Leseweise des AT offenbart tatsächlich die besondere missionarische Bedeutung des Umgangs JHWHs mit Israel.

Die Berufung Abrahams (1. Mose 12,1-3) deutet das bereits an. Mit Abraham beginnt Gott eine Geschichte. Der Patriarch wird der zyklischen Festung der amoritischen und sumerischen religiösen Welt entrissen und auf eine Reise ins Unbekannte gerufen – ein Ereignis, das symbolisiert: Was in Abrahams Leben nun geschieht, ist wahrhaftig „Geschichte", etwas Neues. Jederzeit kann etwas anderes passieren. Die Vorhersagbarkeit der zyklischen Gedankenwelt wird transzendiert.

Außerdem verweist die Geschichte der Berufung Abrahams zurück auf die Babel-Episode in 1. Mose 11,1-9. (Tatsächlich folgt Abrahams Genealogie unmittelbar nach der Geschichte vom Turmbau, 11,10-32). In Babel geht der Versuch des Menschen, sich selbst zu erlösen, völlig schief. Danach beginnt Gott etwas Neues. Was Babel verloren hat, wird nun in der Geschichte der Erwählung Abrahams verheißen und garantiert. 1. Mose 12 folgt 1. Mose 11 – die Geschichte Israels ist eine Fortsetzung des Umgangs Gottes mit den Nationen. Gerade als der Erwählte wird Abraham – und mit ihm Israel – in die Welt der Nationen berufen. Jede einzelne der jahwistischen Abraham-Geschichten berührt auf die eine oder andere Weise die Beziehung zwischen Abraham (und damit auch Israel) und den Nationen.[86] JHWH erzeugt Geschichte, indem er aus dem Zyklus der

---

ser, 1969), 129.

86 Vgl. H. W. Huppenbauer, „Missionarische Dimensionen des Gottesvolkes im Alten Testament", in: *Zeitschrift für Mission* 3.1 (1977), 40-41.

ewigen Wiederkehr ausbricht und mit seinem Volk in die Zukunft geht – mit Abraham aus Ur, mit Israel aus Ägypten, unterwegs zu den Nationen.

Geschichte ist jedoch immer mehrdeutig – diesen Aspekt werden wir ausführlicher in einem späteren Kapitel diskutieren. Selbst die biblische Geschichte entkommt diesem Problem der Mehrdeutigkeit nicht. Sie ist keine „Heilsgeschichte" im Sinne eines eindeutig rekonstruierbaren Verlaufs, im Sinne einer logischen und stimmigen Entfaltung von Ereignissen, im Sinne eines berechenbaren Projektes. Im Gegenteil: Es handelt sich um eine Geschichte voller Lücken, die sich auf mehreren Ebenen abspielt.

Ein spannungsvolles Element im AT ist in der Mehrdeutigkeit des Konzeptes „Israel" zu finden. Israel ist Gottes Volk in der Welt und gleichzeitig eine ethnische und politische Größe. Aufgrund des Existenzkampfes Israels – eine kleine Nation umgeben von mächtigen Weltreichen – war es aus menschlicher Sicht schwierig für Israel, eine Botschaft der Liebe und Großzügigkeit an die umliegenden Nationen zu richten. Es gab immer die Tendenz, politische Feinde automatisch auch als religiöse Widersacher anzusehen. Es war in der Tat praktisch unmöglich, zwischen diesen beiden Arten von Widersachern zu unterscheiden. Israel als Volk Gottes und Israel als politische Größe überschnitten sich größtenteils, aber nie vollständig, denn man war sich stets bewusst: „... nicht alle Nachkommen Israels sind wahrhaftig Israel" (Römer 9,6). Gerade aufgrund dieser teilweisen Überschneidung bleibt es jedoch schwierig, Israels Geschichte zu „lesen". Der Gegensatz zwischen den beiden „Gesichtern" Israels kam nicht immer so klar zum Vorschein wie im Wirken der Propheten Jesaja, Jeremia und Amos. Daher vernebelte die Mehrdeutigkeit Israels oft die missionarische Dimension der Berufung und Existenz des „wahren Israel". Das bedeutet, dass wir das Problem der Geschichte und ihrer Interpretation nicht abschütteln können. Nur in der abstrakten unhistorischen Welt der Vorstellungen kann man seine Unterscheidungskategorien rein und unverfälscht halten.

Jesus und Israel

Ähnlich wie in Bezug auf die alttestamentlichen Geschichten sind Missionsenthusiasten oft verlegen angesichts der Abwesenheit klarer und unanfechtbarer Verweise auf eine Heidenmission in den Geschichten über Jesus von Nazareth. Doch wiederum gilt: Geschichte ist spezifisch, nicht allgemein. Hier ist sie äußerst spezifisch: Gottes Offenbarung inkarniert und konzentriert sich in diesem einen Mann. In seinem gesamten Wirken bleibt er Israel treu; immerhin gilt: „Das Heil kommt von den Juden" (Johannes 4,22). Das heißt jedoch nicht, dass sein Wirken für den Rest der Welt keine Bedeutung hat. Im Gegenteil. Gerade Jesu Konzentration auf Israel – oder um es anders auszudrücken: gerade die historische Besonderheit seines Wirkens – hat weltweite missionarische Bedeutung. Bengt Sundkler drückt es folgendermaßen aus: „Er war ein ‚Universalist', weil und nur weil er ein ‚Partikularist' war."[87]

Die Bedeutung dieser historischen Besonderheit Jesu für die Mission wird noch deutlicher, wenn wir die Rolle betrachten, die Jerusalem in seinem Wirken spielt, besonders im Bericht des Lukas. Bereits nach dem ersten Drittel des Evangeliums taucht Jerusalem als Ziel der Reise Jesu auf (9,51). Von da an entfaltet sich praktisch die gesamte Geschichte unter der Überschrift „Die Reise nach Jerusalem". In den nächsten zehn Kapiteln ist er scheinbar durchgängig unterwegs nach Jerusalem (man lese die Sequenz 9,51; 9,53; 13,22; 13,33; 17,11; 18,31; 19,11; 19,28 und 19,41). Erst dann erreicht er die Stadt. Die Worte, die den Beginn der Reise kennzeichnen, sind außergewöhnlich feierlich: „Es begab sich aber, als die Zeit erfüllt war, dass er hinweggenommen werden sollte, da wandte er sein Angesicht, stracks nach Jerusalem zu wandern." (9,51). „Geografisch" gesehen reist Jesus nach Jerusalem und seinem Tod entgegen. „Theologisch" ist er unterwegs zu den Nationen. Letztendlich wird er selbst den Platz Jerusalems und des Tempels einnehmen (Johannes 2,19-21).[88] Als das „neue Jerusalem" wird er selbst zum Ort der Begegnung mit

87 B. SUNDKLER-FRIDRICHSEN, „Jésus et les paiens", in: ders., *Contributions à l'étude da la Pensée Missionaire dans le Nouveau Testament* (Uppsala: Neutestamentliches Seminar, 1937), 36.

88 Vgl. dazu weiterführend BOSCH 1959, 86-92.

den Nationen. „Die alttestamentlichen Schriften verorten die Begegnung mit den Nationen in Zion, da Gott im Zeitalter der Verheißung Jerusalem als Ort seiner Offenbarung auswählte. Das Evangelium lehrt uns, dass Gott uns ruft, ihm in Jesus Christus zu begegnen. Der Messias hat den Platz Seiner Stadt eingenommen ...“[89] Paulus drückte es dann anders aus, behielt aber im Wesentlichen dieselbe Bedeutung bei: „Denn Gott war in Christus und versöhnte die Welt mit sich selber.“ (2. Korinther 5,19). Christus wurde sowohl zum endgültigen Hohenpriester als auch zum endgültigen Opfer.

Die gefüllte Gegenwart

Die Geschichte Jesu von Nazareth entfaltet sich schrittweise. Es gehört jedoch zur Mehrdeutigkeit dieser Geschichte, dass sie nicht jeder „lesen“ kann (wir wiesen bereits darauf hin). In dieser Hinsicht benutzen die Evangelien das Konzept des „*kairos*“ im Sinne des entscheidenden Augenblicks, der schicksalhaften Stunde, der außergewöhnlichen Gelegenheit, des Wendepunktes der Geschichte. Das Johannesevangelium benutzt das Wort „*hora*“, Stunde, in mehr oder weniger demselben Sinn. Also stimmen alle Evangelien darin überein: Es gibt einige Menschen, die den *kairos* erkennen, und andere, die blind bleiben. Sie mögen in der Lage sein, das Wetter vorherzusagen, aber sie sind nicht in der Lage, „diese schicksalhafte Stunde“ zu beurteilen (Lukas 12,56). Jesus sagt zu Jerusalem, dass die Stadt zerstört werden wird, „weil du die Zeit nicht erkannt hast, in der du heimgesucht worden bist“ (Lukas 19,44).

Die Geschichte ist *gefüllte Zeit*, und zwar jetzt, in der Gegenwart. Das wird auf vielerlei Weise gesagt. Gerade dieses Bewusstsein bildet die Grundlage des urchristlichen missionarischen Engagements. Wenn die Gegenwart leer ist (was die Pharisäer, Essener und Zeloten glaubten), dann kann man nur die Flucht in die Erinnerung an eine herrliche Vergangenheit antreten, die in Gesetzbüchern aufgezeichnet ist (Pharisäer), oder man kann mit verschränkten Armen herumsitzen und auf Gottes Rache an den Feinden warten (Essener) oder

89 R. Martin-Archard, *A Light to the Nations* (London: Oliver Boyd, 1962), 78.

man kann selbst Gott spielen, indem man die leere Gegenwart eigenständig gewalttätig liquidiert und damit versucht, die utopische Zukunft zu einer gegenwärtigen Wirklichkeit zu machen (Zeloten), oder man kann einen unbequemen Kompromiss mit dem Status quo machen (Sadduzäer). Doch wenn die Gegenwart gefüllt ist; wenn Jesaja 61,1-2 wahr geworden ist, „heute, da ihr es hört" (Lukas 4,21), wenn „das Reich Gottes bereits zu euch gekommen ist" (Lukas 11,20); wenn es nicht mehr nötig ist, das Reich Gottes „hier oder dort" zu lokalisieren, weil es in der Person Jesu bereits „unter euch" ist (Lukas 17,21); wenn viele Propheten und Könige sich danach gesehnt haben, das zu sehen und zu hören, was ihr nun seht und hört (Lukas 10,24); wenn der „Starke", der Teufel, gebunden und sein Haus geplündert ist (Matthäus 12,28; Lukas 11,21-22); wenn Satan aus dem Himmel fällt wie ein Blitz und die Dämonen den Jüngern untertan sind (Lukas 10,17-18); wenn der Menschensohn die Vollmacht hat zu tun, was nach der jüdischen Erwartung nicht einmal der Messias tun konnte, nämlich auf Erden Sünden zu vergeben (Markus 2,10); wenn selbst der „Geringste" im gerade eingeläuteten Königreich größer als Johannes der Täufer ist (Matthäus 11,11); wenn der, der in eurer Mitte ist, größer als Jona oder Salomo ist (Matthäus 12,41-42) – dann können jene, die an dieser „neuen Geschichte" Anteil haben, unmöglich denselben Weg gehen wie die zeitgenössischen anderen jüdischen religiösen Gruppen. Sie können sich nur von Christus in die Zukunft mitnehmen lassen, nicht als Soldaten, die als Vorhut kämpfen, sondern als „Gefangene im Triumphzug Christi" (2. Korinther 2,14). Wenn du an diesem historischen Ereignis Anteil hast, hast du es mit der Welt zu tun. Das heißt: Du missionierst.

In der Zeit nach Ostern, als Jesus nicht mehr körperlich unter seinen Jüngern war, änderte sich das Bewusstsein nicht, im *kairos* zu leben. Im Gegenteil. Dieses Bewusstsein wurde ausgeweitet und vertieft. Zunächst bestand verständlicherweise die Gefahr, dass die Gegenwart erneut als leer und trostlos empfunden wurde. Es bestand auch die Möglichkeit, dass die Jünger in Übereinstimmung mit dem pharisäischen Modell der Versuchung nachgaben, allein in der Erinnerung zu leben und die Traditionen über Jesus von Nazareth als

„neues Gesetz“ festzuschreiben. Dies geschah in der Tat im ebionitischen Christentum. Ebenso bestand die Gefahr, dass sie in Übereinstimmung mit dem essenischen Ansatz ihre Augen auf die Wiederkunft richten und die Welt sich selbst überlassen würden. Und auch eine weitere Gefahr drohte: Unter dem Einfluss des Gnostizismus konnte die Historizität Jesu als unbedeutend angesehen werden oder gar zu einem Stein des Anstoßes werden. Auf diese Weise hätte sich die neue Botschaft in der griechischen Ideenwelt auflösen können.

Zwei Überzeugungen bzw. zwei Ereignisse, die zu einem Teil ihrer Erfahrung wurden, bewahrten die frühen Christen vor dieser Flucht in die Vergangenheit, in die Zukunft oder in die Welt bloßer Ideen: 1. Jesus war von den Toten auferstanden. 2. Er hatte seinen Geist gesandt, um bei seinen Jüngern zu bleiben. Diese zentralen Ereignisse gaben ihnen das Bewusstsein, dass die Gegenwart immer noch gefüllte Zeit war. Aufgrund dieser Ereignisse waren sie unwiderruflich in der Welt und damit in der Mission engagiert. Jesu Auferstehung und die Gabe des Geistes werden mit dem Begriff *aparche* bezeichnet, Erstlingsfrucht, sowie mit dem Begriff *arrabon*, Unterpfand (vgl. 1. Korinther 15,20.23; 2. Korinther 1,22; 5,5; Epheser 1,14). In der Tat ist die Kirche auf der Grundlage dieser Ereignisse selbst die „Erstlingsfrucht“ (Römer 8,23; Jakobus 1,18) und die „neue Schöpfung“ (2. Korinther 5,17; Galater 6,15). Die alte Ordnung ist vergangen; die neue hat bereits begonnen (2. Korinther 5,17). In der Auferstehung und im Heiligen Geist hatten die frühen Christen eine Manifestation der Tatsache vor sich, dass das neue Zeitalter wirklich ins alte Zeitalter eingedrungen war. Sie wussten natürlich, dass das Reich Gottes in seiner Fülle erst noch kommen musste. Christi Auferstehung und das Kommen des Geistes waren jedoch klare Zeichen, dass es bereits jetzt sinnvoll war, in Übereinstimmung mit den Standards des „kommenden Zeitalters“ zu leben.[90]

Wir sollten die spezifischeren neutestamentlichen Sprüche über Mission in genau diesem Kontext verstehen. Das heißt natürlich

90 Anm. des Übers.: Dieses „Leben in Übereinstimmung“ wurde kürzlich ausführlich von N. T. Wright, *Glaube – und dann? Von der Transformation des Charakters* (Marburg: Francke, 2011) beschrieben.

nicht, dass alle Autoren des Neuen Testaments genau dieselbe Auffassung von der Mission hatten. Auch die Wirklichkeit des „neuen Zeitalters" interpretierten sie ja nicht genau gleich. Wiederum gilt: Geschichte ist mehrdeutig und die Akzente unserer Erfahrung und Interpretation der Geschichte sind unterschiedlich. Geschichte ist dynamisch. Daher kann eine Person etwas ins Zentrum rücken, was jemand anderes weniger akzentuiert oder gar ganz weglässt.

Der Missionsbefehl

Es wird heute weithin akzeptiert, dass der sogenannte Missionsbefehl (Matthäus 28,18-20) als Schlüssel für das Verständnis des gesamten Matthäusevangeliums angesehen werden sollte. Zusammen mit Sprüchen wie Matthäus 24,14 und 26,13 steht der Missionsbefehl jedoch in Spannung zu „partikularistischen" Aussagen wie 10,5-6 und 15,24-26. Laut diesen Stellen hatten die Jünger ihre Mission auf die „verlorenen Schafe des Hauses Israel" zu beschränken. Sie sollten „das Brot für die Kinder nicht den Hunden geben". Wir haben bereits argumentiert, dass „Partikularismus" und „Universalismus" sich nicht gegenseitig ausschließen, sondern zusammengehören. Es ist daher weder nötig, die Spannung zwischen den beiden Aussagereihen mit dem schwachen Argument zu erklären: „Matthäus zieht es vor, Dinge zu konterkarieren." (B. H. Streeter), noch zu behaupten, die Tradition hätte Jesu universalistische Aussagen in partikularistische verwandelt (F. Spitta) oder umgekehrt (M. Goguel).

Wir sollten vielmehr erheben, wie der Evangelist die Aussagen Jesu in seinem eigenen Kontext und im Blick auf seine eigene (judenchristliche?) Leserschaft verstand und verwendete. Für diejenigen, die das Evangelium heute lesen, versteht sich die weltweite Mission der Kirche von selbst, während die Beschränkung auf Israel in 10,5-6 und anderswo einer Erklärung bedarf. Für die ursprünglichen Leser war es genau umgekehrt. Sie glaubten, dass die ihnen anvertraute Mission in dem Befehl bestand, sich nur an Israel zu wenden. Daher bedurfte damals die weltweite Mission einer Erklärung.[91] Wenn wir

91 Vgl. S. Brown, „The Two-fold Representation of the Mission in Matthew's

das im Kopf behalten, wird die Struktur des Evangeliums klarer, die im Missionsbefehl gipfelt.

Matthäus beginnt sein Evangelium mit der Genealogie Jesu. Diese enthält auch vier Frauen, die vermutlich alle heidnisch waren und uns außerdem an Momente der Sünde erinnern (zumindest Tamar und Bathseba). Matthäus kontrastiert heidnische Astrologen mit Herodes als einem Repräsentanten des jüdischen Volkes (Kap. 2) und den Glauben eines heidnischen Soldaten mit dem Glauben der Juden (8,11-12). Er berichtet von Jesu Besuchen bei Heiden und in halb heidnischen Gebieten (Tyrus, Sidon, Garada), erzählt Gleichnisse wie das über die Weinbergpächter (21,33-44) und schließt sein Evangelium mit einem Missionsbefehl ab – und all dies vor dem Hintergrund des unvergleichlichen Mitgefühls Jesu mit allen, die verachtet wurden (siehe Kapitel 6 in diesem Buch).

Sprüche wie Matthäus 10,5-6 und 15,24-26 sollten wir in diesem größeren Zusammenhang lesen, nicht isoliert davon. Im Gesamtrahmen des Evangeliums wird ihr scheinbar absolutes Verbot einer Heidenmission relativiert. Die Mission zu den Juden behält ihren Wert – auch wenn es fast so scheint, als würde Jesu Klage über Jerusalem die Möglichkeit der jüdischen Mission an der Wurzel kappen (23,37-38). Nach Ostern wird diese Klage jedoch in den größeren Zusammenhang der Weltmission gestellt.

Wenn wir uns den Missionsbefehl näher ansehen, dann ergibt sich, dass die Frage irrelevant ist, ob wir es hier mit den genauen Worten des auferstandenen Christus zu tun haben. Geschichte ist keine Sache reiner Fakten, sondern der Zuordnung und Aufnahme dessen, was geschehen ist. Jesu Worte wörtlich zu zitieren hat in sich selbst wenig Bedeutung. Sie zu seinen eigenen Worten zu machen, ist etwas anderes, doch im Verlaufe dieses Prozesses wird diesen Worten unweigerlich der Stempel des Erzählers des fraglichen Ereignisses aufgedrückt. In Bezug auf das Johannesevangelium haben wir dies schon lange akzeptiert. Es gilt jedoch in kaum geringerem Maße auch für die Synoptiker. Alle Evangelisten gaben den ihnen überlieferten Geschichten auf ihre Weise einen „Gegenwartsbezug“. Um in

Gospel“, in: *Studia Theologica* 31.1 (1977), 21-32.

ihrem eigenen Kontext dasselbe zu sagen, was Jesus einige Jahrzehnte früher gesagt hatte, mussten sie es oft anders sagen.

Es ist daher überhaupt nicht seltsam, dass der Missionsbefehl in jeder Einzelheit die typische Sprache und den Stil des Evangelisten Matthäus offenbart. *Metheteuthein* (zu Jüngern machen), *terein* (halten) und *entellesthai* (befehlen) sind typisch matthäische Konzepte. Das Schlüsselwort lautet *matheteusate*, „macht zu Jüngern". Jesus ist für Matthäus der Rabbi *sui generis*, der unvergleichliche. Daher ist das Thema der Jüngerschaft, der Nachfolge in diesem Evangelium zentral. Es wird z.B. in Matthäus 8,23 explizit erwähnt („und seine Jünger folgten ihm nach"), aber bei Markus und Lukas ausgelassen. (Siehe auch 12,49).[92]

Laut Matthäus ist Jesus auch der König. In keinem anderen Evangelium ist das „Reich der Himmel" so im Vordergrund wie bei Matthäus. Im ersten Kapitel kündigt er Jesus als königlichen Nachfahren Davids an. Jesus tritt als Immanuel auf den Plan, „Gott mit uns" (1,23). In den letzten Versen des letzten Kapitels sagt uns dieser selbe Jesus: „Ich bin immer bei euch" (28.20), und er sagt das als König. Gelehrte wie Otto Michel haben argumentiert, dass wir es hier vermutlich mit einem Inthronisierungshymnus zu tun haben. Dieser Hymnus (wie auch der Text Daniel 7,13-14) ist nach der Vorlage einer altorientalischen Krönungsliturgie gebildet. Andere Gelehrte leugnen diese Parallele. Sie meinen, dass wir Matthäus 28,18-20 besser als ein offizielles Dekret von Jesus als dem König lesen sollten. Eine Analogie findet sich in 2. Chronik 36,22-23. Dort erlässt Kyrus ein Dekret, das den Juden erlaubt, in ihr Land zurückzukehren. Die Ähnlichkeit der literarischen Form und der ausgewählten Wörter ist in der Tat erstaunlich. Noch wichtiger ist die Beobachtung: Wie 2. Chronik 36,22-23 bewusst als Abschluss der Hebräischen Bibel gedacht war, so war Matthäus 28,18-20 vom Evangelisten bewusst als Abschluss des „neuen Testamentes" von Jesus Christus gedacht.[93]

Matthäus 28,18-20 kann auch auf andere Weise interpretiert wer-

92 Vgl. auch KASTING 1969, 35-36.
93 Vgl. B. MALINA, „The Literary Structure and Form of Matt. XXVIII 16-20", in: *New Testament Studies* 17.1 (1970/1971), 87-103.

den, doch man kann Folgendes nicht leugnen: Wie auch immer wir die *Struktur* des Textes interpretieren, wir haben es hier mit einem Mandat zu tun, das aufgrund der Vollmacht Jesu hier und jetzt die Jünger davon unterrichtet, dass ein völlig neues Zeitalter begonnen hat. Dies impliziert, dass sie an einer weltweiten Mission teilhaben. Das Wort *oun* („daher", „deshalb") verbindet diese missionarische Verantwortung untrennbar mit der Vollmacht, die Jesus gegeben ist (V. 18). Der Missionsbefehl, so sagt Max Warren, ist keine ethische Forderung, sondern eine Person: „Jesus ... ist der Missionsbefehl."[94]

Traditionell ist der Missionsbefehl nicht so verstanden worden, wie wir es hier skizziert haben – zumindest nicht im westlichen Protestantismus und in der römisch-katholischen Kirche. In diesen Traditionen lag die volle Betonung auf dem Aorist-Partizip *poreuthentes*, das normalerweise als Imperativ übersetzt wurde: „Geht daher hin ..." Der aktivistische westliche Mensch fand diese Übersetzung attraktiv. Es handelte sich bei ihr auch um die einzige Übersetzung, die ihm im goldenen Zeitalter des westlichen Überlegenheitsgefühls sinnvoll erschien. Das „Geht daher hin", das Überschreiten geografischer Grenzen, war das dominante Element im Missionsbefehl. „Machet zu Jüngern" nahm tendenziell eine untergeordnete Bedeutung an.

Im Gesamtzusammenhang des Matthäusschlusses ist das „Geht daher hin" jedoch nur das Zweitwichtigste. Um das zu illustrieren, schauen wir uns eine Imperativkonstruktion an, die Matthäus oft verwendet und die Adolf Schlatter wie folgt erklärt: „Wenn zwei Handlungen zu einem Vorgang verbunden sind, wird für die vorbereitende Handlung das Partizip des Aorists vor den Aorist des Hauptverbums gestellt. Diese Satzform kehrt so beständig wieder, dass sie den Stil des Mat. kennzeichnet."[95] In 28,19 wird das Aorist Partizip *poreuthentes* in Verbindung mit dem Aorist Imperativ *matheteusate* gebraucht. Fast immer, wenn Matthäus das Verb *poreuomai* (gehen,

94 M. Warren, *I Believe in the Great Commission* (Grand Rapids: Eerdmans, 1976), 23.

95 A. Schlatter, *Der Evangelist Matthäus* (Stuttgart: Calwer Verlag, 1948), 23. Siehe auch P. O'Brien, „The Great Commission of Matthew 28:18-20: A Missionary Mandate or not?", in: *The Reformed Theological Review* 35.3 (1976), 66-78.

reisen) in dieser Art von Konstruktion verwendet, z.B. in 9,13; 11,4; 17,27 und in 28,7, ist das Verb nicht akzentuiert. Das „gehen" ist in jedem dieser Fälle in gewissem Sinne pleonastisch und hätte auch weggelassen werden können. Das Überschreiten geografischer Grenzen ist hier nicht die Schlüsselvorstellung. Die volle Betonung liegt auf *matheteusate*, und wir sahen bereits, dass dieser Begriff sowieso ein Schlüsselkonzept im Matthäusevangelium bezeichnet.[96]

Was haben wir mit dieser exegetischen Übung zu Matthäus 28,18-20 zu erreichen versucht? Wir wollten einfach zeigen, in welchem Ausmaß wir auf der Suche nach einer biblischen Grundlage der Mission unsere eigenen Voraussetzungen in den Text hineinlesen, statt dem Text zu erlauben, das zu sagen, was er in seinem eigenen Kontext sagen will.

Wie Matthäus stellen auch die anderen Evangelisten die Grundlage der Mission auf ihre eigene Weise in den Kontext der Erfahrungen mit den Ereignissen um Jesus von Nazareth, die sie selbst und ihre Leser gemacht hatten. Ein paar Anmerkungen sollen hier genügen. Für Markus war *keryssein* das Schlüsselkonzept, im Sinne von autoritativer Verkündigung. Er beschreibt anschaulich Jesu Konflikt mit den Mächten des Bösen sowie Jesu Sieg über sie. Auch wenn der Missionsbefehl im Markusschluss ein späterer Zusatz ist, spiegelt er doch dasselbe Verständnis wie der Rest des Evangeliums wider. Markus' Anliegen ist von 1,1 angefangen durchgängig das *euangelion*, die gute Nachricht von der Erlösung. Daher sollte man Markus' Fassung des Missionsbefehls nicht im unechten Schluss seines Evangeliums suchen, sondern in 13,10: „Vor dem Ende muss das *euangelion* allen Nationen verkündigt werden."

Das *Lukasevangelium*, das „Evangelium der Armen", das immer ein Auge für die weniger Privilegierten hat und für diejenigen, die an den Rand der Gesellschaft gedrückt worden sind – für die Frauen, die „Verlorenen" (Lukas 15), die Steuereintreiber und die Samariter – betont die Botschaft der Vergebung und die Möglichkeit neuer Beziehungen. Es ist daher verständlich, dass in der lukanischen Fassung

96 Vgl. auch J. D. Kingsbury, „The Composition and Christology of Matt. 28:16-20", in: *Journal of Biblical Literature* 93.4 (1974), 576-577.

des Missionsbefehls (24,46-49) Bekehrung und Vergebung zentral sind.

Das *Johannesevangelium* sieht alles, auch die Mission, aus der Perspektive der Christologie. Die Sendung des Sohnes durch den Vater baut den Kontakt zwischen Gott und der Welt auf; die Sendung der Kirche setzt diesen Kontakt fort: „Wie mich der Vater gesandt hat, so sende ich euch" (20,21). Weder bei Jesus noch bei den Jüngern bezieht sich das nur auf die Mission (20,21; 17,18), sondern auch auf die gegenseitige Liebe und das Dienen (13,34; 15,12) und auch auf die Einheit (17,11; 17,22-23). In der Kirche, bei den Jüngern, sollte deutlich werden, wer und wie Gott ist. Die Kirche ist Gottes Brückenkopf in der Welt.[97]

Trotz aller wechselseitigen Unterschiede im Ansatz und in der Betonung legen alle vier Evangelien – ja: das ganze Neue Testament – ein unverwechselbar einheitliches Zeugnis ab, wenn es um die Grundlage der Mission geht. Das Kommen Jesu von Nazareth war „erfüllte Zeit" (Markus 1,15); die Zeit war da, sie war reif (Galater 4,4; Epheser 1,10). In dieser erfüllten, historischen Zeit lebt und arbeitet die Kirche, indem sie missionarisch in der Welt engagiert ist. Gott sendet keine „Vorstellungen" oder „ewige Wahrheiten" zu den Nationen. Er sendet Menschen, historische Wesen. Er inkarniert sich selbst in seinem Sohn und durch seinen Sohn in seinen Jüngern. Gott wird Geschichte, spezifische Geschichte, alltägliche Geschichte – und zwar in den Nachfolgern Jesu, die unterwegs sind zur Welt.

97 Vgl. W. Popkes, „Zum Verständnis der Mission bei Johannes", in: *Zeitschrift für Mission* 4.2 (1978), 63-69.

8. Martyria im Alten und Neuen Testament

Die Forschung an Jesaja 40-55 hat gezeigt, dass das „universalistische Motiv" in der historischen Entfaltung der alttestamentlichen Offenbarung in diesen Kapiteln seinen Höchststand erreicht.[98] Das Erstaunliche an diesen Kapiteln ist, dass es in ihnen um Israel im Exil geht. In dieser außergewöhnlichen Kombination aus Leiden und missionarischem Engagement finden wir das dritte wichtige Element einer biblischen Grundlage der Mission – ein Element, das außerdem in enger Beziehung zu den beiden bereits diskutierten steht.

Völlig entgegen dem, was Israel sich immer vorgestellt hatte, scheint es nun so zu sein, dass die Möglichkeit zum Zeugnis nicht im nationalen Triumph Ausdruck findet, sondern im nationalen Unglück. Das gilt insbesondere für den *ebed JHWH*, den Gottesknecht: Gottes Zeuge in der Welt zu sein beinhaltet nicht nur das mündliche Zeugnis, sondern auch das schweigende Leiden um anderer Menschen willen. Jesaja 53 offenbart daher sowohl die höchsten als auch die tiefgründigsten Dimensionen der Mission im AT. In 2. Mose 19,6 war Israel „ein Königreich von Priestern" genannt worden. Damit war Israel eine priesterliche Funktion inmitten der Nationen zugeschrieben worden. Der Priester herrscht nicht; er dient. Jesaja 53 zeigt, dass dieses Dienen gelegentlich die Form des unschuldigen Leidens um anderer Menschen willen annehmen kann. Der Priester wird sozusagen selbst das Opfer, das er auf den Altar legt.

Israel glaubte, dass man die Absichten, die Gott mit seinem Volk verfolgte, nur erreichen konnte, solange man mächtig war und von den Nationen gefürchtet und respektiert wurde. Erstaunlich ist jedoch: Je mächtiger Israel wurde, umso weniger Anzeichen einer missionarischen Dimension seiner Existenz gab es – die Nationen traten in den Hintergrund, sie blieben auf Distanz. Wir haben hier wieder-

98 Vgl. D. H. Odendaal, *The Eschatological Expectation of Isaiah 40-66 with Special Reference to Israel and the Nations* (Philadelphia: Presbyterian and Reformed Publications, 1970).

um ein Beispiel für die Mehrdeutigkeit des Konzeptes „Israel“ als politische Größe und Volk Gottes.

Umgekehrt gilt: Je mehr Israel seiner irdischen Macht und Herrlichkeit beraubt wurde, umso deutlicher sprachen seine Propheten von der missionarischen Dimension seiner Existenz. Jesaja handelt von einer Phase in Israels Geschichte, in der Israel politisch gesehen völlig unbedeutend war. Israel hatte anscheinend völlig darin versagt, mit seiner priesterlichen Präsenz irgendeine bedeutsame Rolle unter den Nationen zu spielen. Israel war zum Unrat der Erde geworden, von jedem Volk verabscheut, ein Sklave von Tyrannen (49,7). Nichtsdestotrotz bestand genau in diesem Moment größter Erniedrigung (und Selbstdemütigung) die Möglichkeit, dass Könige und Prinzen sich verneigten, und zwar „aufgrund des Herrn, der treu ist, aufgrund des Heiligen Israels, der dich erwählt hat“ (49,7).

Dieses eine alttestamentliche Beispiel muss hier genügen. Wie im AT die Missionsvorstellung ihren höchsten (und tiefgründigsten) Punkt in der Zeit der babylonischen Gefangenschaft erreichte, und dort besonders in der Figur des leidenden Gottesknechts, so wird der höchste und tiefgründigste Punkt im NT im Leiden des Menschensohnes erreicht, besonders auf Golgatha, wo er sein Leben als Lösegeld für viele gab (Markus 10,45). Was wie ein Desaster aussah, war in Wirklichkeit Gottes Weg zum Sieg. Aus diesem Grund wurde der leidende Gottesknecht von frühester Zeit an als Archetypus für Jesus von Nazareth angesehen. Weder in seiner erfolgreichen Predigt vor den Massen noch in den manchmal überwältigend positiven Reaktionen auf seine Wunder wurde Jesus der wahre Missionar, sondern in seinem Leiden und Tod.

Dies hatte bereits in neutestamentlicher Zeit entscheidend wichtige Konsequenzen für die missionarische Kirche. Dem Rabbi aus Nazareth zu folgen hieß nicht, unter seiner Aufsicht die Tora zu studieren, sondern sich mit seinem Leiden zu identifizieren. Das tritt nirgends deutlicher zutage als in Paulus’ zweitem Korintherbrief.[99] Hier weist Paulus das Verhalten der Geschäftemacher zurück (2,17),

99 Vgl. H. Baum, *Mut zum Schwachsein – in Christi Kraft* (St. Augustin: Steyler Verlag, 1977).

die Mission in den Kategorien von Erfolg und Triumphalismus definieren. Im Gegensatz dazu ist er ein Gefangener (2,14), der sich der Schwachheit rühmt (12,9). Schwachheit (*astheneia*), Bedrängnis (*thlipsis*) und Leiden (*lype*) sind in der Tat Schlüsselkonzepte in diesem Brief, in dem Paulus sein Apostelamt gegen „jene Superapostel" (11,5; 12,11) verteidigt, die sich den Korinthern selbst empfehlen. Im Gegensatz zu ihnen hat Paulus diesen Schatz in irdischen Gefäßen (4,7), eine Tatsache, die sein Leiden reichlich bezeugt (6,4-10; 11,23-28). Außerdem sind Leiden und Bedrängnis *normale* Erfahrungen im Leben des Apostels, doch für diejenigen, die nur in Erfolgskategorien denken können, bleibt das ein *skandalon*, ein Stein des Anstoßes. Der Unterschied zwischen der paulinischen Mission und der seiner Gegner in Korinth besteht im Kreuz. Der 2. Korintherbrief präsentiert eine unbestreitbare Identifikation der Mission mit dem Kreuz – nicht nur mit dem Kreuz Christi, sondern auch mit dem Kreuz des Apostels. Wie im Kolosserbrief jubelt Paulus angesichts der Leiden, in denen er an seinem Fleisch erstattet, „was an den Leiden Christi noch fehlt, für seinen Leib, das ist die Gemeinde" (Kolosser 1,24).

Dasselbe gilt für die heutige missionarische Kirche. Die Bildersprache vom „Salz", „Licht" und „Sauerteig", die Jesus manchmal benutzt, drückt auf die eine oder andere Weise die Vorstellung der Durchdringung und der Grenzüberschreitung aus. Elton Trueblood beschreibt die folgende Beobachtung zu diesen drei Metaphern: „Die größte Überraschung ist die, dass jedes dieser drei Dinge seine wahre Funktion nicht ausüben kann, wenn man damit *spart*, denn es ist ihr Wesen, sich völlig zu verbrauchen."[100] Eines der tiefgründigsten Elemente der mitfühlenden Suche Gottes nach dem Menschen, sagt N. P. Moritzen, ist die Unentbehrlichkeit des schwachen Zeugen, des machtlosen Repräsentanten der Botschaft. Die Menschen, die gewonnen und gerettet werden sollen, sollten sozusagen immer die Möglichkeit haben, den Zeugen des Evangeliums zu kreuzigen.[101]

100 E. Trueblood, *The Validity of the Christian Mission* (New York: Harper & Row, 1972), 92.

101 Vgl. N. P. Moritzen, *Die Kirche als Mission* (Wuppertal-Barmen: Jugenddienst Verlag, 1966), 30.

Die theologische und praktische Rechtfertigung der Vorstellung einer „Kirche für andere" ist genau an diesem Punkt zu finden. Im Mai 1944 schrieb Dietrich Bonhoeffer aus Anlass der Geburt seines Patenkindes aus dem Gefängnis, dass eine Kirche, die heute ausschließlich um ihr eigenes Überleben kämpft, als sei das in sich selbst schon ein Ziel, untauglich sei, das Wort der Versöhnung und Erlösung zu den Menschen zu tragen. Zumindest für eine gewisse Zeit sollte die Kirche nicht viele Worte machen, sondern machtlos sein und schweigen. Unser Christsein sollte nur aus zwei Elementen bestehen: aus Fürbitte und gerechtem Handeln.

Bonhoeffer schrieb diese Worte natürlich in einer Zeit, als die Kirche in Deutschland größtenteils zum Schweigen gebracht worden war. Die prophetischen Worte der Kirche aus den Tagen von Barmen waren verklungen. Das schweigende Zeugnis ist daher nicht universal anwendbar. Bonhoeffers eigentlicher Punkt besteht jedoch in der Aussage, dass Bezeugen und Leiden Hand in Hand gehen. Das griechische Wort für Zeuge ist *martys.* Daher stammt unser Wort „Märtyrer", denn in der frühen Kirche musste der Zeuge sein Zeugnis (*martyria*) oft mit seinem Blut besiegeln. „Martyrium und Mission gehören erfahrungsgemäß immer wieder zusammen. Das Martyrium ist gerade auf dem Missionsfeld zu Hause."[102] Bonhoeffers Worte sollten daher nicht als Plädoyer für einen Quietismus verstanden werden. In ihrer Stuttgarter Erklärung hören wir die deutschen Kirchen einige Monate nach dem Zusammenbruch des Naziregimes sagen: „Wir klagen uns an, dass wir nicht mutiger bekannt, nicht treuer gebetet, nicht fröhlicher geglaubt und nicht brennender geliebt haben."[103]

---

102 H. von Campenhausen, „Das Martyrium in der Mission", in: *Kirchengeschichte als Missionsgeschichte*, Bd. 1 (München: Kaiser, 1974), 71.

103 Der komplette Text findet sich unter http://www.ekd.de/bekenntnisse/stuttgarter_schulderklaerung.html.

9. Gottes Mission

Der „Gottesknecht"

Wenn man das AT und das NT sorgfältig liest, kommt zum Vorschein, dass Gott selbst das Subjekt der Mission ist. Dies ist das vierte Charakteristikum der biblischen Grundlage der Mission. Wir haben es hier mit der *Missio Dei* zu tun, mit Gottes Mission – ein Aspekt, den wir nun kurz untersuchen wollen, und zwar in enger Verbindung zu dem, was wir im vorherigen Kapitel besprochen haben. Die *martyria*, das Zeugnis in Wort und Tat, hat seinen ultimativen Ursprung nicht im Zeugen, sondern in Gott. Dem müssen wir sofort hinzufügen, dass der Zeuge dennoch in keiner Weise außen vor bleibt. Er ist Teil der Mission Gottes. Aber Gott bleibt der Urheber.

Das AT betonte diese Überzeugung u.a. durch die Unterscheidung zwischen dem, was Gott tut und dem, was Menschen tun. Diese Betonung war so stark, dass beinahe der Eindruck erweckt wurde, der Mensch sei inaktiv. Es wird hoffentlich deutlich werden, dass das nicht beabsichtigt war.

Es ist seit Langem üblich gewesen, auf den „Gottesknecht" in Jesaja 40-55 als den Missionar par excellence hinzuweisen. Diese Interpretation fußt auf der Zentralstellung des Zeugen-Konzeptes in jenen Kapiteln.[104] Der „Knecht" ist jedoch kein aktiver Missionar, der zu den Nationen ausgesendet wird. Das Verb *yozi* in Jesaja 42,1 ist nicht mit „ausführen", „veranlassen" zu übersetzen, sondern mit „etwas sichtbar machen". Der Text sollte also lauten: „... mein Knecht ... wird Gerechtigkeit über den Nationen aufleuchten lassen". Nicht die eigenen Aktivitäten des Knechtes werden betont, sondern die Tatsache, dass *Gott* in ihm und durch ihn wirkt. Der Knecht, so wird uns gesagt, wird in den Gerichtssaal gebracht, um in der Verhandlung zwischen Gott und den Nationen Zeugnis abzulegen. Er ist jedoch ein sehr außergewöhnlicher und nach unseren Maßstäben unbrauch-

104 Siehe auch Trites 1977, 35-47.

barer Zeuge, denn er kann weder sehen noch sprechen (42,18-20; 43,8-13). Der Zweck dieser Metapher besteht wiederum nicht in der Aussage, dass der Zeuge tatsächlich blind und taub ist, sondern dass letzten Endes Gott selbst der Zeuge ist.

Der „Knecht des Herrn“ in Jesaja 40-55 ist ein Paradigma für Israel. Israels Erwählung und Existenz ist kein Selbstzweck. Durch Israel ist Gott in den Nationen am Werk. Israels Erwählung ist eine Vorwegnahme, eine Antizipation. In und durch Israel streckt Gott der Welt seine Hand entgegen. Sein erlösendes Wirken in Israel ist ein Zeichen und ein Signal an die Nationen. Israel ist berufen, ein „Licht für alle Völker“ zu sein (42,6). Gott beabsichtigt, weit mehr zu tun als nur die zwölf Stämme Judas wiederherzustellen und die Nachkommen Israels zurückzubringen: „Ich habe dich auch zum Licht der Heiden gemacht, dass du seiest mein Heil bis an die Enden der Erde“ (49,6).

Viele Jahre ist die Ansicht üblich gewesen, das AT vertrete eine zentripetale Missionsauffassung – die Nationen kommen nach Israel. Das NT verstehe Mission dagegen zentrifugal – Missionare gehen aus dem Zentrum, aus Israel oder der Kirche, nach außen in die Welt. Es stimmt zweifellos, dass das AT die Mission überwiegend in zentripetalen Kategorien versteht. Das ist jedoch nicht ausschließlich der Fall. Die Lichtmetapher in Jesaja 42,6 und 49,6 sowie anderswo ist besonders angemessen, um sowohl der zentripetalen als auch der zentrifugalen Bewegung Ausdruck zu verleihen. Ein Licht, das in der Dunkelheit scheint, zieht Menschen einerseits zentripetal an, aber es dringt gleichzeitig nach außen, überschreitet Grenzen und erlaubt es, dass Gottes Erlösung in den Worten von Jesaja 49,6 „bis an die Enden der Erde“ geht.

Im AT liegt Israels missionarische Bedeutung jedoch vorwiegend im Rahmen von zentripetalen Kategorien. Das erklärt die Zentralstellung Jerusalems oder Zions in den universalistischen Passagen des AT, wie R. E. Clements zeigt. Das früheste Modell war das von Israel als einer imperialen Macht, die denjenigen Frieden, Wohlstand und Gerechtigkeit brachte, über die Israel herrschte. Nach der Aufteilung in zwei Königreiche wurde diese Vorstellung modifiziert und tauchte in einer viel direkteren religiösen Form wieder auf, was wir im Bild der Wallfahrt der Nationen zum Zion erkennen können, um Gottes Gesetz zu hören (Jesaja 2,2-4; Micha 4,1-5). Doch auch in diesen Visionen sind noch Obertöne der Unterwerfung der Nationen unter Israel zu hören. Erst in Jesaja 40-55 wird das Bild vom Herrn und Sklaven endlich umgekehrt. Nun wird Israel als Knecht angesehen, der Gottes Wahrheit und Gerechtigkeit den Nationen kundtun muss.[105] Gott selbst bleibt der wahre „Missionar", aber Israel – soweit Israel Gottes gehorsamer Knecht ist – ist sehr direkt in die Mission einbezogen. Auch die Aufforderung in Jesaja 2,5 offenbart dies: „Kommt nun, ihr vom Hause Jakob, lasst uns wandeln im Licht des HERRN!"

Angesichts des oben Gesagten sollten wir daher hinzufügen, dass das dominante Charakteristikum der alttestamentlichen Missionsauffassung nicht in ihrer zentripetalen Ausrichtung besteht. Die zentripetale Kategorie wird vielmehr verwendet, um der Überzeugung Ausdruck zu verleihen, dass *Gott*, nicht Israel, der Urheber der Mission ist.

Sacharja 8 verleiht diesem Aspekt den klassischen Ausdruck. Es ist JHWH, der nach dem Exil sein zerstreutes Volk aus den Nationen sammelt (Verse 7-8) und es unterrichtet (Verse 9-19). Die Nationen beobachten das und geben spontan zu verstehen, dass auch sie nach Jerusalem gehen wollen. Nicht weniger als zehn Männer „aus jeder Nation und von jeder Sprache" werden einen jüdischen Mann beim Zipfel seines Gewandes ergreifen und sagen: „Wir wollen mit euch gehen, denn wir hören, dass Gott mit euch ist." (Vers 23). Die Anziehungskraft geht hier nicht von Israels Glaube, Vorbild oder Zeugnis aus, sondern Gottes Treue gegenüber Israel bewegt die Nationen, zu kommen. Damit ist aber auch nicht für einen Moment gesagt, dass Israels Glaube, Vorbild oder Zeugnis verzichtbar sind. Weit gefehlt! Israel selbst ist wiederum voll in Gottes Mission zu den Nationen einbezogen. Israel war heidnisch und wurde von Gott für die Erlösung erwählt.

105 Vgl. R. E. Clements, *Old Testament Theology: A Fresh Approach* (London: Marshall, Morgan & Scott, 1978), 94-96.

Doch Israel behält seinen neuen und „nicht-heidnischen" Status nur, insoweit es seine Verantwortung in der Welt akzeptiert und dieser nachkommt. Das bedeutet hauptsächlich, JHWH treu zu sein, doch das impliziert wiederum, der Welt treu zu bleiben, indem Israel sein Licht leuchten lässt, der Welt ein Vorbild ist und in Wort und Tat Zeugnis ablegt.

Gott und Mensch als Konkurrenten?

In unserer Diskussion der biblischen Auffassung von der Mission als Mission Gottes haben wir uns bisher nur das AT angesehen. Gilt die gefundene Charakterisierung auch für das NT? Unglücklicherweise hat die Ansicht, dass Mission im AT zentripetal und im NT zentrifugal verstanden wird, die ganze Angelegenheit etwas vernebelt. Da Mission in der westlichen Welt üblicherweise in zentrifugalen Kategorien verstanden wird, ist eine Anmerkung wie die folgende von Horst Rzepkowski durchaus verständlich: „Der entscheidende Unterschied zwischen dem AT und dem NT ist die Mission."[106]

Es ist natürlich zweifellos richtig, dass sich die neutestamentliche Auffassung von der Mission grundlegend von der alttestamentlichen unterscheidet. Das haben wir in Kapitel 7 zu erklären versucht. Es wäre jedoch falsch, den wahren Unterschied zwischen dem AT und dem NT am Unterschied zwischen der zentripetalen und zentrifugalen Kategorie festzumachen. Mindestens drei Beobachtungen legen nahe, dass diese Unterscheidung eine relative ist.

Erstens: Die zentripetale missionarische Dimension ist keinesfalls auf das AT beschränkt, sondern charakterisiert auch das NT. Astrologen kamen aus dem Osten nach Jerusalem, um den Retter der Welt zu suchen (Matthäus 2). Simeon verweist auf die Befreiung, die Gott „bereitet hat vor allen Völkern, ein Licht, zu erleuchten die Heiden" (Lukas 2,31-32). Mit einem Zitat aus Jesaja 56,7 verweist Jesus auf den Tempel als „ein Haus des Gebets für alle Völker" (Markus 11,17). Die Reinigung des Tempels legt außerdem nahe, dass der Wallfahrt

106 H. Rzepkowski, „The Theology of Mission", in: *Verbum SVD* 15.1 (1974), 80.

der Völker nach Jerusalem die Wiederherstellung Israels vorausgehen sollte. Der römische Hauptmann, der zu Jesus kommt (Matthäus 8,5), und die Griechen, die nach Jerusalem reisen, um Jesus zu sehen (Johannes 12,20), verleihen derselben Vorstellung Ausdruck: Erlösung ist in Israel zu finden, und die Nationen, die daran Anteil haben möchten, sollten dorthin gehen. Immerhin gilt: „Das Heil kommt von den Juden" (Johannes 4,22). Die Erlösung der Welt kann nur an einem einzigen Ort vollbracht werden: in Jerusalem. Das erklärt die Prominenz dieser Stadt in allen vier Evangelien, besonders bei Lukas (dem Nicht-Juden!).

Zweitens: Wir müssen darauf hinweisen, dass die Unterscheidung zentripetal – zentrifugal leicht dazu führen kann, die „wahre" Mission ausschließlich als eine zentrifugale zu verstehen, da diese Kategorie das Überschreiten geografischer Grenzen nahelegt sowie die mündliche Verkündigung des Evangeliums, die sich an Heiden richtet. Wir haben jedoch argumentiert, dass einerseits das Überschreiten geografischer Grenzen nur eines von mehreren Elementen ist, die für die biblische Auffassung von „Mission" konstitutiv sind, und dass Mission andererseits mehr ist als die an Heiden gerichtete mündliche Verkündigung.

Drittens: Es gibt eine Tendenz, Mission im AT vollständig und exklusiv als „Werk Gottes" zu verstehen. Das beinhaltet, dass die zentrifugale Mission des NT, in die der Mensch offensichtlich aktiver eingebunden ist, als „Werk des Menschen" bezeichnet werden könnte. Damit betreten wir jedoch ein recht glattes Parkett, auf dem Gottes Aktivität die Aktivität des Menschen ausschließt (und umgekehrt). Gott und Mensch werden dann zu Konkurrenten. An dieser Stelle trifft John Deschners Beobachtung zu: „Dies ist eine Verkehrung der Dinge, denn damit wird angedeutet, dass Gottes Aktivität der Feind menschlicher Freiheit ist ... je mehr man Gottes Aktivität betont, umso weniger kann man die Aktivität des Menschen betonen ... Der Christ weiß: Je mehr man Gottes Wirken an sich selbst zulässt, ... umso mehr ist man frei zu vergeben, zu lieben und dem Nächsten zu dienen. Im Lichte des Evangeliums (und des Alten Testaments!) ... sieht es so aus: Je mehr wir erkennen, dass die Mission der Kirche eine Aktivität Gottes ist, umso mehr können wir mit Recht von dieser Aktivität als unserer Aktivität reden.“[107]

Einige der Zeitgenossen Jesu glaubten in der Tat, dass Gottes Wirken jede menschliche Beteiligung ausschloss. Auch Jesu Wirken ist von einigen Theologen innerhalb dieses Rahmens interpretiert worden. Albert Schweitzer urteilte, dass Jesus vollständig in apokalyptischen Kategorien dachte und zu seinen eigenen Lebzeiten die Ankunft des Königreiches in seiner endgültigen Form erwartete. Schweitzer gründete seine „konsistente Eschatologie“ auf Matthäus 10,23: „Wahrlich, ich sage euch: Ihr werdet mit den Städten Israels nicht zu Ende kommen, bis der Menschensohn kommt.“ Diese apokalyptische Erwartung Jesu, so meinte Schweitzer, schloss jede Vorstellung von Mission aus. Jesus übernahm einen „erwartungsvollen Universalismus“, nach dem bestimmte Heiden bei der Eröffnung des messianischen Zeitalters „offenbar“ werden würden – und zwar jene Heiden, die Gott selbst auf seine eigene mysteriöse Weise berufen und vorbereitet hatte. Die Vorstellung von einer Heidenmission sei für Jesus undenkbar gewesen, da das implizieren würde, dass der Mensch in die eigene Hand nehmen würde, was Gott sich selbst vorbehalten hat.

Ähnlich wie Schweitzer argumentierte Joachim Jeremias, dass die Verkündigung des Evangeliums in allen Nationen (Matthäus 24,14; Markus 13,10; 14,9) keinen Verweis auf „menschliche Missionsarbeit“ enthält. Mit Verweis auf Offenbarung 14,6-7 behauptet Jeremias, dass diese Aussagen Jesu nahelegen würden, dass Gottes letztendlicher Sieg in der letzten Stunde durch einen Engel allen Nationen der Welt verkündigt werden wird. Das wird das Zeichen für die eschatologische Wallfahrt der Nationen zum Zion sein. Jeremias fährt fort: „*So* also hat Jesus die von den Propheten verheißene Eingliederung der Heiden in die Gottesherrschaft erwartet und verkündigt –

107 J. W. Deschner, „The Spirit of God and the Christian Witness“, in: *The Christian Mission Today* [Hrsg.: Joint Section of Education and Cultivation of the Board of Missions of the Methodist Church] (Nashville: Abingdon Press, 1960), 40, zitiert von E. Tilson, „God’s Word and the Aim of Christian Mission“, in: G. H. Anderson (Hrsg.), *Christian Mission in Theological Perspective* (Nashville: Abingdon Press, 1967), 223.

als Gottes eschatologische Machttat, als die letzte große Offenbarung der freien Gnade Gottes.“[108]

Das Problem bei Schweitzer und Jeremias ist ihre Annahme, dass Jesus glaubte, Gottes Wirken würde das Wirken des Menschen ausschließen. Diese Interpretation ist im Verlaufe von neunzehn Jahrhunderten Kirchengeschichte oft verteidigt worden und wir werden darauf zurückkommen. Wir wollen jedoch kategorisch sagen, dass dies eine falsche Konzeption ist, die der Kirche nur schaden kann. Die Bibel spricht hier in entwaffnender Offenheit. Die Jünger sind der Same (Matthäus 13,38) und gleichzeitig die Arbeiter, welche die Ernte einbringen (Matthäus 9,37-38). Sie sind Teil der Herde (Matthäus 10,16; Lukas 12,32; Johannes 10,1-16), aber auch Hirten (Matthäus 10,6; Johannes 21,15-17). Sie bedürfen der Absolution (Matthäus 18,23-27), aber sie können auch anderen Absolution erteilen (Matthäus 16,19; 18,18; Johannes 20,23). Gott hat ihnen die „Geheimnisse des Königreiches“ offenbart (Matthäus 13,11), und doch müssen sie das Königreich suchen (Matthäus 5,20; 6,33; Lukas 13,24). Sie sind Gottes Kinder (Matthäus 17,26), aber sie müssen das noch werden, indem sie ihre Feinde lieben (Matthäus 5,44-45). Sie haben ewiges Leben erhalten (Johannes 3,16-17; 11,25-26), aber sie müssen noch durch das Tor gehen, das zum Leben führt (Matthäus 7,14). Weil sie das getan haben, was Jesus vom reichen Jüngling erwartet hatte, sind sie „vollkommen“ (Matthäus 19,21; vgl. Markus 10,28), aber sie müssen wachsam sein und nicht der Versuchung erliegen (Matthäus 26,41). Die Gläubigen müssen mit Furcht und Zittern an ihrer Erlösung arbeiten, denn (!) Gott ist in ihnen am Werk (Philipper 2,12-13). Daher kann Paulus die Gläubigen ganz unbefangen „Gottes Mitarbeiter“ nennen (1. Korinther 3,9). Der Schlüssel zu diesen scheinbar paradoxen Aussagen liegt im neutestamentlichen Begriff „in Christus“: „Aber durch Gottes Gnade bin ich, was ich bin. Und seine Gnade an mir ist nicht vergeblich gewesen, sondern ich habe viel mehr gearbeitet als sie alle; nicht aber ich, sondern Gottes Gnade, die mit mir ist.“ (1. Korinther 15,10).

Wenn wir Gott und Mensch jedoch als Konkurrenten betrachten

108 Jeremias 1956, 60.

und Gottes Wirken in Gegensatz zum Wirken des Menschen stellen, dann landen wir früher oder später in einer von zwei Positionen. Wenn wir nur die erste Seite betonen, nimmt unser Glaube die blinden, unbeugsamen Charakteristika des Schicksals an. Wenn wir nur die zweite Seite betonen, werden wir zu Fanatikern und arroganten Zeloten.

Die aus der Schrift zitierten Beispiele weisen auf eine dialektische und kreative Spannung zwischen dem Wirken Gottes und dem der Menschen hin. Jeder Versuch, diese Spannung mithilfe eines ausgewogenen Rezeptes zu erklären oder sie in ein Dogma zu gießen, riskiert, ihr zartes Geheimnis zu zerstören. Für die biblische Grundlage der Mission ist es entscheidend, diese Spannung anzuerkennen.

In Christus

Viele Gelehrte haben die bemerkenswerte Tatsache unterstrichen, dass der sogenannte „Missionsbefehl“ (Matthäus 28,18-20 und Parallelen) in der neutestamentlichen Kirche keine Rolle zu spielen scheint, da er nirgends wiederholt wird und da auch nirgends auf ihn verwiesen wird. Dieses Schweigen hat vielleicht zwei Gründe. Erstens: Der Missionsbefehl ist kein Befehl im normalen Sinne des Wortes. Er ist vielmehr eine schöpferische Aussage nach Art von 1. Mose 1,3 und anderswo: „Es werde ...“ Lesslie Newbigin drückt es mit Verweis auf Apostelgeschichte 1,8 folgendermaßen aus: „Das Wort ‚Ihr sollt meine Zeugen sein‘ ist kein Befehl, dem gehorcht werden muss, sondern eine Verheißung, der man vertrauen muss.“[109] Es handelt sich jedoch um eine Verheißung, die man nur im Akt des Gehorsams erkennen konnte. Das entdeckte Petrus, als er Kornelius besuchte und erstaunt feststellte: „Nun erfahre ich in Wahrheit, dass Gott die Person nicht ansieht.“ (Apostelgeschichte 10,34). Paulus verwies auf diesen Aspekt als ein „Rätsel“, ein „Geheimnis“, das ihm erst jetzt offenbart wurde, und zwar, als er das Evangelium allen Völker predigte, nämlich „dass die Heiden Miterben sind und mit zu seinem Leib gehören und Mitgenossen der Verheißung in Christus Jesus sind durch das Evangelium“ (Epheser 3,6).

109 L. Newbigin, „The Church as Witness“, in: *Reformed Review* 35.1 (1978), 9.

Ein zweiter Grund für das Schweigen in der frühen Kirche besteht in der Tatsache, dass eine Heidenmission in der frühen Kirche niemals umstritten war – trotz der Ansichten von Gelehrten wie Ferdinand Hahn, Ernst Käsemann und anderen. Heinrich Kasting hat ihre Argumente überzeugend widerlegt und gezeigt, dass die Heidenmission in der frühen Kirche niemals Gegenstand von Kontroversen war. Die Meinungen gingen nur auseinander, wenn es um die Frage ging, auf welche Weise die Heiden in die Kirche eingegliedert werden sollten. Hier ging es insbesondere um die Frage der Beschneidung.[110] Unter diesen Umständen wäre ein Verweis auf einen „Missionsbefehl" irrelevant gewesen.

Diese beiden Überlegungen zeigen, dass „Mission" im NT mehr ist als Gehorsam gegenüber einem Befehl. Mission ist vielmehr das Ergebnis einer Begegnung mit Christus. Christus zu begegnen heißt, von der Mission zur Welt in Bann geschlagen zu werden. Mission ist ein Privileg, an dem man Anteil haben soll. Paulus stellt sich daher der Kirche in Rom als jemand vor, der durch Christus „empfangen [hat] Gnade und Apostelamt, in seinem Namen den Gehorsam des Glaubens aufzurichten unter allen Heiden" (Römer 1.5).[111] Für Paulus ist Mission die logische Konsequenz seiner Begegnung mit dem auferstandenen Christus auf dem Weg nach Damaskus.

Auch im sogenannten „Christushymnus" (Philipper 2,6-11) gibt es keinen Verweis auf den Missionsbefehl. Dennoch fällt die weltweite Mission klar in den Rahmen, den der Hymnus absteckt: „... dass sich alle Knie vor dem Namen Jesus beugen und jede Zunge bekennen muss: Jesus ist der Herr" (Verse 10-11). Mission ist daher nach dem NT eine Eigenschaft der Christologie. So kommt sie auch in einem anderen frühchristlichen Hymnus vor: „Er ist offenbart im

---

110 Siehe Kasting 1969, 109-123. Kasting zeigt, dass es judaistische Elemente in der frühen Kirche waren, nicht die „offizielle" frühe Kirche selbst, die dazu neigten, die Erlösung auf Israel zu beschränken. In einem späteren Stadium, besonders nach dem 1. Jahrhundert, wurde die „inoffizielle" judaistische Position zunehmend zur akzeptierten Auffassung im Judenchristentum. Diese Haltung wurde letztlich zu einem der Faktoren, die zum Ende des Judenchristentums führten (siehe unten, Kapitel 11, Abschnitt „Die Kirche und die Juden").

111 Anm. des Übers.: Bosch übersetzt in diesem Zitat aus Römer 1,5 *charin kai apostolen* mit der New English Bible als „privilege of a commission", wörtlich auf deutsch: „Privileg eines Auftrags".

Fleisch, gerechtfertigt im Geist, erschienen den Engeln, gepredigt den Heiden, geglaubt in der Welt, aufgenommen in die Herrlichkeit" (1. Timotheus 3,16). Auch in 2. Korinther 5,18-20 und Epheser 2,14-18 wird Mission christologisch verankert als Botschaft der Versöhnung der Welt mit Gott. Der „Dienst der Versöhnung", der der Kirche anvertraut ist, entspringt der Tatsache, dass Jesus im Hinblick auf Juden und Heiden „den Zaun abgebrochen hat, der dazwischen war, nämlich die Feindschaft" (Epheser 2,14).

Die Kirche hat daher an der Mission Anteil, weil Jesus der Name gegeben wurde, der über allen Namen ist (Philipper 2,9); weil er durch eine machtvolle Tat zum Sohn Gottes erklärt wurde, als er von den Toten auferweckt wurde (Römer 1,4); weil Gott in Christus war und die Welt mit sich selbst versöhnte (2. Korinther 5, 19); und weil Gott Juden und Heiden miteinander in einem einzigen Leib mit sich selbst versöhnte durch das Kreuz (Epheser 2,16). Die gesamte Existenz der Kirche hat also missionarischen Charakter. Ihr Verhalten wie auch ihre Worte werden die Ungläubigen überzeugen (1. Petrus 2,12) und die Unkenntnis sowie die Beschränktheit der Ungläubigen zum Schweigen bringen (1. Petrus 2,15). „Gottes Volk in der Diaspora", an das sich der 1. Petrusbrief wendet (vgl. 1,1), ist das erwählte Volk, eine königliche Priesterschaft, eine hingegebene Nation und ein Volk, das Gott als sein Eigentum beansprucht. Dieser neue Status in Christus hat einen klaren Zweck: die Verkündigung der Triumphe dessen, der sie aus der Dunkelheit in ein helles Licht berufen hat (vgl. 1. Petrus 2,9). Mission „geschieht" sozusagen aufgrund dieses neuen Lebens in Christus, denn wir lesen von Ungläubigen, die Christen nach einer Erklärung für die Hoffnung fragen, die in ihnen ist (1. Petrus 3,15). Diese Hoffnung war derart offenkundig, dass die Ungläubigen sowohl neugierig als auch eifersüchtig wurden. Um es in paulinischer Sprache auszudrücken: Dies war die Art und Weise, auf die Gott den Wohlgeruch seiner Erkenntnis an allen Orten bekannt machen wollte (2. Korinther 2,14). Wo der Apostel auch immer als „Wohlgeruch Christi" lebte, sprach und handelte, geschah etwas mit den Menschen, die ihn umgaben.

In diesem und den vorherigen Kapiteln haben wir vier Elemente einer biblischen Grundlage der Mission diskutiert. Wir hätten dem noch weitere Elemente hinzufügen können, aber wir haben uns auf diese vier beschränkt, zum Teil, weil diese üblicherweise nicht als solche angesehen werden, die in den Rahmen einer biblischen Missionstheologie gehören. Wir glauben jedoch, dass sie von entscheidender Bedeutung sind. Wir könnten hinzufügen, dass es sich bei ihnen bloß um verschiedene Aspekte desselben Themas handelt, da sie alle eng miteinander verbunden sind. Der Gott, der Mitgefühl mit einem Fremden, einer Waise und einer Witwe in Israel hat und durch Jesus von Nazareth mit allen Menschen, die sich abgeschrieben fühlen, ist auch par excellence der Gott der Geschichte. Er benutzt die Geschichte Israels als Arena für sein Wirken unter den Nationen, und er benutzt die Geschichte Jesu als Weg in die Welt. Er ist ebenso – und zwar gerade als mitfühlender Gott und als Gott der Geschichte – derjenige, der alle menschlichen Kategorien auf den Kopf stellt: Er gebraucht die Schwachen, die Leidenden und die Belanglosen als seine „Zeugen“ in der Welt. Letztendlich ist es er selbst, der unter den Nationen am Werk ist, und zwar durch Jesus Christus, in dem die Gläubigen existieren und leben.

Teil III:

Die Missionstheologie im Verlaufe der Jahrhunderte

10. Die historische Perspektive

In den vorherigen Kapiteln haben wir unsere Aufmerksamkeit der biblischen Grundlage der Mission geschenkt. Wir haben bisher jedoch kaum etwas darüber gesagt, was Mission, definiert in diesem biblischen Rahmen, eigentlich praktisch sein soll. Es besteht immer die Gefahr, dass die Praxis (jede Praxis, nicht nur die missionarische) eine Eigendynamik entwickelt und nicht mehr viel von der Quelle widerspiegelt, der sie entsprang – eine wahrlich unglückliche Entwicklung.

Es bleibt schwierig, die Grundlage und die Praxis zu verbinden. Im Blick auf unser Thema kann man jedoch Folgendes sagen: In ihrer reinsten Form verstand die frühe Kirche ihre missionarische Verantwortung auf eine Weise, die zumindest an die biblischen Leitlinien erinnerte, die wir freigelegt haben. Sie sah sich als Teil des mitfühlenden Handelns Gottes in der Welt und war sich der Tatsache bewusst, dass Gott etwas Neues begonnen und seine Kirche nun darin einbezogen hatte – er hatte ja schon oft Neues begonnen und hatte es nun in der Geschichte Jesu von Nazareth wieder getan. Die Kirche wusste, dass Mission keine Triumphprozession im weltlichen Sinne war, sondern dass sie sich auf eine Weise vollziehen würde, die der Aussage von Paulus entsprach: „Wenn ich schwach bin, bin ich stark." (2. Korinther 12,10). Ernst Fuchs nennt diese Aussage das berühmteste Paradox des NT. Die Kirche wusste auch, dass sie diese übermenschliche Aufgabe nicht aus eigener Kraft schultern konnte. Sie widmete sich der Aufgabe mit totaler Hingabe, aber sie wusste, dass diese Hingabe nur eine ganz normale Auswirkung der Tatsache war, dass sie Anteil an der Auferstehung Christi und den Heiligen Geist empfangen hatte. Mission war die Aktivität des in der Kirche und im Gläubigen lebenden Christus.

Die vier Elemente, die wir in den vorherigen Kapiteln diskutierten, weisen sozusagen nur auf die Parameter der Mission hin, auf den „Raum", in dem die Kirche ihre Mission ausführen sollte. Diese Elemente waren zusammengenommen die Leitmotive, die das missionarische Bewusstsein der frühen Kirche charakterisierten. Sie waren die Wurzeln, die den Früchten Authentizität verliehen.

Es ist denkbar, direkt von der biblischen Grundlage der Mission in unsere eigene Zeit und Situation zu springen und zu fragen, was uns das biblische Leitmotiv heute zu sagen hat. Das wäre aus verschiedenen Gründen jedoch keine kluge Vorgehensweise. Daher wollen wir zwischen der biblischen Grundlage der Mission und unseren Überlegungen zur Mission in der heutigen Welt einen Abschnitt einfügen, in dem wir uns ansehen, wie die Kirche im Verlauf der letzten neunzehn Jahrhunderte ihre missionarische Rolle verstanden hat. Wie jeder andere Zweig der Theologie hat auch die Missiologie eine *kritische* Funktion. Sie ist sowohl deskriptiv als auch normativ. In normativer Hinsicht liefert sie Leitlinien für den Weg, auf dem Mission betrieben werden *sollte*. In deskriptiver Hinsicht bewertet sie kritisch die Art und Weise, auf die Mission im Verlaufe der Jahrhunderte jeweils tatsächlich verstanden und betrieben wurde. Man könnte versucht sein, diese zweite Funktion für unwichtig zu halten. Beide Funktionen sind jedoch eng miteinander verbunden. Es ist im Grunde unmöglich zu diskutieren, wie die Kirche ihrer missionarischen Berufung Ausdruck verleihen sollte, ohne sich sorgfältig vor Augen zu führen, wie sie das de facto in der Vergangenheit getan hat.

Eine Untersuchung der Mission im Verlaufe der Jahrhunderte könnte uns zum Beispiel die eine oder andere brauchbare Lektion erteilen. Kirchen und Missionare setzen sich ernsten Gefahren aus, wenn sie ihre eigene missionarische Aktivität vom Verlauf der neunzehn Jahrhunderte Kirchengeschichte abtrennen. Ein Mangel an historischer Perspektive verleitet einige zu leicht dazu, direkte Linien von der Bibel in ihre eigene missionarische Praxis hinein zu verlängern, ohne zu merken, in welchem Ausmaß ihre Interpretation von ihrer eigenen Situation beeinflusst sein könnte. In seliger Unwissenheit im Hinblick auf die Unzulänglichkeiten ihrer eigenen Unternehmung neigen sie dazu, diese als die einzig richtige anzusehen, die völlig im Einklang mit dem sei, was die Bibel lehrt.

Wenn wir jedoch den historischen Verlauf der Mission untersuchen – mit allen Höhen und Tiefen, der ganzen Herrlichkeit und Schuld, den Siegen und Niederlagen – werden wir im Hinblick auf unsere eigenen Auffassungen und Anstrengungen bescheidener. Wir erkennen ihre Grenzen und Relativität. Wir realisieren dann auch, dass wir ohne unsere unzähligen Vorgänger nicht das wären, was wir sind, und auch nicht dort wären, wo wir sind. Unsere Urteile werden dann milder ausfallen, nicht nur im Blick auf diejenigen von unseren eigenen Zeitgenossen, die Mission auf eine Weise betreiben, die sich von unserer unterscheidet, sondern auch im Blick auf unsere Vorgänger, die in anderen Jahrhunderten und unter anderen Bedingungen auf ihre Weise versuchten, der biblischen Missionsauffassung treu zu bleiben. Dass wir heute in mancher (nicht jeder!) Hinsicht besser und weiter als sie sehen können, liegt nicht an unseren eigenen Fähigkeiten und unserem Wahrnehmungsvermögen. In den Worten Lukans, eines lateinischen Dichters aus dem 1. Jahrhundert, sind wir gleichsam nur Zwerge, die auf den Schultern von Riesen sitzen und daher weiter sehen können als unsere Vorgänger.

Ein weiterer wichtiger Grund, die Missionsauffassungen im Verlaufe der Geschichte zu erforschen, besteht darin, dass wird die Geschichte brauchen, um die Gegenwart zu interpretieren und uns auf die Zukunft vorzubereiten. Mit den Worten von Richard H. Niebuhr: „In dieser Beziehung stehen die Christen des zwanzigsten Jahrhunderts den Israeliten des biblischen Zeitalters gleich, die sich bei jedem Wendepunkt ihres nationalen Daseins ihrer Befreiung aus Ägypten, ihrer Wanderungen durch die Wüste und ihres alten Bundes mit Jehova erinnerten – nicht so sehr, um hierin Trost zu suchen, als vielmehr um zu wissen, welche Richtung sie einzuschlagen hätten.“[112]

Alle Anstrengungen, die Vergangenheit zu verstehen, sind daher indirekt Anstrengungen, die Gegenwart und die Zukunft zu verstehen. Aus diesem Grunde gibt es nur wenige Themen, die so wichtig sind wie die Geschichte, und es ist tragisch, dass Geschichte in vielen Bildungseinrichtungen entweder vernachlässigt oder (noch schlimmer!) nicht richtig unterrichtet wird. Manche jungen Leute neigen

112 Niebuhr 1948, 1.

heute dazu, einen klaren Schnitt zu machen, alles zu ignorieren, was in der Vergangenheit liegt und sich ausschließlich der Zukunft zuzuwenden. Wer das tut, geht jedoch ohne Kompass in die Zukunft. Die Antwort auf diesen Fehler kann aber natürlich nicht darin bestehen, sich ausschließlich der Vergangenheit, der Geschichte zuzuwenden. Wer würde einen Kompass ausschließlich benutzen um herauszufinden, wo er herkommt?

Es ist für einen Theologen und im Grunde für jeden Christen wichtig, die Geschichte zu kennen – und die Kirchengeschichte, die unveräußerlich in die Weltgeschichte eingebunden ist. Wir stehen immer „Zwischen Ahnenkult und Hybris"[113] – mit anderen Worten: Wir setzen entweder die Geschichte unserer eigenen Denomination absolut, oder wir handeln so, als wären wir die Ersten, die wüssten, wie Gottes Werk in der Welt getan werden muss. Nur eine distanzierte Untersuchung der Kirchengeschichte kann uns die Augen für diese doppelte Gefahr öffnen. Wir brauchen die Kirchengeschichte, um unsere Bibel zu lesen. In diesem Sinne hat Gerhard Ebeling recht, wenn er Kirchengeschichte als Geschichte der Bibelinterpretation definiert. Das heißt natürlich überhaupt nicht, dass es sich immer um eine „richtige" Interpretation handelt. Geschichte, inklusive und insbesondere der Kirchengeschichte, bleibt immer eine mehrdeutige Sache.

Kirchengeschichte ist in gewissem Sinne die Fortsetzung der biblischen Geschichte, eine weitere Entfaltung des Wirkens Gottes in der Welt. Aufgrund der Gegenwart des Herrn inmitten seines Volkes kann die Kirche trotz ihrer Unvollkommenheit und Sündhaftigkeit als „Verlängerung" Jesu Christi verstanden werden, als Fortführung seiner Inkarnation in der Welt. Dieser Geschichte haftet jedoch eine Mehrdeutigkeit an, die der biblischen Offenbarung nicht anhaftet. Es handelt sich um die Geschichte der Glieder am Leib Christi, und in dieser Geschichte ist der Kopf des Leibes nicht ohne Weiteres direkt an jedem Aspekt jeder Episode beteiligt.

Insbesondere im Blick auf die Mission offenbart die Geschichte

113 H.-W. Gensichen, *Glaube für die Welt: Theologische Aspekte der Mission* (Gütersloh: Mohn, 1971), 13-16.

ein gemischtes Bild. Manchmal umfasste Mission tatsächlich die ganze Kirche, unterwegs zur Welt. Zu anderen Zeiten war Mission ein besonderes und isoliertes Unternehmen kleiner Gruppen an der Seite der institutionellen Kirche. Manchmal ging Mission Hand in Hand mit dem Leiden und der Selbsthingabe der missionarischen Zeugen. Zu anderen Zeiten hatte Mission mit Gewalt und sogar mit der Macht des Schwertes zu tun. Manchmal wurde die missionarische Kirche als „fünfte Säule" innerhalb der sozio-politischen Struktur verstanden, ein anderes Mal als Komplize des Staates. Mission wurde manchmal als Verbreitung einer christlichen Gegenkultur verstanden, manchmal jedoch als ideales Medium für die Verbreitung einer „christlichen Zivilisation". Die Kirche wuchs als Ergebnis des schlichten Zeugnisses – in Wort und Tat – von vielen gewöhnlichen unbekannten Christen, aber auch als Ergebnis organisierter, massiver Feldzüge gegen „das Reich des Bösen". Zeitweise wurde die Erlösung des Einzelnen angesichts des jüngsten Gerichts betont, zu anderen Zeiten ersetzten der Aufbau und die Pflege einer Kirche die Erwartung des Reiches Gottes. Manchmal wurde der Versuch unternommen, Spuren der Offenbarung Gottes und Anknüpfungspunkte für das Evangelium in anderen Religionen zu finden. Zu anderen Zeiten wurden solche Religionen als satanisch abgelehnt und mit aller Macht bekämpft. In manchen Kreisen wurde die missionarische Kirche so verstanden, dass sie sich im weitesten Sinne am gesellschaftlichen Leben beteiligte, in anderen Kreisen meinte man, die Kirche solle sich in ein Ghetto zurückziehen und abgeschieden von der „Welt" leben. Manchmal wurden Einheimische von Anfang an in die Missionsarbeit einbezogen, zu anderen Zeiten monopolisierte und kontrollierte die Missionsgesellschaft alle Aktivitäten auf unabsehbare Zeit. In manchen Fällen wurden Anstrengungen unternommen, ganze Stämme oder vergleichbare homogene Gruppen zum Christentum zu bekehren, in anderen Fällen bestand die Strategie darin, Einzelpersonen zu gewinnen, die dann sozusagen als „Erstlingsfrucht" die ganze Gruppe repräsentieren konnten. Manchmal wurde die Missionsarbeit sehr gründlich getan, mit sorgfältigen Studien vorbereitet und von großer Verbindlichkeit gekennzeichnet. Zu anderen Zeiten wurde das Wort in großer Eile ausgesät und die Missionare zogen schnell weiter in neue Regionen. In manchen Kreisen wurde Mission als Entfaltung des Wirkens Gottes in der Welt verstanden, in anderen als übergeschichtliches apokalyptisches Unterfangen, dass die Welt reif für den Tag des Gerichts machen würde. Auf diesen und ähnlichen Wegen, falschen Pfaden, Umwegen und Nebenstraßen nahm die Mission ihren Verlauf durch die Jahrhunderte.

In ihrem missionarischen Engagement sah sich die Kirche oft vor Spannungen und Versuchungen gestellt, die ihre Mission beeinträchtigten und manchmal völlig sabotierten. Wir müssen einige dieser Dinge hier erwähnen.

Erstens: Die geistliche Unzulänglichkeit der Kirche und die damit zusammenhängende Unsicherheit im Blick auf die Grundlage, den Zweck und die Methode ihrer Berufung in der Welt hatte eine paralysierende Wirkung auf ihr Engagement. Außerdem gab es das Dauerproblem der Beziehung zwischen Staat und Kirche, ein Problem, das in vielen verschiedenen Formen zigfach wiederkehrte. Zum Dritten gab es das nicht ganz so dringliche, aber dennoch wesentliche Thema der Haltung der Kirche in sozialen Fragen: Sklaverei, die Rolle der Frau, Beziehungen zwischen ethnischen Gruppen, die Haltung von Menschen aus dem Westen gegenüber Menschen aus der Dritten Welt und die Kluft zwischen arm und reich. Schließlich gab es noch das Problem der Haltung der christlichen Mission gegenüber anderen Religionen.[114]

Wir könnten zweifellos weitere Themen hinzufügen. Dennoch decken die vier gerade erwähnten mehr oder weniger alle Aspekte des Engagements der Kirche in der Welt ab. Die Geschichte ist jedoch ein dynamischer Prozess, was die Dinge verkompliziert. Die vier Spannungsfelder tauchen immer wieder in neuen Formen auf, sodass die Lösungen von gestern heute irrelevant und das heute legitime Handeln morgen veraltet sein könnten.

Wir beabsichtigen nicht, einen historischen Abriss der christlichen Mission zu präsentieren. Wir sind vielmehr an der Art und Wei-

114 Vgl. auch J. M. VAN DER LINDE, „De Zending als kritische Factor in de Geschiedenis“, in: *Kerk aan het Werk* (Amsterdam: Agon Elsevier, 1973), 52-87.

se interessiert, auf die Mission in den verschiedenen Epochen verstanden wurde. Es gibt viele Bücher zur Missionsgeschichte und manchmal verweisen diese Bücher sogar beiläufig auf die „Missionstheologie“ im Verlaufe der Jahrhunderte.[115] Ein besonders lobenswertes Unterfangen ist die umfassende Reihe *Kirchengeschichte als Missionsgeschichte*, in der leider nur zwei Bände veröffentlicht wurden.[116] Doch selbst in diesem Werk scheint die „Missionstheologie“ von untergeordnetem Interesse zu sein. Somit scheint hier ein großes Gebiet brachzuliegen. Die exzellenten Bibliographien, die in den beiden ersten Bänden von *Kirchengeschichte als Missionsgeschichte* veröffentlicht wurden,[117] offenbaren ebenfalls diese Lücke. Missionspersönlichkeiten aus den von den Bänden abgedeckten Epochen wurden gründlich erforscht, ebenso auch Missionsmethoden, Motive bei der Annahme des Christentums, spezifische Regionen und Völker, Sprachprobleme, die geografische Verbreitung der Kirche, der kulturelle Einfluss des Christentums, die Beziehung zwischen Staat und Kirche, der Einfluss heidnischer Religionen auf das Christentum, etc. Vergleichsweise wenig wurde jedoch zu der Art und Weise erarbeitet, auf welche die Kirche in verschiedenen Ländern und Epochen ihre missionarische Verantwortung interpretiert hat. Um ihre „Missionstheologie“ zu finden, sind wir daher von beinahe zufälligen Bemerkungen abhängig, die in den verschiedenen Forschungsarbeiten verstreut sind. Eine lobenswerte Ausnahme ist Gerhard Rosenkranz, der in seinem Buch *Die christliche Mission: Geschichte und Theologie* die gesamte Missionstheologie aus der Sicht von neunzehn Jahrhunderten Kirchen- und Missionsgeschichte durchsieht.

Unsere Absicht ist viel bescheidener als das Unterfangen von Rosenkranz, der außerdem in seinem Buch viel mehr als eine Missionstheologie bietet. Im Gesamtentwurf, in den wir diesen Abschnitt einordnen, müssen wir uns notwendigerweise erheblich einschrän-

115 Vgl. z.B. S. Neill, *Geschichte der christlichen Missionen*. 2. erg. Aufl. (Erlangen: Verlag der Ev.-luth. Mission, 1990).

116 H. Frohnes (Hrsg.), *Kirchengeschichte als Missionsgeschichte* (München: Kaiser): Band 1: *Die alte Kirche* (1974); Band 2.1: *Die Kirche des frühen Mittelalters* (Hrsg. K. Schäferdiek, 1978).

117 Band 1: 421-446; Band 2.1: 507-542.

ken. Wir beabsichtigen, nur die Umrisse des theologischen Missionsverständnisses im Verlaufe der Jahrhunderte zu skizzieren und verwenden dabei Testbeispiele aus der Geschichte. Wir werden uns dabei nicht lange mit bestimmten theologischen Erklärungen zur Mission seit der frühesten Epoche der Kirchengeschichte befassen, auch wenn das der Weg ist, auf dem man unser Thema gewöhnlich behandelt hat. Thomas Ohm konzentriert sich beispielsweise ausschließlich auf die theologischen Beiträge zur Missionstheorie aus der Feder von Leuten wie Klemens von Alexandria, Chrysostomos, Ambrosius, Augustinus, Gregor dem Großen, Bernard von Clairvaux, Thomas von Aquin, Raymond Lull und vielen anderen Autoren aus neuerer Zeit.[118] Natürlich können wir deren Beiträge nicht ignorieren. Wir sind jedoch an einer etwas anderen Dimension interessiert, die Ohm völlig unberührt lässt: an der Art und Weise, auf welche die Kirche und später die „christliche Obrigkeit" ihre missionarische Verantwortung verstanden haben. Das bedeutet, dass wir nicht ausschließlich in schriftlichen Dokumenten nach der Missionstheologie suchen werden, sondern gezielt auch in den Aktivitäten der Kirche in den verschiedenen Epochen und unter verschiedenen Umständen.

118 Ohm 1962, 75-121.

11. Die frühe Kirche

Die Ambivalenz der Kirche

Die Vorstellung, die christliche Kirche sei bis zum Beginn des 4. Jahrhunderts eine in jeder Hinsicht ideale Gemeinschaft gewesen und der „Fall" der Kirche hätte mit dem Anbruch der konstantinischen Epoche begonnen, ist ein Mythos. Bereits das Neue Testament beweist dies, wie man dem 1. Korintherbrief und den Briefen an die sieben Gemeinden in Kleinasien (Offenbarung 2-3) entnehmen kann. Die Kirche war zu keiner Zeit perfekt.

Die Kirche ist seit ihrer Geburt eine besonders ambivalente Truppe gewesen. Sie ist *in* der Welt, aber nicht *von* der Welt. Sie bewegt sich immer „zwischen Heilsgeschichte und Geschichte".[119] Sie ist eine soziologische Größe wie jede andere menschliche Organisation und unterliegt als solche potenziell allen menschlichen Schwächen. Gleichzeitig ist sie eine eschatologische Größe und als solche der unzerstörbare Leib Christi. In den Augen der Welt ist sie normalerweise verdächtig, verrufen und unattraktiv. Im Lichte der Ewigkeit ist sie ein Geheimnis. Der auferstandene Christus hauchte seinen Geist einer sehr irdischen und gewöhnlichen Gruppe von Menschen ein. Damit wurde die Kirche zu einer untrennbaren Einheit zwischen dem Göttlichen und dem Banalen. Manchmal ist das eine sichtbarer, manchmal das andere. Wir können manchmal von der weltlichen Gesinnung der Kirche angeekelt sein. Dann wieder können wir vom Bewusstsein der göttlichen Dimension der Kirche hingerissen sein. Normalerweise fällt uns jedoch die Ambivalenz auf: die Kirche als eine Gemeinschaft von Menschen – guten Menschen, schwachen Menschen, zögerlichen Menschen, mutigen Menschen – auf ihrem Weg durch die Welt, staubbedeckt, doch irgendwie seltsam erleuchtet von einer Ausstrahlung, die von anderswo kommt.

In einem früheren Kapitel verwiesen wir auf die Spannung zwischen „Bewegung" und „Institution", die der Kirche eigen ist. In den

119 G. Rosenkranz, *Die christliche Mission* (München: Kaiser, 1977), 24-42.

frühen Jahren ihrer Existenz war sie hauptsächlich eine „Bewegung". Wir sind versucht, die Jahre ihrer Jugend zu idealisieren und dabei unsere Augen vor den Gefahren zu verschließen, in denen eine „Bewegung" steht. Sie kann sich nur zu schnell auflösen. Daher muss das institutionelle Element hinzukommen. Das ist nicht einfach ein Zeichen für den Verfall der Bewegung, sondern für den Schutz und die Bewahrung. Wo der institutionelle Aspekt jedoch beginnt, den dynamischen Aspekt der Bewegung zu verdunkeln, verschwindet die kreative Spannung und eine Versteinerung setzt ein. Die ersten Zeichen davon finden sich bereits in einem ganz frühen Stadium der Kirchengeschichte, eine Entwicklung, die traurige Ergebnisse für die Auffassung von der Mission in jener Epoche zeitigte.

Das Evangelium konnte z.B. zu einer *neuen Philosophie* werden, zu einer bloßen Variante zeitgenössischer griechischer Philosophenschulen. Insbesondere die frühen christlichen Apologeten standen in der Versuchung, in ihrer Polemik gegen die Philosophen den christlichen Glauben als die älteste, vernünftigste oder praktischste Religion zu präsentieren. So ein Ansatz offenbarte tatsächlich einen aggressiven Universalismus, der jedoch oft jeglicher missionarischen Dynamik entbehrte.

Das Evangelium konnte auch zur neusten Spielart der griechischen *Mysterienreligionen* verkommen, in der dann die Taufe und das heilige Abendmahl als kultische Handlungen der besonders Initiierten interpretiert werden konnten, die in weltfernen Ghettos lebten.

Eine weitere dauerhafte Gefahr bestand darin, dass das Evangelium zu einer neuen *Gnosis* wurde, zu einer Religion der Erlösung, die auf dem Wege „wahrer Erkenntnis" erreicht wurde. Diese Erkenntnis konnte die Seele aus der Dunkelheit der geschaffenen Welt in ihre ewige Heimat im Licht führen. Dies war eine Religion, nach der die Welt weit von Gott entfernt ist. Sünde wird hier als Gebundenheit an die Materie verstanden. Mission bedeutet dann, dem Menschen den Weg aus dieser Welt heraus zu weisen.

Die Kirche konnte auch zulassen – in ihren Versuchen, zu jedem Preis dem jüdischen Volk treu zu bleiben – dass sich das Evangelium in eine weitere Spielart der zeitgenössischen jüdischen Bewegungen entwickelte. Das geschah in gewissem Ausmaß mit den Ebioniten, die dazu neigten, Jesus als Rabbi oder Propheten anzusehen, der zwar größer und besser als alle anderen war, aber im Wesentlichen sich kaum von ihnen unterschied. Mission bedeutete dann, Jünger für seine „Schule" zu rekrutieren.

Das Evangelium konnte auch von apokalyptischen Bewegungen absorbiert werden, wie es im Montanismus geschah. Dort wurde der „Geistbesitz" zum Vorrecht einer elitären Gruppe. Mission bestand hier in der Zulassung von Menschen als Mitglieder des Kreises der Erwählten, die einfach nur auf das unmittelbar bevorstehende Ende der Welt und die Wiederkunft Christi warteten.

Diese fünf Interpretationen des Evangeliums – zu denen man weitere wie z.B. den Manichäismus hinzufügen könnte – wurden alle im Verlaufe der Zeit als Häresien zurückgewiesen. Das unvermeidbare Ergebnis war jedoch, dass die Kirche sich praktisch gegen die wahren Aspekte dieser Häresien immunisierte. Das blieb ein dauerhaftes Dilemma der Kirche: Aus reinem Überlebensinstinkt hatte sie jede Häresie zurückzuweisen, aber in jedem Fall geschah dies zu ihrem eigenen Schaden. Jede Häresie enthält ein wesentliches Körnchen Wahrheit. Gerade dies macht Häresien so wirksam und attraktiv. Mit Lügen kann jeder umgehen. Es ist viel schwieriger, mit Halbwahrheiten umzugehen. Wer einer Häresie ihr Wahrheitsmoment nimmt, nimmt ihr ihre Kraft. Wer sie ablehnt und sich gegen sie immunisiert, schadet sich unvermeidlich selbst.

Geist und Amt

Die Beschäftigung mit ihrem eigenen Überleben bescherte der Kirche vielfältige Probleme, insbesondere, was ihre Auffassung von ihrer eigenen Mission angeht. „Kirche" und „Mission" wurden zu zwei Größen, die neben- und manchmal gegeneinander standen. Ursprünglich waren beide praktisch synonym. Die Gründung der Kirche und der Beginn der Mission deckten sich (Apostelgeschichte 2). Mission war die Mission der Kirche, und die Kirche war die missionarische Kirche. Im Verlaufe der Zeit, als eine Gemeinde nach der anderen gegründet wurde und „Wachstumsschmerzen“ aufkamen, entwickelte sich jedoch die Tendenz, sich auf parochiale Probleme zu konzentrieren und die Beziehung der Kirche zur Welt zu vernachlässigen. Ekklesiologie entwickelte eine Eigendynamik. In einem berühmten Artikel drückt es Hoekendijk in folgenden vernichtenden Worten aus:

> Ekklesiologie wurde erst in der zweiten Generation zu einem Hauptthema. In der „ersten Generation“, in Zeiten von Erweckung, Reformation oder missionarischer Vorstöße wurde unser Interesse von der Christologie gebunden, die Denkmuster wurden von der Eschatologie bestimmt, das Leben wurde zu einer Doxologie und man sprach unbetont und in gewissem Maße naiv von der Kirche als etwas, für das galt: „Gott sei Dank weiß jedes siebenjährige Kind, was die Kirche ist.“ (Luther).[120]

Paulus polemisiert leidenschaftlich gegen die Gefahr einer engen Ekklesiologie. In seinen Briefen an die Korinther, Galater, Epheser und andere ringt er um die Heiligung der Kirche, aber er tut das mit dem besonderen Augenmerk auf ihr Engagement in der Welt. Keines der Bilder von der Kirche im Neuen Testament, die Paul S. Minear so hervorragend erforschte – Volk Gottes, Herde, das Haus, in dem Gott durch seinen Geist wohnt, neue Schöpfung, ein Mensch in Christus, Salz der Erde, Licht der Welt, Braut Christi, Heilige, Kinder Gottes und viele weitere – beschreibt die Kirche als eine Größe, die nur um ihrer selbst willen existiert.

Im Verlaufe der Zeit machten Apostel, Propheten und Lehrer allerdings Platz für Bischöfe, Älteste und Diakone. Das bedeutete zumindest potenziell, dass der Geist dem Amt den Vortritt ließ. Apostolizität – ursprünglich ein Symbol des Engagements der Kirche in der Welt und ihrer Verpflichtung gegenüber der Welt – wurde im Zusammenhang mit der „apostolischen Sukzession“ das Markenzeichen von Bischöfen mit einem „makellosen Stammbaum“ (Hoekendijk) oder sie wurde zu einer Garantie für die Reinheit der Lehre. Der

120 Hoekendijk in *International Review of Mission* 41 (1952), 325.

Bischof wurde zum einzigen Kanal, durch den der Strom der sakramentalen Gnade fließen konnte. Die offizielle Kirche wurde zum Bollwerk und Verwahrer des rechten Glaubens gegenüber den Häretikern (Irenäus); außerhalb dieser Kirche gab es kein Heil (Cyprian). Sie schmückte sich mit den göttlichen und unauslöschlichen Qualitäten der Autorität und Heiligkeit.

Wiederkunft oder Unsterblichkeit?

Eines der ganz ernsten Probleme, dem die frühe Kirche begegnete, war die Tatsache, dass die Wiederkunft Christi, die in der unmittelbaren Zukunft erwartet wurde, nicht stattgefunden hatte.[121] Spuren dieser Erwartung finden sich in vielen neutestamentlichen Texten (vgl. z.B. Johannes 21,22-23). Der 2. Thessalonicherbrief beabsichtigt, diese Erwartung des Endes in einen Zusammenhang zu stellen, der größer war als der, den Paulus im 1. Thessalonicherbrief dargestellt hatte. Der erste Ansatz hatte in vielen Fällen zu Inaktivität geführt. Nun lautet die Botschaft: Das Ende steht nicht unmittelbar bevor. In 2. Petrus 3,8 tritt Petrus den zynischen Bemerkungen der Spötter entgegen (dass sich die Wiederkunft nun schon so lange verzögert habe, dass es sich nicht mehr lohne, sie noch zu erwarten). Er erinnert sie, dass für den Herrn ein Tag wie tausend Jahre und tausend Jahre wie ein Tag sind. Das scheint eine vollständige Preisgabe der dynamischen Spannung der frühchristlichen eschatologischen Erwartung zu sein. Nichtsdestotrotz stellen sowohl der 2. Thessalonicher- als auch der 2. Petrusbrief ihre „Apologien" für die scheinbare Parusieverzögerung in den Zusammenhang einer dynamischen Auffassung von der Geschichte. Im Neuen Testament trägt die Apokalyptik an keiner Stelle vollständig den Sieg davon, da die Gegenwart an keiner Stelle als leer angesehen wurde. Immer wieder erwies sich die Mission als die dynamische Beteiligung der Kirche am Gesche-

121 Anm. d. Übers.: Eine neue Sicht auf das Problem der sogenannten „Parusieverzögerung" vor dem Hintergrund der Bedeutung apokalyptischer Sprache im Judentum sowie im Alten und Neuen Testament bietet jetzt N. T. Wright, *Das Neue Testament und das Volk Gottes* (Marburg: Francke, 2011), bes. Kap. 10 und 13.

hen der Welt, Mission war ihre Antwort auf die Frage nach der Bedeutung der Interimszeit. Der Kirche wurde niemals erlaubt, entweder in eine überzeitliche „ewige" Existenz zu flüchten oder die Hände in den Schoß zu legen und auf das Ende zu warten. Ihre Mission bewahrte sie vor einem Schicksal, das dem Schicksal der Gemeinschaft von Qumran und ähnlichen religiösen Gruppen zu vergleichen wäre, denn ihre Mission verankerte sie in der Geschichte, die dabei war, sich zu erfüllen.

Im 2. Jahrhundert hatte sich die kreative Spannung, in der die Kirche des 1. Jahrhunderts gelebt hatte, spürbar gelockert. Das Jenseits wurde zunehmend als etwas außerhalb der Zeit Liegendes interpretiert. Die Hölle wurde als allgegenwärtige Bedrohung verkündigt. Die Gläubigen hatten viele gute Werke zu tun, mussten viele Gebete sprechen und die Fürbitte vieler Heiliger in Anspruch nehmen, um der Hölle zu entkommen. Das führte zu einer Verachtung *dieser* Welt. Das offizielle Christentum neigte dazu, eine Erlösungsreligion nach dem Vorbild der Mysterienreligionen zu werden. Die Betonung lag nun auf der Errettung *von* der Erde, im Gegensatz zur Erneuerung *der* Erde. Die Beteiligung am Geschehen der Welt nahm die Form bloßer Nächstenliebe an. Die gesamte Betonung wurde auf die Unsterblichkeit der Seele gelegt, die Laktanz zum „höchsten Gut" erklärte. Das geweihte Abendmahlsbrot wurde zu einem *pharmakon athanasia*, einer „Medizin der Unsterblichkeit".[122] Auf diese Weise wurde die Eschatologie spiritualisiert. Das führte wiederum zu einer Moralisierung, die sich wie ein Flächenbrand über die gesamte christliche Zukunftserwartung ausbreitete.[123]

Führte dies zu einem Abbruch alles missionarischen Engagements? Nein, denn trotz all dieser Zeichen geistlichen Niedergangs erinnerten sich die Christen irgendwie daran, dass sie als „dritte Rasse" eine Berufung zu erfüllen hatten. Die sporadischen Verfolgungen durch den Staat erinnerten sie daran, dass sie Pilger waren, die nirgends richtig hineinpassten. Das hätte sehr leicht zu ihrem kompletten Rückzug aus dem öffentlichen Leben führen können. Aber es

122 Vgl. Boerwinkel 1974, 61.
123 Vgl. Rosenkranz 1977, 61.

waren gerade die Verfolgungen, die sie immer wieder an ihre Teilhabe am Geschehen der Welt erinnerten, an ihre politische, soziale und anderweitige Teilhabe. Das bewahrte sie davor, sich abzukapseln.

Die missionarische Dimension

Die frühen Christen waren sich auch der Gegenwart des Heiligen Geistes bewusst. In der theologischen Forschung der Moderne wurde die enge Verbindung zwischen dem Heiligen Geist und der Mission lange Zeit nicht erkannt. Rowan Allen war einer der ersten modernen Gelehrten, der unsere Aufmerksamkeit ernsthaft auf diesen Aspekt lenkte.[124] Harry Boer widmete diesem Thema eine exegetische Studie.[125] Auf der einen Seite drückte sich die missionarische Dimension der Pneumatologie in den Aktivitäten von Wanderpredigern aus, die ein „weltweites Missionsprogramm" starteten, besonders in Kleinasien und Syrien.[126] Auf der anderen Seite schlug sich diese Dimension im täglichen Leben der gewöhnlichen Gläubigen nieder.

Diese letztgenannte Facette ist für die Art und Weise von besonderer Bedeutung, auf welche die frühe Kirche ihre Existenz in der Welt als Mission auffasste. Jeder Aspekt ihres Lebens, inklusive ihrer „rein religiösen" Aktivitäten, hatte eine missionarische Dimension. Sowohl die Taufe als auch das Abendmahl hatten diese Dimension, und zwar aufgrund ihres Ursprungs.[127] Menschen mit Leitungsfunktionen in der Kirche wurden nicht nur im Blick auf interne Verantwortung in der Gemeinde ausgewählt, sondern auch im Blick auf Außenstehende. Sie mussten einen „guten Ruf haben bei denen, die draußen sind" (1. Timotheus 3,7).

In dieser laut Rosenkranz „makabren, in Hoffnungslosigkeit, Per-

124 Vgl. die Artikelsammlung von Allen, veröffentlicht unter dem Titel *The Ministry of the Spirit* (Grand Rapids: Eerdmans, 1962).

125 H. Boer, *Pentecost and Missions* (London: Lutterworth, 1961).

126 Vgl. G. Kretschmar, „Das urchristliche Leben und die Mission in der frühen Kirche", in: *Kirchengeschichte als Missionsgeschichte*, Bd. I (1974), 94-128.

127 Zur fundamentalen missionarischen Dimension der Taufe vgl. J. H. Piet, *The Road Ahead: A Theology for the Church in Mission* (Grand Rapids: Eerdmans, 1970), 69-83, zum Abendmahl: vgl. Piet 1970, 84-93 und Bosch 1959, 175-184.

versität und Aberglauben versinkenden Welt"[128] tauchten die christlichen Gemeinden als etwas völlig Neues auf, als „Gottes Kinder, ohne Makel mitten unter einem verdorbenen und verkehrten Geschlecht, unter dem ihr scheint als Lichter in der Welt" (Philipper 2,15). Die Zeugenberichte von Feinden der Kirche wie Celsus erwähnen oft das außergewöhnliche Verhalten der Christen. Die Tatsache, dass es sich bei ihnen um ganz gewöhnliche Menschen handelte, machte ihr Verhalten umso bemerkenswerter. In einem berühmten Abschnitt im *Diognetbrief* lesen wir:

> Denn die Christen sind weder durch Heimat noch durch Sprache und Sitten von den übrigen Menschen verschieden. Sie bewohnen nirgendwo eigene Städte, bedienen sich keiner abweichenden Sprache und führen auch kein absonderliches Leben. ... Sie bewohnen Städte von Griechen und Nichtgriechen, ... und fügen sich der Landessitte in Kleidung, Nahrung und in der sonstigen Lebensart, legen aber dabei einen wunderbaren und anerkanntermaßen überraschenden Wandel in ihrem bürgerlichen Leben an den Tag. Sie bewohnen jeder sein Vaterland, aber nur wie Beisassen; ... jede Fremde ist ihnen Vaterland und jedes Vaterland eine Fremde. ... Sie sind im Fleische, leben aber nicht nach dem Fleische. Sie weilen auf Erden, aber ihr Wandel ist im Himmel. Sie gehorchen den bestehenden Gesetzen und überbieten in ihrem Lebenswandel die Gesetze. ... so werden auch die Christen von der Welt gleichsam in Gewahrsam gehalten, aber gerade sie halten die Welt zusammen.[129]

Michael Green verbindet die missionarische Dimension im Leben der frühen Christen mit deren Vorbild, mit der Gemeinschaft, ihrem veränderten Leben, ihrer Freude, ihrer Ausdauer und ihrer Vollmacht.[130] In einem ausführlichen und tiefgründigen Kapitel be-

128 G. Rosenkranz 1977, 71.

129 Aus Kap. 5 und 6 des *Diognetbriefes*, siehe http://www.unifr.ch/bkv/buch23.htm.

130 M. Green, *Evangelisation zur Zeit der ersten Christen* (Neuhausen: Hänssler, 1977), 205-223.

schreibt Adolf von Harnack mit Verweis auf Matthäus 25,42-43.45 das frühchristliche „Evangelium der Liebe und Nächstenliebe“ als ein Zeugnis, das Almosen, Versorgung der Witwen, Waisen, Kranken, Gefangenen, Minenarbeiter, Armen, Sklaven und Reisenden umfasste.[131] Die Bekehrung zu Christus manifestierte sich nicht nur in einer Veränderung des Gefühls, sondern in einer neuen Lebensweise, die im täglichen Leben Aufmerksamkeit erregte. Auf genau diese Weise wurde die Bekehrung verstanden und in den missionarischen Kontext gestellt.

Die Kirche und die Juden

Wir müssen unsere Aufmerksamkeit kurz auf eine weitere Facette der Art und Weise richten, auf welche die frühe Kirche ihre Mission interpretierte, und zwar auf ihre Haltung gegenüber den Juden. Die christliche Kirche entsprang dem Judentum und war zunächst eine jüdische Sekte. Eine beträchtliche Zeit lang wurde sie – besonders von der römischen Obrigkeit – als bloße Variation der jüdischen Religion angesehen.

Es gibt allen Grund zu der Annahme, dass die ersten Christen, die mehrheitlich Juden waren, alles taten, um Juden zu evangelisieren. Laut Lukas fing Paulus seine Predigttätigkeit in einem Ort oft in der jüdischen Synagoge an (vgl. Apostelgeschichte 13,14; 14,1; 17,1-2.10; 18,4). Paulus erinnerte die Heidenchristen daran, dass sie aus einem wilden Olivenbaum abgeschnitten worden waren und gegen die Natur in einen kultivierten Olivenbaum eingepfropft wurden, Israel (Römer 11,24). Er behauptete, dass sie einst der Gemeinschaft Israels fremd gewesen, dass sie außerhalb der Bundesschlüsse Gottes gewesen waren (Epheser 2,12), aber nun zu „Miterben“ gemacht wurden (Epheser 3,6). Er beschreibt das Evangelium auch als Gotteskraft, die zunächst an die Juden gerichtet ist (Römer 1,16). Mit all diesen Aussagen unterstrich er die Bedeutung der Juden in den Augen der heidnischen Konvertiten. Doch es gibt im Neuen Testament, besonders in den Evangelien, Aussagen, die später leicht dazu verwendet

131 Vgl. Harnack 1924, 170-220.

werden konnten, Juden vom Heil in Christus auszuschließen. In einer sehr kurzen Zeitspanne durchlief die frühe Kirche drei Stadien: von einer exklusiv an Juden gerichteten Verkündigung (vgl. besonders Apostelgeschichte 11,19) über eine Mission zu Juden und Heiden bis zu einer letztendlich ausschließlichen Heidenmission.

Bis im Jahre 85 n. Chr. nahmen Judenchristen am Synagogengottesdienst teil. Die antichristlichen Beschlüsse jenes Jahres machten eine weitere Teilnahme allerdings unmöglich. Der Bruch mit dem Judentum war allerdings immer noch nicht endgültig. Das geschah erst nach der zweiten Zerstörung des Tempels durch die Römer, deren Armeen den Bar-Kochba-Aufstand niederschlugen. Danach wurde nie wieder ein Jude zum Bischof von Jerusalem gewählt. Mit dem *Barnabasbrief* (rund 113 n. Chr.) und Justins *Dialog mit Trypho* (kurz nach 150 n. Chr.) verschwanden die Juden praktisch aus dem Blickfeld der Christen. In den Schriften von Tertullian und Cyprian begegnet uns die Ansicht, dass sich höchstens einzelne Juden bekehren könnten. Doch auch diese Sicht verschwand letztlich mit den antijüdischen Edikten von Kaiser Theodosius im Jahre 378 n. Chr.

Der ganze Prozess war unvermeidbar, wenn auch in vielerlei Hinsicht tragisch. Die Christen verstanden sich als das „wahre Israel" und sahen die Tora als eine Sache der Vergangenheit an. Sie nahmen Jesus als den erwarteten Messias an und positionierten sich damit diametral dem rabbinischen Judentum entgegengesetzt, welches Jesus ablehnte. Die Erlösung durch diesen jüdischen Jesus wurde ohne Ansehen der Person allen Menschen verkündigt, allen Nationen (Galater 3,28; Kolosser 3,11).

Dabei ging es nicht darum, dass die Christen bestimmte Elemente zum jüdischen Glauben hinzufügten. Vielmehr passten sie viele Dinge an, die dem Judentum lieb und teuer waren, und interpretierten sie neu. Harnack hat recht, wenn er sagt: „Die Heidenkirche streitet ihm [dem Judentum] alles ab ..."[132]

Für eine gewisse Zeit versuchte eine Anzahl von judenchristlichen Gemeinden, ihr Gemeindeleben aufrechtzuerhalten. Das gelang ihnen jedoch nur, indem sie Paulus' Konzentration auf Israel in eine

132 *Ibid.*, 76.

Begrenzung des Heils auf Israel verkehrten, doch damit unterschrieben sie ihr eigenes Todesurteil.[133] Da sie sich zunehmend von ihren jüdischen Geschwistern entfremdeten und da sie sich durch ihre eigene Entscheidung vom missionarischen Kontakt zu Heiden abschnitten, konnten sie nur dahinsiechen und letztlich verschwinden. Es ist nicht unvorstellbar, dass gewisse Interpretationen des Alten Testaments in diesen abgekapselten judenchristlichen Gemeinschaften an Boden gewannen – Ansichten wie die, dass das Evangelium den Heiden nicht verkündigt werden müsse, da Gott sie in der letzten Stunde durch ein direktes Eingreifen ins Heil führen werde – eine verdrehte Auffassung von Jesaja 2,2-4 (Micha 1,1-4).

133 Siehe auch Anm. ??? in Kap. 9.

12. Das konstantinische Zeitalter

Christenheit und Mission

Im vorangegangenen Kapitel distanzierten wir uns von der Ansicht, die Kaiser Konstantin und die nach ihm benannte Epoche der Kirchengeschichte einseitig für alle negativen Entwicklungen in Bezug auf Kirche und Mission verantwortlich macht. Wir argumentierten, dass diese Entwicklungen im Embryonalstadium alle schon in der frühen Kirche entdeckt werden können, die das Neue Testament beschreibt.

Trotz dieser Anmerkung muss man jedoch zugeben, dass mit dem Sieg Konstantins über Maxentius bei der Milvischen Brücke am 28. Oktober 312 n. Chr. eine neue Ära anbrach. Wenn überhaupt, dann hatten nur wenige Ereignisse in der Geschichte so weitreichende und bleibende Auswirkungen auf die Kirche. Das Phänomen Europa hat hier seinen Ursprung, ebenso auch die Vorstellung von einem „christlichen Westen" oder einer „Christenheit". Konstantins Sieg hatte Konsequenzen, die wir heute noch spüren. Die volle Bedeutung jener Ereignisse zu Beginn des 4. Jahrhunderts hat uns tatsächlich erst in den letzten Jahrzehnten zu dämmern begonnen. Auf die Mission und das Missionsverständnis hatten jene schicksalhaften Ereignisse ebenfalls drastische Auswirkungen, besonders angesichts der Tatsache, dass man die Gründung und Konstituierung Europas als Frucht der Mission bezeichnen könnte.[134]

Das Edikt von Mailand (Mailänder Vereinbarung, 313 n. Chr.) war das erste Edikt, das den Christen eine religiöse Freiheit garantierte, die mit der Freiheit der heidnischen Kulte auf einer Stufe stand. Das Edikt zog weitere Maßnahmen nach sich, die zunehmend das Christentum bevorzugten, ein Prozess, der im Jahre 380 n. Chr. gipfelte, als Kaiser Theodosius den traditionell orthodoxen Glauben, wie

134 Vgl. H.-D. Kahl, „Die ersten Jahrhunderte des missionsgeschichtlichen Mittelalters: Bausteine für eine Phänomenologie bis ca. 1050", in: *Kirchengeschichte als Missionsgeschichte*, Bd. II/1 (1978), 20.

er vom Bischof von Rom und vom Patriarchen von Alexandria repräsentiert wurde, zur einzigen erlaubten religiösen Form in Europa erklärte. Heiden und häretische Christen wurden damit in einen Topf geworfen und als Staatsfeinde gebrandmarkt. Das Trinitätsdogma wurde in seiner orthodoxen Interpretation zum Staatsgesetz. Wer sich weigerte, es anzunehmen, war nicht nur ein Häretiker, sondern auch ein Anarchist. Der erste Häretiker wurde bereits 385 n. Chr. hingerichtet. War es vor Konstantin ein Risiko gewesen, ein Mitglied der Kirche zu sein, so wurde es nun gefährlich, kein Mitglied zu sein. Kirchenzugehörigkeit wurde zu einer Selbstverständlichkeit.

Eine der wichtigsten Konsequenzen der „konstantinischen Wende" bestand darin, dass die Kirche ihren Pilger-Charakter verlor. Im Lichte des Neuen Testaments kann die missionarische Kirche in der Welt niemals ganz zu Hause sein (vgl. Hebräer 13,13). Sie ist vom Wesen her eine Gemeinschaft in Bewegung, ein Fragment des Reiches Gottes in der Welt, mit diesem Reich nicht identisch, aber eng mit ihm verbunden. In den Jahrhunderten vor Konstantin blieb die Kirche ein Pilger – trotz der vielen Anpassungen an die Welt und einer zunehmenden Unschärfe in Bezug auf ihre Mission. Die feindliche – oder bestenfalls tolerierende – Haltung der römischen Obrigkeit half der Kirche, sich daran zu erinnern, dass sie nirgendwo richtig hineinpasste, sondern ein Fremder in dieser Welt blieb.

All das änderte sich mit Konstantin. Die eschatologische Erwartung ließ nach. Das Reich Gottes wurde spiritualisiert und verinnerlicht. Die Kirche richtete sich in der Welt als Spender des Heils ein. Sie wurde zu der sich selbst so bezeichnenden „Verlängerung der Inkarnation Christi", was Braaten zu Recht als das „denkbar konservativste eschatologische Modell" interpretiert. Er fährt fort: „Alle wichtigen Ereignisse in der Geschichte Gottes mit der Welt sind bereits geschehen. Die Kirche muss nur in ihrer Vergangenheit ruhen und sich Leiter heranziehen, die als Hüter des Schatzes der Erlösung fungieren, der in den Dokumenten der christlichen Antike aufbewahrt ist."[135]

135 Braaten 1977, 50.

Der Triumph des griechischen Geistes

Die Tatsache, dass die Kirche sich insbesondere auf griechischem Boden verbreitete, spielte mit Sicherheit auch eine Rolle – ganz abgesehen vom Einfluss der konstantinischen Ära. In gewissen Kreisen gibt es heute die Tendenz, das griechische und hebräische Denken als radikalen Kontrast anzusehen, als ob das eine all das wäre, was das andere nicht ist. Das ist sicher eine Übertreibung. Doch die Beobachtung, dass wir es hier mit zwei unterschiedlichen Weltanschauungen zu tun haben, ist insofern gültig, dass sie uns berechtigt, die These aufzustellen, dass die Bewegung der Kirche von der hebräischen in die griechische Welt wichtige Konsequenzen für das Kirchen- und Missionsverständnis hatte.

Für Israel war Gott ein lebendiger Gott. Für die Griechen war er ein unsterbliches Wesen. Ontologie war den Griechen wichtig. Exodus 3,4 versucht im hebräischen Original *nicht*, JHWH zu definieren. Er bleibt unergründlich. Die Septuaginta verändert den hebräischen Text dieses Verses zu *egō eimi ho ōn* und definiert JHWH damit als ewiges Sein. Diese Verschiebung in Richtung Ontologie führte letztlich zur Lehre von den dreizehn „Eigenschaften" Gottes. Die frühchristliche Botschaft über den Gott, der sich offenbart hat, wurde schrittweise zu einem starren, statischen, orthodoxen Dogma über das Wesen Gottes in drei Hypostasen. Ontologie dominierte die langwierigen christologischen Streitigkeiten. Offenbarung war nicht mehr die Selbstmitteilung Gottes, sondern die Überlieferung von „Wahrheit", die man in unumstößlichen Formulierungen kodifizieren konnte.

Im Unterschied zum hebräischen *yāda'*, was „Erkennen als Erfahrung" bedeutet, betont das griechische *ginōskein* intellektuelles und rationales Wissen. Das hebräische *dābār* verweist auf Wort *und* Ereignis, und beide enthalten das Element der historischen Bewegung, des Offenen und Dynamischen. *Logos* ist jedoch nicht dasselbe wie *dābār. Logos* ist sehr viel statischer. Die Betonung liegt hier auf dem visuellen, nicht auf dem auditiven Aspekt. Das Visuelle, das Bild, ist immer sehr viel statischer und unveränderbarer als das gesprochene Wort. Die Griechen sind daher an der „Idee" und „Theorie" interessiert – beide Wörter stammen von Verben ab, die „sehen" bedeuten. „Erkennen" heißt hier „etwas gesehen haben", und das höchste Gut ist die Fähigkeit, „Gott zu schauen" (vgl. Matthäus 5,8; Johannes 17,24; 1. Johannes 3,2; Offenbarung 22,4). Selbst das Konzept der Geschichte – griechisch *historia*, abgeleitet von *histōr*, Augenzeuge, was eigentlich etwas Dynamisches andeuten sollte – wird in der griechischen Welt zu etwas Statischem.

Ekklesiologisch bedeutete diese hellenisierende Entwicklung, dass die Kirche zu einer genau definierbaren Größe mit klar identifizierbaren Grenzen wurde. Die Kirche-in-Bewegung wurde die etablierte Kirche in traditionell orthodoxer Form. Außerhalb dieser Kirche gab es kein Heil. Zukünftig würde „Mission" schlicht „Ausdehnung der Kirche" bedeuten. In die katholische (= weltweite) Kirche getauft zu werden bedeutete, „Christ" zu werden. Die Kirche war die hierarchische Institution unter der Aufsicht der Bischöfe. Die wenigen verbliebenen Missionare verstanden sich als Botschafter des Papstes, deren Aufgabe darin bestand, Neubekehrte in die Kirche einzugliedern.

Diese ganze Entwicklung trat natürlich nicht völlig überraschend auf den Plan. Sie ging auch nicht ohne Protest vonstatten, wie wir noch sehen werden. Im Verlaufe der Zeit wurde dies jedoch dennoch der dominante Trend. Man kann das an der Person und dem Werk von Augustinus ablesen und an der Art und Weise, wie er interpretiert wurde. Johannes Chrysotomos und andere urteilten, dass das Evangelium von den Aposteln bereits in der ganzen Welt verkündigt worden war (eine Ansicht, die übrigens in einigen protestantischen theologischen Kreisen noch bis ins 18. Jahrhundert hinein vertreten wurde). Augustinus sah das anders. Sein Missionsverständnis beinhaltete wie seine Sicht von der Kirche ein dynamisches Element: Die Kirche ist *communio sanctorum*, die Gemeinschaft der Heiligen, die eschatologische Heilsgemeinschaft, die in die Welt gesandt ist. Sie ist auch die *civitas Dei*, die „Stadt Gottes" auf Erden, das Königreich, die Heilsinstitution, die organisch wächst und es nicht nötig hat, Heiden anzulocken, wie es die Häretiker taten. Die erste Sichtweise von der Kirche, die in den Schriften von Augustinus kraftvoll gegenwärtig ist, verblasste in der nachfolgenden Zeit zunehmend. Tatsächlich war für Augustinus selbst die *civitas Dei* nicht ausdrücklich mit der sichtbaren katholischen Kirche identisch. Doch spätere Generationen interpretierten Augustinus in diesem Sinne.

Mission als kulturelle Propaganda

Die Auffassung, nach der Mission als kulturelle Propaganda verstanden werden muss, hat ihren Ursprung in der konstantinischen Epoche. Hier handelt es sich um eine Auffassung, welche die Interpretation von Mission für Jahrhunderte dominieren würde, bis in unsere Zeit hinein. Um das Ausmaß dieser Veränderung im Bild von der Mission zu begreifen, müssen wir uns daran erinnern, dass sich die frühe Kirche unter keinen Umständen als Träger der Kultur verstand. Immerhin operierte sie in der *oikoumene*, mit anderen Worten: innerhalb der „Zivilisation" im Unterschied zu den „barbarischen" Gebieten außerhalb. Sie arbeitete daher auf einem Boden, der mit Kultur gesättigt war. Die Kirche propagierte jedoch kein „Kulturchristentum", sondern an vielen Punkten beklagte sie die Dekadenz der zeitgenössischen Bildung und Kultur. Kultureller Einfluss war überhaupt nicht möglich, umso weniger, als die Kirche ursprünglich fast ausschließlich an der Peripherie der Gesellschaft arbeitete, unter Sklaven, Frauen und Fremden, mit anderen Worten: unter Menschen, die keinen besonderen Einfluss auf die Gestaltung der Gesellschaft hatten. Die griechische kulturelle Welt, inklusive der griechischen Philosophie und des Heidentums (vgl. Celsus!) verachteten die Kirche.

All dies veränderte sich nach Konstantin. Die Kirche wurde ein bewusster Kulturträger und eine zivilisierende Präsenz in der Gesellschaft. Die Tatsache, dass die eigentliche Ausdehnung der Kirche in dieser Zeitperiode nicht länger unter zivilisierten Griechen und Römern stattfand (da sie zu dieser Zeit schon christianisiert worden waren), sondern unter den barbarischen Stämmen der germanischen Welt, trug zu der Vorstellung bei, das Christentum repräsentiere eine überlegene Kultur. Es war verständlich, dass diese Zeit keinen Celsus hervorbringen konnte – schließlich waren alle zivilisierten und gebildeten Menschen Christen!

Die frühe Kirche nahm die heidnischen Religionen ernst. Diese Haltung verschwand in der konstantinischen Epoche. Der Wahrheitsanspruch der Kirche war ein absoluter. Die Götter der Barbaren waren Dämonen oder „Nichtse", hinter denen sich satanische Mächte verbargen. Die heidnischen Kulte waren Teufelsanbetung. Es ging hier nicht nur um Bekehrung zu Christus, sondern um den Zusammenstoß zweier Welten, von denen eine *a priori* der anderen überlegen war. Im Mittelalter wurden Menschen niemals „Christen" oder „Nichtchristen" genannt, sondern *fideles* (Gläubige) und *infideles* oder *perfidi* (Ungläubige). *Fides*, Glaube, war etwas, das nur Christen besaßen. Daher wäre es niemandem eingefallen, von *fides pagana* oder *fides Judaica* zu sprechen. Heidnische Religionen wurden *ritus, superstitio, error* oder *lex* (Gesetz) genannt.[136]

Anhänger solchen „Aberglaubens" konnten daher mithilfe der kirchlichen Amtstracht, der Kreuze und Zeremonien leicht beeindruckt werden. Die Verkündigung konnte in einem Vergleich zwischen der Allmacht und dem Wert des christlichen Glaubens mit der Machtlosigkeit und Vergeblichkeit des heidnischen Irrtums bestehen. Die allgemeinen Gesetze diskriminierten ebenfalls die Heiden. Gelegentlich wurde sogar die Meinung geäußert, Heiden hätten im Grunde überhaupt keine Rechte. Normalerweise wurden ihnen als „Geschöpfen" jedoch „Naturrechte" zuerkannt, aber dann auf eine Art und Weise, die sicherstellte, dass es sich um ein geringeres Recht als das handelte, das Christen genossen. Sobald sie getauft waren, änderte sich die Lage und sie wurden als christliche Geschwister *und* als Bürger aufgenommen, die gleiche Rechte genossen.

Mission als „Entheidnifizierung"

Die Taufe wurde zunehmend als entscheidender Wendepunkt vom Heidentum zum Christentum angesehen. Sie vermittelte einen unauslöschlichen Charakter. Mission wurde daher zunehmend fast ausschließlich als Taufvorbereitung verstanden, und die Taufe wurde üblicherweise nach einer minimalen Unterrichtsphase verabreicht,

136 Vgl. Kahl 1978, 36-59.

manchmal auch ganz ohne so eine Vorbereitung. Sobald man getauft war, wurde man ohne Weiteres als Christ angesehen.

Normalerweise durchlief der Missionsprozess zwei Stadien, Entheidnifizierung und Christianisierung. Das erste Stadium war ein negatives, das zweite ein positives. Das ist immer noch in dem zweipoligen Taufgelöbnis sichtbar: *abrenuntiatio diaboli* (Absage an den Teufel)und *confessio fidei* (Bekenntnis des Glaubens). Taufe hat üblicherweise mit dem ersten zu tun und wurde zunehmend als Akt der Unterwerfung unter die hierarchische Institution verstanden. Vom Moment der Taufe an waren die Menschen keine Missionsobjekte mehr, sondern sie wurden Gegenstand kirchlicher Disziplinierung. Das Betätigungsfeld der Verantwortung des Missionars schrumpfte schrittweise auf ein ziemlich reduziertes Verkündigungsprogramm zusammen. Das Betätigungsfeld kirchlicher disziplinierender Macht dehnte sich hingegen auf beinahe alles umfassende Ausmaße aus. Die innere Überzeugung wurde immer unwichtiger – sie war ein Fernziel, das man vielleicht nach mehreren Generationen erreichte. Das Taufereignis als solches war entscheidend, nicht die innere Annahme des Evangeliums. Selbst wenn man unter Protest getauft wurde, wurde man zu einem *fidelis* (Gläubigen), und zwar aufgrund der garantierten Wirksamkeit der Taufe. Sobald man getauft war, konnte man mithilfe der Bußpraxis und anderer Zwangsmaßnahmen schrittweise geformt werden. Thomas von Aquin konnte daher sagen, was letztlich zähle sei „eine einfache, gehorsame Annahme der Lehren der Kirche, selbst ohne jegliche echte Kenntnis ihrer Inhalte."[137]

Dieser Ansatz brachte noch etwas anderes mit sich. Während es in den meisten Fällen im Blick auf den Gebrauch von Zwangsmaßnahmen zur Christianisierung von Heiden eine gewisse Zurückhaltung gab, sah die offizielle Haltung gegenüber Häretikern und abgefallenen Christen ganz anders aus. Diese waren getauft und hatten daher dem zu entsprechen, was von den Getauften erwartet wurde – ob sie ihre Taufe verstanden oder nicht, ja, sogar ob sie aus freien Stücken getauft worden waren oder nicht. Augustinus, einer derjenigen, die für einen positiveren und milderen Ansatz gegenüber Heiden plädier-

137 Vgl. *ibid.*, 40, 48-52, 72.

te, war erbarmungslos und intolerant, wenn es um die „Rekatholisierung“ von Donatisten und anderen Häretikern und Abtrünnigen ging. Rückhaltlos wandte er die Worte aus Lukas 14,23 auf diesen Personenkreis an: „Zwingt sie hereinzukommen“. Die religiösen Wurzeln sowohl der Kreuzfahrer als auch der Inquisitoren sind hier zu finden. Thomas drückt es in seiner *Summa Theologica* folgendermaßen aus: „Ich antworte, dass unter den Ungläubigen welche sind, die nie den Glauben empfangen haben, wie zum Beispiel die Juden und Heiden. Sie sollen nie gezwungen werden zu glauben, da der Glaube vom freien Willen abhängig ist. ... Auf der anderen Seite gibt es auch Ungläubige, die einst den Glauben angenommen haben und geschworen haben zu glauben, wie zum Beispiel Ketzer und Apostaten. Diese sollen, sogar durch körperliche Strafen, dazu gebracht werden, ihre Versprechen einzuhalten und zu glauben.“[138]

Zwangsbekehrung

Um die Rolle der Mission unter Zwang zu verstehen, müssen wir den Implikationen Aufmerksamkeit schenken, welche die enge Verbindung zwischen Kirche und Staat für das Missionsverständnis hatte. Der Kirchenhistoriker Euseb versucht z.B., die neue Situation seit Konstantin zu erklären. Der Polytheismus, so sagt er, wurde vom Monotheismus der Juden überwunden, die Polyarchie von der Monarchie der Römer seit Augustus. Der christliche Imperator Konstantin, der Herrscher der Welt, war nun berufen, die Welt zu Gott zurückzuführen, und in diesem Prozess war das vereinte Weltreich ein wichtiges Instrument.

In der Tat versuchten die Kaiser später ab und an, die Einheit des Reiches mit der Einheit des Glaubens gleichzusetzen. Das *Henotikon* von Kaiser Zenon aus dem Jahre 482, die *Ekthesis* von Herakleios aus

138 *Summa Theologica* II, II, 10,8: Responeo dicendum quod infidelium quidam sunt qui nunquam susceperunt fidem, sicut gentiles et Iudaei. Et tales nullo modo sunt ad fidem compellendi, ut ipsi credant: quia credere voluntatis est. ... Alii vero sunt infideles qui quandoque susceperunt et eam profitentur: sicut haeretici vel quicumque apostatae. Et tales sunt etiam corporaliter compellendi ut impleant quod promiserunt et teneant quod semel susceperunt. Übersetzung aus: I. Schleich, *Thomas und die Juden* (München: Grin Verlag, 2009), 9.

dem Jahre 638 und der *Typos* von Konstantin II. aus dem Jahre 648 waren Maßnahmen, mit denen die Interessen von Kirche und Staat ganz eng verbunden wurden.

So wundert es kaum, dass die Bevölkerung in Ländern außerhalb des römischen Reiches die Kirche mit Argwohn betrachtete. Die aramäischen Christen des sassanidischen Reiches wurden z.B. als fünfte Säule des römischen Reiches angesehen. König Sapor II. drückte es kurz und bündig folgendermaßen aus: „Sie leben in unseren Gebieten, teilen aber die Ansichten des Kaisers." Mehrere christliche Gruppen, die nicht bereit waren, sich der offiziellen orthodoxen Lehre zu unterwerfen, fanden in Gebieten außerhalb der Grenzen des römischen Reiches Asyl. Dort waren sie willkommen, gerade weil sie gegen den orthodoxen Glauben und damit gegen das römische Reich Widerstand leisteten. Das gilt insbesondere für die Nestorianer und die Monophysiten.

In der Zeit nach 755 benutze Pippin und nachfolgend Karl der Große in verschiedenen Dokumenten die Formulierung *fideles Dei et nostri* (diejenigen, die Gott und uns treu sind). Das zielte offensichtlich auf das Gegenteil: Untreue gegenüber Gott und Kaiser ging Hand in Hand. Insbesondere Karl der Große war der Meinung, dass sich Kirche und Staat gegenseitig unterstützen sollten. Sein berühmter Brief an Papst Leo III. ist ein Zeugnis dieser Haltung. Darin beschreibt er die Verteidigung des Christentums mit Waffengewalt als seine Verantwortung, und Leos Verantwortung in Analogie zu Mose, der mit erhobenen Armen und Gebet Fürbitte für den bewaffneten Konflikt mit den Heiden tat. Aufgrund desselben Axioms, mit dessen Hilfe Bürger des Heiligen römischen Reiches Gläubige genannt wurden, wurden die Völker jenseits der Grenzen als Ungläubige gebrandmarkt. Ab 776 wird in den Annalen des Reiches regelmäßig erwähnt, dass die sächsischen Heiden *adversus christianos* (gegen die Christen) kämpften.[139]

Diese Interpretation führte zunächst nicht ausdrücklich zu einem direkten heiligen Krieg gegen Heiden. Augustinus war z.B. durchweg

139 Vgl. R. Schneider, „Politisches Sendungsbewusstsein und Mission", in: *Kirchengeschichte als Missionsgeschichte*, Bd. II/1, 227-248.

gegen jede Form von erzwungener Bekehrung von Heiden. Dennoch konnte er sagen, dass es angezeigt sein könnte, die Verkündigung des Evangeliums unter heidnischen Völkern jenseits der Grenzen des Reiches dadurch vorzubereiten, dass man sie militärisch unterwarf. Das friedliche Predigen des Evangeliums könnte dann ungehindert unter dem wohlwollenden Schutz des Reiches vonstatten gehen. Auf diese Weise wurde die Vorstellung vom „indirekten missionarischen Krieg" geboren und die Grundlage für die enge Beziehung zwischen Kirche und Mission gelegt, welche das viel spätere Kolonisierungsprogramm der europäischen Mächte charakterisierte.[140]

Von hier aus war es nur noch ein kleiner Schritt zu direkten missionarischen Kriegen und Zwangsbekehrungen unter Karl dem Großen und anderen. Doch selbst in den Feldzügen Karls ging es zuerst und vornehmlich um die Unterwerfung von Völkern unter Karl und erst an zweiter Stelle um Unterwerfung unter Gott. Taufe war eine *Folge* militärischer Eroberung, ein zweitrangiges Ereignis. Um es anders auszudrücken: Aus Karls Sicht war Taufe das unausweichliche Siegel auf die Unterwerfung der Sachsen. Deportationen im großen Stil und Völkermord (wie bei der Hinrichtung von 4500 Sachsen an der Aller im Jahre 782) dienten diesem Zweck. Die Geschichte wiederholte sich, als Olav Tryggvason um das Jahr 1000 die Norweger gewaltsam christianisierte, oder als 1147 ein Kreuzzug gegen die Wenden gestartet wurde, einem slawischen Stamm. In jedem dieser Fälle wurden Jesu Worte aus Lukas 14,23: „Zwingt sie, hereinzukommen" zur Rechtfertigung der Taten des Kaisers missbraucht.

Die Kreuzzüge gegen die Muslime hatten nichts mit Mission zu tun. Als Papst Urban den ersten Kreuzzug ausrief, dachte er keinen Moment an die Möglichkeit, Muslime zu bekehren. Wenn in der Kreuzzugsliteratur Verweise darauf auftauchen, dass das Christentum „gefördert" oder „ausgedehnt" werden würde, dann war damit die Ausdehnung des christlichen Reiches und Einflussbereiches gemeint und nur in Ausnahmefällen die mögliche Bekehrung von Muslimen. Die Kreuzzüge waren nichts weiter als eine natürliche Folge der Vorstellung vom „heiligen Krieg", die sich seit Augustinus entwi-

140 Vgl. Kahl 1978, 62-71.

ckelt hatte. Kreuzzüge gegen Muslime, Kriege gegen heidnische Stämme und Militäraktionen gegen Häretiker wie die Albigenser und Waldenser waren Variationen desselben Themas.

In diesem Zusammenhang verweisen wir auch auf die Haltung der Kirche und des Staates gegenüber den Juden während des Mittelalters – eines der widerwärtigsten Kapitel in der Geschichte Europas. Wie Amnon Linder zeigt, war die Haltung gegenüber Juden lange Zeit ambivalent.[141] Auf der einen Seite gab es Toleranz, die sich dem theologischen Einfluss von Paulus und Augustinus verdankte und von Papst Gregor I. weitere Impulse bekam. Menschen, die diese Haltung vertraten, gingen von der Möglichkeit einer freiwilligen Bekehrung einzelner Juden aus. Dann gab es aber auch Verdammung, die seit der konstantinischen Wende rasant zunahm. Jüdischer Proselytismus und Kontakte zu Christen wurden verboten. Jüdische Aufstände wurden gewaltsam niedergeschlagen und Synagogen wurden zerstört. Die Juden wurden für die Kreuzigung Christi verantwortlich gemacht: Sie waren die „Gottesmörder". Zwangsbekehrung zum Christentum war oftmals die einzige Alternative zu Vertreibung, Enteignung und Todesstrafe – eine Alternative, die außerdem gar nicht immer angeboten wurde. Im frühen Mittelalter existierten diese beiden Haltungen immer noch nebeneinander. In den nachfolgenden Jahrhunderten verschwand die mildere Haltung praktisch völlig.

Mönchtum und Mission

Die gerade diskutierten Ansichten galten selbstverständlich nicht in jeder Hinsicht für alle Bereiche der Kirche. In allen Epochen der Kirchengeschichte und in allen Ländern gab es immer einige, die dem allgemeinen Raster – Bischöfe, Priester, gewöhnliche Christen – nicht zustimmten. Nirgends trat der Protest gegen den Verfall der Kirche jedoch so klar zutage wie im Mönchtum. Während die Welt zunehmend die Kirche durchdrang, entsagten diejenigen, die sich als wahre Kirche ansahen, der Welt und lebten in Abgeschiedenheit und unter

141 A. Linder, „Christlich-jüdische Konfrontation im kirchlichen Frühmittelalter", in: *Kirchengeschichte als Missionsgeschichte*, Bd. II/1, 397-441.

Aufopferung als Mönche und Asketen. E. R. Hardy hat recht, wenn er sagt, dass nach dem Ende der Verfolgung die Mönche die Märtyrer ersetzten und dem uneingeschränkten christliche Zeugnis sowie dem Protest gegen die Verweltlichung Ausdruck verliehen.[142]

Oft war der Protest sichtbarer als das Zeugnis. Das galt z.B. für die keltischen Klöster, die primär nicht als Missionszentren gegründet wurden, und für viele Mönche in den östlichen Teilen des römischen Reiches und den angrenzenden Gebieten. Und dennoch hatte ihr Protest gegen die Säkularisierung der Kirche eine missionarische Dimension, deren logische Folge oft ein aktives missionarisches Engagement war. Im Osten waren die Mönche die geistlichen Nachfahren der charismatischen Wanderprediger der vorkonstantinischen Zeit – Leute wie Hilarion in Palästina, Abraamius im Libanon, Antonius in Ägypten. Durch die Einheit von Wort und Tat kombinierten sie das Klosterwesen mit der Mission. Neilus sagte: „Ein Leben ohne Worte wird zwangsläufig mehr erreichen als Worte ohne Leben." Er selbst plädierte für eine Kombination aus beidem.[143] In diesem Punkt unterschied sich das mönchische Leben fundamental von der typischen Mission der Bischöfe jener Zeit, die als Fürsten der Kirche primär an Mission als einem Handwerk interessiert waren, durch das die verbliebenen Schwachstellen im Bau der Kirche behoben werden sollten.

Für die irischen Mönche war *peregrinatio* (das Pilgern ins Unbekannte) hauptsächlich Ausdruck einer asketischen Heimatlosigkeit und ein Element der christlichen Bußpraxis. Keltische „Wanderlust" spielte zweifellos ebenfalls eine Rolle. Mission blieb ein Nebenprodukt. G. S. M. Walker drückt es folgendermaßen aus: „... der keltische Reisedrang wurde in christliche Kanäle umgeleitet, sodass Pilgern mit Mission assoziiert wurde. Beides wurde der geistlichen Perfektionierung des Mönchs untergeordnet."[144]

142 Vgl. E. R. Hardy, „The Mission of the Church in the First Four Centuries", in: *History's Lessons for Tomorrow's Mission* (Genf: WSCF, 1960), 29-38.

143 Vgl. A. Yannoulatos, „Monks and Mission in the Eastern Church During the Fourth Century", in: *International Review of Mission* 230 (1969), 208-226.

144 G. S. M. Walker, „St. Columban: Monk or Missionary?", in: G. J. Cummings (Hrsg.), *The Mission of the Church and the Propagation of the Faith* (London: Cambridge University Press, 1970), 43.

Im Fall der angelsächsischen Mönche in der Zeit nach dem 7. Jahrhundert lag die Sache anders. Während Mission für die Iren eine ungeplante Folge ihrer Reisen in fremde Gebiete war, war *peregrinatio* für die Angelsachsen von Anfang an Mission. Angesichts des unmittelbar bevorstehenden Endes der Welt, gebunden an den Befehl: *Ite, docete omnes gentes* („Geht und lehret alle Völker", Matthäus 28,19) und in enger Anbindung an ihre Heimatkirche brachen sie zur weltweiten Mission auf. Und noch in einem anderen wichtigen Aspekt unterschieden sie sich von den Iren. Wo es Letzteren um die Formierung örtlicher Gruppen von Gläubigen ging, sahen sich die Angelsachsen als Botschafter des Papstes mit dem Auftrag an, neu Bekehrte in die hierarchische Kirche einzugliedern, außerhalb der es kein Heil gab. Rosenkranz drückte es folgendermaßen aus: „Die Iren wurden aus Wanderpredigern zu Missionaren, die Angelsachsen aus Missionaren zu Ordnern des Kirchenwesens."[145]

Es sollte uns nicht überraschen, dass die Mönche trotz all ihrer Proteste gegen die vorherrschende Verweltlichung der Kirche in ihrem Missionsansatz Kinder ihrer Zeit blieben und die enge Verbindung zwischen Kirche und Staat akzeptierten, die Teil der Ursachen für die Verweltlichung war, die sie ablehnten. Willibrord, Bonifatius und andere wandten sich zuerst jeweils an den Adel. Die wichtigen Entscheidungen wurden von den Fürsten getroffen, nicht von den gewöhnlichen Menschen. Auf diese Weise bereitete Willibrord – um nur ein Beispiel zu erwähnen – den Weg für die Zusammenarbeit zwischen dem Papsttum und der karolingischen Dynastie in Friesland. Die enge Verbindung zwischen diesen missionarischen Mönchen und dem Staat erwies sich durchgängig sowohl als notwendig als auch als eine Belastung für ihre missionarische Unternehmung.[146]

Die Bedeutung der mönchischen Bewegung kann kaum überbewertet werden. Um 450 n. Chr. versank Europa im Chaos und blieb viele Jahre in Aufruhr. Übergriffe vonseiten verschiedener Stämme

145 Rosenkranz 1977, 103.
146 H. Löwe, „Pirmin und Bonifatius", in: *Kirchengeschichte als Missionsgeschichte*, Bd. II/1, 192-226.

sowie Migrationen zerstörten mehr oder weniger die gesamte Struktur der Gesellschaft. Die kreativste Antwort der Kirche auf die Herausforderungen der Zeit nahm die Form des Mönchwesens an. Das disziplinierte und nie ermüdende Leben der Mönche stemmte sich gegen die Flut der Barbarei in Westeuropa und schaffte die Wende. Der berühmteste dieser Mönche war wohl Winfried, besser bekannt als Bonifatius, ein Mann, der, um Christopher Dawson zu zitieren, „auf die Geschichte Europas tieferen Einfluss hatte als irgendein anderer Engländer."[147]

Wir sollten auch den enormen Einfluss der Benediktiner an dieser Stelle erwähnen. Eine der besten Beschreibungen der oft unaufdringlichen Weise, auf die sie ihre Mission betrieben, kommt aus der Feder von Newman:

> „St. Benedikt fand die physische und soziale Welt in Ruinen vor, und seine Mission bestand darin, sie wiederherzustellen, und zwar nicht auf dem Wege der Wissenschaft, sondern der Natur. Er nahm das nicht gezielt in Angriff, versprach nicht, es in einer bestimmten Zeit zu bewerkstelligen, durch irgendetwas ganz Besonderes oder durch eine Reihe von Federstrichen, sondern so ruhig, geduldig, schrittweise, dass die Arbeit oft erst dann wahrgenommen wurde, als sie bereits getan war. Es handelte sich um eine Wiederherstellung, nicht um eine kurze Visitation, um eine Korrektur oder Bekehrung. Das neue Werk, was er zu erschaffen half, war eine Sache des Wachstums, nicht der Struktur. Überall auf dem Lande oder in den Wäldern beobachtete man schweigsame Männer, die gruben, aufräumten und bauten. Andere schweigsame Männer, die man nicht sah, saßen im kalten Kloster und ermüdeten ihre Augen und hielten ihre Aufmerksamkeit aufrecht, während sie sorgfältig die Handschriften immer wieder kopierten, die sie gerettet hatten. Es gab niemanden, der stritt oder laut wurde, oder der die Aufmerksamkeit auf das lenkte, was ablief, doch Schritt für Schritt wurde aus dem bewaldeten Sumpf eine Einsie-

147 C. Dawson, *Die Gestaltung des Abendlandes: Eine Einführung in die Geschichte der abendländischen Einheit* (Leipzig: Hegner, 1935), zitiert von Neill 1990, 54.

delei, ein religiöses Haus, ein Bauernhof, eine Abtei, ein Dorf, ein theologisches Seminar, eine Schule und eine Stadt."[148]

Was für die Benediktiner galt, galt auch für das keltische Mönchswesen. In ganz Europa wurden unabhängige keltische Klöster gegründet. Zwischen 550 und 1200 wurden solche Klöster aufgebaut, von Skellig Michael an der Westküste Irlands bis Kiew in der Ukraine.

Diese Gemeinschaften können als Vorläufer der ausdrücklich missionarischen Orden des Spätmittelalters angesehen werden, z.B. der Franziskaner und Dominikaner. Zusammen mit Leuten wie Raymond Lull verurteilten diese Missionare die Kreuzzüge unmissverständlich. Sie hatten begriffen, dass Mission etwas mit ruhiger Verpflichtung, Hingabe und Leiden zu tun hatte. Ein Zeuge Christi unter Muslimen zu sein konnte beinhalten, sein Leben zu riskieren. Lull drückte es folgendermaßen aus: „Missionare werden die Welt durch die Verkündigung des Evangeliums bekehren, aber auch durch das Vergießen von Tränen und Blut und durch viele Leiden, die so bitter wie der Tod sein können." Er besiegelte diese Worte mit seinem eigenen Beispiel, als er 1315 im Alter von 85 Jahren in Bugia in Nordafrika als Märtyrer starb.

Die meisten der missionarischen Mönche des Mittelalters arbeiteten innerhalb der Grenzen des römischen Reiches oder in Ländern, deren Herrscher Christen waren. In einem Großteil Asiens arbeitete die Kirche jedoch immer als nicht anerkannte Minderheit in einem heidnischen Umfeld, wenn es auch Zeiten gab, in denen sie das Wohlwollen der Obrigkeit genoss. Große Teile der byzantinischen Kirche verloren während des Mittelalters ihre privilegierte Stellung und wurden von muslimischen Regierungen unterworfen. Die tiefgehenden Unterschiede zwischen den östlichen und westlichen Kirchen haben in der Tat ihre Wurzeln genau an dieser Stelle, zumindest in gewissem Maße. Die westliche Kirche war aktiv, aggressiv und imperial. In der östlichen Kirche spielten liturgische Formen und Zeremonien eine prominente Rolle; sie waren dazu gedacht, Heiden in die

148 J. H. Newman, zitiert von C. Dawson, *Religion and the Rise of Western Culture* (London: Sheed & Ward, 1950), 57-58.

Kirche zu locken. Die östliche Kirche wollte lieber Geschenke verteilen als dominieren. Sie überlebte daher selbst dort, wo die politische Bewegung sich gegen sie wandte und sie konnte die weitergehende ungestörte Existenz des Heidentums in ihrer unmittelbaren Nähe ertragen. Die politische Situation im Westen, die Lehre Cyprians, dass es außerhalb der Kirche kein Heil gibt, und die Betonung der Prädestination und des Gerichts bei Augustinus spielten jedoch auf eine Weise zusammen, dass ein Element fortlaufender Unzufriedenheit in die Kirche eingeführt wurde: Sie konnte nicht inaktiv sein, solange es in ihrer Reichweite Menschen gab, die sich immer noch außerhalb ihrer Mauern befanden.[149]

149 Vgl. auch K. Holl, „Die Missionsmethode der alten und die der mittelalterlichen Kirche", in: *Kirchengeschichte als Missionsgeschichte*, Bd. I (1974), 12-17; W. H. C. Frend, „Der Verlauf der Mission in der Alten Kirche bis zum 7. Jahrhundert", in: *ibid.*, 44-45.

13. Von Alexander VI. bis Pius XII

Kolonialismus und Mission

Das *corpus Christianum* oder die „christliche Welt“, also die christliche Gesellschaft, die sich in der konstantinischen Epoche entwickelte und in der Kirche und Staat untrennbar miteinander verbunden waren, blieb nicht ohne Herausforderung. Doch es überlebte einige ernste Schocks wie den Aufstieg des Islam, welcher sowohl der Kirche als auch dem Staat den gesamten Nahen Osten sowie Nordafrika und Spanien raubte. Ein potenziell noch ernsteres Desaster war das Schisma zwischen der Ost- und der Westkirche im Jahre 1054. Da diese Spaltung jedoch hauptsächlich geografischen Linien folgte, brachte sie das Gleichgewicht der Westkirche kaum durcheinander. Die östlichen Schwesterkirchen wie die russisch- und die griechisch-orthodoxe Kirche gingen ihre eigenen Wege; dasselbe gilt für die römisch-katholische Kirche im Westen.

Viel weitreichender und für das Missionsverständnis viel wichtiger waren die Ereignisse um 1500. Zunächst befinden wir uns hier im Zeitalter der *Entdeckungen*, die Europa plötzlich aus seiner Isolation befreiten und den Weg nach Westen, Osten und Süden öffneten. Es war auch das Zeitalter der *Renaissance* und des *Humanismus*, des Erwachens der Autonomie des Menschen, des aufkeimenden Individualismus und der modernen Naturwissenschaft. Zum Dritten war es das Zeitalter der protestantischen Reformation, der ersten Bewegung, welche die unbestrittene Hegemonie der römisch-katholischen Kirche in Westeuropa ernsthaft infrage stellte.

Die Entwicklung des missionarischen Denkens in den Reformationskirchen wird Thema eines nachfolgenden Kapitels sein. Hier lenken wir unsere Aufmerksamkeit nur auf die Art und Weise, auf die Rom die Mission in der Zeit von Alexander VI. bis Pius XII. interpretierte – also von der Entdeckung Amerikas und des Seewegs nach Indien bis zum Tod des letzten tridentinischen Papstes unmittelbar vor dem Zweiten Vatikanischen Konzil.

Im 15. Jahrhundert führten Spanien und Portugal die geografischen Expeditionen an. Um das Gleichgewicht der Macht zwischen beiden zu stabilisieren, teilte Papst Alexander VI. 1493 und 1494 die Welt jenseits Europas dergestalt auf, dass die beiden Amerikas (mit Ausnahme Brasiliens) in den spanischen Einflussbereich fielen, während Portugal in Brasilien und praktisch in ganz Asien und Afrika freie Hand hatte. Die Einteilung der kirchlichen Einflussbereiche ging mit dieser politischen Einteilung einher. Es verstand sich daher von selbst, dass die spanische Kirche in enger Kooperation mit der spanischen Krone die Verantwortung für die Eingliederung der amerikanischen Völker in die Kirche übernahm.

Zu jener Zeit hatte das Überlegenheitsgefühl des christlichen Westens bereits seinen Höhepunkt erreicht. Keine regionale Kirche konnte in Europa noch irgendwelche Missionsarbeit in ihrem eigenen Umfeld ausführen, da die einzigen verbliebenen Heiden nun weit entfernt am anderen Ufer des Ozeans lebten. Mission wurde somit zur Aufgabe von Menschen, die in ferne Länder reisten. Auf diesem Wege gewann das westliche Missionsverständnis Gestalt. Missionare hatten von Europa zu den „Wilden" zu reisen, zu Menschen, die permanent von der Hilfe und Anleitung der Missionare abhängig waren. Mission war eine Unternehmung des Staates und konnte nur in Ländern geschehen, in denen die betreffende Regierung auch die koloniale Obrigkeit war. Stephen Neill fasst das folgendermaßen zusammen:

> Die Ausbreitung des Christentums fiel zeitlich mit der weltweiten und explosiven Expansion Europas zusammen, die der Renaissance folgte; es ist eine historische Tatsache, daß die Kolonialmächte christliche Mächte gewesen sind; daß ein ganzes Bündel kompromittierender Beziehungen zwischen den Missionen und den Regierungen bestanden haben; und daß im Großen und Ganzen das Christentum auf den Wellen westlichen Einflusses und westlicher Macht vorgeprescht ist.[150]

150 Neill 1990, 289. Siehe auch *idem*, *Colonialism and Christian Missions* (London: Lutterworth, 1966).

Damit wurde der von Konstantins Machtübernahme ins Rollen gebrachte Prozess zu seinem logischen Ende geführt. Die spanische *conquista* (Eroberung) Zentral- und Südamerikas war gleichermaßen eine Unterwerfung der Indianer unter die spanische Krone und unter die römisch-katholische Kirche. Unter dem Deckmantel der Christianisierung wurde eine skrupellose Ausbeutung der eingeborenen Bevölkerung eingeläutet, gekoppelt mit einem Völkermord, der bis dahin keine Parallele hatte.

Doch selbst hier überlebte etwas vom neutestamentlichen Missionsverständnis. Priester wie Antonio de Montesinos, Bartolomé de Las Casas und viele andere uns Unbekannte ergriffen Partei für die Opfer der Grausamkeiten der *conquistadores*. Sie taten das im vollen Bewusstsein der Tatsache, dass sie mit scharfer Opposition und selbst mit dem Martyrium spielten. Im 17. Jahrhundert waren es insbesondere die Jesuiten, die sich in Paraguay auf die Seite der Indianer schlugen. Selbst in der dunkelsten Stunde, als die Mission ihre biblische Vorlage so wenig wie nie zuvor widerspiegelte, war dennoch etwas vom Mitgefühl Christi in einigen seiner Botschafter gegenwärtig. Las Casas lehnte z.B. jegliche Zwangsbekehrung ab – völlig entgegen einer Tradition, deren Wurzeln auf die Zeit noch vor Karl dem Großen zurückgingen. *Compellere intrare*, wie die lateinische Bibel seiner Zeit Lukas 14,23 übersetzte, bedeutete laut Las Casas: „Überzeuge sie, einzutreten." Mission ist nur Mission, wenn sie Menschen befähigt, in aller Freiheit zu entscheiden, Christus nachzufolgen. Er war um alle Bedürfnisse der Indianer besorgt. Fünfzig Jahre lang trat er für sie vor dem spanischen Thron ein. Nach seinen Berechnungen fielen zwischen zwölf und fünfzehn Millionen Indianer den spanischen Eroberern zum Opfer.

Kirchenzentrierte Mission

Im Jahre 1622 rief Papst Gregor XV. die *Sacra Congregatio de Propaganda Fide* ins Leben. Es konnte nun kein Zweifel mehr daran bestehen, dass Mission nicht nur eine Sache der etablierten Kirche war, sondern ganz spezifisch eine Sache des Stuhles Petri. Man begrüßte es, wenn missionarische Orden und Kongregationen alle möglichen Unternehmungen starteten, und eine ganze Reihe solcher Organisationen wurde auch gegründet. Es sollte jedoch registriert werden, dass zu jener Zeit bereits die spontanen Bemühungen der frühen keltischen Mönche und auch die Bemühungen der weltlichen Herrscher, Missionare auszusenden, der Vergangenheit angehörten. Mission hatte sowohl ihren Ursprung als auch ihr Ziel in der Kirche. Die Kirche in ihrer hierarchischen Struktur stand im Blick auf die Grundlage, die Motivation und die Absicht der Mission im Zentrum.

Um das beabsichtigte Ziel der Mission zu erreichen, wurde die Welt in zwei Teile aufgeteilt: das Gebiet der etablierten europäischen Kirche und die Missionsgebiete der nichtchristlichen Welt. Im Hintergrund dieser Einteilung stand das Anliegen, die Ausdehnung des westlichen Kirchensystems offiziell zu sanktionieren, eines System, dem auf dem Konzil von Trient (1545–1563) eine feste lehrmäßige und juristische Gestalt gegeben worden war.

Zu Beginn des 20. Jahrhunderts entwickelten sich zwei „Missiologie-Schulen" – in Münster und in Löwen. Diese wurden mit den Namen J. Schmidlin und P. Charles assoziiert. Münster betonte die Bekehrung der Heiden als zentrales Missionsziel, während Löwen die Gründung von Kirchen in den Mittelpunkt stellte. Die beiden Ansätze unterscheiden sich jedoch gar nicht so stark, wie oft angenommen wird. Die Kirche behielt letztlich in beiden Ansätzen eine Zentralstellung. So kritisierte z.B. Schmidlin, der Hauptvertreter der ersten Ansicht und in gewissem Maße ein Student von Gustav Warneck, Vater der protestantischen Missiologie, ausdrücklich die protestantische Mission, „in Wirklichkeit kirchenlos" zu sein. Er argumentierte, dass die subjektivistische Berufung auf den Missionsbefehl, wie sie im Protestantismus des 19. Jahrhunderts üblich war, keine adäquate Grundlage für die Mission abgab. Für Katholiken, so sagte er, sei dieses Problem jedoch schon lange vermittels der Lehre von der sichtbaren Kirche und ihrer hierarchischen Verfassung gelöst worden. Letztendlich war der Papst das Subjekt der Mission. Es war daher keine Überraschung, dass die vier großen päpstlichen Missionsenzykliken des 20. Jahrhunderts zunehmend bewiesen, dass die Unterschiede zwischen Münster und Löwen größtenteils akademischer Natur waren.

Die Wirkung der Reformation und des Konzils von Trient auf die Missionstheologie kann ohne Weiteres in dieser Konzentration auf die Kirche gefunden werden. Im Gegensatz zur Ansicht der Reformatoren, dass die wahre Kirche letztendlich unsichtbar sei, betonte Rom immer stärker die Sichtbarkeit der Kirche. Die Kirche wurde in Analogie zu einem irdischen Königreich verstanden. Dazu gehörte als Zentralelement das Recht, Autorität auszuüben. Ein Vertreter dieser Ansicht war Cardinal Billot, wahrscheinlich der einflussreichste römisch-katholische systematische Theologe während der ersten fünfundzwanzig Jahre des 20. Jahrhunderts. Sein wichtigstes Werk zu diesem Thema war *De Ecclesia Christi*. Im ersten Teil entwickelte er ausgefeilte Argumente zugunsten der römisch-katholischen Kirche als der einzigen wahren Kirche. Der zweite (und längste) Teil behandelte die kirchliche Autorität, den Papst, die Bischöfe und Konzilien. Der dritte Teil betraf die Kirche und den Staat. Adrian Hastings merkt an, dass das ganze Buch ein durch und durch juristisches, ja sogar weltliches Bild von der Kirche offenbart.[151] Die Laien und sogar die Priester tauchen nirgendwo auf – außer als „Objekte“ für die Autorität. Über die missionarische Dimension der Kirche wird kein Wort verloren.

Wir finden hier eine unerklärliche Anomalität. Obwohl die römisch-katholische Mission durch und durch kirchlich ist, hat ihr die offizielle Ekklesiologie mehr oder weniger nie auch nur eine geringe Aufmerksamkeit geschenkt. A. Seumois beschwert sich zu Recht, dass sich viele Theologen selbst nach dem Zweiten Weltkrieg hauptsächlich mit spekulativer Theologie beschäftigten; sie waren anscheinend zu stolz, ihre gelehrten Elfenbeintürme zu verlassen, um sich der missionarischen Dimension der Ekklesiologie zu widmen.[152] Das

151 Vgl. A. Hastings, *A Concise Guide to the Documents of the Second Vatican Council*, Bd. I (London: Darton, Longman & Todd, 1968), 28-31.

152 Vgl. A. Seumois, „The Evaluation of Mission Theology among Roman Catholics“, in: G. H. Anderson (Hrsg.), *The Theology of the Christian Mission* (London: SCM Press, 1961), 129.

Zweite Vatikanische Konzil änderte diese Lage, aber das ist das Thema eines späteren Kapitels.

Hinter der Auffassung von der Kirche als Quelle der Missionspraxis steht die Frage nach ihrer Rolle im Blick auf die Grundlage der Mission. Schmidlin, der Gründervater der modernen römisch-katholischen Missiologie, unterschied zwischen der „übernatürlichen" und der „natürlichen" Grundlage. Er argumentierte, dass die übernatürliche Grundlage aus der Quelle der Offenbarung kam (Schrift und Tradition) sowie von lehrmäßigen Wahrheiten stammte. Die natürliche Grundlage verweist auf die Überzeugung, dass (a) der absolute Charakter des Christentums aus einem objektiven Vergleich mit anderen Religionen hervorgeht, dass (b) die kulturellen Errungenschaften der Mission hohes Ansehen genießen, und dass (c) die missionarische Vergangenheit und Gegenwart unanfechtbar den universalen Anspruch der christlichen Religion bestätigen.

14. Von Martin Luther bis Martin Kähler

Die Reformatoren und die Mission

Die protestantische Reformation erschütterte die jahrhundertealte Einheit der westlichen Kirche. Jedes der Fragmente, in die die Kirche zerfiel, musste sich selbst eine Identität geben und sich legitimieren. In den protestantischen Kirchen wurden folgende Dinge als „Kennzeichen der wahren Kirche" angesehen: die reine Verkündigung des Wortes, die richtige Spendung der Sakramente und (in einigen Fällen) die Ausübung der Kirchenzucht. Im Gegensatz dazu fand Rom auf dem Konzil von Trient (1545–1563) die Identität der wahren Kirche in ihrer Einheit und Sichtbarkeit. In beiden Fällen wurde die Definition der Kirche von dem bestimmt, was nach der jeweiligen Auffassung in der gegnerischen Gruppe fehlte. Weder die eine noch die andere Seite definierte die Kirche im Hinblick auf ihr Engagement in der Welt, wie es im Neuen Testament getan wird. In Anknüpfung an Rom diskutierten auch die Reformatoren das heilige Abendmahl nicht im Blick auf die Mission, sondern im Blick auf die Gegenwart Christi in Brot und Wein.[153]

In einem entscheidenden Bereich führten die Reformatoren im Vergleich zu Rom keine echte Veränderung ein: im Bereich des Verhältnisses zwischen Kirche und Staat. Dieses Verhältnis wurde etwas nuancierter neu definiert, doch das machte keinen grundlegenden Unterschied. Das alte, monolithische Christentum machte bloß verschiedenen Fragmenten des Christentums Platz, also dem römisch-katholischen, dem lutherischen, dem reformierten und dem anglikanischen Christentum. Typisch ist in dieser Hinsicht Artikel 36 der *Confessio Belgica* (Niederländisches Glaubensbekenntnis), in dem die Verantwortung der Regierung folgendermaßen beschrieben wird:

„Ihres Amtes ist es ferner, nicht nur für die bürgerliche Verfassung besorgt zu sein, sondern auch, sich zu bemühen, dass der Gottes-

153 Vgl. Piet 1970, 33-34, 84.

dienst erhalten werde, aller Götzendienst und falscher Gottesdienst entfernt werde, das Reich des Antichrists zerstört, Christi Reich aber ausgebreitet werde. Endlich ist es ihres Amtes zu bewirken, dass das heilige Wort des Evangeliums überall gepredigt werde und dass jeder Gott auf reine Weise nach Vorschrift seines Wortes frei verehren und anbeten könne."

Das Argument scheint folgendermaßen zu funktionieren: Weil der römische Katholizismus unrecht hatte, war auch die enge Verbindung zwischen der römisch-katholischen Kirche und dem Staat falsch, während die ähnlich enge Verbindung zwischen der protestantischen Kirche und dem Staat in Ordnung war, da der Protestantismus recht hatte.

Wir wollen damit nicht sagen, dass die Reformation nichts Neues hervorbrachte. Wir glauben in der Tat, dass drei ihrer Charakteristika identifiziert und unterstrichen werden sollten, da sie von Bedeutung für unseren Überblick über die Entwicklung der Missionsvorstellungen sind. Die Reformation führte eine neue Betonung der Souveränität Gottes ein, ein neues Bewusstsein von der Wirklichkeit der Gnade und eine Neuentdeckung der Hoffnung nicht als einer vagen, rein metaphysischen Wirklichkeit, sondern als einer Wirklichkeit in dieser Welt. Diese drei Elemente standen in gegenseitiger Spannung zueinander: manchmal dominierte das eine, manchmal das andere Element. Alle drei hatten jedoch ein gemeinsames Kennzeichen: Alle betonten Gottes Souveränität, seine Gnade und die christliche Hoffnung als *gegenwärtige* Wirklichkeiten. Eschatologie war für sie nicht Apokalyptik, was im Laufe der Jahrhunderte auf viele Gruppen am Rande der Kirche zutraf. Eschatologie war aber auch nicht reine Spiritualisierung, die so oft die Eschatologie der römisch-katholischen Kirche charakterisierte. H. R. Niebuhr schreibt, die neue Bewegung wollte „nicht nur von dem System der Vermittler der göttlichen Gnade, sondern auch von einer Verschiebung der Erfüllung des das Leben betreffenden Versprechens nichts wissen. Sie bestand auf dem ‚Jetzt'. Der Rechtfertigungsgewissheit wollte man unverzüglich teilhaftig werden; die Versicherung der Erlösung sollte jetzt empfangen, die Herrschaft Christi nunmehr zur Wahrheit werden."[154] Für Calvin, so sagt Chaney, „wurde Eschatologie im Präsens geschrieben, nicht im Aorist."[155]

Natürlich gab es Unterschiede zwischen den Reformatoren. Luther und Melanchthon dachten in gewisser Hinsicht fast komplett apokalyptisch und glaubten, dass der jüngste Tag unmittelbar bevorstand. Mission – in der Tat jegliche Form von Engagement in der Welt – war für sie daher überhaupt nicht selbstverständlich. Dennoch wies Luther den Gedanken als eine „Fabel" zurück, die Apostel hätten die Welt geografisch unter sich aufgeteilt und die Evangelisation der Welt abgeschlossen. In mehreren Aussagen betonte er, dass es nötig sei, den Heiden in Europa und anderswo das Evangelium zu predigen. Er offenbarte damit in seinem theologischen Denken eine kreative Spannung zwischen der Verdorbenheit der Welt und der Berufung des Christen.

Calvin war an dieser Stelle noch deutlicher. Richard Marius vergleicht die beiden Reformatoren und kommt zu dem Schluss: „Luther versuchte nie, viel Aufhebens von dieser Welt zu machen, und ein weltliches Zeitalter kann mit ihm nicht viel anfangen. Die Calvinisten erwarteten, dass die Welt andauern würde, und sie glaubten, selbst die Werkzeuge Gottes zu sein, mit deren Hilfe die Welt bekehrt werden würde. ... Der Calvinismus hat uns gelehrt, dass wir beauftragt sind, etwas aus dieser Welt zu machen; ... Der Calvinismus hat sowohl in die britischen als auch in die amerikanischen Traditionen eine bleibende Unzufriedenheit mit unseren Erfolgen eingebrannt sowie eine Rastlosigkeit in Bezug auf den gegenwärtigen Zustand der Dinge ..."[156] In seinem Klassiker *Christ and Culture* diskutiert H. R. Niebuhr Luther unter der Überschrift „Christ and culture in paradox" und Calvin unter der Überschrift „Christ the transformer of culture". Er beschreibt Luthers Sicht als eine Haltung des „bloßen Ertragens in der Erwartung einer übergeschichtlichen Erlösung", während Calvin Christus als „Bekehrer des Men-

154 Niebuhr 1948, 18-19; vgl. auch 64-65.
155 C. L. Chaney, *The Birth of Missions in America* (Pasadena: William Carey Library, 1976), 32.
156 R. Marius, „The Reformation and Nationhood", in: *Dialog* 15.1 (1976), 34.

schen *in* seiner Kultur und Gesellschaft ansah, nicht abgetrennt von diesen."[157]

Für Calvin war der zur rechten Hand Gottes erhöhte Christus vornehmlich ein *aktiver* Christus. Calvin vertrat eine Eschatologie, die sich im Prozess der Erfüllung befand. Dafür benutzte er den Begriff *regnum Christi*, das zum königlichen Amt Christi gehört. Er sah die Kirche als Vermittlerin zwischen dem erhöhten Christus und der weltlichen Ordnung an. Es passt sehr gut in diesen Rahmen, dass Calvin bei der Auswahl von zwei der zwölf Missionare mitwirkte, die Gaspar de Coligny nach Brasilien aussandte, um eine christliche Kolonie zu gründen – die erste protestantische missionarische Unternehmung in Übersee, die allerdings schnell scheiterte.

In den frühen Jahren des Protestantismus wurden keine weiteren missionarischen Anstrengungen in Übersee unternommen. Für Kardinal Bellarmin, die führende Figur der Gegenreformation, war das der ausreichende Beweis für die Häresie der Reformatoren: „Man hat von den Häretikern noch nie gehört, daß sie irgendwelche Heiden oder Juden zum Glauben bekehrten, sondern nur, daß sie Christen vom rechten Weg abgebracht haben."[158]

Bellarmin und andere, die ihm zustimmten, beurteilten den Protestantismus natürlich im Lichte der damals aktuellen römisch-katholischen Missionskonzeptionen. Wenn wir jedoch das neutestamentliche Missionsverständnis ins Spiel bringen, ändert sich die Lage ein wenig. Zur Mission gehört mit Sicherheit mehr, als spezielle Botschafter in ferne Länder zu senden. Was die Reformatoren betraf, war auch Europa Missionsfeld. Mission bedeutet, dass die Kirche Grenzen zur Welt überschreitet, aber nach dem Urteil der Reformatoren war die Welt in die Kirche eingedrungen. Sie sahen daher ihre vornehmliche Aufgabe innerhalb der Grenzen der historischen Christenheit. Ausgebildete Prediger verließen Genf und andere reformierte Zentren – oft im Geheimen – und gingen nach Frankreich, in die Niederlande und nach Schottland. Immerhin waren die Katholiken

157 H. R. NIEBUHR, *Christ and Culture* (New York: Harper, 1956), 43; vgl. auch 217-218.

158 Bellarmin, zitiert von NEILL 1990, 150.

in diesen Ländern Missionsobjekte. Mission wurde – selbst dort, wo der Begriff nicht benutzt wurde – überhaupt viel breiter verstanden, nicht nur als bloße Grenzüberschreitung zwischen Glaube und Unglaube (oder in diesem Falle vielmehr *falschem* Glauben). Andere Grenzen, z.B. die sozialen und kulturellen, waren ebenso wichtig.

Mit all dem wollen wir die Reformatoren nicht komplett entlasten, als hätten sie sowohl theoretisch als auch praktisch ganz genau gewusst, was Mission sein sollte. Davon waren sie weit entfernt. Bestimmte Elemente, die sich ihrer historischen Lage und ihrer Theologie verdankten, hatten eine lähmende Wirkung auf ihr Missionsverständnis. Wir verwiesen bereits auf ihre Sicht von Kirche und Staat, die derjenigen Roms ähnelte. Im Augsburger Religionsfrieden (1555) mit seiner berühmten Klausel *cuius regio eius religio* – frei übersetzt: „Jedes Land muss der Religion seines Herrschers folgen" – wurde die damals aktuelle Lage festgeschrieben. Da zu jenem Zeitpunkt alle Kolonien in Übersee im römisch-katholischen Besitz waren, waren jegliche protestantischen Unternehmungen dort *a priori* ausgeschlossen. Das änderte sich erst, als die protestantischen Länder ihre eigenen Kolonien hatten.

Die Tatsache, dass sowohl Luther als auch Calvin sich als Menschen ansahen, die in einer dunklen Zeit des Leidens lebten, konstituierte ein zusätzliches Hindernis. Calvin brachte eine Theologie für eine Kirche unter dem Kreuz hervor, denn er glaubte, er lebte in der Zeit des Antichristen. Er glaubte, dass sich die Bedingungen für eine vollständigere Verwirklichung des Königreichs Christi zu einem späteren Zeitpunkt verbessern würden. Erst dann würde die Kirche ein phänomenales Wachstum erleben.

Versteinerte Missionstheologie

Während die Reformatoren unterschiedliche, beinahe widersprüchliche Elemente in der Theologie und Praxis erfolgreich in einer dynamischen, kreativen Spannung hielten, verloren ihre Nachfolger diese Fähigkeit weithin. Die Theologie konzentrierte sich zunehmend auf die Kirche und ihre Theologie. Die Reformation, die als frischer

Wind und dynamische neue Bewegung begann, verzettelte sich, indem sie sich vornehmlich damit beschäftigte, Landeskirchen zu gründen und Systeme der reinen Lehre sowie des konventionellen christlichen Verhaltens aufzustellen. Besonders in der lutherischen Orthodoxie verschwand Mission vollständig hinter dem Horizont von Kirche und Theologie. Orthodoxe Theologen sahen in der Dekadenz der Welt nicht mehr eine Herausforderung, wie Luther das getan hatte, sondern sie zogen sich in das dogmatisch abgegrenzte Reservat der reinen Lehre zurück.[159]

Sie verrieten ein erstaunliches Maß an Pessimismus hinsichtlich der Verbesserung der Welt. Ihr zweifellos richtiges Bewusstsein von der Macht der Selbstsucht und Sünde in der Welt überzeugte sie, dass jeglicher Verbesserungsversuch von vornherein zum Scheitern verurteilt war. Insbesondere J. H. Ursinus und Gottfried Arnold verbreiteten diese dunkle Sicht und müde Melancholie.[160]

Philip Nicolai, der gegen Ende des 16. Jahrhunderts arbeitete – rund ein Jahrhundert vor Arnold – hatte noch eine starke eschatologische oder vielmehr apokalyptische Betonung. Der jüngste Tag stand vor der Tür. Er erwartete ihn für das Jahre 1670. Er glaubte daher, dass für eine weltweite missionarische Anstrengung keine Zeit mehr war.

Um seine Ansicht jedoch mit der Schrift in Einklang zu bringen, musste Nicolai beweisen, dass der Missionsbefehl bereits ausgeführt worden war, da ansonsten laut Matthäus 24,14 die Wiederkunft Christi nicht stattfinden konnte. Daher finden wir hier das dritte Element der orthodoxen Interpretation der Mission – zusätzlich zum Pessimismus und zur Apokalyptik gab es die Vorstellung, dass die Apostel den Missionsbefehl bereits ausgeführt hatten. Also gab es für die Wiederkunft Christi kein Hindernis mehr. Wir sind dieser Ansicht bereits bei den Kirchenvätern begegnet. Nicolai kannte jedoch eine Welt, die geografisch viel größer war als die Welt, der sich die Kirchenväter bewusst waren. Somit erkannte er, dass er Beweise für

159 Vgl. Rosenkranz 1977, 151.

160 Zur lutherischen Orthodoxie vgl. E. Beyreuther, „Evangelische Missionstheologie im 16. und 17. Jahrhundert“, in: *Evangelische Missionszeitschrift* 18.1 (1961), 1-10; 18.2 (1961), 33-43.

die globale Verbreitung des Evangeliums beibringen musste. Er tat das, indem er die römisch-katholische Mission erstaunlich positiv bewertete, trotz seiner heftigen Kritik am Papsttum. Römisch-katholische Missionare würden die Heiden sogar widerwillig und unabsichtlich „lutheranisieren". Sagenhafte Berichte über missionarische Vorstöße in Abessinien, über die geistliche Vollmacht der Mar-Thoma Christen in Indien, über das Wachstum der Kirche in China und Südamerika (die Mission der Jesuiten), über ein christliches Königreich im Kongo, das „riesige Königreich der christlichen Könige der Mauren", und über die Bekehrung von 80.000 Muslimen – all das zusammengenommen versorgte ihn mit hinreichend Beweisen, dass das Evangelium tatsächlich bereits überall verkündigt worden war.

Nicolais offene Aussage, dass wir nicht aus eigenem Antrieb Mission betreiben sollen, konfrontiert uns mit einem weiteren Element der protestantischen orthodoxen Theologie. Gott jagt uns nicht hin und her. Wir sollten dort bleiben, wo er uns hingestellt hat. Es wird nicht von uns verlangt, durch die Welt zu ziehen und nach Missionsfeldern zu suchen. Wenn die deutschen Fürsten ihre eigenen Kolonien gründen wollten, dann sollten sie auch dafür sorgen, dass die kolonisierten Völker evangelisiert würden. Das hatte aber nichts direkt damit zu tun, dass die Kirche die Initiative ergreifen sollte.

Über ein halbes Jahrhundert später, als Justinian Welz unter Einfluss von Paracelsus für die Mission plädierte (1664), war es Johann Heinrich Ursinus, lutherischer Superintendent von Regensburg, der ihm mit Argumenten entgegentrat, die an diejenigen von Nicolai erinnerten. Eine Missionsgesellschaft, wie Welz sie sich vorstellte, wäre ein Werk Satans, da der Mensch hier vermessen Gottes Werk übernehmen würde, wie es die römisch-katholischen Christen mit ihren Missionsorden täten. Die Vorschläge von Welz seien daher nicht weise, unpraktisch, ja sogar gottlos.

Die Tatsache, dass die kontinentale Reformation auch die „apostolische Sukzession" ablehnte, erwies sich in der Praxis ebenfalls als ein zusätzliches Hemmnis für die Mission. Der Status und die Bemühungen der ersten Apostel waren einzigartig, unwiederholbar und zeitlich begrenzt. Sie hatten keine Nachfolger. Sie hatten die

Kirche ein für alle Mal gegründet. Genau an diesem Punkt griffen sowohl römisch-katholische Christen als auch Anglikaner (z.B. repräsentiert von Adrian Saravia) den Protestantismus des europäischen Festlandes an. „Ihr habt kein Recht, Missionsarbeit zu leisten, da ihr das Dogma von der apostolischen Lehre ablehnt, und laut eurer eigenen Theologie sind das apostolische Amt und Werk unwiederholbar!"

Ein letztes Element im orthodoxen protestantischen Missionsverständnis, das ebenfalls in der Polemik von Ursinus gegen Welz auftaucht, bestand in der Überzeugung, dass einige Völker gegenüber Bekehrungsversuchen immun seien. Ursinus argumentierte, dass er eigentlich für eine missionarische Unternehmung unter Heiden sei, doch dann sollte es sich bei den Heiden nicht um Wilde mit kaum einem menschlichen Zug handeln, wie die Grönländer, Lappen, Japaner, Tartaren oder amerikanischen Indianer! Zusammenfassend kann gesagt werden, dass sie keine eigensinnigen Gotteslästerer und Verfolger des christlichen Glaubens sein sollten. Gottes heilige Dinge sollten nicht vor die Säue geworfen werden. Hier haben wir den traurigen Höhepunkt des westlichen kulturellen Snobismus vor uns, religiöser Stolz und Ethnozentrismus, und all das trotz der protestantischen Sorge um die bekenntnistreue Orthodoxie. Im Hintergrund dieser leichtfertigen Ablehnung jeglicher missionarischen Verantwortung lauerte eine verzerrte Auffassung von der Prädestination.

Die „Zweite Reformation" und die Mission

Dieselben Elemente, denen wir in der lutherischen Orthodoxie begegneten, findet man auch in der reformierten Orthodoxie, üblicherweise jedoch in weniger extremer Form. Insbesondere der angelsächsische Calvinismus startete ziemlich früh umfassende missionarische Aktivitäten – und zwar mit bewusster Berufung auf seine calvinistischen Wurzeln. Das ist jedoch Gegenstand eines späteren Kapitels. Für den Moment beschränken wir uns auf den Calvinismus des europäischen Festlandes.

Weniger als ein halbes Jahrhundert nach Calvins Tod, zu Beginn des 17. Jahrhunderts, startete in den Niederlanden eine Bewegung, die als „Zweite Reformation" bekannt wurde. Leute wie Witsius, à Brakel und J. Heurnius protestierten gegen die Leblosigkeit und den Formalismus der Orthodoxie. Sie betonten das doppelte Werk des Heiligen Geistes: Erneuerung des inneren Lebens des Menschen *und* Erneuerung des „Angesichts der Erde". Die soteriologischen und theokratischen Elemente im Calvinismus verschmolzen in dieser Bewegung und legten eine feste Grundlage für eine Missionstheologie. 1618 schrieb Heurnius seinen Weckruf, eine Mission unter den Indern in Angriff zu nehmen (*De legatione evangelica ad Indos capessenda admonitio*).[161] Das war 204 Jahre vor William Careys *Enquiry*, dessen Inhalt erstaunliche Ähnlichkeiten zu Heurnius' Buch aufweist. Heurnius ging selbst als Missionar nach Indonesien. Andere folgten ihm. Zwischen 1622 und 1633 gab es sogar ein Seminar für die Ausbildung von Missionaren in Leiden. Hoornbeek, Teellinck und andere unterstützten das Unternehmen.

Der berühmte Gisbertus Voetius, eine führende Figur auf der Synode von Dort (1618–1619), kam ebenfalls aus dem Kreis der Zweiten Reformation. In seinem Buch *Politica Ecclesia* zeigte er wichtige Richtlinien für eine Missionstheologie auf. Gott selbst ist die *causa efficiens prima*, der „wahre, wirksame Grund" der Mission, und er führt sein Werk durch die Kirche aus. Die Kirche muss selbst der Akteur in der Mission sein, diese Rolle darf nicht ein geistlicher Orden oder eine Missionsgesellschaft übernehmen. Im Blick auf das Ziel der Mission unterscheidet Voetius drei Facetten. Das unmittelbare Ziel ist *conversio gentilium*, die Bekehrung der Heiden. Dieses Ziel ist jedoch einem weiter entfernten Ziel untergeordnet: *plantatio ecclesiae*, die Gründung einer Kirche. Das höchste und ultimative Ziel der Mission ist *gloria et manifestatio gratiae divinae*, die Verherrlichung und Manifestation der göttlichen Gnade.

161 Anm. des Übers.: In Boschs englischem Original wird der Titel auf Englisch angegeben (*An Exhortation, worthy of Consideration, to Embark upon an Evangelical Mission among the Indians*) und auf 1648 datiert. Soweit ich sehe ist das ein Datierungsfehler, das richtige Erscheinungsjahr ist 1618, vgl. M. Brecht (Hrsg.), *Geschichte des Pietismus*, Bd. 1: *Der Pietismus vom siebzehnten bis zum frühen achtzehnten Jahrhundert* (Göttingen: Vandenhoeck & Ruprecht, 1993), 97.

Anfänglich musste die niederländische reformierte Mission im Rahmen der Kolonialpolitik stattfinden. Das führte dazu, dass die Mission der pastoralen Versorgung der Kolonisten untergeordnet wurde und von der Niederländischen Ostindischen Companie abhängig war. Das Ergebnis war eine in mehrfacher Hinsicht ziemlich oberflächliche missionarische Anstrengung. Es gereicht vielen holländischen Theologen jedoch zur Ehre, dass sie es prinzipiell ablehnten, Mission in der Verantwortung des Staates zu sehen. Unglücklicherweise schafften sie es nicht, irgendein echtes missionarisches Interesse an der Basis der Kirchenmitglieder zu wecken.

Die Sicht der Täufer von der Mission

In der sogenannten „radikalen Reformation" wurde Mission auf eine Weise verstanden, die sich in vielerlei Hinsicht von der Sichtweise Luthers, Calvins, Zwinglis und ihrer Nachfolger unterschied. Diese Entwicklung ist derart entscheidend für das Missionsverständnis unserer eigenen Zeit, dass wir sie kurz besprechen müssen.

Wir müssen natürlich zwischen den revolutionären täuferischen Gruppen, die mit Thomas Müntzer und Jan Matthys in Verbindung standen, und denjenigen unterscheiden, die einen gewaltlosen Weg verfolgten und heute hauptsächlich als Mennoniten bekannt sind. (Der Name stammt von Menno Simons, einem holländischen ehemaligen Priester, der viel für die Neuorganisation der verstreuten täuferischen Gruppen tat.) Obwohl die beiden Lager ähnliche Wurzeln hatten – sie favorisierten beide einen viel radikaleren Bruch mit Rom als die anderen Reformatoren – trennten sich ihre Wege doch schon früh, aufgrund ihrer gegensätzlichen Ansichten in der Gewaltfrage.

Die Täufer werden manchmal als Vorläufer der modernen protestantischen Missionsbewegung angesehen. Sie gehörten zu den ersten, die den Gehorsam gegenüber dem Missionsbefehl als bindend für alle Gläubigen ansahen. Diese Auffassung floss direkt aus ihrer Ekklesiologie.[162]

162 Vgl. F. H. LITTELL, *The Origins of Sectarian Protestantism: A Study of the Anabaptist View of the Church* (New York: Macmillan, 1972). Vgl. auch W. SCHÄU-

Ihr Ziel war die Wiederherstellung der frühchristlichen Ortsgemeinden als Gemeinschaften der Gläubigen, Wiedergeborenen und Geheiligten. Um dies sicherzustellen, musste man die Säuglingstaufe ablehnen. Alle früheren und zeitgenössischen Formen des Christentums wurden beiseitegeschoben, da es für die kompromisslosen Täufer auf der Hand lag, dass Erlösung nur in ihrer Gemeinschaft zu finden war. Die Tatsache, dass sie schon ganz früh – in Zürich bereits 1525 – sowohl von den Reformatoren als auch von den Katholiken als Häretiker gebrandmarkt wurden, bestärkte sie nur noch in ihrer Überzeugung, dass sie allein die Erwählten waren. Die Entscheidung der Zürcher Regierung, dass sie ihre Versammlungen aufgeben, dass sie die Säuglingstaufe akzeptieren und dass einige von ihnen die Stadt verlassen mussten, wurde als Bestätigung der Tatsache angesehen, dass die Reformation im Blick auf religiösen Zwang und die Einheit von Kirche und Staat Rom nachahmen würde. Der Weg des wahren Christen ist der Weg der radikalen Gewaltlosigkeit, der Trennung von Kirche und Staat sowie der Nichtbeteiligung an den Regierungsgeschäften. Diese Überzeugungen wurden bereits 1527 in die Schleitheimer Artikel aufgenommen. Lutheraner und Calvinisten, die glaubten, Christen könnten mit dem Staat kooperieren oder die für die Möglichkeit einer christlichen Regierung mit der Jurisdiktion über die religiösen Überzeugungen ihrer Untertanen plädierten, waren nichts als Heiden.

Diese Überzeugung befeuerte das missionarische Bewusstsein der Anabaptisten. Die Erlösten – so lautete ihre Argumentation – konnten nicht anders als eine heilige Verpflichtung im Blick auf die Unerlösten zu verspüren. Sie fühlten sich unter einem göttlichen Mandat, auf eine Weise zu leben, die sich radikal von der Lebensweise der Ungläubigen unterschied. Wer zögerte, diese Verpflichtung zu akzeptieren, wurde als verloren und daher als Missionsobjekt angesehen. Auf diese Weise wurde jeder Gläubige zu einem Missionar, und jedem wurde ein bestimmtes Missionsgebiet zugewiesen. Europa war

FELE, *Das missionarische Bewusstsein und Wirken der Täufer* (Neukirchen: Verlag des Erziehungsvereins, 1966), und J. A. TOEWS, „The Anabaptist Involvement in Missions“, in: A. J. KLASSEN (Hrsg.), *The Church in Mission* (Fresno: Board of Christian Literature, 1967), 85-100.

wieder zu einem Missionsfeld geworden. Das Evangelium musste wie zur Zeit der Apostel in die heidnische Welt eingeführt werden. Nur auf diese Weise konnte die wahre Kirche zu dem wiederhergestellt werden, was sie vor ihrem „Fall“ in den ersten Jahrhunderten gewesen war. Diese wahre Kirche hatte drei äußere Kennzeichen: sie war eine pilgernde Kirche, eine missionarische Kirche und eine Märtyrerkirche. Dieser Ansatz gewann zweifellos einige genuine Elemente eines biblischen Kirchenverständnisses zurück. Luthers „Priestertum aller Gläubigen“, das laut den Täufern im Falle Luthers eine bloße Theorie geblieben war, wurde hier Wirklichkeit. Jeder Gläubige war ein Missionar; als Missionar war er auch ein Pilger und daher *ipso facto* ein Märtyrer, denn die falsche Christenheit würde immer die wahren Botschafter Christi verfolgen. Täufer missachteten alle existierenden Grenzen. Sie überschritten alle geografischen, ethnischen, kulturellen, ökonomischen und sprachlichen Grenzen.

Wie andere Gruppen jener Zeit glaubten auch sie, dass sie in der letzten Stunde lebten. Jede starke eschatologische Überzeugung findet auf eine von drei Weisen Ausdruck: Sie kann zu völligem Quietismus führen: Gott führt allein in seiner Souveränität das Ende herbei. Das glaubte die lutherische Orthodoxie, wie auch die Gemeinschaft von Qumran im 1. Jahrhundert. Zweitens können Menschen zu dem Glauben gelangen, dass sie das Ende beschleunigen können, indem sie die Dinge selbst in die Hand nehmen, bis hin zur Anwendung von Gewalt. Das taten die revolutionären Gruppen im Zeitalter der Reformation und die Zeloten im 1. Jahrhundert. Eine starke eschatologische Überzeugung kann Menschen aber auch dazu bringen, sich Gott mit Haut und Haaren zur Verfügung zu stellen, sich ihm völlig zu ergeben und zu verpflichten, sodass er sie gebrauchen kann, um das Ende vorzubereiten. Die Täufer verstanden ihre Mission auf diese dritte Weise. Sie waren Gefangene Gottes, „der uns allezeit im Triumphzug umherführt in Christus“ (2. Korinther 2,14). Sie lebten in der Überzeugung, dass die antichristliche Verfolgung, die sie erlebten, ein Zeichen des Endes war. Dasselbe galt auch für ihre Verkündigung des letzten Angebotes Gottes an eine „heidnische“ Welt vor der Wiederkunft Christi. Diese dritte Interpretation der Bedeutung der eschatologischen Stunde bringt uns näher an das Neue Testament heran, als es die anderen beiden tun.

Das Täufertum war zuerst und vornehmlich eine *Bewegung*. Der Charakter einer Bewegung traf auf die Täufer stärker zu als auf die Lutheraner und Calvinisten, bei denen „Bewegung“ und „Institution“ von Anfang an in gegenseitiger Spannung standen. Die Tatsache, dass die Täufer wegen ihrer eigenen Überzeugungen und ihres Verhaltens verfolgt wurden, führte dazu, dass sie über ganz Europa und Russland zerstreut wurden und später auch nach Nordamerika gingen. Im Verlaufe der Zeit wurde die Bewegung jedoch größtenteils institutionalisiert. In den Niederlanden hat die Täuferbewegung heute z.B. viel von ihrem ursprünglichen Charakter verloren. Sie ist sowohl respektabel als auch wohlhabend geworden. Anderswo, z.B. in den mennonitischen Ansiedlungen in Russland, haben eine formale Orthodoxie und ein oberflächlicher Moralismus die frühe kompromisslose mennonitische Unnachgiebigkeit ersetzt. Im Verlaufe der Zeit ist auch der Pietismus tief in die mennonitischen Kreise eingedrungen. Auf der Oberfläche scheinen der Pietismus und der Anabaptismus ziemlich ähnlich zu sein. Vom Ursprung und Wesen her gesehen sind sie jedoch völlig unterschiedlich. Der Anabaptismus ist viel radikaler als der Pietismus. In den letzten Jahrzehnten haben sich gewisse mennonitische Gruppen, besonders in Nordamerika, geistlich erneuert und begonnen, das zu betonen, was sie die „Wiedergewinnung der anabaptistischen Vision“ nennen.

Pietisten und Herrnhuter

Die protestantische Orthodoxie mit ihrem vorherrschenden Interesse an der richtigen Lehre und ihrer Absolutsetzung einer bestimmten Theorie über das Wort Gottes leistete einen nicht geringen Beitrag zum Aufkommen der Reaktion des 18. Jahrhunderts, dem Zeitalter der Aufklärung. Als Theologen den menschlichen Verstand dogmatisch in die Position eines Organs der Offenbarung erhoben, resultierte das in einer beliebten Deduktion: Man konnte durch die reine Vernunft zu absoluten Wahrheiten gelangen. Dies bedeutete, dass göttliche Offenbarung nicht mehr gebraucht wurde. Im Ergebnis wurde die übernatürliche Religion zunehmend suspekt. Die Kirche wurde wegen ihres Dogmatismus verspottet, besonders wegen ihres pessimistischen Menschenbildes, und der religiöse Relativismus trug den Sieg davon.

Im Verlaufe der Zeit tauchte eine neue Bewegung auf, der Pietismus, und zwar als Protest gegen den vereinten Ansturm der Orthodoxie und der Aufklärung. Der formal korrekte, aber kalte und verkopfte Glaube der Orthodoxie wich einer warmen und innigen frommen Vereinigung mit dem Herrn Jesus, der das Gefühl einbezog. Die Betonung lag stärker auf dem Gefühl, weniger auf der Vernunft. Das Bekenntnis zum Glauben gab der Erfahrung Raum. Konzepte wie Bekehrung, Wiedergeburt und Heiligung bekamen neue Bedeutung. Ein diszipliniertes Leben statt richtiger Lehre, subjektive Erfahrung statt kirchlicher Organisation, Praxis statt Theorie: Das waren die Kennzeichen der neuen Bewegung.

Für unseren Überblick ist die Tatsache von besonderer Bedeutung, dass der Vorschlag für eine protestantische missionarische Unternehmung, den Welz 1664 vorbrachte, mehr als ein Jahrhundert später einen Widerhall bei den Pietisten P. J. Spener und A. H. Francke fand. Sie kombinierten die Freude an einer persönlichen Heilserfahrung mit einem Feuereifer, das Evangelium von der Erlösung allen Menschen zu verkündigen. Zweifellos übten auch Coccejus' Theologie vom Königreich Gottes und die optimistischen Züge der frühen Aufklärung einigen Einfluss auf ihr Denken aus. Auf jeden Fall begegnet uns hier eine radikale Abweichung von der melancholischen Geschichtsauffassung der späten Orthodoxie, als die Erwartung der unmittelbar bevorstehenden Wiederkunft Christi zu einem völligen Quietismus geführt hatte. Der frühe Pietismus legte nur eine geringe Betonung auf die Wiederkunft. Diese wurde erst gegen Ende des 18. Jahrhunderts zu einem integralen Bestandteil des Pietismus, und zwar als Ergebnis der exegetischen Arbeit J. A. Bengels.[163]

Im Unterschied zur Orthodoxie, in der das reine Bekenntnis, sei es lutherisch oder reformiert, eine entscheidende Rolle spielte und zur

163 Vgl. BEYREUTHER in der *Evangelischen Missionszeitschrift* 18.1 (1961), 38-39.

gegenseitigen Isolation führte, war der Pietismus ökumenisch. Orthopraxie und persönliche Glaubenserfahrung waren entscheidend, nicht Orthodoxie. Pietisten aller Konfessionen fühlten sich gegenseitig angezogen, halfen einander, beteten füreinander: Lutheraner in Deutschland und Skandinavien, Calvinisten in Holland, Anglikaner in England, Puritaner in Amerika. Vor allem erwies sich der missionarische Enthusiasmus als ansteckend, und er verband alle mit einem überkonfessionellen Band.

Wir finden dieselben Charakteristika bei Zinzendorf und den Herrnhuter Brüdern, auch wenn sich ihre missionarische Praxis deutlich unterschied. Beiden ging es hauptsächlich um *conversio gentilium*, ohne sich allerdings darüber im Klaren zu sein, was mit den Menschen geschehen sollte, nachdem sie sich bekehrt hatten. Die „Gründung einer Kirche" war kein Missionsziel. Zinzendorf betonte tatsächlich ausdrücklich die Bekehrung von *Einzelpersonen*. Unsere Aufgabe, so sagte er, bestehe nur in der Sammlung der „Erstlingsfrüchte". Um diese zu lokalisieren, sandten die Herrnhuter Brüder innerhalb von 28 Jahren Missionare in 28 Länder und Gebiete über den gesamten Globus verstreut, inklusive Grönland, Nordamerika, Südafrika, Persien und Indien. Die ganze Ernte, so glaubte Zinzendorf, würde erst nach der Bekehrung der Juden und dem Ende der Uneinigkeit im Protestantismus beginnen. In der Zwischenzeit war nicht die *ecclesia* von Bedeutung (die formale, etablierte Kirche), sondern die *eccesiola* (die spontane, unorganisierte Gruppe der wahren Gläubigen). Die gesamte Betonung lag auf der Bekehrung. Alle missionarischen Aktivitäten waren bloße Hilfen, die diesem übergeordneten vorrangigen Ziel dienten.

Diese theologische Perspektive erklärt, warum die Herrnhuter und in geringerem Maße auch die anderen Pietisten ziemlich wenig Interesse an irgendeinem kulturellen Mandat der Mission hatten. Die Konzentration auf die Einzelperson und ihre Seele hatte zur Folge, dass das kulturelle, nationale und soziale Leben aus dem Blickfeld der Mission herausfiel. Das Reich Gottes war praktisch auf die Dimension der bekehrten Seele beschränkt.

Trotz allem entwickelten sich die jungen Herrnhuter Brüdergemeinden jedoch in institutionelle Kirchen, wie es auch die Muttergemeinde in Herrnhut tat. Beyreuther merkt an: „Es ist für Zinzendorf die größte Enttäuschung seines Lebens gewesen, als sich während seines Amerikaaufenthaltes die mährische Brüderkirche in Deutschland als Konfessionskirche etablierte und nicht mehr das sein wollte, was er ihr als ihr provisorisches ‚Gasthaus' zugedacht hat."[164]

In einer weiteren Hinsicht brachen die Pietisten im Prinzip mit den zeitgenössischen protestantischen und römisch-katholischen Auffassungen von der Mission, nämlich in ihrer Haltung zur Rolle, die eine Zivilregierung in der Mission spielen sollte. An dieser Stelle standen sie den Täufern näher als ihren eigenen Konfessionen. Das wurde z.B. deutlich, als Zinzendorf darauf hinwies, dass Mission unter der Schirmherrschaft des Staates unweigerlich dazu führen würde, dass die christliche Religion zu einer „Zivilsache" werden würde, statt zu einer Angelegenheit des Herzens und des Geistes. „Aus diesem Grund sollten wir nicht unbedingt groß angelegte Bekehrungen ganzer Nationen unserem lieben Herrn zuschreiben."[165] Gerade weil Zinzendorf mit dem Prinzip „cuius regio eius religio" brach, nach dem ausschließlich die Missionsgesellschaften der Staatskirchen Zugang zu den Kolonien der betreffenden Staaten hatten, wurde er eine der ersten ökumenischen Persönlichkeiten, ein Mann, der noch vor John Wesley sagen konnte: „Mein Kirchspiel ist die Welt!" Das war eine Folge seiner Überzeugung, dass die Kirche eine Pilgerkirche ist, eine Kirche unter dem Kreuz, eine Kirche der Märtyrer.

Von kirchlicher Mission zu kultureller Propaganda

Im Verlaufe des 19. Jahrhunderts veränderte sich die pietistische Theologie in verschiedener Hinsicht. Sie floss in verschiedene Kanäle ein, zum Teil als Ergebnis des wachsenden Einflusses des Rationalismus und des Aufstiegs der historischen Kritik.

Friedrich Schleiermacher, der den Glauben als „Gefühl schlecht-

164 E. Beyreuther, „Mission und Kirche in der Theologie Zinzendorfs", in: *Evangelische Missionszeitschrift* 17.4 (1960), 110.

165 Zinzendorf, zitiert bei E. Beyreuther in: *Evangelische Missionszeitschrift* 18.2 (1961), 40.

hinniger Abhängigkeit" definierte, behielt die pietistische Erfahrungstheologie in mehr als nur einer Hinsicht bei, zum Teil aufgrund der relativistischen Haltung, die er im Blick auf die Geschichte einnahm. Im Gegensatz dazu argumentierte August Tholuck, dass die Wahrheit des Evangeliums auf drei Wegen kommuniziert werden konnte, auf dem Wege des Gefühls oder der Erfahrung (hier folgte er den Pietisten und Schleiermacher), auf dem Wege der Reflexion „auf der Grundlage historischer Ereignisse" und auf dem Wege der Spekulation „vermittels der wissenschaftlichen Erläuterung des Dogmas". Tholucks Grundlage der Mission war damit umfassender als die vom Pietismus angebotene.

Im Großen und Ganzen hatte der kontinentale pietistische missionarische Enthusiasmus des 18. Jahrhunderts im 19. Jahrhundert jedoch nachgelassen. In Karl Gützlaffs missionarischer Unternehmung in China lebte etwas von diesem Enthusiasmus allerdings neu auf. Hier wurde ein neuer Typus von missionarischer Unternehmung geboren, der als Modell für viele andere diente, besonders in England und den USA. Dieser Typus wurde als „Glaubensmission" bekannt. Typisch für derartige Unternehmungen ist, dass sie üblicherweise mit der Vision einer Einzelperson starten, dass sie abgetrennt von der institutionellen Kirche und oft sogar im direkten Gegensatz zu ihr arbeiten, dass viele dieser Gesellschaften (wenn auch sicher nicht alle) in ihren ersten Jahren dazu neigen, nur oberflächlich zu evangelisieren, dass sie von einem starken apokalyptischen Bewusstsein angetrieben werden, dass ihre Missionare oft zu außerordentlichen Opfern bereit sind und dass sie wie ihr Name schon sagt „im Glauben" arbeiten, also von freiwilliger finanzieller Unterstützung abhängig sind. Die berühmteste und größte dieser Gesellschaften ist die China Inlandmission, von Hudson Taylor 1865 gegründet und eine direkte Frucht von Gützlaffs Enthusiasmus.[166]

Gegen Ende des 18. Jahrhunderts, lange vor Gützlaffs Einführung des Modells der Glaubensmission, war bereits ein neues Phäno-

166 Der Versuch einer positiv-kritischen Bewertung Gützlaffs wird von E. JANSEN SCHOONHOVEN unternommen: „Eerherstel voor dr. Karl Gützlaff, zendeling onder de Chinezen van 1827-1851", in: JANSEN SCHOONHOVEN 1974, 115-128.

men aufgetaucht: das Modell der „Missionsgesellschaft“, welches das 19. und frühe 20. Jahrhundert dominieren sollte. Diese Gesellschaften waren entweder das missionarische Organ bestimmter Denominationen oder sie waren konfessionelle Organisationen ohne Anschluss an eine bestimmte Denomination oder auch interdenominationelle Gesellschaften, die im Verlaufe der Zeit praktisch zu konfessionellen Gesellschaften wurden. Damit war die Bühne für das typische missionarische Muster des 19. Jahrhunderts bereitet. In diesem Muster wurde Mission für die meisten Protestanten wie auch für andere Leute gleichbedeutend mit der Gründung von Kirchen. Diese Entwicklung war eine wichtige Abweichung vom pietistischen Ansatz, welcher unter Mission zuerst und vornehmlich die Rettung einzelner Seelen verstand.

Drei Männer, jeder ein Gründer und langjähriger erster Direktor einer Missionsgesellschaft, spielten in den missionarischen Kreisen Deutschlands im 19. Jahrhundert wichtige Rollen: Karl Graul, Wilhelm Löhe und Ludwig Harms, Gründer der Leipziger, Neuendettelsauer und Hermannsburger Missionsgesellschaften.[167] Alle drei Männer und ihre Gesellschaften kamen aus dem Pietismus, doch alle waren Lutheraner von echtem Schrot und Korn. Insbesondere Graul hatte einen formativen Einfluss auf das missionarische Denken seiner Zeit. Gensichen nennt ihn sogar den „Gründer der modernen Missiologie“. Fast zur gleichen Zeit (vielleicht jedoch etwas früher), als Henry Venn in England und Rufus Anderson in Amerika dafür plädierten, das Ziel der Mission müsse die Gründung autonomer, einheimischer Kirchen sein, warf Graul sein pietistisches Erbe über Bord und stellte ebenfalls die Gründung von Kirchen ins Zentrum seines missionarischen Denkens. „Für Graul war Mission der apostolische Weg von Kirche zu Kirche.“ (Hoekendijk). Löhe war ökumenischer als Graul, Harms ausdrücklich pietistischer. Dennoch waren alle drei zutiefst dem lutherischen Bekenntnis verpflichtet.

Abgesehen von dieser Zentralstellung des Bekenntnisses rückte im missionarischen Denken Deutschlands im 19. Jahrhundert noch

167 Vgl. J. C. Hoekendijk, *Kirche und Volk in der deutschen Missionswissenschaft* (München: Kaiser, 1967), 65-80.

ein weiteres Element in den Vordergrund. Man stimmte zunehmend darin überein, dass alle jungen lutherischen Kirchen auf dem Missionsfeld *nationale* Kirchen werden sollten. Hoekendijk hat gezeigt, in welchem Ausmaß das ethnische Element zum typischen Charakteristikum der deutschen Missiologie werden sollte. Wir müssen weit zurückgehen, um die Wurzeln dieses Aspektes zu finden, vielleicht bis in die Zeit der Reformation, aber diese Entwicklung kam erst im Verlaufe des 19. Jahrhunderts zur vollen Reife. Der Akzent auf autonomen ethnischen Kirchen blieb auch später ein ständiger Begleiter der Betonung konfessionell *lutherischer* Kirchen. In einigen Fällen stellte Ersteres Letzteres gar in den Schatten, was man im missionarischen Denken Bruno Gutmanns sehen kann.

Eine weitere Entfaltung des kontinentalen (besonders des deutschen und schweizerischen) Missionsverständnisses des 19. Jahrhunderts ist dort zu finden, wo Mission als *kulturelle Propaganda* interpretiert wurde. Dabei handelte es sich tatsächlich um den Versuch, Mission mit den Ergebnissen des Rationalismus und der historischen Kritik zu versöhnen. Aus dieser Sicht konnte Mission nicht heißen: Verkündigung des christlichen Glaubens als der einzigen erlösenden Religion. Das Christentum war nicht einzigartig in Bezug auf seinen Inhalt, aber in Bezug auf seine Früchte. Das *religiöse* Überlegenheitsgefühl der westlichen Christenheit, das die Anhänger der neuen Sichtweise sowohl den pietistischen als auch den kirchlichen Missionsunternehmungen zuschrieben, wich dem Gefühl einer *kulturellen* Überlegenheit. Ernst Buß, Autor des Buches *Die christliche Mission: ihre principielle Berechtigung und practische Durchführung, eine von der Haager Gesellschaft zur Vertheidigung der christlichen Religion gekrönte Preisschrift* (1876), argumentierte, dass Bekehrung als Missionsziel veraltet war. Das Missionsziel sollte nun „Christianisierung", „Zivilisierung" oder „Bildung" heißen, drei Konzepte, die für Buß praktisch synonym waren. Die Kirche wurde in rein soziologischen Kategorien interpretiert, als „Bildungseinrichtung". Alles wurde innerweltlich; alle missionarischen Leistungen waren durch normale Entwicklung erreichbar und lagen vollständig im Bereich der Fähigkeiten des Menschen. Wir erwähnen nebenbei, dass die kulturprotestantische Sicht von der Mission – genau wie die pietistische Sicht, aber anders als die kirchlich-konfessionelle Sicht – überkonfessionell und übernational war. Wie der Pietismus war auch sie stark von der Romantik beeinflusst. Diese Sicht operierte jedoch in viel geringerem Maße mit religiösen Kategorien. Gottes Reich war ein utopisches irdisches Königreich, in dem brüderliche Liebe und Frieden herrschten.

Buß und die mit ihm verbundenen Personen bewerteten die europäische Kolonisierung Afrikas und Asiens sehr positiv – ein Faktor, den wir vor dem Hintergrund der dominanten westlichen Vorstellungen jener Zeit verstehen müssen. An dieser Stelle gibt es keinen erkennbaren Unterschied im Vergleich zu den Verteidigern konfessioneller missionarischer Unternehmungen. Es gab natürlich immer auch Missionare, welche die Kolonisierung äußerst kritisch sahen. Außerdem gab es immer Missionare, die mit großer Hingabe und unter dem Risiko persönlicher Gefährdung die Rechte der einheimischen Bevölkerung gegen die Kolonialpolitik und die Willkür einzelner kolonialer Amtsträger verteidigten. Nichtsdestotrotz war eine grundsätzliche Herausforderung des Kolonialsystems praktisch nicht vorhanden. Die augustinische Perspektive gewann neue Anhänger. Es wäre für die heidnischen Völker von Vorteil, wenn sie vom christlichen Westen kolonisiert werden würden!

Deutschlands Eintritt in das Rennen um Kolonien war in erheblichem Maße das Ergebnis von Appellen deutscher Führungspersönlichkeiten aus missionarischen Kreisen. Kolonisation war eine Form „indirekter missionarischer Kriegsführung“. So wundert es kaum, dass Solf, deutscher Außenminister gegen Ende des 19. Jahrhunderts, erklären konnte: „Kolonisieren heißt missionieren.“ 1881 formulierte Gustav Warneck das allgemeine „Gesetz“: „Missionarische Leidenschaft nimmt unter westlichen Protestanten mit zunehmendem Handel in Übersee zu.“ Auf der anderen Seite des Ärmelkanals sah es nicht viel anders aus. Anlässlich der Zweihundertjahrfeier der *Society for the Propagation of the Gospel in Foreign Parts* wurde 1901 ein Gedenkband mit dem Titel *The Spiritual Expansion of the Empire* (*Die geistliche Ausdehnung des [britischen] Königreiches*) veröffentlicht.

Der deutsche Theologe, der dieser Entwicklung das Gütesiegel verlieh, war Ernst Troeltsch. In zwei Beiträgen von 1903 und 1906 diskutierte er den christlichen Absolutheitsanspruch und die Bedeutung der christlichen Mission. Als Historiker kam er zu dem Schluss, dass das Christentum, was seine Ursprünge anging, wohl kaum Einzigartigkeit beanspruchen konnte. Seine Einzigartigkeit, so argumentierte Troeltsch daher, bestand hauptsächlich in dem, was es der Welt zu bieten hatte: geistliche Werte, Zivilisation, Einheit und die höchste Form von Kultur. „Mission ist heute die Ausdehnung der europäischen und amerikanischen religiösen Vorstellungswelt in enger Verbindung zur Ausdehnung des europäischen Einflussbereichs." Mission ziele auf „kulturell-geistliche Erbauung" ab.[168] Der Missiologe Julius Richter pflichtet dem bei. „Die protestantische Weltmission ist ein integrierender Bestandteil der Kulturexpansion der europäisch-amerikanischen Völker."[169]

Diese ganze Entwicklung zeigt in Wirklichkeit, dass man geschichtliche Ereignisse zur Missionsgrundlage machte. Die übernatürliche Missionsgrundlage der Pietisten war in eine natürliche Grundlage verwandelt worden. In dieser Hinsicht erwies sich die protestantische Missionstheologie des 19. Jahrhunderts als eng mit ihrem römisch-katholischen Gegenstück verbunden. Josef Schmidlin sagt zu Recht: „In der allgemeinen Missionsbegründung geht die katholische Auffassung mit der protestantischen Hand in Hand."[170]

Dass man die Geschichte zur Missionsgrundlage machte, geht auch aus Argumenten für die erwiesene Überlegenheit des Christentums hervor. Aufgrund seiner Überlegenheit gebührt es dem Christentum, die Weltreligion zu sein, in Analogie dazu, dass der Westen

168 Anm. des Übers.: Die Zitate von E. TROELTSCH hat Bosch ohne nähere Quellenangaben aus dem holländischen Original des Buches von Hoekendijk ins Englische übersetzt (*Kerk en Volk in de Duitse Zendingswetenschap*, 1948). In der mir zugänglichen gekürzten deutschen Fassung (HOEKENDIJK 1967) fehlen die Zitate.

169 J. RICHTER, *Evangelische Missionskunde*, Bd. 2 (Leipzig: A. Deichertsche Verlagsbuchhandlung, 1927), 40.

170 Vgl. in diesem Zusammenhang die tiefschürfende Studie von H. SCHÄRER, *Die Begründung der Mission in der katholischen und evangelischen Missionswissenschaft*. Theologische Studien, Bd. 16 (Zürich: Evangelischer Verlag, 1944). Das Zitat von Schmidlin findet sich dort auf S. 35.

aufgrund seiner kulturellen und sozialen Errungenschaften das Mandat hat, die Welt zu kolonisieren. Schmidlin hält diese Überlegenheit schlicht für eine Selbstverständlichkeit:

„Die Mission erobert das Kolonialgebiet geistig und assimiliert es innerlich, während der Staat es bloß äußerlich kolonisieren kann; sie ist es, die kraft der ihr innewohnenden Autorität die Eingeborenen seelisch unterwirft und ihnen den inneren Gehorsam und Subordinationsgeist gegen die rechtmäßige Obrigkeit einflößt.“[171]

Gustav Warneck beruft sich oft auf das Urteil der Geschichte. Es ist kaum zufällig, so sagt er, dass gerade die christlichen Nationen die Träger der Kultur und Anführer der Weltgeschichte wurden. „Was der biblisch-theologischen Untersuchung an Beweiskraft vielleicht noch mangelt, das wird die geschichtliche Beweisführung ergänzen. Die Thatsachen der Geschichte sind auch eine Exegese der Bibel, und zuletzt reden sie das entscheidende Wort, wenn die theologische Auslegung strittig bleibt.“[172] Noch 1929 konnte Martin Schlunk Mission als „Beweis der Wirklichkeit Gottes“ bezeichnen. Auf diese Weise wird die Praxis der eigenen Missionsunternehmung zur Missionsgrundlage – das Recht und die Berufung zur Mission kann von den Errungenschaften der Mission abgeleitet werden.

Gustav Warneck und Martin Kähler

Wir haben bereits mehrfach auf Gustav Warneck (1834–1910) hingewiesen. Seit den 70er-Jahren des 19. Jahrhunderts übte er einen enormen Einfluss auf die gesamte kontinentaleuropäische Missionstheologie aus, sowohl auf die protestantische als auch auf die römisch-katholische. Ein Vierteljahrhundert nach seinem Tod behauptete Martin Schlunk 1934 immer noch, dass „alles, was in Deutschland in der Missionstheorie und -praxis geschieht, vom Erbe Warnecks lebt.“

Es ist schwierig Warnecks Missionstheologie auf einen einzigen

171 Zitiert bei Schärer, *Begründung*, 9.

172 G. Warneck, *Evangelische Missionslehre*, Bd. III, Teilband 1: *Der Betrieb der Sendung: Erste Hälfte*. (Gotha: Perthes, 1897), 245.

Nenner zu bringen. In ihm laufen drei große Traditionen zusammen, die konfessionell lutherische, die pietistische und die kulturprotestantische Tradition. In seiner Missionstheologie tauchen Elemente aus allen drei Traditionen auf, oft ohne jegliche angemessene Integration. Hans Schärer, J. C. Hoekendijk und Johannes Dürr argumentieren, dass es sozusagen zwei „Stockwerke" in Warnecks Missionstheologie gibt. Im oberen Stockwerk ist die Erinnerung an das Reich Gottes noch lebendig und der Mission wird eine eschatologische Rolle zugewiesen: Die Kirche ist das Volk Gottes in der Welt. Im unteren Stockwerk übt die Geschichte ihr „heiliges Recht" aus: Mission wird zur Christianisierung der Völker.[173]

Martin Kähler (1835–1912), ein lebenslanger Freund Warnecks und dessen Kollege in Halle, interpretierte Mission auf eine Weise, die sich in mehrfacher Hinsicht von der Interpretation Warnecks und fast der gesamten zeitgenössischen protestantischen Theologie des europäischen Festlandes unterschied. Kähler war einer der ersten systematischen Theologen, die sich intensiv mit Mission befassten. Vor einigen Jahren wurden seine wichtigsten Schriften zum Thema unter dem Titel *Schriften zur Christologie und Mission* neu veröffentlicht.[174] Warneck schrieb viel mehr über das Thema Mission, doch trotz seiner ergiebigen Beiträge blieb Mission für ihn ein theologisches Randthema, ein „Zusatz". Der Grund dafür – so hat Schärer gezeigt – liegt in Warnecks „doppelter Grundlegung" der Mission.[175]

Im Gegensatz dazu gründet Mission für Kähler auf der zentralen Tatsache der Sühne. Gottes erlösende Gnade ist die Grundlage der Mission, und die Einbeziehung aller Menschen ist Gottes Ziel (S. 145). Der Christ ist unweigerlich am Zeugnis beteiligt; dadurch vertauscht er die schreckliche Schuld der Sünde mit einer neuen „Schuld": er schuldet Gott Dankbarkeit (S. 457). Mission findet da-

173 Vgl. HOEKENDIJK 1967, 88-97; SCHÄRER 1944; und J. DÜRR, *Sendende und werdende Kirche in der Missionstheologie Gustav Warnecks* (Basel: Missionsbuchhandlung, 1947).

174 M. KÄHLER, *Schriften zur Christologie und Mission* (München: Kaiser, 1971). Seitenangaben in unserer Diskussion beziehen sich auf diese Ausgabe. Im Blick auf Kähler vgl. auch D. J. BOSCH, „Systematic Theology and Mission: The Voice of an Early Pioneer", in: *Theologia Evangelica* 5.3 (1972), 165-189.

175 Vgl. SCHÄRER 1944, und ROSENKRANZ 1977, 227-231.

her ihre grundlegende Motivation in der Notwendigkeit, Zeugnis abzulegen; dies ist ein zentraler Aspekt des Glaubens (S. 80). Der Mut zum Zeugnis entspringt dem Glauben, der die Welt überwunden *hat* (S. 81). Weil Mission ein Wesensmerkmal im Leben der Kirche ist, ist sie nicht von den Umständen abhängig. Sowohl die Kirche als auch die Theologie sind Produkte der Mission; Mission ist in der Tat „die Mutter der Theologie" (S. 190). Theologie war ursprünglich kein Luxus einer Kirche, welche die Welt dominierte; Theologie war vielmehr das Ergebnis einer Notlage, als die missionierende Kirche durch gewisse Umstände gezwungen war zu theologisieren (S. 189).

Kähler unterschied radikal zwischen „Mission" und „Propaganda". Letzteres markiert die Ausdehnung des eigenen kirchlichen Markenzeichens. Es ist egal, ob wir eine christliche Kirche propagieren, ein moralisches System oder eine bestimmte Theologie – in jedem Fall machen wir nur etwas Eigenes bekannt, in Konkurrenz mit anderen Religionen und Lebensauffassungen. Wir produzieren dann bloß Proselyten, „Wiederholungen dessen, was man selbst ist." (S. 114). Am 28. Januar 1910, an der Schwelle der internatonalen Missionskonferenz in Edinburgh, stellte John Mott Kähler in einem Brief die folgende naive Frage: „Denken Sie, dass wir in der Heimat nun eine Art von Christentum haben, das in der ganzen Welz propagiert werden sollte?" Darauf antwortete der 77-jährige Kähler: „Einen der allgemeinen und ausschließlichen Verbreitung werten Typus des Christentums haben wir nicht. Aber wir dürfen und sollen das Evangelium ausbreiten ..." (S. 258). Immerhin ist Propaganda immer die Verbreitung von „Christentum", also von Evangelium plus Kultur, Evangelium plus eine bestimmte Konfession, Evangelium plus eine Reihe von Moralgesetzen, Evangelium plus das Gefühl einer ethnischen Überlegenheit (S. 112-114).

Dennoch blieb Kähler ein Kind seiner Zeit. Im Vergleich zur „indischen Philosophie" konnte er z.B. über das Christentum sagen: „Als klarster und durch die Jahrhunderte hindurch unabweislicher Vertreter für die Einheit der Menschheit in ihrem Ursprung und in ihrem Ziele wird es zum wirksamsten Einschlag der einheitlichen geschichtlichen Kultur." (S. 187).

In Aussagen wie diesen kam er dem Ansatz recht nahe, der die Grundlage der Mission in den Ereignissen der Geschichte sieht. Insgesamt sprach er jedoch von der Mission auf eine authentisch theologische Weise. Die „Absolutheit der Christenheit", so sagte er, sei eine Kategorie, mit der wir nicht kooperieren können. Unsere missionarische Pflicht leite sich nicht von dieser Absolutheit ab, sondern nur vom „bestimmte[n] Wille[n] des persönlichen Gottes" (S. 129-132, Zitat S. 132). Wir folgen dem Gekreuzigten in seinen Fußstapfen im blinden Glauben und geben notwendigerweise alles Verlangen nach sichtbarem Erfolg auf. Im Dienst am Wort haben irdische Berechnungen keine Gültigkeit (S. 165). Wir haben nichts zu rühmen; in der Tat gilt: „Die Christenheit ist ein sehr ungefügiges Subjekt, mit dem allein Gott fertig werden kann. Sie macht ihm sicherlich nicht weniger Mühe als das Judenvolk." (S. 427).

Kähler stand bereits an der Schwelle der theologischen Erneuerung im 20. Jahrhundert. Aus der Perspektive der Missionstheologie signalisierte sein Beitrag das Ende einer Ära und den Beginn einer neuen Ära. Karl Barth folgte Kähler z.B. in mehr als einer Hinsicht.

15. Von John Eliot bis John Mott

Das Reich Gottes

Wir behandeln die anglo-amerikanischen Entwicklungen in der Missionstheologie aus gutem Grund separat. Die bloße Tatsache, dass die englischsprachige Welt im Verlaufe der letzten beiden Jahrhunderte nicht weniger als vier Fünftel der gesamten protestantischen Missionskräfte der Welt gestellt hat,[176] ist an sich schon ein Anzeichen, dass theologische, soziologische und historische Faktoren in diesem Bereich am Werk waren, die sich von den europäischen Faktoren unterscheiden. In der anglo-amerikanischen Welt findet man Denominationen, die sich von den europäischen erheblich unterscheiden, und zwar im Blick auf ihren Namen, ihr Ethos und ihre Theologie. Diese Aussage trifft auf Nordamerika noch mehr zu als auf England. In der Tat sieht es folgendermaßen aus: Sogar die kirchlichen Gruppen, die vom europäischen Festland aus nach Amerika auswanderten – deutsche und skandinavische Lutheraner, holländische Calvinisten, Herrnhuter, Mennoniten und andere – begannen schnell, sich von ihren Mutterkirchen zu unterscheiden. Das neue Land und die neue Umgebung erwiesen sich als Katalysator, um sie näher an andere amerikanische Denominationen heranzuführen als an ihre Ursprungskirchen. Besonders das religiöse Klima der Besiedlungen in Neuengland drückte den Neuankömmlingen seinen Stempel auf. Das galt noch mehr für die Entwicklungen im Missionsdenken als für die allgemeine theologische Entwicklung.

In seiner brillanten Studie *Der Gedanke des Gottesreichs im amerikanischen Christentum* hat H. Richard Niebuhr gezeigt, dass das Motiv des Gottesreichs das amerikanische theologische Denken selbst dort dominierte, wo das Konzept abwesend war. Der Begriff hat jedoch nicht immer dieselbe Bedeutung gehabt. In der puritanischen Zeit bedeutete Reich Gottes „die Souveränität Gottes". Zur Zeit der großen Erweckung verwies der Begriff auf Christi „Königsherr-

176 Vgl. Neill 1990, 177.

schaft". Im 19. Jahrhundert, in der Zeit des Liberalismus und des „sozialen Evangeliums", meinte der Begriff „Gottes Reich auf Erden". Um es anders auszudrücken: In der ersten Phase lag die Betonung auf Gottes Allmacht, in der zweiten auf seiner Gnade, in der dritten auf Hoffnung. Es ist natürlich nicht möglich, die drei Auffassungen in völlig getrennte Bereiche einzuteilen, denn in Wirklichkeit waren alle Auffassungen in allen drei Phasen vorhanden und eng miteinander verbunden. Bestenfalls unterschieden sich die einzelnen Akzente von Zeit zu Zeit.[177]

Das Reich Gottes ist ein reformiertes, weniger ein lutherisches Thema. In den frühen Jahren der nordamerikanischen Kolonien war die Theologie Calvins äußerst einflussreich, sowohl für England als natürlich auch für Schottland. Der Calvinismus wurde in England zum Teil aufgrund politischer Faktoren nie dominant, trotz verheißungsvoller Anfänge. Ein reformierter Hintergrund kann jedoch nicht einmal im hochkirchlichen Anglikanismus geleugnet werden. Der schottische Calvinismus existierte im Vergleich dazu in relativer Isolation und stand dem kontinentaleuropäischen Calvinismus näher als dem modifizierten Calvinismus in den anderen Teilen der englischsprachigen Welt.

In der neuen Welt hatte der Calvinismus einen zeitlichen Vorteil gegenüber anderen Denominationen, besonders in Massachusetts. Das trug zu seinem kraftvollen Wachstum auf dem neuen Boden bei. Wir werden uns hier hauptsächlich auf Entwicklungen in der Missionstheologie Amerikas beschränken, mit gelegentlichen Verweisen auf Entwicklungen im Mutterland.

Puritanische Missionstheologie: Das Königreich der Souveränität Gottes

Die ersten organisierten protestantischen Missionsanstrengungen außerhalb Europas wurden mehr oder weniger gleichzeitig im Fernen Osten und in Nordamerika unternommen. Die Holländer begannen

177 Vgl. Niebuhr 1948, 4-5, 64-65.

1627 die Missionsarbeit auf Formosa.[178] Kurz zuvor legte Alexander Whitaker den Grundstein für die Missionsarbeit in Virginia. Der eigentliche protestantische missionarische Pionier war jedoch John Eliot (1604–1690). Er versah praktisch seinen gesamten Dienst unter den Indianern in Massachusetts. Eliot war Puritaner, Mitglied einer Gruppe, die in den Jahren unmittelbar nach 1630 von England aus in die Massachusetts Bay Kolonie auswanderte. Ursprünglich hatten die Auswanderer die Vision, eine gereinigte anglikanische Kirche aufzubauen, doch dies geriet im Verlaufe der Zeit in den Hintergrund. Splittergruppen führten zur Gründung mehrerer Denominationen.

Eliot war Zeitgenosse von Richard Sibbes und Richard Baxter. Zusammen mit ihnen legte er den Grundstein der puritanischen Missionstheologie. In ihrer Theologie standen drei Elemente in kreativer Spannung zueinander: Gott ist der souveräne Herr der Mission und hält alles in seinen Händen; er benutzt Instrumente, um die Erlösung der Menschen herbeizuführen; und die Menschen sind verantwortlich, das Evangelium anzunehmen oder abzulehnen. Wo die Souveränität Gottes einseitig betont wurde, übernahmen Inaktivität und ein steriler Glaube an die Prädestination das Kommando und Missionsarbeit wurde unmöglich. Wo die Verantwortung des Menschen überbetont wurde, wurde alles in die Hand des Menschen gelegt und seine Erlösung hing letztlich von seiner eigenen Aktivität ab.[179] Eliot versuchte, einen Ausgleich zwischen diesen beiden Extremen zu schaffen.

Um das zu erreichen, wurde das Motiv der Souveränität Gottes bewusst beibehalten. Das war der Grund, warum diesen Puritanern Gottes Erwählung so wichtig war. Das Motiv der Erwählung wurde jedoch kein Hindernis für die Mission, sondern im Gegenteil ein Ansporn. In dieser Hinsicht stand der Puritanismus der Kolonien der mit ihm zeitgenössischen Bewegung der „Zweiten Reformation" in den Niederlanden bemerkenswert nahe. Die Tatsache, dass alle Initi-

178 Siehe J. J. Kuepers, *The Dutch Reformed Church in Formosa 1627–1662* (Immensee: Neue Zeitschrift für Missionswissenschaft, 1978).

179 Vgl. S. H. Rooy, *The Theology of Missions in the Puritan Tradition* (Delft: Meinema, 1965), 60-65.

ative bei Gott lag, bedeutete nicht, dass der Mensch passiv bleiben sollte, wie auch Gottes Zorn nicht seine Gnade ausschloss. In Wirklichkeit *kann* der Mensch überhaupt nur vor dem Hintergrund der Initiative Gottes irgendetwas tun, und nur vor dem Hintergrund des göttlichen Zorns kann er Gottes Gnade erleben.

Das starke missionarische Bewusstsein der Puritaner entsprang dieser Auffassung. Sie waren überzeugt, dass Gott sie gesandt hatte, um seinen Garten in einer unwirtlichen Wüste zu pflanzen und zu kultivieren, gerade so, wie er auch die Israeliten gesandt hatte, damit sie sich im ungezähmten Kanaan etablierten. „Paradies“ und „Wüste“ wurden zu eschatologischen Konzepten. Gottes Erwählung wurde nicht individualistisch verstanden. Die Betonung lag auf Gottes vorsehender Erwählung dieser Nation und auf ihrer Mission. Die Puritaner verstanden die Kirche als Versammlung der Gläubigen, die unter dem Kreuz in die Welt gesandt waren.[180]

Das ultimative Ziel der Mission war das Reich Gottes, das Millennium. Für die Puritaner bedeutete das die Bekehrung der Juden und Heiden genauso wie den Zusammenbruch Roms und den Anbruch einer neuen Zeit, in der das Evangelium das Leitprinzip für das Verhalten aller Nationen sein würde. Ihre Vision beinhaltete ein weltumspannendes Reich Gottes.[181] Sie erwarteten, dass sich die Verwirklichung des Gottesreiches in vier Stadien entfalten würde. Das erste Stadium war die Bekehrung der Seelen oder die Herrschaft Christi im *Herzen* der Menschen. Dann folgte die Sammlung der Gläubigen in einer Gemeinschaft oder die Herrschaft Christi in der *Kirche*. Das dritte Stadium war Christi Herrschaft im Staat, wenn die nationale Regierung Gottes Willen als höchste Autorität verkündigen würde. Zuletzt, wenn eine ausreichende Anzahl von christlichen Regierungen in aller Welt aufgetreten ist, würde Christi *universale* Herrschaft erreichtet werden.[182]

Bei den ersten Puritanern waren diese Erwartungen noch un-

180 Siehe Chaney 1976, 9-47.

181 Vgl. J. A. de Jong, *As the Waters Cover the Sea: Millennial Expectations in the Rise of Anglo-Saxon Missions 1640-1810* (Kampen: Kok, 1970), 1-2, 77, 115, 157-158, 228.

182 Siehe Rooy 1965, 310-328.

scharf; es war unklar, ob das Gottesreich auf dem Wege der Evolution oder auf dem Wege einer radikalen Revolution und göttlichen Intervention kommen würde. Die Puritaner waren „Millennialisten", nicht im modernen spezialisierten Sinne des Wortes, sondern im allgemeinen Sinne der Erwartung einer totalen kosmischen Verbesserung in der Zukunft. Cotton Mather (1663–1728) war z.B. ein gemäßigter Prämillennialist. Er hatte eine äußerst pessimistische Sicht von der Geschichte, vielleicht aufgrund seiner Kontakte zu August Hermann Francke in Halle. Die Wiederkunft Christi würde bald und unerwartet geschehen, als katastrophische Umwälzung der gesamten bestehenden Ordnung.

Jonathan Edwards (1703–1758), mit dem wir streng genommen die puritanische Ära verlassen, repräsentierte einen anderen Ansatz. Er war eigentlich eine Übergangsfigur zwischen der ersten und zweiten Epoche der frühen amerikanischen theologischen Entwicklung. Er war der geistliche Vater der großen Erweckung, eine Tatsache, die ihn in die zweite Epoche platziert, aber seine Beiträge trugen die Merkmale der puritanischen Theologie. In der Tat reklamierte er wieder neu einige Elemente der optimistischen Sicht von der Geschichte aus den Anfängen des Puritanismus. Das Millennium würde auf dem Wege fortschreitender Entwicklung kommen. Erweckung und Mission waren Zeichen seines Kommens. Edwards erwartete keine katastrophische Unterbrechung der Geschichte, denn „solch eine geistige Haltung, wie wir sie im Vorhergehenden beschrieben haben, ist naturgemäß der Gesundheit und langem Leben zuträglich; ... sie fördert Behagen, Freundlichkeit und Freudigkeit des Gemütes, aber auch Wohlstand und führt zu einer beträchtlichen Vermehrung der Kinder." Und er fügte hinzu, dass „der weltliche wirtschaftliche Aufschwung am Segen des Himmels teilhaben werde."[183] In seinem *A Treatise on the Millennium* (1793) schrieb Samuel Hopkins (1721–1803) recht ähnlich, nur viel ausführlicher. Chaney merkt an:

> Diese utopischen Details befassen sich fast ausschließlich mit dem sozialen, bildungsmäßigen und physischen Wohlergehen des

183 J. Edwards, zitiert von Niebuhr 1948, 105.

> Menschen im Millennium. Es wird eine Zeit großer Heiligkeit sein, in der uneigennütziges Wohlwollen herrscht. Alle Bösartigkeiten werden aus der Welt verbannt sein. Es wird eine große Zunahme an Erkenntnis geben. Es wird universalen Frieden und Freundschaft geben. Traurigkeit wird verschwinden und Freude obsiegen. Wohlstand und Reichtum wird in jedes Haus einziehen. Die landwirtschaftliche Kunst wird große Fortschritte machen, ebenso das Handwerk. Die Welt wird gut bevölkert sein, und es wird Vollbeschäftigung herrschen. In jeder Nation wird dieselbe Sprache gesprochen. Kirchen werden „auf die schönste und erfreulichste Weise" geordnet werden.[184]

Mit seinem adaptierten Calvinismus hat sich Hopkins bereits weit vom frühen Puritanismus entfernt. Mit seiner Betonung des Reiches Gottes auf Erden schlägt er nichtsdestotrotz eine Brücke zwischen den Puritanern und der dritten Phase.

Wenn wir nun die Beiträge der Puritaner und ihrer Nachfolger zur Missionstheologie zusammenfassen, ergibt sich das folgende Bild: Im Großen und Ganzen definierten sie das Königreich nicht in bloß sozialen Kategorien, wozu später Hopkins neigte. Sie waren sich eines Bruchs innerhalb der Geschichte viel zu bewusst – eines Bruchs, der paradigmatisch in jeder persönlichen Bekehrung erlebt wurde. Sie konnten von daher die gegenwärtige Weltordnung nicht mit Gottes Königreich identifizieren, wie enthusiastisch und positiv diese auch bewertet wurde. Außerdem waren sie sich der Souveränität und Initiative Gottes viel zu sehr bewusst, um menschlichen Errungenschaften irgendeinen letztgültigen Wert beizulegen. Ihr missionarisches Bewusstsein war das Ergebnis dieser kreativen Spannung zwischen Gottes Initiative und der Verantwortung des Menschen.

Die Ankunft der Puritaner in Amerika wurde als ein gewaltiger Schritt in Richtung auf die ultimative Herrschaft Christi über die ganze Welt angesehen. Unter Verweis auf die alttestamentlichen Vernichtungskriege glaubten einige Puritaner, dass das Reich Gottes auf dem Wege der Ausrottung der Indianer kommen würde; bei einer

184 Chaney 1976, 83.

bestimmten Gelegenheit dankten sie Gott gar für eine Epidemie unter den Indianern, „die viele von ihnen vernichtete und Platz schuf für unsere Väter". Doch als John Eliot und andere die Missionsarbeit aufnahmen, fanden sie schnell überraschende Unterstützung unter den Kolonialisten. Die Vorstellung von der Auslöschung der heidnischen Indianer wich der Vorstellung von ihrer Bekehrung.[185] Ihre Überzeugung, von Gott erwählt und berufen zu sein, wurde damit in neue Bahnen gelenkt. Das fand nicht nur in Eliots Arbeit Ausdruck, sondern auch in der Gründung der New England Company, der ersten protestantischen Missionsgesellschaft, im Jahre 1649 – fünfzehn Jahre bevor der Lutheraner Justinian Welz in Unkenntnis der Ereignisse von 1649 für eine Missionsgesellschaft plädierte. Außerdem wurde auch die Gründung der Society for Promoting Christian Knowledge (SPCK) 1698–1699 sowie der Society for the Propagation of the Gospel (SPG) 1701 von Ereignissen in Nordamerika angeregt. Thomas Bray, geistlicher Vater beider Gesellschaften, war „Beauftragter" des Bischofs von London für Maryland. Er wollte, dass sich die SPG sowohl in Konkurrenz zu den „dissenters" (Andersgläubigen) positionierte (also zu verschiedenen protestantischen Missionsunternehmungen), als auch, dass sie der römisch-katholischen Mission entgegenwirkte. Er sah die SPG ausdrücklich analog zur *Sacra Congregatio de Propaganda Fide* (gegründet 1622).

Die große Erweckung: Das Königreich der Gnade Gottes

Gegen Ende der ersten hundert Jahre seiner Existenz auf amerikanischem Boden hatte der Puritanismus viel von seinem anfänglichen Glanz verloren. Cotton Mather (1663–1728) war typisch für diese Zeit des Niedergangs. Die Vergangenheit war ihm wichtiger als die Gegenwart. Das Reich Gottes wurde in die Zukunft verlegt. In der Gegenwart wurde die gesamte Betonung auf das Erbe der Väter gelegt, auf Institutionen, Gesetze, Ordnung, Disziplin und rigorose

185 Vgl. R. P. Beaver, „Eschatology in American Missions", in: J. Hermelink und H. J. Margull (Hrsg.), *Basileia: Walter Freytag zum 60. Geburtstag.* (Stuttgart: Evangelischer Missionsverlag, 1961), 61.

Sabbatbestimmungen. Die „Bewegung" verwandelte sich in eine „Institution", eine Tatsache, die sich auch in den zunehmend gesetzlichen Missionsprogrammen jener Phase widerspiegelte. All das führte unweigerlich dazu, dass ein geistliches Hungergefühl unter den Leuten zunahm. Gottes gnädige Antwort darauf war die große Erweckung (The Great Awakening) von 1740–1743. Obwohl sie sich zunächst größtenteils auf Neuengland beschränkte, verbreitete sie sich später in anderen Teilen der dreizehn Kolonien.

Diese Erweckung geht größtenteils auf den Predigtdienst von Jonathan Edwards und George Whitfield zurück. Jonathan Edwards bezog sich bewusst auf die puritanische Theologie und betonte in seiner Predigt ganz klar Gottes Souveränität.[186] Beide versuchten, die Gefühlsebene wenig zu betonen, obwohl sie sichtbare Zeichen für die Erfahrung der Bekehrung verlangten. Der Calvinismus wurde Schritt um Schritt auf bedeutsame Weise durch arminianische Betonungen modifiziert. Das bedeutete, dass die Initiative bei der Erlösung zunehmend von der alleinigen Initiative Gottes zur beiderseitigen Initiative von Gott und Mensch verschoben wurde. Das führte naturgemäß zu großem Aktivismus, sowohl in der Mission als auch in anderen Bereichen: Wenn die Erlösung des Menschen letztendlich von seiner eigenen Entscheidung abhing, war es wesentlich, dass alle Menschen die Chance bekamen, das Evangelium zu hören. Diese Betonungen verursachten beträchtliche Störungen in den puritanischen Kirchen, und jene Gruppen, die sich von ihren Mutterkirchen abgespalten hatten, wurden im Verlaufe der Zeit zur Keimzelle der baptistischen Bewegung in Amerika.

Das *Great Awakening* bedeutete zweifellos das Ende der puritanischen Ära. Auch Einflüsse aus dem pietistischen Deutschland spielten eine Rolle, wenn diese auch nicht dahingehend interpretiert werden sollten, dass die große Erweckung mit dem Pietismus identisch gewesen sei. Sie war etwas ziemlich Unverwechselbares: „Das *Great Awakening*, die amerikanische Ausdrucksform der interkontinenta-

186 Vgl. U. Gäbler, „Die Anfänge der Erweckungsbewegung in Neu-England und Jonathan Edwards, 1734/1735", in: *Theologische Zeitschrift* 34.2 (1978), 95-104.

len geistlichen Erneuerung, ... war eine Mischung aus Puritanismus und Pietismus, vermengt im Schmelztiegel der amerikanischen Erfahrung".[187] Diese Erweckung repräsentierte die Verschiebung der Betonung von der Souveränität Gottes zur Königsherrschaft Christi, von der Prädestination zur Gnade, von der Richtigkeit der Lehre zur Wärme der Liebe.

In dieser Phase wurde Mission spezifisch als Verkündigung individueller Bekehrung angesehen. Die „Wüste", die gezähmt werden musste, wurde nicht mehr in der physischen und sozialen Welt verortet; die Wüste befand sich im Herzen des Menschen. Edwards malte den großen Plan Gottes immer noch auf die weite Leinwand von Schöpfung, Vorsehung und Geschichte; doch seine Verbündeten in dieser Erweckungsbewegung konzentrierten sich zunehmend auf die Bekehrung und Heiligung von Einzelpersonen. Die persönliche Erfahrung der von der Schrift gelehrten Wahrheit gewann an Bedeutung. Man sollte hier registrieren, dass die evangelikale Bewegung, die aus dem *Great Awakening* hervorging und sich unter dem Einfluss von John Wesley und seiner Mitarbeiter nach England, Schottland und Wales ausbreitete, politischen Fragen wenig Aufmerksamkeit schenkte. Im Gegenteil: Man war stolz auf die Tatsache, dass Politik auf methodistischen Kanzeln nie erwähnt wurde.

Wir wollen damit nicht sagen, dass die Prediger dieser größeren evangelikalen Erweckung in der gesamten englischsprachigen Welt kein Gespür für den sozialen und politischen Missbrauch hatten. Doch als sie Unzulänglichkeiten im politischen Raum entdeckten, versuchten sie nicht, „sich durch Ermahnungen, Drohungen und Versprechungen auf den rechten Weg zu bringen. Vielmehr suchten sie die Lebensquellen von ihren Schlacken zu befreien. In Buße und sehnsüchtigem Verlangen wandten sie sich dem Gottesdienst, der Selbstprüfung im Angesicht Gottes und Betrachtungen über das Kreuz Christi zu."[188] Neue Taten der Liebe in der Form von sozialem Engagement sprudelten aus dieser gereinigten Quelle, sowohl in Amerika als auch in England. Die These, dass die evangelikale Erwe-

187 Chaney 1976, 49.
188 Niebuhr 1948, 86.

ckung England und Amerika vor den Schattenseiten der französischen Revolution bewahrte, enthält mit Sicherheit mehr als nur ein Körnchen Wahrheit, und zwar nicht, weil die Erweckung als „Opium des Volkes" fungierte, sondern gerade weil sie ein größeres soziales Bewusstsein und Engagement hervorrief. Leute wie William Wilberforce, Lord Shaftesbury, John Newton und viele andere, deren Namen mit der Abschaffung der Sklaverei, der Verbesserung der Lage der Armen und dem Kampf gegen das Laster verbunden sind, gingen alle aus der evangelikalen Erweckung hervor.[189]

Sie schlossen sich jedoch nicht mit jenen Gegnern der Sklaverei zusammen, die vom Humanismus inspiriert waren, denn diese schienen „zuweilen mehr an der Brandmarkung der Sklavenhalter als an der Förderung der Interessen der Sklaven selbst interessiert zu sein."[190] Sie vertrauten darauf, dass das Evangelium sein Werk der Erneuerung in ihnen selbst und durch sie in der Gesellschaft tun wird. In der Regel verkündigten sie nicht zuerst das Dogma, die Beziehung zwischen Bekehrung und sozialem Engagement sei genau wie die Beziehung zwischen Ursache und Wirkung. Diese Auffassung wurde erst viel später zu einem evangelikalen Glaubensartikel erhoben, und zwar von Leuten wie Dwight L. Moody, Billy Sunday und A. C. Dixon.[191] Das soziale Engagement in der Mission und anderswo war ein integraler Bestandteil ihres Evangeliums.

Gegen Ende des 18. Jahrhunderts kam eine neue Bewegung auf beiden Seiten des Atlantiks in Schwung. 1792 veröffentlichte William Carey, ein Schuster und baptistischer Laienprediger, sein Buch *An Enquiry into the Obligation of Christians to use Means for the Conversion of the Heathen*.[192] Schon 1787 hatte er bei einer Pastorenzu-

189 Vgl. I. Bradley, *The Call to Seriousness: The Evangelical Impact on the Victorians*. (London: Jonathan Cape, 1976).

190 Niebuhr 1948, 88.

191 Vgl. D. O. Moberg, *The Great Reversal*. (London: Scripture Union, 1972), 30-34.

192 Anm. des Übers.: Der Text liegt auch auf Deutsch vor: *Eine Untersuchung über die Verpflichtung der Christen, Mittel einzusetzen für die Bekehrung der Heiden: Mit wissenschaftlichen Anmerkungen zur Identifizierung der geografischen und ethnologischen Begriffe*. Übers. und hersg, von K. Fiedler und T. Schirrmacher. 2. Aufl. Edition AfeM, Mission Classics, Bd. 1. (Bonn: Verlag für Kultur und Wissenschaft, 1998).

sammenkunft in Northampton als Diskussionsthema vorgeschlagen, „ob der Befehl, der den Aposteln gegeben wurde, das Evangelium allen Nationen zu predigen, nicht für alle nachfolgenden Pastoren bis an die Enden der Welt bindend sei, da ja die Verheißung, die diesem Auftrag beigegeben ist, dasselbe Ausmaß hat." Dr. Ryland, der Vorsitzende, runzelte missbilligend die Stirn, sprang auf und rief: „Junger Mann, setzen Sie sich, setzen Sie sich. Sie sind ein Enthusiast. Wenn es Gott gefällt, die Heiden zu bekehren, wird er es tun, ohne Sie oder mich zu konsultieren. Können Sie außerdem auf Arabisch, Persisch, Hindi oder Bengalisch predigen? Es muss erst ein weiteres Pfingsten mit den entsprechenden Zungen geben."[193]

Die Auffassung von John Ryland, einem reformierten Baptisten, spiegelte die extreme Sicht von der Prädestination wider, die gewisse reformierte Kreise jener Zeit beherrschte. Mission als menschliche Unternehmung war undenkbar; sie war eine anmaßende Einmischung in Gottes Plan. Dennoch wurde Ryland zu einem der ersten fünf Komiteemitglieder der „Particular Baptist Society for Propagating the Gospel among the Heathen", die 1792 gegründet wurde und deren erster Missionar Carey hieß. Wie im Fall der Puritaner wurde der Glaube an die Prädestination in missionarische Kanäle umgeleitet.

Die Baptist Missionary Society gab zwei Anstöße, die über den engen Kreis der englischen Baptisten hinausgingen: Sie öffnete vielen Christen, besonders in England, die Augen für die weltweite Dimension der Mission, und sie lieferte ein neues Modell für eine missionarische Organisation. Bis zu jener Zeit waren normalerweise Denominationen verantwortlich für die Mission unter den Indianern, und Mission war die „Ausdehnung der Kirche". Doch gerade deshalb wurde der Mission oft nur wenig Aufmerksamkeit geschenkt. Da es nun spezielle Missionsgesellschaften gab, änderte sich die Lage. Die Leute, die ein echtes Interesse an der Mission hatten, bündelten enthusiastisch ihre Kräfte. Eine ganze Reihe von Missionsgesellschaften wurde ins Leben gerufen, in England, in Amerika, auf dem euro-

193 Zitiert von A. H. Oussoren, *William Carey, Especially His Missionary Principles* (Leiden: Sijthoff, 1945), 29.

päischen Festland und sogar in den Kolonien in Übersee, wie z.B. am Kap der guten Hoffnung.

Die erstaunliche Bandbreite angelsächsischer Missionsarbeit geht auf diese Zeit zurück. Auf dem europäischen Festland blieben die Missionsgesellschaften das Anliegen kleiner kirchlicher Randgruppen. In England und Amerika wurden sie zum Anliegen der ganzen Kirche. Einer der Gründe dafür bestand darin, dass Carey und seine Kollegen in der englischsprachigen Welt sich auf Kirchen berufen konnten, die von der evangelikalen Erweckung berührt worden waren, wohingegen der Pietismus und andere Erneuerungsbewegungen auf dem europäischen Festland das offizielle kirchliche Leben niemals in signifikantem Ausmaß beeinflussten.

Im Hinblick auf das Motiv und Ziel der Mission ist es bemerkenswert, dass Carey niemals auf die Herrlichkeit Gottes verwies – ein Zentralelement in der „Zweiten Reformation" und im Puritanismus. Auch „Sympathie mit den armen Heiden", ein Motiv, das in der nachfolgenden Phase wichtig wurde, war bei Carey praktisch vollständig abwesend. Für ihn war der Wille Gottes das vorherrschende missionarische Motiv. Das Wort „obligation" (Verpflichtung) im Titel seiner Veröffentlichung aus dem Jahre 1792 offenbart bereits, dass dem von Anfang an so war. Careys Anliegen war immer der „Gehorsam" gegenüber dem Missions*befehl.* Wendungen wie „wir müssen gehorchen", „es steht uns gut an", „es geziemt sich", „es obliegt uns" erscheinen in seinem Buch oft. Man muss wohl kaum betonen, dass dieser theologische Ansatz zu einer gewissen Starrheit führen konnte.

Die außergewöhnliche Zunahme an missionarischem Eifer, die mit Careys Namen verbunden ist, war nicht die einzige Begleiterscheinung der evangelikalen Erweckung. Andere Elemente spielten ebenfalls eine wichtige Rolle. Drei dieser Elemente waren die wachsende Überzeugung von einer manifesten angelsächsischen Bestimmung in dieser Welt, die beinahe apokalyptischen Ereignisse an der Front der Welt, besonders die französische Revolution und die napoleonischen Kriege, sowie aufflammende millennialistische Erwartungen. Diese drei Elemente waren eng miteinander verbunden.

In Amerika verbreitete sich der Glaube, Gott hätte das gesamte englische Volk gesichtet, um die besten auszuwählen und Neuengland zu gründen. Das Reich Gottes *in* Amerika wurde schrittweise zu einem spezifisch amerikanischen Reich Gottes. Mission – inklusive der globalen missionarischen Unternehmungen, die sich entwickelten, nachdem die ersten Missionsgesellschaften für das Ausland 1810 in Amerika gegründet worden waren – neigte zunehmend dazu, nicht nur als ein christliches Unterfangen angesehen zu werden, sondern vielmehr als ein spezifisch amerikanisches. Daher musste der gesamte nordamerikanische Kontinent erobert werden, sowohl aus politischen als auch aus religiösen Gründen. Bereits Jonathan Edwards hatte gelehrt, dass das Millennium aller Wahrscheinlichkeit nach in Amerika aufgerichtet werden würde. Denn immerhin war klar, dass das Heil sich immer weiter nach Westen bewegte: vom Nahen Osten auf das europäische Festland, dann nach England, an die amerikanische Ostküste und von dort westwärts bis nach Kalifornien. Die Einwanderer, die fast täglich aus Europa ankamen, bestätigten diese Überzeugung: Sie ließen die alte Welt hinter sich und zogen westwärts in die neue Welt. Amerika war das Land der Möglichkeiten und Hoffnung für die Welt. Zwischen 1790 und 1860 nahm die amerikanische Bevölkerung um das achtfache zu, von weniger als vier Millionen auf einunddreißig Millionen. Die Zeit von der Einsetzung George Washingtons als Präsident im Jahre 1789 bis zum Jahre 1829, als Andrew Jackson Präsident wurde, war die optimistischste Zeit der amerikanischen Geschichte. Wer wagte es noch zu bezweifeln, dass Gott die amerikanischen Kirchen für eine besondere Bestimmung auserwählt hatte?

Weltgeschichtliche Ereignisse jenseits der Grenzen Amerikas unterstrichen diese Überzeugung. Protestantische Missionsunternehmungen hatten seit ihren ersten Tagen mit bestimmten Zweifeln und Fragen gekämpft. Konnte „die Fülle der Heiden“ eingebracht werden, bevor sich die Juden bekehrt hatten und der Antichrist zerstört worden war? War nicht ein neues Pfingsten notwendig, *bevor* eine weltweite Mission starten konnte? Wo waren die schrecklichen Kriege, die die Bibel als Begleiterscheinung der weltweiten Mission vorhergesagt hatte? Nun schien es endlich so, als ob alles perfekt zusammenpassen würde. Die französische Revolution und die napoleonische Ära führten zu Kriegen ungekannten Ausmaßes. Das Papsttum, für viele Protestanten die Verkörperung des Antichristen, verlor an Macht wie nie zuvor. Die Tatsache, dass die französische Revolution ausgerechnet in einem *katholischen* Land ausbrach, sprach als solche schon Bände. Dazu kam noch, dass der Papst 1798 von Napoleons Truppen gezwungen wurde, seinen Thron aufzugeben. 1790 und 1791 wurde den Juden in Frankreich das Bürgerrecht gewährt. Sie kamen aus den Ghettos überall in Europa zum Vorschein und viele wurden Christen. Zusammen mit sensationellen Erweckungen in Amerika und einem in allen Denominationen aufflammenden missionarischen Eifer konnten diese historischen Ereignisse nur Wellen von Erwartungen erzeugen, die das Land überfluteten.[194]

Ein drittes Element, das mit dieser Intensivierung religiöser Leidenschaft einherging, war die neue Betonung des Millenniums. Wir haben bereits erwähnt, dass der Millennialismus von Anfang an ein Merkmal der amerikanischen kirchlichen Szene war. Er erreichte nun einen neuen Höhepunkt; er wurde zum gemeinsamen Besitz aller amerikanischer Christen und war besonders mit der Mission verbunden. Chaney merkt im Hinblick auf diese Phase an: „Keine einzige Predigt, kein einziger Missionsbericht ist zu entdecken, die oder der nicht die eschatologischen Überlegungen betont."[195] Die Ereignisse jener Zeit brachten die vage Möglichkeit des Millenniums verlockend nahe. Sozialer und kultureller Optimismus führte jedoch dazu, dass die Erwartung größtenteils eine post-millennialistische war, keine prä-millennialistische. Das Königreich Gottes würde nicht als Katastrophe in die Geschichte eindringen, sondern würde vielmehr schrittweise wachsen und auf organische Weise reifen. Einige Ereignisse rund um das Jahr 1800 deuteten ganz klar darauf hin, dass das Millennium angebrochen war. Mit bewundernswerter Selbstbeschränkung verkündigte ein Prediger nach dem anderen, dass die volle Entfaltung des Millenniums knapp zweihundert Jahre brauchen würde. Die negativen und bösen Haltungen des Menschen wür-

194 Vgl. CHANEY 1976, 271; siehe auch 274-276.
195 *Ibid.*, 269.

den schrittweise verblassen. Zügellosigkeit und Ungerechtigkeit würden verschwinden. Streit und Zwietracht würden ausradiert werden. Es würde keinen Krieg mehr geben, keine Hungersnot, Unterdrückung und Sklaverei. Die Kriminalität würde aufhören. Die Realisierung all dieser Dinge inspirierte die amerikanischen Kirchen dazu, Mission zu betreiben. Das Evangelium war das Allheilmittel gegen die Übel einer kranken Welt.

Die Haltung gegenüber Unglauben und Ungläubigen veränderte sich in den letzten Jahrzehnten des 18. Jahrhunderts erheblich. An allen Fronten gab es eine wachsende Gewissheit, dass der Sieg kurz bevorstand. Chaney merkt an: „Die Defensive verwandelte sich in Offensive. Die Evangelikalen wurden vom Optimismus erfasst. Unglaube war nicht länger der gefürchtete Feind, gegen den man Bollwerke aufrichten musste, sondern vielmehr ein verletzlicher Feind, gegen den sich die Kirchen verbünden konnten."[196] Die amerikanischen missionarischen Unternehmungen dehnten sich nun weltweit aus. Der riesige nordamerikanische Kontinent wurde zu klein für das wachsende Bewusstsein von der kurz bevorstehenden Eroberung. Der Jahresbericht von 1811 des *American Board of Commissioners for Foreign Missions* verlieh der Überzeugung Ausdruck, dass die neue offene Tür für die Mission „für keine Nation ... einladender war als für die Menschen von Neuengland. ... Keine Nation erlebte die Segnungen der christlichen Religion jemals offenkundiger und einheitlicher als die Einwohner Neuenglands."

Zur Zeit der Dreißigerjahre des 19. Jahrhunderts hatten die früheren geistlichen Bewegungen viel von ihrer Schwungkraft verloren, trotz einer weiteren Erweckungsphase, diesmal in den Zwanzigerjahren unter der Führung von Charles G. Finney. Die Geschichte wiederholte sich: Was als mitreißende Bewegung begann, wurde schnell zu einer Institution, und zwar gerade dann, als versucht wurde, die Erträge zu konsolidieren. Wie bereits in der Vergangenheit geschehen verwandelte sich auch hier wieder Angriff in Verteidigung. In der Ära Finneys wurde „Erweckung" zum „Wiedererwachen", mit anderen Worten: Erweckung war nicht

196 *Ibid.*, 155.

mehr Neueroberung der „Wüste“, sondern wurde stattdessen ein Instrument zur Wiederbelebung der bestehenden Ordnung. „Heimatmission“ wurde zu einer Technik, das christliche Amerika aufrechtzuerhalten. Mission bezeichnete nun exklusiv Mission in der Fremde und Matthäus 28,19 wurde herangezogen, um alle Betonung auf das „Geht deshalb hinaus“ zu legen. An der Heimatfront war die größte Sorge die Kontrolle der Verbreitung des Unkrauts. „Heimatmission wurde die große göttliche Hacke, mit der der Garten sauber gehalten wurde.“[197] Bekehrungseifer stand daher ganz oben auf der Tagesordnung in Amerika – bis heute.

Wir wollen damit nicht sagen, dass die gesamte Bedeutung dieser geistlichen Erweckungen hier endet. In einem ganz bestimmten Sinne war die gesamte evangelikale Erweckung für England und mehr noch für Amerika das, was die Reformation für das europäische Festland gewesen war. In vielen Kreisen auf dem europäischen Festland hat es immer eine Nostalgie im Blick auf das goldene Zeitalter der Reformation gegeben. In geringerem Ausmaß erinnern sich bis heute einige amerikanische kirchliche Kreise wehmütig an die Herrlichkeit jener Erweckungen. Diese Erweckungen befreiten die amerikanische Christenheit vom Moder eines verhärteten Puritanismus und führten eine eindeutig amerikanische Dynamik in die Kirche ein.

Das Königreich der Hoffnung

Der amerikanische Bürgerkrieg in den 1860ern war in vielerlei Hinsicht eine Katastrophe. Es folgte eine Zeit geistlicher Dürre, die schwer zu überschauen ist. Das Hauptproblem besteht in der Tatsache, dass sich die verschiedenen Bewegungen nun entweder schlicht ignorierten oder diametral entgegengesetzte Auffassungen vertraten. Die letzten Jahre des 19. Jahrhunderts stellten viele Kirchen an den Scheideweg. Es war eine Zeit wachsender theologischer Verwirrung. Auch wenn es zu einfach wäre, moderne theologische Kontroversen direkt auf Spaltungen zurückzuführen, die sich zu jener Zeit entwi-

197 *Ibid.*, 295.

ckelten, so sind die Vorläufer des modernen Dilemmas doch zweifellos dort festzustellen.[198]

Zunächst muss festgehalten werden, dass der Denominationalismus blühte und die Definition von Mission beeinflusste. Es war das Zeitalter von Rufus Anderson (1796–1880) und Henry Venn (1796–1873), der Generalsekretäre der größten Missionsgesellschaften Amerikas (*The American Board*) und Englands (*Church Missionary Society*). Sie waren die Väter einer Formulierung mit drei auf Eigenständigkeit ausgerichteten Elementen: Das Ziel der Mission wurde als die Gründung von sich selbst regierenden, sich selbst unterstützenden und sich selbst verbreitenden Kirche angesehen.

Manche standen in der Versuchung, diese Entwicklung als eine sehr positive einzustufen, und zweifellos bedeutete sie auch eine Verbesserung gegenüber dem pietistischen Missionsverständnis, in dem der organisatorische Aspekt der Gruppen von neu Bekehrten auf dem Missionsfeld nur sehr wenig Beachtung fand. Venn und Anderson erkannten wie ihre Gegenstücke in Deutschland, Karl Graul, Wilhelm Löhe und andere, dass die neuen Christen in kirchliche Strukturen eingebunden werden mussten und nicht auf Dauer von den westlichen Missionsgesellschaften abhängig bleiben konnten. Dennoch arbeiteten sie weiterhin mit pädagogischen Kategorien, welche die Überlegenheitsgefühle des Westens offenbarten. Gegen diese Überlegenheitsgefühle erhob zu Beginn des 20. Jahrhunderts Roland Allen leidenschaftlich seine Stimme, z.B. in seinem Buch *Missionary Methods: St. Paul's or Ours?* und *The Spontaneous Expansion of the Church and the Causes which Hinder it.* Wir müssen nicht nur die pädagogischen Obertöne bei Venn und Anderson infrage stellen, sondern dazu auch ihre damit verbundene übermäßige Beschäftigung mit dem institutionellen Charakter der Kirche herausfordern. Ihre Definition des Zieles der Mission ist lange Zeit unkritisch begrüßt worden. J. C. Hoekendijk war in der Tat der Erste, der diese Definition einer durchgängigen Kritik unterzog.

Wir müssen Venns und besonders Andersons Missionsansatz vor

198 Vgl. P. G. DAMSTEEGT, *Foundations of the Seventh-Day Adventist Message and Mission* (Grand Rapids: Eerdmans, 1977), 11.

dem Hintergrund der Entwicklungen seit 1830 bewerten. Die vereinte evangelikale Front, die bis ins vorausgehende Jahrhundert zurückreichte, brach nach 1830 zusammen. Zwischen den Denominationen flammte ein erbitterter Konkurrenzgeist auf. Dieser wurde auch auf das Missionsfeld übertragen, sowohl zu Hause als auch in Übersee. Jede Denomination versuchte, ihre eigene Form des Evangeliums patentieren zu lassen und zu exportieren. Interdenominationelle Gesellschaften verwandelten sich in denominationelle. Das galt sogar für die größte von allen, das *American Board*. Die Kirchen betonten ihr unterschiedliches Erbe anstelle der gemeinsamen Berufung. H. R. Niebuhr geht so weit, dass er sagt: „Mit Rücksicht auf ihren nunmehr in den Vordergrund tretenden Anstaltscharakter kann man in der amerikanischen Denomination einen Missionsorden sehen, der, in die Verteidigung gedrängt, seine Einstellung auf die unsichtbare ökumenische Kirche verlor. Diese Orden verwechselten nun ihre Bestimmung mit ihren eigenen Interessen und begannen, auf ihr eigenes Gedeihen bedacht zu sein, wobei sie das Reich Christi den Bräuchen und Lehren gleichstellten, die in ihnen als Sondergruppen vorherrschten."[199] Für Lyman Beecher war die institutionelle Kirche „das von Gott eingesetzte, wirksam werdende System, dem die Aufgabe der Erlösung der Welt zugewiesen ist"; sie besteht zu „gegenseitigem Schutz und zur wirkungsvollen Verbreitung der Religion." Niebuhr merkt dazu an: „Hier haben wir nun genau die Begriffsbestimmung der Kirche vor uns, die der dynamische Protestantismus zu vermeiden gesucht hatte. Die Kirche war zu einem selbstbewussten Vertreter Gottes geworden, die den Menschen nicht auf Gott, sondern zu allererst auf sich selbst, auf die Kirche, verweist."[200] Hier wird das Reich Gottes praktisch mit der eigenen Denomination identifiziert. Die Kirche, an die die Menschen glaubten, wurde zu der Kirche, der sie angehörten.

Eine zweite Entwicklung jener Zeit, die ebenfalls bedeutende Implikationen für die Missionstheologie hatte, war die Bewegung, die

199 Niebuhr 1948, 129.
200 Niebuhr 1948, 128. Die Zitate von Beecher finden sich *ibid.*, 127-128.

als „Adventismus“ bekannt wurde.[201] Während der „Ära der Kontroversen“ nach 1830 und inmitten der wachsenden Spannungen angesichts von Themen wie Sklaverei, Denominationalismus und schwieriger wirtschaftlicher Verhältnisse, die der Finanzdepression von 1837 folgten, wich der populäre Postmillennialismus einem fieberhaften Prämillennialismus. Insbesondere im Osten der Vereinigten Staaten boten viele Gruppen von Andersdenkenden den Predigern heterodoxer Vorstellungen einen fruchtbaren Boden. Der Westen des Staates New York wurde z.B. als „Burnt-over-district“ bekannt, da er von einem Erweckungsfeuer nach dem anderen überrollt wurde. Hier stand die Wiege der Mormonen, Adventisten und Spiritualisten.

Die einflussreichste Bewegung war der Adventismus. William Miller (1782–1849) sagte die Wiederkunft Christi und den Beginn des Millenniums kategorisch für das Jahr 1843 oder 1844 voraus. Zwischen 50.000 und 100.000 Menschen schlossen sich der Millerschen Bewegung innerhalb kurzer Zeit an. Für einen Außenstehenden ist es erstaunlich, dass die Bewegung sich nicht zerstreute, als sich herausstellte, dass die Vorhersagen falsch waren. Im Gegenteil: sie wurde immer stärker. Der Adventismus ist heute eine globale Bewegung mit einer typisch adventistischen Missionstheologie.[202]

Prämilennialistische Missionstheologie finden wir jedoch nicht nur im Siebten-Tags-Adventismus. Praktisch alle Denominationen umfassen auch prämillennialistische Gruppen, und diese sind oft missionarisch aktiver als andere und drücken damit der Missionstheologie ihren Stempel auf. Gratton Guinness und Frederik Franson sind nur zwei von vielen, die im 19. Jahrhundert in ihrem Missionsansatz die Wiederkunft Christi betonten. Viele in jenen Jahren gegründete Missionsgesellschaften – besonders jene vom Typ der Glaubensmission – beriefen sich auf Matthäus 24,14 und sahen ihre Aktivitäten als direkte Vorbereitung der Wiederkunft an. 1887 wurde folgende Rechnung aufgemacht: Wenn 20.000 Missionare sofort ins Missionsfeld entsandt werden könnten, könnte die ganze Welt

201 Siehe besonders DAMSTEEGT 1977.

202 Vgl. neben der gründlichen Studie von Damsteegt den Beitrag seines adventistischen Kollegen G. OOSTERWAL, *Mission in einer veränderten Welt* (Hamburg: Advent-Verlag, o.D.).

gegen Ende des 19. Jahrhunderts evangelisiert sein. Die Wiederkunft Christi könnte dann im Jahre 1900 erwartet werden. Selbst John Motts Motto: „Die Evangelisation der Welt in dieser Generation" hatte adventistische Obertöne.

Eine dritte für unsere Studie wichtige Bewegung des 19. Jahrhunderts ist diejenige, die letztlich in das „soziale Evangelium" einmündete. Während die erste Bewegung dazu neigte, das Reich Gottes in der Kirche zu verorten, und die zweite Bewegung dieses Reich in die Zukunft verlegte, beschrieb diese dritte Bewegung Gottes Reich fast ausschließlich in diesseitigen Kategorien. In mehrfacher Hinsicht stellte diese Bewegung eine authentischere Fortsetzung des ursprünglichen puritanischen Erbes dar als die anderen beiden. Hier haben wir Jonathan Edwards und Samuel Hopkins in neuen Kleidern.

Trotz dieser Verbindung fand in der Zeit der Jahrhundertwende eine entscheidende Abkehr von den puritanischen Ursprüngen statt. Der Mensch wurde zunehmend vergöttlicht und Gott zunehmend vermenschlicht. Gott wurde zur Summe der fesselndsten Charakteristika des Menschen. Gottes Zorn und Souveränität konnten nicht mit seinem Wohlwollen in Einklang gebracht werden. Daher wurden sie aufgegeben. Diese Theologie hatte nicht viel für Krise und Gericht übrig. Das kommende Reich Gottes beinhaltete nicht die Auferstehung der Toten, sondern die Perfektionierung der bereits bestehenden Ordnung. Diese romantische Gedankenwelt hatte keinen Platz für Diskontinuität, Opfer, den Verlust aller Dinge und das Kreuz. Sie hatte vergessen, dass das Evangelium nach den Worten Whiteheads der „Übergang von Gott als leerem Raum zum Gott als Feind, und von Gott als Feind zu Gott als Freund" ist.[203] Gott war nur noch der „Gefährte". Man erreichte die Kontinuität zwischen Gott und Mensch, indem man Gott dem Menschen anglich. Bekehrung, jene radikale Revolution im Zentrum des Lebens, die sowohl für die puritanischen Leiter als auch für die Führer der evangelikalen Erweckung unverzichtbar war, schien nun überflüssig zu sein. Der Mensch war schließlich „gut".

203 Zitiert von NIEBUHR 1948, 139. Siehe dort eine weitere Charakterisierung der Bewegung des „sozialen Evangeliums".

Das kommende Gottesreich konnte daher in utopischen Farben gemalt werden, ohne die dunklen Schatten, die selbst für Edwards und Hopkins zurückblieben. Der ursprüngliche Entwurf ging in die Produktion und niemand konnte das stoppen! Die Parole lautete „Fortschritt" und es gab keinen Grund, den glühenden Enthusiasmus zu dämpfen, den er hervorrief. Es handelte sich um ein Königreich der Selbsterlösung.

Wir haben erwähnt, dass viele Elemente in der Bewegung des „sozialen Evangeliums" zweifellos ihre Vorläufer im Puritanismus hatten. Die Annahmen, die hinter jenen Elementen standen, wurden jedoch zunehmend abgelegt. „Für einen Edwards war die göttliche Souveränität eine harte Wahrheit gewesen; sein Denken und Leben ihr anzupassen, hatte er nach und nach gelernt. Für den Liberalismus bedeutete sie eine Unwahrheit."[204] In der Zeit zwischen Edwards und den letzten Vertretern des „sozialen Evangeliums" war das Kapital des echten, schriftgemäßen Glaubens schrittweise verschleudert worden. Jede neue Generation liberaler Theologen hatte eine geringere geistliche Investition einzubringen als die vorhergehende. Walter Rauschenbusch verwies immerhin noch auf die Notwendigkeit der Bekehrung und auf das kommende Gottesreich sowohl als Gericht als auch als Verheißung. Die nachfolgende Generation wusste weniger über Gericht, Bekehrung und Gnade und ihre Nachfolger noch weniger. Horace Bushnell (1802–1876) protestierte gegen den Glauben, der ihm überliefert worden war, und verteidigte eine liberalere Position. Niebuhr zeigt jedoch, dass er nichtsdestotrotz diesen Glauben überliefert bekommen hatte, „und sein Protest war gerade auch deshalb beachtlich, weil er aus der inneren Spannung zwischen dem alten und dem neuen Glauben erwuchs."[205] Andere kannten diese Spannung nicht mehr. Sie ignorierten, was sie nie besessen hatten, und ihr Feldzug wurde somit ein billiger. Nichts konnte die Idylle ihrer Utopie stören. Dieser spannungsfreie Optimismus wurde zur treibenden Kraft hinter ihrem missionarischen Engagement in der Welt. Das Passwort lautete Evolution, nicht Revolution, und es muss-

204 Niebuhr 1948, 139-140.
205 *Ibid.*, 142.

te nicht extra erwähnt werden, dass diese Evolution dem Muster des einzig wahren normativen Modells folgen würde: Nordamerika. Das Evangelium sozialer Verbesserung wurde zum Allheilmittel, das der nordamerikanische Messias den weniger Privilegierten der Welt verabreicht. Das logische Ende dieser ganzen Entwicklung kann kaum besser charakterisiert werden als in Niebuhrs klassischer Beschreibung: „Ein Gott ohne Zorn leitete Menschen ohne Sünde in ein Reich ohne Gericht durch die Vermittlung eines Christus ohne Kreuz."[206]

Es war zu erwarten, dass man der Bewegung des „sozialen Evangeliums" nicht erlaubte, die kirchliche Szene unangefochten zu dominieren. Die Reaktion ließ nicht lange auf sich warten, besonders zur Jahrhundertwende. Eine Form der Reaktion war die Pfingstbewegung, die 1901 als Frucht der „Heiligungsbewegung" auftrat, die wiederum der methodistischen Kirche entsprungen war. Seit dieser Zeit entwickelte sich in der Missionstheologie bestimmter Gruppen eine spezifisch pfingstlerische Dimension. Viele Jahre schwebten die Pfingstler in ihrem eigenen Orbit, in Distanz zu anderen kirchlichen Gruppen und isoliert von der akademischen Theologie. In den letzten Jahrzehnten hat sich diese Lage jedoch dramatisch verändert.

Eine andere Form des Protestes gegen die Bewegung des „sozialen Evangeliums" hatte ihren Ursprung in den evangelikalen Gruppen, die gegen Ende des 19. Jahrhunderts und besonders in den ersten Jahrzehnten des 20. Jahrhunderts begannen, ihre Kräfte zu bündeln. Angeblich versuchten sie, zu den theologischen Positionen der ersten großen Erweckung oder gar des Puritanismus zurückzukehren, doch es gab signifikante Unterschiede. Einer der wichtigsten Unterschiede bestand in der Tatsache, dass sie in ihrem Protest gegen die einseitige Betonung des „sozialen Evangeliums" die Einheit von Wort und Tat aufgaben, von Bekehrung und sozialem Engagement, eine Einheit, die für die meisten Vertreter der großen Erweckung selbstverständlich war. Diese wichtige Veränderung in der evangelikalen Position wurde von Timothy L. Smith in der Wendung „the Great Reversal" („die große Kehrtwendung") eingefangen. Leute wie A. C. Dixon

206 *Ibid.*, 140.

(Herausgeber der *Fundamentals*, die ihm und seinen Mitarbeitern das Schimpfwort „Fundamentalisten" eintrugen), Dwight Moody und Billy Sunday identifizierten evangelikale Theologie zunehmend mit einer konservativen politischen und sozialen Haltung. In ihrer Verkündigung konzentrierten sie sich ausschließlich auf die Bedürfnisse des Individuums. David Moberg fasst diese Entwicklung wie folgt zusammen: „Vor einem Jahrhundert standen die Evangelikalen in der ersten Reihe an der sozialen Front, doch mittlerweile sind wir derart stark mit den „Erfolgreichen" im Sinne der Ideologien dieser Welt identifiziert worden, dass wir bei fast jedem Vorschlag zur Behandlung sozialer Probleme auf die Bremse treten ... Statt zu helfen, die schlimmen Zustände der Armen und Unterprivilegierten zu mildern, reagieren wir feindlich auf diejenigen, die das versuchen."[207] Während unter den Vertretern des „sozialen Evangeliums" die gute Nachricht ausschließlich in bloßer sozialer Veränderung bestand, war es bei einigen dieser Evangelikalen genau umgekehrt.

Noch bevor diese evangelikalen Gruppen und die Pfingstler auf der Bildfläche erschienen, tauchte eine andere Bewegung auf, hauptsächlich aus der amerikanischen studentischen Welt. Die Schlüsselfigur war John R. Mott (1865–1955). Inmitten der stagnierenden Institutionalisierung der Kirchen, der Oberflächlichkeiten der Bewegung des sozialen Evangeliums und der Unfähigkeit der neuen evangelikalen Gruppen, ein wirklich befreiendes Wort zu sagen, war unter den Studenten ein neuer Geist am Werk. Ihre Rastlosigkeit, Enthusiasmus und Initiative flossen schließlich in die Gründung des *Student Volunteer Movement* im Jahre 1886 ein („Studentische Freiwilligenbewegung"). 1888 wurde John Mott ihr Sekretär. Aufgrund seiner Initiative wurde 1895 das *World Student Christian Movement* gegründet (Christlicher Studenten-Weltbund). James Scherer beschreibt das *Volunteer Movement* als eine Bewegung von „spontanem und freiwilligem Charakter und charismatischer Organisation. Es handelte sich nicht um eine Kampagne der Kirchen, sondern um eine Bewegung von Männern und Frauen, die sich der Disziplin des Gebets und des Bibelstudiums hingaben und vom Heiligen Geist ergriffen waren ...

207 Moberg 1972, 42.

Es gab keine Unsicherheit in Bezug auf das Evangelium als Kraft zur Erlösung. Die *Tatsache* der missionarischen Verpflichtung war wichtiger als jeder Versuch, ihre theologische Grundlage darzulegen. Gottes Liebe zu allen Menschen, Mitgefühl mit den Verlorenen, Christi Befehl, das Evangelium zu verkündigen, Mitleid mit den Sterbenden, Erwartung der Wiederkunft des Herrn, ein dankbares Gespür, Treuhänder der Schöpfung zu sein – diese und andere Motive vermischten sich bei ihnen."[208]

Dieser Geist brachte die ökumenische Bewegung hervor. In mehrfacher Hinsicht verkörperte sie das Beste vom Puritanismus bis zum sozialen Evangelium. Die internationale Missionskonferenz von Edinburgh (1910) war ein Produkt dieser Bewegung sowie der Vision und Antriebskraft von John Mott. Diese Konferenz sollte neben anderen Dingen die erste echte Begegnung zwischen den Missionstheologien des europäischen Festlandes und der anglo-amerikanischen Welt mit sich bringen. Hiermit schneiden wir jedoch bereits das Thema des nächsten Kapitels an.

208 J. A. Scherer, „Ecumenical Mandates for Mission", in: N. A. Horner (Hrsg.), *Protestant Crosscurrents in Mission* (Nashville: Abingdon Press, 1968), 20.

16. Ökumenische Missionstheologie

Edinburgh 1910

Wenn das 19. Jahrhundert das große Jahrhundert der Mission war, dann ist das 20. Jahrhundert das Jahrhundert der Ökumene. Seit Beginn des 20. Jahrhunderts wurde es für die Kirchen und Missionsorganisationen immer schwieriger, sich gegenseitig zu ignorieren. Selbst wenn bestimmte Gruppen sich aus Prinzip weigerten, an ökumenischen Versammlungen teilzunehmen, war es doch unmöglich, dass diese Gruppen – wie es ihre frühere Praxis war – das ignorieren konnten, was jenseits ihrer eigenen Gruppengrenzen stattfand.

Der Mann, der vor allem zum Architekten der Ökumene wurde, war John R. Mott (1865–1955), ein Mann, der aus der missionarischen Studentenbewegung hervorging, vierzig Jahre lang die unbestrittene ökumenische Führungsfigur war und der im Verlaufe seines langen Dienstes neunzig Länder besuchte und im Dienste der Mission und Ökumene rund zwei Millionen Meilen reiste.

Mott war Vorsitzender der ersten Weltmissionskonferenz 1910 in Edinburgh. Für das Studium der Entwicklung der Missionstheologie bedeutet dies, dass es von dem Zeitpunkt an nicht mehr so nötig war wie vorher, die anglo-amerikanischen und die Missionstheologien des europäischen Festlandes gegenüberzustellen. Die gegenseitige Isolation war überwunden und seit 1910 nahm die Interaktion und gegenseitige Beeinflussung, die vorher nur sporadisch auftrat, eine permanentere Form an.

Die Konferenz von Edinburgh war jedoch im Hinblick auf eine Integration der Missionstheologien vom europäischen Festland mit denen aus der anglo-amerikanischen Welt nicht erfolgreich. Ein Problem bestand natürlich in der Tatsache (wir sahen das in früheren Kapiteln), dass keines der „Lager“ eine homogene Missionstheologie repräsentierte. Doch es stimmt, dass sowohl Edinburgh als auch Jerusalem (1928) einen vornehmlich amerikanischen Stil offenbarte, mit der Tendenz, Aktivismus zu betonen, im Gegensatz zur Reflexion, die man auf dem europäischen Festland schätzte. Heinrich Frick behauptete z.B., dass Edinburgh unbestreitbar den Triumph des Amerikanismus in der Missionstheologie einläutete.[209]

Die Konferenz von Edinburgh repräsentierte den Höchststand der Flut des missionarischen Enthusiasmus und des westlichen missionarischen Bewusstseins. Mission stand unter dem Banner der Welteroberung. Die „Welt“ war tatsächlich nicht primär ein theologisches Konzept, sondern ein geografisch-historisches: Die „Welt“ war in zwei Komponenten unterteilt, eine „christliche“ und eine „nicht-christliche“. Die Beziehung zwischen diesen beiden Komponenten war grundsätzlich diejenige eines apostolischen Imperialismus: Die „christliche“ Welt musste sich die „nicht-christliche“ unterwerfen. Das geht beispielsweise aus der militärischen Terminologie von Edinburgh hervor, wo Konzepte wie „Soldaten“, „Mächte“, „Vorstoß“, „Armee“, „Feldzug“, „Marschbefehl“, „Kriegsrat“, „Strategie“ und „Planung“ benutzt wurden.[210]

Es wäre dennoch falsch, wenn man sagen würde, dass Edinburgh bloß einen naiven Optimismus widerspiegelte. Der Glaube, dass Gott völlig ausreichend ist, bildete die Basis der positiven Sicht der Teilnehmer auf die Zukunft – nicht der flache Optimismus hinsichtlich der Fähigkeiten des Menschen.[211]

Die Delegierten konnten aus den „Zeichen der Zeit“ ganz deutlich ableiten, dass Gott völlig ausreichend ist. Die Zeit, in der sie lebten, war außergewöhnlich wichtig. Wörter und Wendungen, die wiederholt verwendet wurden, umfassten „Gelegenheiten“, „eine entscheidende Stunde“, „*diese* Generation“, „eine entscheidende Zeit“. John Mott gründete seine Argumente für eine weltweite Mission auf zahlreiche Beweise der „Fülle der Zeit“: die Zugänglichkeit aller Länder, medizinischer Fortschritt, die Entdeckung der Dampfmaschine und Elektrizität, die Tatsache, dass Geld und Menschen für die Mis-

209 Vgl. H. Frick, *Die evangelische Mission: Ursprung, Geschichte, Ziel.* Bücherei der Kultur und Geschichte, Bd. 26 (Bonn/Leipzig: Schroeder, 1922), 387.

210 Siehe weiterführend I. P. C. van 't Hof, *Op zoek naar het geheim van de zending: in dialoog met de wereldzendingsconferenties 1910 - 1963* (Wageningen: Veenman, 1972), 27-31.

211 Vgl. G. H. Anderson, *The Theology of Missions: 1928-1958* (Ann Arbor: University Microfilms, 1960), 6-11.

sion bereitstanden, die Existenz junger Kirchen in fast allen Ländern, ein zunehmendes Interesse an der Mission an der „Heimatfront“ etc. Alle diese „überzeugenden Tatsachen und die Vorsehung“ lieferten zusammengenommen ein „unwiderstehliches Mandat“ für die Mission. Mission als solche wurde nicht infrage gestellt. Alles, was argumentativ belegt werden musste, war, dass es nie zuvor eine Stunde gegeben hatte, die für die Mission so vielversprechend war wie die gegenwärtige. Die Motivation für die Mission war als solche nicht in diesen vorteilhaften Umständen zu finden; dennoch lieferten sie die Gründe für eine unmittelbare Freisetzung aller Energien für die Mission.

Als Ziel der Mission erwähnte Edinburgh die Ausdehnung des Reiches Gottes oder des Christentums, die Christianisierung des Lebens der Nationen, Bekehrung, Menschen zu Christus bringen, die Welt evangelisieren, den christlichen Einfluss verbreiten etc. Das zentrale und alles umfassende Ziel der Mission blieb jedoch die Ausdehnung des Gottesreiches. Dieses Reich wurde nur in eingeschränktem Maße in prämillennialistischen und apokalyptischen Kategorien interpretiert. Gott baute sein Reich Schritt für Schritt, und er benutzte den Menschen für diesen Zweck.[212]

Die ausdrücklich theologische Ernte von Edinburgh war dürftig. Dafür war zweifellos zum Teil die Tatsache verantwortlich, dass man im Vorfeld übereingekommen war, keine Diskussionen über Lehrfragen zuzulassen. Nichtsdestotrotz repräsentierte Edinburgh einen Wendepunkt, das Ende einer Ära und die Geburt einer neuen. Mit den Worten W. R. Hoggs: „Edinburgh kann am besten als eine Linse beschrieben werden – eine Linse, die diffuse Lichtstrahlen aus einem Jahrhundert von Versuchen der missionarischen Kooperation erwischt, diese Lichtstrahlen bündelt und sie in die Zukunft projiziert.“[213]

---

212 Vgl. van 't Hof 1972, 46-54.

213 W. R. Hogg, *Ecumenical Foundations* (New York: Harper & Brothers, 1952), 98.

Jerusalem 1928 und die Nachwirkungen

Edinburgh 1910 war chronologisch Teil des 20. Jahrhunderts. Aus weltgeschichtlicher Perspektive gehörte die Konferenz jedoch noch ins 19. Jahrhundert. Theologisch repräsentierte sie den Höhepunkt des westlichen (sowohl amerikanischen als auch europäischen) messianischen Bewusstseins, demzufolge das Evangelium in seiner „westlich-christlichen" Verkleidung die Lösung der Probleme der ganzen Welt war.

Als die zweite Weltmissionskonferenz 1928 auf dem Ölberg in Jerusalem zusammentrat, hatte sich die Lage grundlegend verändert. Zwischen Edinburgh und Jerusalem lag der Erste Weltkrieg (1914–1918) und die russische Revolution von 1917. Edinburghs Zuversicht hinsichtlich des sicheren Sieges war erschüttert. Die westliche Zivilisation erwies sich als bankrott. Die Frage lautete nicht mehr: Wie lassen wir die „nicht-christliche Welt" Anteil an allem haben, was die westliche Welt zu bieten hat? Die Frage lautete vielmehr: Wie retten wir Jesus Christus aus den Ruinen der westlichen Zivilisation? Zum ersten Mal realisierte man, dass das Christentum keine westliche Religion war und dass der Westen nicht in seiner Gesamtheit christlich war. Seine geistliche Armut war allen offensichtlich.

Jerusalem war daher sehr viel weniger zuversichtlich als Edinburgh, wo z.B. eine „Theologie der Religionen" überhaupt nicht erwähnt wurde; die nicht-christlichen Religionen wurden ohne weiteres Interesse an ihnen als „perfekte Beispiele von absolutem Irrtum und meisterhaften Erfindungen der Hölle ausgeblendet. Die Christenheit war schlicht dazu berufen, diesen Religionen zu widerstehen, sie zu entwurzeln und zu zerstören."[214] Wir müssen nicht festzustellen versuchen, ob diese Ansicht primär das Ergebnis theologischer Reflexion war oder westlicher Überlegenheitsgefühle. Tatsache ist: Als Letztere nach dem Ersten Weltkrieg sich aufzulösen begannen, war eine der Konsequenzen die Neubewertung der nicht-christlichen Religionen.

Der ältere Liberalismus war jedoch überhaupt nicht tot, sondern schaffte es sogar, in neuer Form wieder aufzutauchen, und zwar als

214 W. H. Temple Gardiner, *Edinburgh Conference 1910* (Edinburgh 1910), 137.

das authentische Wort für eine neue Weltlage. Insbesondere einige amerikanische Delegierte unter der Führung von W. E. Hocking plädierten für eine fantasiereiche Allianz mit nicht-christlichen Religionen, eine Allianz, in der weder das Christentum noch die anderen Religionen irgendetwas verlieren sollten. In nachfolgenden Veröffentlichungen verwendete Hocking die Vorstellung von einer „Neukonzeption", um seine Ideen zu identifizieren.[215] Hocking wurde auch zum Vorsitzenden der *American Commission of Appraisal of the Laymen's Foreign Missions Enquiry* ernannt, deren Bericht *Re-Thinking Missions* 1932 veröffentlicht wurde. Der Bericht definierte Mission als Ausdruck des Verlangens, die höchsten geistlichen Werte an andere weiterzugeben, und zwar „zur Vorbereitung der zivilisierten Welteinheit" und als wesentlich für das innere Wachstum der Kirche. Zwei Jahre nach *Re-Thinking Missions* erschien A. G. Bakers Buch *Christian Missions and a New World Culture*, in dem der Autor eine Position verteidigt, die noch relativistischer ist als der Laymen's Report. Religion war für Baker „eine Phase kultureller Entwicklung und Mission ein Aspekt eines allgemeineren Prozesses kultureller Abgrenzung." Soziologen vertraten lange Zeit ähnliche Positionen; neu war, einen Professor für Missiologie zu hören, der solche Ansichten verbreitete. Das Christentum hatte (zumindest einstweilen, aber die Lage konnte sich ändern) einen Vorsprung aufgrund seiner „Errungenschaften und seines inhärenten Charakters".

Diese extremen Ansichten, die in Jerusalem vorgetragen wurden, blieben nicht unangefochten. Insbesondere Delegierte vom europäischen Festland wie Karl Heim und Hendrik Kraemer kritisierten diesen amerikanischen Ansatz. Der Entwurf zum Thema „The Christian Message" wurde von William Temple (später Erzbischof von Canterbury) und Robert E. Speer vorbereitet. Er war ein Meisterwerk[216] und wurde mit einmütigen stehenden Ovationen angenommen, eine Geste, die zum Teil durch die Tatsache erklärt werden

215 Siehe insbesondere sein Buch *Living Religions and a World Faith* (New York: Macmillan, 1940), 190-208.

216 Eine Wiedergabe der Schlüsselabschnitte dieses Berichts findet sich bei J. D. Gort, „Jerusalem 1928: Mission, Kingdom, and Church", in: *International Review of Mission* 267 (1978), 278-281; siehe auch Anderson 1960, 40-80.

kann, dass der Bericht auf eine Weise zusammengestellt worden war, die es erlaubte, dass jeder Delegierte in gewissem Maße seine eigene Sicht darin entdecken konnte!

Wegen der relativistischen Haltung einiger Delegierter zu den Religionen ist es üblich geworden, die Jerusalemer Konferenz als Tiefpunkt ökumenischen Missionsdenkens abzutun. Neuere Forschungen haben jedoch gezeigt, dass das ein unfaires Urteil ist. Im Hinblick auf das Motiv für die Mission übertraf Jerusalem Edinburgh sogar an theologischer Tiefe. Bei der früheren Konferenz stand Christi königliches Amt im Vordergrund, allerdings in enger Verbindung mit der „königlichen Gestalt", die sich die westliche Kirche selbst beigelegt hatte. In Jerusalem wurde im Gegensatz dazu Christi priesterliches Amt betont. Die Kreuzestheologie des europäischen Festlandes, wie sie von Karl Heim und anderen formuliert wurde, fand Anklang in den Herzen vieler Delegierter. Edinburgh 1910 hatte auch auf das Kreuz verwiesen, doch es handelte sich dort um das Kreuz als Symbol der Eroberung zu konstantinischen Bedingungen. In Jerusalem wurde das Kreuz wieder zum Symbol für Dienst, Verantwortung und Opfer. Damit bestätigte Jerusalem erneut ein Motiv, das bei Zinzendorf, den Pietisten und sogar bei Warneck wirksam war, aber in der amerikanischen Missionstheologie eine viel bescheidenere Rolle gespielt hatte.[217] Die Konferenz konnte daher vorbehaltlos sagen: „Unser wahres und zwingendes Motiv besteht im Herzen und Wesen Gottes, dem wir unsere Herzen gegeben haben. Da er Liebe ist, besteht sein eigentliches Wesen im Teilen. ... Wenn wir in die Gemeinschaft mit Christus kommen, finden wir in uns einen überwältigenden Impuls, ihn mit anderen zu teilen."

Was den Zweck der Mission betraf, so beschrieb Jerusalem diesen als vorläufige Verwirklichung des Gottesreiches. Auch hier war der Ausgangspunkt das priesterliche Amt Christi, nicht das königliche Amt. Mission war der Diener des Gottesreiches in der Welt. Genau aus diesem Grunde befasste sich Jerusalem im Gegensatz zu Edinburgh und trotz der Proteste einiger Delegierter ausdrücklich mit der sozialen Dimension des Evangeliums. Man stellte klar, dass es dabei

217 Vgl. van 't Hof 1972, 66-70.

nicht bloß um ein billiges „soziales Evangelium“ ging, sondern um eine authentische Konsequenz der Offenbarung Gottes in Christus. Es handelte sich nicht um einen bloßen Zusatz, sondern um ein wesentliches Element im theologischen Missionsverständnis. Es gab kein individualistisches Evangelium im Gegensatz zu einem sozialen. Die Arbeit, die Missionsgesellschaften im Bereich Gesundheit, Bildung und Landwirtschaft leisteten, war kein „Anhängsel“ der „wahren“ Mission. Gebraucht wurde ein „umfassender Ansatz“ zum Menschen in allen seinen Beziehungen. Sein geistliches Leben war unentwirrbar mit seinen psychologischen, ökonomischen, sozialen und politischen Beziehungen verknüpft. Christus wurde als Herr des gesamten Lebens des Menschen angesehen.

Jerusalem kritisierte allerdings in keiner Weise die Gesellschaftsstrukturen insgesamt. Man erwartete, dass soziale Erneuerung durch die Verbesserung der Mikrostrukturen erreicht werden würde.

Das ultimative Ziel der Mission wurde in Jerusalem immer noch vage oder vielmehr reserviert ausgedrückt: „Da Christus das Motiv ist, passt das Ziel der christlichen Mission zu diesem Motiv. Dieses Ziel ist nichts weniger als das Hervorbringen von Charakteren, die Christus ähnlich sind, und zwar sowohl in einzelnen Menschen als auch in Gesellschaften und Nationen, durch den Glauben an die Gemeinschaft mit Christus, dem lebendigen Erlöser, und durch das gemeinschaftliche Teilen des Lebens in einer göttlichen Gesellschaft.“ Die Kirche war daher Teil dieses Zwecks, aber die Beziehung zwischen Kirche und Gottesreich blieb unklar. Dasselbe galt für die ultimative Gestalt des Gottesreiches. Jerusalem ging über eine allgemeine „Hoffnung und Erwartung seines herrlichen Gottesreiches“ nicht hinaus.[218]

Karl Barth

Wir haben argumentiert, dass die theologischen Beiträge von Hocking und *Re-Tinking Missions* in Wirklichkeit nichts anderes waren als eine angepasste Spielart des alten Liberalismus des 19. Jahrhun-

218 Siehe weiterführend van ’t Hof 1972, 82-90; Anderson 1960, 61-80.

derts, den Niebuhr so vernichtend kritisiert hatte. In einer Rezension von *Re-Tinking Missions* wies J. A. Mackay darauf hin, dass der Bericht die Tatsache völlig ignoriert hatte, „dass auf dem romantischen theologischen Spielplatz des 19. Jahrhunderts eine Revolution stattgefunden hatte." Wir fanden daher in dem Bericht nichts als „das Schimmern der untergehenden Sonne der Romantik des 19. Jahrhunderts, eingefangen und hinausgezögert im Spiegel von *Re-Tinking Missions*."

Die theologische „Revolution", auf die Mackay verwies, hatte tatsächlich bereits mit Martin Kähler begonnen und war, was die Erforschung des Neuen Testaments betraf, von Johannes Weiß und Albert Schweitzer fortgesetzt worden. Sie zeigten, dass die vorherrschende liberale Interpretation des Reiches Gottes in der Botschaft Jesu (ein innerweltliches, evolutionäres, progressives und ethisches Konzept) eine Illusion war und hermeneutisch unhaltbar. Weiß und Schweitzer entdeckten wieder die konsistent eschatologischen Elemente in der Botschaft Jesu – Elemente, die damals nur von kirchlichen Randgruppen und Fanatikern anerkannt wurden. Diese Wiederentdeckung blieb jedoch eine gewisse Zeit das Hobby professioneller Theologen, die es versäumten, die gesamten Implikationen ihrer Entdeckung der Kirche und der Theologie zu vermitteln. Es brauchte die Katastrophe des Ersten Weltkrieges, um die Kirchen Europas aus ihrem Traum vom innerweltlichen Fortschritt des Menschen unsanft aufzuwecken. Es schien, als hätte man den Menschen plötzlich Organe gegeben, mit deren Hilfe sie eine Botschaft zu vernehmen in der Lage waren, die sie vorher einfach nicht begreifen konnten. Auf dem Gebiet der Geschichtsphilosophie wurde 1918 der erste Band von Oswald Spenglers *Untergang des Abendlandes* veröffentlicht. Schon der Titel mit seiner apokalyptischen Anspielung signalisierte etwas, an das man vorher nicht einmal im Traum gedacht hatte.

Karl Barths Römerbriefkommentar wurde im selben Jahr veröffentlicht. Dieser Kommentar war der Beginn einer „Theologie der Krise", des Gerichts, der absoluten Transzendenz Gottes. Für Barth war Gott im Himmel und der Mensch auf Erden. Die einzige Beziehung zwischen uns und ihm – nein, zwischen ihm und uns! – war sein richtendes und vergebendes Wort. Barth bewertete von daher die nicht-christlichen Religionen auf eine Weise, die dem Ansatz Hockings diametral entgegenstand. In der Tat ging er noch weiter. Er verkündigte das Gericht über dem Christentum als einer Religion. Hierin stimmte er mit Feuerbach überein. Religion war Unglaube. Religion war eine Sorge, wir sollten sogar sagen: *die* Sorge des gottlosen Menschen. Religion war Selbsterlösung, sie war der Sündenfall aus Genesis 3, in dem der Mensch sich gegen Gott auflehnte und versuchte festzulegen, wer Gott ist und was er wollte. Die christliche Religion gehörte wie alle anderen in die Särge der Nichtbeachtung. Barth stellte der Religion dann den *Glauben* gegenüber. Die christliche Religion, so fügte er hinzu, könnte *Glauben* werden, aber nur aufgrund göttlicher Schöpfung, Erwählung, Rechtfertigung und Heiligung. Gottes Offenbarung-in-Christus war keine neue Religion, sondern die Abschaffung aller Religion.

An dieser Stelle wurde die Theologie von Barth relevant für die Mission, allerdings zuerst und vornehmlich für die Kirche an der *Heimatfront*, die sendende Kirche, die glaubte, sie „habe" das Evangelium und könne es nun der „Nichtchristenheit" vermitteln. Dagegen sagte Barth: Wir „haben" das Evangelium niemals. Wir „empfangen" es fortwährend, immer neu. Die Trennlinie verläuft daher nicht nur zwischen „uns" und „ihnen". Sie verläuft auch direkt durch die sendende Kirche selbst. Mehr noch: Sie geht durch das Herz jedes Christen. Wir sind alle „christlich-heidnisch". Aus diesem Grund gibt es keinen grundlegenden Unterschied zwischen der Predigt „zu Hause" und der Predigt „auf dem Missionsfeld". Die Kirche bleibt die Kirche von Heiden, Sündern, Zöllnern. Der einzige Unterschied besteht darin, dass die Kirche auf dem Missionsfeld etwas in der Form von „Anfängen" wagt, was sie zu Hause in der Form von „Wiederholungen" wagt.

Barths Akzente klangen in den Ohren der Pietisten genauso seltsam wie in den Ohren der Liberalen. Niemand von ihnen konnte mit seiner Theologie etwas anfangen. Karl Hartenstein, Sekretär der Basler Mission und Delegierter in Jerusalem, war der Erste, der die frommen Missionskreise seiner Zeit mit der Theologie Barths konfrontierte. Er tat das in einer Broschüre mit dem Titel *Was hat die Theologie Karl Barths der Mission zu sagen?*, veröffentlicht im Jahre der Jerusalemer Konferenz. Er hatte von Barth gelernt, dass Mission in Demut geschehen müsse. Wir können sie nicht vollbringen; das kann nur der Heilige Geist.

Es war genau dieser Ansatz von Barth, der Kritik von Missionsleitern hervorrief, die unterstellten, seine Theologie habe eine paralysierende Wirkung auf die Mission. 1932 wurde Barth eingeladen, vor der Brandenburgischen Missionskonferenz zum Thema „Die Theologie und die Mission in der Gegenwart" zu sprechen.[219] Er fasste sein gesamtes theologisches Denken zur Mission bei dieser Gelegenheit kurz und bündig zusammen. Er stellte die traditionellen Missionsmotive infrage und sagte: Sosehr wir es auch versuchen, wir werden niemals in der Lage sein, zum Kern des einen wahren Missionsmotivs vorzustoßen, da es menschlicher Erforschung unzugänglich bliebe: es wäre der Wille des Herrn der Kirche selbst. Er diskutierte die theologischen Voraussetzungen der Pietisten, der amerikanischen Vertreter des „sozialen Evangeliums" und derjenigen Deutschen (wie Gutmann), die Ethnizität und eingeborene Kultur als Anknüpfungspunkte verwendeten. Er ging dann dazu über, alle drei Ansätze zurückzuweisen, weil sie den Menschen und (noch wichtiger) die Schöpfung anstelle der Erlösung zum Ausgangspunkt nahmen. Er betonte die Erlösung radikal christozentrisch, im Gegensatz zu jeder Form einer „Schöpfungstheologie", besonders in der Form, in der sie in den Dreißigerjahren in Deutschland immer populärer wurde.

Unsere missionarischen Aktivitäten, so argumentierte Barth, blieben bloß menschliche Anstrengungen, es sei denn, Gott würde es gefallen, sie in den Dienst seiner Offenbarung zu stellen. Aus diesem Grund wären unsere Missionsmotive niemals adäquat. In unseren Berichten aus der Mission sollten wir lieber zu wenig als zu viel sagen. Denn letztlich könnten wir niemals die wahren Bedürfnisse der Heiden feststellen; die könne nur Gott kennen. Wir sollten auch nicht zu redselig im Hinblick auf das *Ziel* der Mission sein: Was *wir* als den

219 K. Barth, „Die Theologie und die Mission in der Gegenwart", in: *Theologische Fragen und Antworten*, Bd. 3, 2. Aufl. (Zürich: TVZ, 1957), 100-126.

Hauptzweck ansehen könnten, könnte evt. nicht entfernt ausdrücken, was die Absichten *Gottes* sind.

Mit diesem Vortrag wurde Barth zum Vater der modernen Missionstheologie. Der dänische Missiologe Johannes Aagaard sagt kategorisch: „Der entscheidende protestantische Missiologe dieser Generation ist Karl Barth."[220] Die Wiederentdeckung der eschatologischen Dimension in der Mission, Mission als *Missio Dei*, die Theologie des Apostolats, die Verankerung der Mission in der Trinität – diese und weitere Aspekte sind Entwicklungen, die ohne Barths Stimulus schwer vorstellbar sind. In seinem Brandenburger Vortrag antwortete Barth auch auf den Vorwurf von Missionsleitern, ein Ergebnis seiner Theologie sei „eine Paralysierung des Willens zur Mission". Er verwies auf Jakob, der vom Engel des Herrn auf die Hüfte geschlagen wurde und danach hinkte. Dadurch wurde Jakob zu einem Mann, den Gott gebrauchen konnte. Er bekam einen neuen Namen, „Israel", „Fürst Gottes". Vielleicht, so sagte Barth, würde nur ein ähnlich paralysierender Schlag die Mission zu einem formbaren Instrument in Gottes Hand machen.

Auf der Jerusalemer Konferenz war Barths Einfluss kaum spürbar. In den nachfolgenden Jahren sollte sich die Lage jedoch erheblich verändern. Das war einer der Gründe, warum sich das Treffen in Tambaram deutlich von dem in Jerusalem unterschied.

Tambaram 1938

1910 in Edinburgh wurde Christi *königliches* Amt betont. Das hatte zweifellos mit der Tatsache zu tun, dass die westlichen Kirchen und Missionsgesellschaften zu jener Zeit auf dem Kamm der Welle ritten. So gab es auch eine Verbindung zwischen der Krisenzeit 1928 und der Betonung des *priesterlichen* Amtes Christi. In Tambaram (in der Nähe von Madras, Indien) stand das *prophetische* Amt Christi im Vordergrund. Wir müssen das vor dem Hintergrund der herrschenden Ideologien und Diktaturen verstehen: Nationalsozialismus in

220 Vgl. J. Aagaard, „Some Main Trends in Modern Protestant Missiology", in: *Studia Theologica* 19 (1965), 238-259.

Deutschland, Faschismus in Italien, Marxismus in Russland, Staatsschintoismus in Japan.[221]

Das zentrale Thema von Tambaram hieß *Zeugnis*. Das war im Einklang mit der Vorstellung vom prophetischen Amt. Dieses Thema, ja, in der Tat die ganze Konferenz, zeigte den großen Einfluss der Theologie Barths. Er hatte 1934 ein kleines Buch mit dem Titel *Der Christ als Zeuge* veröffentlicht. Viele Jahre später behandelte er dieses Thema ausführlicher in Band IV/3 seiner *Kirchlichen Dogmatik* (1959). Dort wird Mission unter der Überschrift „Jesus Christus, der wahre Zeuge" besprochen. Der ursprüngliche und wahre Zeuge ist also Gott selbst in Christus. Der Mensch wird auf der Grundlage der Sühne (der gesamte Band IV handelt von der Sühnelehre) und auf der Grundlage der göttlichen Berufung zum Zeugen. Das Zeugnis gehört zur Berufung, und die Berufung ist ein Zeichen der Gnade. Ein Rückzug von der Mission signalisiert daher eher einen Rückzug von der Gnade denn einen Rückzug von einer Pflicht. Der wahre Christ kann nicht *nicht* bezeugen. Zeugnis ist das Wesen des Dienstes des Christen und seines Engagements in der Welt.[222]

Tambaram verstand „Zeugnis" nicht ausschließlich im Sinne mündlicher Verkündigung. Zeugnis hieß, „Christus der Welt zu präsentieren", und in dem Bericht „Der Ort der Kirche bei der Evangelisation" lesen wir: „Zum Evangelium von Christus gehört die Vision und Hoffnung auf soziale Transformation und die Verwirklichung von Zielen wie Gerechtigkeit, Freiheit und Friede. Eine lebendige Kirche kann sich nicht von prophetischen und praktischen Aktivitäten im Hinblick auf soziale Fragen distanzieren." Das heißt nicht, dass Mission in Tambaram vom „sozialen Evangelium" absorbiert wurde. Immerhin galt: „Das Reich Gottes ist innerhalb der Geschichte, und dennoch jenseits der Geschichte." In dieser Aussage

---

221 Siehe VAN 'T HOF 1972, 125. Ein exzellenter Überblick über die Konferenz von Tambaram findet sich bei E. JANSEN SCHOONHOVEN, „Tambaram 1938", in *International Review of Mission* 267 (1978), 299-315; siehe auch G. H. ANDERSON 1960, 121-180.

222 Siehe weiterführend D. MANECKE, *Mission als Zeugendienst: Karl Barths theologische Begründung der Mission im Gegenüber zu den Entwürfen von Walter Holsten, Walter Freytag und Joh. Christiaan Hoekendijk* (Wuppertal: Brockhaus, 1972), bes. 231-263.

finden wir bereits einen Hinweis auf die Frucht der exegetischen Studien zur Eschatologie, die vor Kurzem das Reich Gottes als eine Wirklichkeit definiert hatten, die sowohl „schon jetzt" als auch „noch nicht" gegenwärtig ist. Dieser Ansatz half, die Missionstheologie von den sterilen Alternativen des Prämillennialismus, Postmillennialismus und Amillennialismus zu befreien.

Aus diesem Grund konnte sich Tambaram sehr viel grundsätzlicher mit sozialen Fragen befassen als Jerusalem. 1928 blieb das Augenmerk nach wie vor auf dem Ausmerzen konkreter Missbräuche. Ethik wurde auf die gesellschaftlichen Mikrostrukturen beschränkt. Tambaram ging darüber hinaus. Gottes Ziel ist eine neue Erde. Wir brauchen uns nicht von widerspenstigen geschöpflichen Mustern behindern lassen. Die Soziologie lehrt uns, dass alles veränderbar ist. Gottes Reich „fungiert in jedem sozialen System sowohl als Ferment als auch als Sprengstoff."

Der Einfluss Barthscher Theologie auf Tambaram kann am besten an *Hendik Kraemers* Beitrag abgelesen werden. In seiner theologischen Bewertung nicht-christlicher Religionen stand Kraemer eigentlich Emil Brunner näher als Barth. Die meisten englischsprachigen Delegierten differenzierten nicht zwischen Brunner und Barth. In Wirklichkeit hatte Barth jedoch Brunners Theologie der Religionen schon 1934 gnadenlos verdammt, und zwar in einem kleinen Buch mit dem Titel *Nein!* Abgesehen von der Theologie der Religionen folgte Kraemer jedoch in anderen Bereichen der allgemeinen Barthschen Linie. Seine Sicht fand Ausdruck in dem Buch *Die christliche Botschaft in einer nichtchristlichen Welt*, das er auf Bitten der Organisatoren der Konferenz von Tambaram schrieb und das tatsächlich Teil der Konferenzagenda war. In diesem Buch distanzierte sich Kraemer sowohl vom Pietismus als auch vom „sozialen Evangelium". Wörter wie „Sünde", „Gerechtigkeit", „Entfremdung", „Gericht", „Verlorenheit", „Vergebung", „Bekehrung" und „Wiedergeburt", die in Jerusalem rar waren und in Hockings Theologie praktisch komplett fehlten, wurden als integraler Bestandteil des Vokabulars von Tambaram eingeführt.

Die Tatsache, dass Tambaram „Welt" anders definierte als Jerusalem und besonders auch anders als Edinburgh, hatte mit diesem Betonungswechsel zu tun. Die Unterscheidung zwischen christlichen und nicht-christlichen Ländern und damit die Vorstellung eines „christlichen Imperialismus“ wurden im Prinzip verworfen. Ein Delegierter aus China erhob Einspruch gegen westliche Redner, die immer noch auf „unbesetzte Gebiete“ verwiesen; Europa und Amerika würden ebenso in den Einzugsbereich der Mission gehören. Kraemers Buch verwies von daher auf „*eine* nichtchristliche Welt“ – es gab nur eine einzige Welt, die Christus braucht.

Ein weiteres Merkmal von Tambaram ist wichtig, um die Entwicklung der Missionstheologie zu verstehen: die Aussagen zur Beziehung zwischen Kirche und Mission. Von Anfang an fehlte im protestantischen missionarischen Denken eine enge Beziehung zwischen Kirche und Mission. Die Definitionen der Kirche aus der Zeit der Reformation schwiegen zur missionarischen Dimension der Kirche. Ekklesiologische Definitionen befassten sich fast ausschließlich mit Dingen wie der Reinheit der Lehre, den Sakramenten und der Kirchenzucht. Mission musste sich damit zufriedengeben, am Rande der Kirche positioniert zu werden. Während des 19. Jahrhunderts änderte sich die Lage erheblich, und zwar auf beiden Seiten des Atlantiks. Graul, Löhe, Venn und Anderson sahen Mission in der Verantwortung der Kirche. Das Missionsziel war für sie die Gründung unabhängiger Kirchen. Diese Entwicklung musste man zweifellos begrüßen, doch sie hatte auch eine Schattenseite. Ein strenger Denominationalismus entwickelte sich und Mission sank oft auf das Niveau des Proselytismus und der Konkurrenz herab. Die Kirche, zu der man gehörte, wurde mit der Kirche gleichgesetzt, an die man glaubte.

Die Bewegung des „sozialen Evangeliums“ war zum Teil ein Protest gegen diese Art von Kirchengläubigkeit. Die missionarische Studentenbewegung, aus der John Mott hervorging und die in mehrerer Hinsicht auf den Pietismus zurückging, war wie die Bewegung des „sozialen Evangeliums“ ökumenisch und anti-ekklesiozentrisch ausgerichtet. Der Internationale Missionsrat, der 1921 als direktes Ergebnis der Konferenz von Edinburgh gegründet wurde, war aus diesem Grund ausdrücklich ein Rat von Missionsgesellschaften, nicht von Kirchen. Theologische Entwicklungen nach dem Ersten Weltkrieg öffneten jedoch die Augen für die Erkenntnis, dass man die fehlerhaften Entwicklungen des 19. Jahrhunderts nicht als permanentes Hindernis für den Aufbau von guten und richtigen Beziehungen zwischen Kirche und Mission ansehen sollte. Die Tatsache, dass biblische und systematische Theologen (wie Kähler) begonnen hatten, Mission in die Theologie zu integrieren, half der Ekklesiologie, diese verloren gegangene Dimension wiederzuentdecken und machte den Weg für einen neuen Ansatz frei.

Tambaram spiegelte diese Entwicklungen wider. Das Konzept „Kirche“ tauchte in den Themen aller fünf Sektionen auf: „Der Glaube, von dem die Kirche lebt“; „Das Zeugnis der Kirche“; „Das Leben der Kirche“; „Die Kirche und ihr Umfeld“; „Die Frage der Kooperation und die Einheit der Kirche“. Doch brachte uns das nicht zum Denominationalismus des 19. Jahrhunderts zurück? In diesem Sinne interpretierte Hoekendijk später Tambaram. Das war jedoch eine einseitige Interpretation. „Denominationelle Missionen“ entwickelten sich im 19. Jahrhundert in einem Kontext, in dem Kirchen und Missionsgesellschaften in gegenseitiger Isolation arbeiteten. Tambaram sprach jedoch von kirchlicher Mission im Kontext eines ökumenischen Treffens, eine Tatsache, welche die Delegierten davor bewahrte, nur an ihre eigenen denominationellen Missionsprogramme zu denken. Die Kirche war für Tambaram „die von Jesus und seinen Aposteln gegründete göttliche Gesellschaft, geschaffen, um seinen Willen in der Welt auszuleben“. Sie erschöpfte sich nicht in exklusiven Denominationen, die sich aufgrund ihrer Scheuklappen gegenseitig ignorierten. Die Betonung lag auf der bezeugenden Kirche, die auf das Reich Gottes hinwies, und sie lag auf der Entdeckung junger Kirchen, die gemeinsam mit der Kirche des Westens auf dem Weg zu diesem Reich waren.

Am Vorabend des Zweiten Weltkrieges, als in China (als Ergebnis der japanischen Invasion), Äthiopien, Spanien und anderswo bereits Gewalt an der Tagesordnung war, war diese Einheit der Kirche für viele Delegierte eine aufregende Entdeckung und ein wertvoller Schatz. Der deutsche Konferenzband wurde im Juni 1939 veröffentlicht, unmittelbar vor dem Ausbruch des Krieges. Er trug den bedeutsamen Titel *Das Wunder der Kirche unter den Völkern der Erde.* In diesem Band schrieb Karl Hartenstein (S. 195):

Wir redeten nicht mehr von westlichen und östlichen Kirchen, nicht mehr von sendenden und empfangenden Kirchen, überhaupt nicht mehr von Missionen und Kirchen, sondern wir redeten von der Kirche, der Gemeinde Gottes in der Welt und von ihrer entscheidenden Aufgabe, an der die alten und die jungen, die sendenden und die werdenden Kirchen ganz gleichermaßen teilhaben. Die gewaltige Schau des Epheserbriefes bezeichnet die Lage in Tambaram am klarsten. Der Dom Gottes unter den Völkern wird gebaut, und daran sind weiße und schwarze, gelbe und braune Hände beteiligt. Entscheidend ist, dass das geistliche Haus Jesu Christi unter den Völkern gebaut wird, und dass alle den Ruf dazu, den Grundriss davon, den Bauplan, soweit Gott ihn in Christus enthüllt hat, kennen, bejahen und daran mitarbeiten.[223]

Aussagen wie diese legen nicht nahe, dass die Kirche in Tambaram idealisiert wurde. Die Konferenz konnte in klaren Worten erklären: „Niemand kennt das Versagen, die Kleinlichkeit, die Glaubenslosigkeit, die das Leben der Kirche infizieren, so wie wir, ihre Mitglieder." Die empirisch vorfindbare Kirche wurde nicht mit der Kirche der Glaubensbekenntnisse identifiziert. Sie wurde aber auch nicht von der Kirche der Glaubensbekenntnisse abgesondert. Es besteht eine unauflösliche Verbindung, eine kreative Spannung zwischen diesen beiden Auffassungen von dem, was die Kirche ist.

Die eschatologische Dimension

Während der Konferenz von Tambaram bereiteten die deutschen Delegierten ein Dokument vor, das später als „Die deutsche eschatologische Erklärung" bekannt wurde. Dieses Dokument wurde von der Überzeugung angestoßen, dass die eschatologische Dimension und

223K. Hartenstein, „Was haben wir von Tambaram zu lernen?", in: M. Schlunk (Hrsg.), *Das Wunder der Kirche unter den Völkern der Erde: Bericht über die Weltmissionskonferenz in Tambaram (Südindien) 1938* (Stuttgart und Basel: Evang. Missionsverlag, 1939), 193-203.

ihr Kontext in der Mission von vielen Delegierten, besonders aus englischsprachigen Ländern, nicht ausreichend erkannt wurden. „Angesehene" kirchliche Kreise in Amerika und anderswo hatten schon gegen die bloße Vorstellung von Eschatologie eine Aversion entwickelt. Das lag an zwei Phänomenen: am übertriebenen Interesse bestimmter Gruppen an den „Zeichen der Zeit" als Grundlage der Berechnung des Datums der Wiederkunft Christi, und an einer Betonung der apokalyptischen Bedeutung praktisch jedes außergewöhnlichen Ereignisses. Auf diese Weise wurde nicht nur die Apokalyptik, sondern nach und nach auch das gesamte Gebiet der Eschatologie zum Monopol enthusiastischer Gruppen, und beides verschwand daher aus der traditionell orthodoxen Theologie und Kirche.

Auf dem europäischen Festland war Eschatologie jedoch wie wir bereits sahen als authentische Dimension der christlichen Botschaft wiederentdeckt worden. Der Einfluss dieser Entwicklung war derart umfassend, dass der römisch-katholische Gelehrte Ludwig Wiedenmann die eschatologische Dimension als das Charakteristikum par excellence der jüngeren deutschen Missionstheologie bezeichnete.[224] Wir wollen damit nicht sagen, dass jeder unter „Eschatologie" dasselbe verstand. Es gab mindestens vier eschatologische „Schulen", und jede drückte dem Missionsverständnis ihren besonderen Stempel auf.

In der *dialektischen Theologie* (Karl Barth) wurde Eschatologie als Krise verstanden, als radikale göttliche Intervention und als Gericht über alle menschlichen Aktivitäten. Diese Aktivitäten bezogen alle Formen von Religion mit ein, inklusive des Christentums, und alle kirchlichen Aktivitäten, inklusive der Mission. Alles steht unter dem letzten, also „eschatologischen" Gericht Gottes. In der Missionstheologie trat dieser Ansatz besonders klar in den Beiträgen von Paul Schütz und Hans Schärer zutage – und natürlich in Barths eigenem Ansatz.

Die *existenzialistische Theologie* Rudolf Bultmanns fand ihren klassischen missiologischen Ausdruck in den Werken von Walter

224 Siehe Wiedenmanns gründliche Monographie *Mission und Eschatologie: Eine Analyse der neueren deutschen evangelischen Missionstheologie*. Konfessionskundliche und kontroverstheologische Studien, Bd. 15. (Paderborn: Verl. Bonifacius-Druckerei, 1965), bes. 231-263.

Holsten.[225] Laut dieser Interpretation bedeutet Mission, dem Individuum die Möglichkeit der Entscheidung anzubieten. Dieses Individuum steht nicht innerhalb der geschichtlichen Entwicklung, sondern ist radikal ahistorisch und steht allein in Beziehung zu Gott. Der Mensch „existiert" nur, insoweit er von Gott angeredet wird. Es gibt keine „Zukunft" mehr im Sinne einer Weiterentwicklung der Geschichte. Die Geschichte ist an ihr Ende gekommen. In der existenzialistischen Missiologie Holstens wird tatsächlich alles als „eschatologisch" angesehen: das „Christusereignis", Offenbarung, das Kerygma, Rechtfertigung, die Kirche.

Die *aktualisierte Eschatologie* (Paul Althaus und andere) betonte, dass das Ende „wesenhaft" nah war. Es war nicht der Höhepunkt eines ausgedehnten geschichtlichen Prozesses, sondern war immer gleich nah. Jede Stunde wurde als die letzte Stunde angesehen. Der Christ lebte in einer Zeit, „die für das Gericht reif war". Gerhard Rosenkranz stimmte dem zu, indem er sagte, dass Mission nicht nur das Ende ankündige, sondern selbst ein eschatologisches Datum sei. Aktualisierte Eschatologie ist in mehrfacher Hinsicht eng mit der realisierten Eschatologie von C. H. Dodd und anderen britischen Theologen verbunden.

Die *heilsgeschichtliche Eschatologie*, die insbesondere mit dem Namen Oscar Cullmann verbunden ist, misst der *Geschichte* eine größere Bedeutung zu als es die anderen drei Ansätze tun. Cullmanns Einfluss ist besonders bei Karl Hartenstein und Walter Freytag zu erkennen. Hartenstein, der aus pietistischen Kreisen in Württemberg stammte, bewegte sich schrittweise von Barth zu Cullmann, zumindest was seine Ansichten zur Eschatologie betraf. Dieselben Texte, die Cullmann als Ausdruck einer engen Beziehung zwischen Mission und Eschatologie ansah (Matthäus 24,14; Markus 13,10; 2. Thessalonicher 2,6-7; Offenbarung 6,1-8; Römer 9-11 etc.), wurden auch von Hartenstein betont. Das Buch der Offenbarung war für ihn von ganz besonderer Bedeutung, was daraus hervorgeht, dass er einen Kommentar zu dem Buch schrieb, der den bedeutsamen Titel trug: *Der wiederkommende Herr*. Weltgeschichte war für Hartenstein

225 Vgl. Holstens Buch *Das Kerygma und der Mensch* (München: Kaiser, 1953).

nichts als eine Schlacht zwischen Christus und dem Antichristen. Das Böse reift in der Welt zunehmend aus. Die Welt offenbart sich immer schlimmer als die Wüste, in die Gottes Kirche getrieben wurde (Offenbarung 12). In der Gegenwart können wir nur zuschauen, warten, leiden und hoffen – diese Verben tauchen in Hartensteins Schriften oft auf.

In vielerlei Hinsicht stimmte Freytag mit Hartenstein überein. Er war jedoch nüchterner, vorsichtiger und weniger apokalyptisch. Doch wie im Falle Hartensteins verteidigte er eine klar pessimistische Interpretation der Geschichte. Die gesamte Geschichte wurde als bloß menschliche Geschichte verstanden, deren „Fortschritt" bestenfalls in einer Vervielfältigung von Katastrophen bestand. Die Kirche wurde als eine Größe angesehen, die zwischen dem „schon jetzt" des ersten Kommens Christi und dem „noch nicht" der Wiederkunft Christi lebt. Nur eine einzige Sache, so sagte Freytag, würde dieser Zwischenzeit allerdings Bedeutung verleihen: Mission! In der „heilsgeschichtlichen Pause" zwischen der Himmelfahrt und der Wiederkunft hielt die Mission die Wände der Geschichte auseinander. Mission war von daher gleichzeitig Vorbereitung auf das Ende und „Verzögerer" des Endes (vgl. 2. Thessalonicher 2,6-7). Sobald das missionarische Projekt vervollständigt sei – mit anderen Worten: sobald der „Verzögerer" entfernt worden sei – würde der Antichrist kommen und dann das Ende. Die Tatsache, dass das Ende noch nicht gekommen ist, sei ein Zeichen der Geduld Gottes.

Diese Auffassung beinhaltet eine unüberbrückbare Kluft zwischen „Weltgeschichte" und „Heilsgeschichte". Die eine ist vom Kern ihres Wesens her ein menschliches Erzeugnis, die andere eine Tat Gottes. Von daher können wir weltgeschichtliche Kategorien nicht auf die Mission anwenden, die ein heilsgeschichtliches Ereignis ist. Mission kann insbesondere nicht mit der Kategorie „Erfolg" arbeiten. Mission schreitet in der Welt nicht als Sieger voran, sondern wie ihr Herr als Diener und Leidender, ohne sich um Erfolg und Ergebnisse zu bemühen. Es scheint fast, als habe Freytag Angst, dass die ökumenische Bewegung zu erfolgreich sein könnte, denn dann würde sie sich dem Risiko aussetzen, ihre Grenzen zu missachten und versuchen, *bereits jetzt* zu vollbringen, was der neuen Schöpfung Gottes überlassen werden sollte.

In englischsprachigen Missionskreisen gab es zunächst ziemlich wenig Verständnis für Harteinsteins und Freytags Positionen. Eine der wenigen Ausnahmen war Max Warren (1904–1977). Er war viele Jahre der Generalsekretär der *Church Missionary Society*. In mehreren Veröffentlichungen, grundlegend und wohl am bedeutsamsten in *The Truth of Vision*, schenkte Warren der Beziehung zwischen Mission und Eschatologie seine Aufmerksamkeit. Er verwies oft darauf, dass er Freytag viel zu verdanken hatte. Gleichzeitig wies er Freytags Auffassungen als dualistisch zurück. „Diese Welt mag in der Tat vom Feind besetztes Land sein, aber der Feind hat keine Eigentumsrechte an ihr. Er ist ein Dieb und ein Lügner. Es ist unsere Verantwortung als Christen, gute Treuhänder des Eigentums des Königs zu sein."[226] Aus diesem Grund dürften Christen gegenüber der Art und Weise, auf welche die Welt regiert wird, nicht gleichgültig sein, ebenso wenig gegenüber sozialen oder anderen Missbräuchen. Erlösung in Christus müsse *bereits jetzt in* der Welt realisiert werden – das sei eine logische Folge der Inkarnation.

In dieser Hinsicht stimmte Warren mit mehreren zeitgenössischen Neutestamentlern überein. Einer von ihnen war William Manson. Er sagte: Aufgrund des vollbrachten Werkes Christi und des Kommens des Heiligen Geistes „existieren in der Christenheit zwei Lebensordnungen nebeneinander, ... zwei Zeitalter. Das neue Zeitalter hat begonnen, das alte ist noch nicht vorüber. Das neue beginnt mit der Auferstehung, das alte wird bis zur endgültigen Manifestation Jesu Christi in Herrlichkeit andauern."[227] Genau aus diesem Grund und auf der Grundlage der neuen Ära haben wir die Aufgabe und Verantwortung, das alte Zeitalter kontinuierlich herauszufordern und zu verändern. Nichts soll so bleiben, wie es ist. Gleichzeitig wissen wir, dass im Hier und Jetzt nichts perfekt sein wird. In dieser Spannung müssen wir leben.

226M. Warren, *The Truth of Vision: A Study in the Nature of the Christian Hope* (London: Canterbury Press, 1948), 53.

227W. Manson, „Mission and Eschatology", in: *International Review of Mission* (1953), 390-391.

Als die heilsgeschichtliche Missionstheologie nach ihrer Isolierung während des Zweiten Weltkriegs in die Ökumene eingeführt wurde, wurde sie schrittweise sowohl vertieft als auch ausgedehnt. Die Vertiefung manifestierte sich im Motiv der *Missio Dei*, auf das wir zurückkommen werden. Die Ausdehnung bedeutete, dass im Verlaufe der Zeit die Überzeugung wuchs, dass Gottes heilsame Taten, die er durch die Kirche vollbrachte, durch ein Flussbett liefen, das breiter war als es die enge heilsgeschichtliche Definition der Mission erlaubt hatte.

Whitby 1947

Als der Internationale Missionsrat 1947 in Whitby, Kanada, zusammentrat, lag immer noch der Schatten der katastrophalen Kriegsjahre auf der Welt. Die Ziele des Treffens beinhalteten die Wiederaufnahme abgeschnittener Kommunikationskanäle sowie die Bestätigung der Verpflichtung zur Gemeinschaft, die in Tambaram etabliert worden war. Die Delegierten versammelten sich in dem Bewusstsein, dass eine Welt auf dem Totenbett lag und eine neue geboren wurde.[228] Die Barthsche Theologie hatte ihren Zenit überschritten. Für kurze Zeit bot Bultmanns existentialistischer Ansatz einen gewissen Ausweg, besonders in Deutschland, aber er konnte keine theologische Grundlage für die Nachkriegszeit liefern. Für kurze Zeit flammte die Apokalyptik auf – immerhin gab es für jeden Möchtegern-Propheten eine Fülle von „Zeichen der Zeit"! – aber die Erfahrungen mit dem Geschehenen ließen die Theologen vorsichtig und skeptisch sein. In gewissem Sinne war Whitby von einer Atmosphäre der Verlegenheit und Beschämung charakterisiert. Daher geschah Folgendes: Anstatt darauf zu verweisen, „dass die verzweifelte Welt Christus braucht", mit anderen Worten: anstatt zu fragen, ob die Vorbedingungen für die Mission in der *Welt* vorhanden seien, fragte Whitby, ob sie in der *Kirche* vorhanden seien. Die richtige Haltung der Kirche

228 Eine Bewertung des Beitrags von Whitby zur Missionstheologie findet sich bei F. V. Carino, „Whitby: Partnership in Obedience", in: *International Review of Mission* 267 (1978), 316-328; van 't Hof 1972, 138-154; Anderson 1960, 188-200.

war wichtiger als mögliche „Kontaktpunkte“ oder „Wahrheitsmomente“ in der Welt oder in anderen Religionen. Die Betonung lag auf der Kirche als der Verkörperung der Mission, als *koinonia*, nicht auf der Mission als einer Aktivität der Kirche. Die Kirche war die neue Gemeinschaft, in der die Frucht des neuen Lebens in Christus erlebt und genossen wurde. Auf genau diese Weise sollte die Kirche für die Welt bedeutsam werden. Das authentische missionarische Ereignis war die dynamische Gegenwart dieser Gemeinschaft in der Welt. Mission war nicht Eroberung der Welt, sondern Solidarität mit der Welt.

Whitby offenbarte den Einfluss von Freytag und Hartenstein, ein Einfluss, der bereits durch die Beiträge von Warren und anderen eingegrenzt wurde. Whitby dachte in eschatologischen Kategorien – wie hätte es zu jener Zeit anders sein können? Die eschatologische Vision nahm die Form der „erwartungsvollen Evangelisation“ an (Warren). Die Zukunft – inklusive der Zeit „zwischen den Zeiten“ – war nicht leer, sondern mit dem Reich Gottes erfüllt, in all seiner Unvollkommenheit. Gerade das Reich Gottes, bereits gegenwärtig, aber immer noch unvollkommen, beinhaltete, dass sich die missionarische Kirche nicht von der Welt zurückziehen konnte. Geschichte und Eschatologie waren untrennbar miteinander verbunden. Die Mission der Kirche war an die Wiederkunft Christi gebunden. Auf diese Weise wollte Whitby der Welt Hoffnung geben.

Die Theologie des Apostolats

In der deutschen Missiologie wurden die Anregungen von Whitby insbesondere in einer Weiterentwicklung der eschatologischen Dimension kanalisiert; in der holländischen Missiologie führten sie zu einer Entfaltung der Theologie des Apostolats. Diese Entwicklung bedeutete: Zusätzlich zu Tambarams Unterscheidung zwischen einer kirchenzentrierten und einer gesellschaftszentrierten Mission kam nun das Konzept einer missionszentrierten Kirche auf. Mission – oder das Apostolat, ein Begriff, den A. A. von Ruler, Hendrik Kraemer, J. C. Hoekendijk, E. Jansen Schoonhoven und andere bevorzugten – war ein wesentliches Charakteristikum der Kirche.

Die Theologie des Apostolats erfuhr schon bald eine bestimmte Radikalisierung, und zwar aufgrund des Beitrags von Hoekendijk.[229] Er polemisierte gegen das kirchenzentrierte missionarische Denken, das besonders seit Tambaram 1938 in Mode war. Die Kirche war ein illegitimes Zentrum. Nicht die Kirche, sondern die Welt, die *oikumene*, stand im Zentrum der Sorge Gottes. Van Rulers These, dass die Mission eine Funktion der Kirche sei, wurde von Hoekendijk umgedreht: die Kirche sei eine Funktion der Mission. Hier war kein Platz für eine „Lehre von der Kirche". Wir sollten nur im Vorbeigehen auf die Kirche hinweisen. Ekklesiologie sollte nur ein bloßer Paragraph in der Christologie sein (die messianische Beteiligung am Geschehen in der Welt). Eine kirchenzentrierte Mission konnte nur Fehlgeburten erzeugen, da sie ein falsches Zentrum hatte. Die Kirche war bestenfalls ein Intermezzo, aber sie hatte sich eine Geschichte geschaffen – Kirchengeschichte, Heilsgeschichte – in die sie sich wie in ein „Reservat" zurückziehen konnte, oder die sie als Basislager verwenden konnte, um die Welt anzugreifen oder um sie als Trainingsplatz auszubeuten, und zwar bei dem Versuch, letztlich das gesamte Bild zu beherrschen.

Hoekendijk zog daher resolut das „Ereignis" der „Institution" vor. Er konnte sich nie mit der Tatsache versöhnen, dass sich die Kirche immer wieder dem Status quo angepasst hatte. Er war ein geistliches Kind Zinzendorfs und John Wesleys. Er rang bereits in seiner Doktorarbeit mit diesem Problem. Diese Arbeit trug den Titel: *Kerk en Volk in de Duitse Zendingswetenschap* (*Kirche und Volk in der deutschen Missionswissenschaft*). Dort fragte er sich: Wie war es möglich, dass der Mensch das Volk Gottes, diese „soziologische Unmöglichkeit", diesen „Fremdkörper", an eine einzige Kategorie binden konnte, in diesem Fall an die Nation im ethnischen Sinne des Wortes? Die Kirche darf sich als Volk Gottes niemals an bestehende Kategorien anpassen, wie diese auch aussehen mögen. Ei-

229 Viele von Hoekendijks Beiträgen wurden in dem Band *The Church Inside Out* veröffentlicht (London: SCM Press, 1966). Eine wertvolle und faire Einschätzung Hoekendijks bietet L. A. Hoedemaker, „De oorspronkelijkheid van het Apostolaat", in: *Nederlands Theologisch Tijdschrift* 30.2 (1976), 141-154. Vgl. auch Manecke 1972, 107-161.

gentlich ist es so, dass die Kirche als solche gar nicht „existiert" – sie „geschieht".

Hoekendijk konnte eine „Theologie der Mission" von Anfang an nicht akzeptieren. Wenn er das getan hätte, hätte das impliziert, dass Mission wieder einmal nur ein Zusatz war. Es würde dann ja auch noch andere „Theologien der ..." geben. Er plädierte daher nicht für eine „Theologie der Mission", sondern für eine „missionarische Theologie" als Ausdruck jeder authentischen Theologie. Für ihn gab es keine Theologie außer der missionarischen Theologie. Immerhin entstand Theologie nur dort, wo die Kirche missionarisch engagiert ist (Kähler!). Das Apostolat ist daher aus dieser Sicht kein Ergebnis der Apostolizität. Andere Theologen des Apostolats drückten es folgendermaßen aus: Die Kirche muss sich in der Mission als ihrer wesentlichen Aufgabe engagieren, weil sie apostolisch ist. Hoekendijk drehte diese Aussage um: Apostolizität ist das Ergebnis des Apostolats; die Kirche ist apostolisch, weil sie Mission ist.

Auf diese Weise wurde Hoekendijks Theologie des Apostolats zu einer Theologie der Welt. Theologie bedeutet, dass Gott uns einlädt, die Welt mit ihm zu teilen. Aus genau diesem Grunde war sie eine Reich-Gottes-Theologie. „Welt" war für Hoekendijk ein messianisches Konzept und ein eschatologisches Korrelat zum Reich Gottes. Mission war nicht der Weg von Kirche zu Kirche; Mission oder Kirche war die Interaktion zwischen Gottes Reich und der Welt; Mission oder Kirche hatte mit beiden zu tun. Die Form, die dieses missionarische Engagement annahm, nannte er *schalom*, hebräisch für „Frieden", den er als „soziales Geschehen" beschrieb und der ein ethisches, kein soteriologisches Konzept war. Versöhnung wurde zu einem universalen Humanisierungsprozess. In seinen früheren Schriften charakterisierte er die Aufgabe der Kirche in der Tat als *kerygma*, *koinonia* und *diakonia* – Verkündigung, Gemeinschaft und Dienst. Im Verlaufe der Zeit betonte er jedoch zunehmend das letzte dieser drei Elemente.

Hoekendijks Einfluss auf die zeitgenössische Theologie sollte nicht unterschätzt werden. Er übte sogar einen Einfluss auf römisch-katholisches missionarisches Denken aus, auch wenn wir zugeben müssen, dass Yves Congar bereits in den 1930er-Jahren die Kirche als „Pilger" definierte und damit begann, die Ekklesiologie des Zweiten Vatikanischen Konzils vorzubereiten. Katholische Theologen wie Karl Rahner, Josef Ratzinger, J. B. Metz und Ludwig Rütti stimmen mit Hoekendijk in vielerlei Hinsicht überein, bewusst oder unbewusst.

Von Willingen 1952 bis Ghana 1958

Hoekendijk war ein Mitglied der holländischen Delegation beim zweiten Nachkriegstreffen des Internationalen Missionsrates (IMR) in Willingen, Deutschland, im Jahre 1952. In der Zeit zwischen Whitby und Willingen wurden die Truppen von Mao Tse-tung schließlich die Herren Chinas. Dieses riesige Land war der „Liebling" von amerikanischen Missionsgesellschaften. In der ersten Hälfte des 20. Jahrhunderts wurden in kein anderes Land so viele westliche Missionare entsandt. Nun waren sie alle tot, weggegangen oder im Gefängnis. Als die Konferenz in Willingen begann, hatten sich einige Missionsgesellschaften immer noch nicht von dem Schlag erholt, den ihnen die Ereignisse in China versetzt hatten.[230] Es war nun noch deutlicher als 1947 (in Whitby), dass eine grundlegende Revolution in der Welt stattgefunden hatte. In Asien war der Prozess der Entkolonisierung voll im Gange; in Afrika fing er gerade an. Gleichzeitig gab es Zeichen eines aggressiven Wiedererwachens der östlichen Religionen. Die Atmosphäre von Willingen war von verbreiteter Unsicherheit geprägt. „Man weiß nicht mehr, was man sagen soll und wie man es sagen soll ... Daher war auch die Diskussion nach Willingen sehr unklar und in keiner Weise überzeugend."[231]

230 Eine bemerkenswerte zeitgenössische Bewertung der Ereignisse in China bietet D. M Paton, *Christian Missions and the Judgment of God*. 2. Aufl. (Grand Rapids: Eerdmans, 1996).

231 Aagaard 1965, 249. Eine gute theologische Bewertung von Willingen bietet R. C. Bassham, „Seeking a Deeper Theological Basis for Mission", in: *International Review of Mission* 267 (1978), 329-337; van 't Hof 1972, 155-177; Anderson 1960, 219-275; W. Andersen, *Auf dem Wege zu einer Theologie der Mission: Ein Bericht über die Begegnung der Mission mit der Kirche und ihrer Theologie*. 2. Aufl. Beiträge zur Missionswissenschaft und evangelischen Religionskunde, Bd. 6 (Gütersloh: Bertelsmann, 1958), 34-45.

Das Thema von Willingen lautete: „Die missionarische Pflicht der Kirche“. In gewissem Sinne war das die logische Folge der Entwicklungen seit Tambaram. Gegen diesen Kurs polemisierte Hoekendijk heftig. Neben seiner stark missionarischen Position waren in Willingen auch Vertreter einer Mittelposition anwesend, wie sie z.B. in der holländischen Theologie des Apostolats vorlag, der zufolge Mission das „Herz“ der Kirche war. Und es waren andere anwesend, die eine schwach missionarische Auffassung vertraten. Für sie gehörte die Mission zusammen mit dem Pfarramt, der Diakonie und der Anbetung zum Wesen der Kirche. Die Diskussionsbeiträge der Vertreter dieser drei Auffassungen trugen erheblich zu einer größeren Klarheit in Bezug auf verschiedene Punkte bei. Max Warrens Vortrag „The Christian Mission and the Cross“ („Die christliche Mission und das Kreuz“) war ein wichtiger Katalysator. Es war zunehmend deutlich geworden, dass der Ausgangspunkt einer Missionstheologie nicht in der Kirche zu finden sei, sondern in Gott selbst. Um es anders auszudrücken: Mission sollte nicht auf der Ekklesiologie beruhen, sondern auf der Christologie. Willingen verwies sogar ausdrücklich auf eine trinitarische Grundlegung der Mission. Im Einklang mit der Theologie Karl Barths wurde die Trinitätslehre dabei jedoch auf der Grundlage der Sühnelehre interpretiert. Mission konnte nur indirekt von der Trinitätsehre abgeleitet werden. Wenn die Soteriologie oder spezifischer: das Kreuz als Ausgangspunkt genommen wurde, konnte man die Mission direkt ableiten. Das erklärt, warum der Bericht von Willingen nicht unter dem ursprünglichen Konferenzthema veröffentlicht wurde, sondern unter dem Titel *Missions under the Cross* (1953; *„Missionsgesellschaften unter dem Kreuz“*).

Die Verankerung der Mission in der Trinitätslehre führte in Willingen zur Einführung des Begriffs *Missio Dei* (Mission Gottes). Der Begriff wurde aller Wahrscheinlichkeit nach von Hartenstein geprägt. Er wollte damit der Überzeugung Ausdruck verleihen, dass Gott allein das Subjekt der Mission sei. Die Initiative für unsere Mission (*Missio Ecclesiae*, die Mission der Kirche) lag allein bei Gott. Nur in den Händen Gottes konnte unsere Mission wahrhaftig *Mission* genannt werden. In der Zeit nach Willingen veränderte das Konzept der *Missio Dei* schrittweise seine Bedeutung.[232] Es bezeichnete später die von der Kirche unabhängigen verborgenen Aktivitäten Gottes in der Welt und unsere Verantwortung, diese zu entdecken und an ihnen Anteil zu haben. Diese Auffassung war in Willingen bereits im Keim vorhanden, insbesondere im amerikanischen Bericht. In den 1960er-Jahren wurde sie in der ökumenischen Missionstheologie allgemein akzeptiert. Rosin nennt dieses Konzept ohne zu zögern ein trojanisches Pferd, „durch das ... die ‚amerikanische' Vision die gut bewachten Mauern der ökumenischen Missionstheologie überwinden konnte." Ob Rosins Interpretation bestehen kann oder nicht: Es kann nicht geleugnet werden, dass die Missionstheologie ein Problem hatte – ein Problem, das Willingen nicht löste und das seitdem nicht ignoriert werden konnte: das Problem der Beziehung zwischen „Geschichte" und „Heilsgeschichte".

Sechs Jahre nach Willingen fand das letzte Treffen des IMR statt – vom 28. Dezember 1957 bis 8. Januar 1958 in Achimota, Ghana. Der ausdrückliche Zweck der Konferenz bestand darin, den IMR auf die Integration in den Weltkirchenrat vorzubereiten, der 1948 gegründet worden war. Ralph Winter hat kürzlich einen sehr stimulierenden Artikel zu dieser geplanten „Hochzeit" veröffentlicht. Auch der vermutlich letzte Beitrag aus der Feder Max Warrens vor seinem Tod im August 1977 war diesem Thema gewidmet.[233] Warren, der in Ghana anwesend war, diskutiert einige der Vorbehalte einiger Delegierter im Blick auf die Frage, ob die Integration in jenem Stadium angezeigt war und argumentiert, dass sich heute, viele Jahre nach jenen Konferenzen, einige der Befürchtungen bewahrheitet haben, die damals ausgesprochen wurden. Winter urteilt klar, dass die Integration ein Fehler war.

Sowohl Warren als auch Winter argumentieren, dass strukturelle

232 Siehe in diesem Zusammenhang H. Rosin, *Missio Dei: An Examination of the Origin, Contents and Function of the Term in Protestant Missiological Discussion* (Leiden: Inter-University Institute for Missiology and Economics, 1972).

233 Vgl. R. Winter, „Ghana: Preparation for Marriage", in: *International Review of Mission* 267 (1978), 338-353; M. Warren, „The Fusion of I.M.C. and W.C.C. at New Delhi: Retrospective Thoughts After a Decade and a Half", in: *Zending op Weg naar de Toekomst: Essays aangeboden aan Prof. Dr. J. Verkuyl* (Kampen: Kok, 1978), 190-202.

Anomalitäten – z. B. die Tatsache, dass der IMR aus westlichen *Missions*organisationen und nicht-westlichen *Kirchen*vertretungen bestand – nicht einfach durch ein weiteres strukturelles magisches Rezept gelöst werden können. Dazu kommt, dass die Integration des IMR in den ÖRK (Winter fragt scherzhaft: „Warum integrierte sich der ÖRK nicht in den IMR?") in gewisser Hinsicht genau das erzeugte, wogegen Hoekendijk so leidenschaftlich ankämpfte: die Institutionalisierung aller Dinge, das Suchen nach Lösungen in Strukturen, die Einkerkerung des Heiligen Geistes. Mit den Worten Warrens: „Der Heilige Geist ... ist so unkontrollierbar wie der Wind ... Wenn die Missionsbewegung nicht empfänglich für die Unberechenbarkeit des Heiligen Geistes ist, wird sie bald aufhören, eine Bewegung zu sein." „Gott scheint von den unterschiedlichen Formen, die der christliche Gehorsam annimmt, bei Weitem nicht so beunruhigt zu sein, wie es viele Christen sind."[234]

Der ÖRK ist ein Rat von Kirchen. Seine Organisationsstruktur erlaubt es nicht, dass dort andere Organisationen Mitglieder sind – wie es beim IMR der Fall war. Wir meinen damit insbesondere jene Missionsgesellschaften, die Mitglied des IMR waren, aber aufgrund struktureller Überlegungen in Neu Delhi ausgeschlossen wurden. 1957 waren nur 42% aller amerikanischen Missionare mit Kirchen des amerikanischen nationalen Rates der Kirchen verbunden und daher mit dem ÖRK. Bis 1969 fiel dieser Anteil auf 28%, und bis 1975 auf nur 14%.[235] Die Beiträge der anderen Missionare gingen der Missionsbewegung des ÖRK verloren, zum Teil aufgrund des Verschwindens des IMR. Außerdem wurde das Hauptanliegen des IMR, also die Evangelisierung jener 2/3 der Weltbevölkerung, die noch keine Christen sind, bestenfalls zu einem untergeordneten Anliegen des ÖRK. Die Vollversammlung des ÖRK in Nairobi (1975) war die erste, die diesem Aspekt ausdrücklich Aufmerksamkeit schenkte. In der Zwischenzeit wurde jedoch eine neue Bewegung angestoßen: die „evangelikale Ökumene".

234 Warren 1978, 194, 196.
235 Vgl. Winter 1978, 349.

17. Entwicklungen seit 1960

Das Römisch-katholische Missionsdenken seit dem Zweiten Vatikanischen Konzil

Der Internationale Missionsrat (IMR) wurde 1961 in Neu Delhi bei der Versammlung des ÖRK in diesen integriert. Bei dieser Gelegenheit traten auch die östlichen orthodoxen Kirchen dem ÖRK bei. Zu der Zeit hatte Papst Johannes XXIII. bereits das Zweite Vatikanische Konzil angekündigt, das mit Unterbrechungen von 1962 bis 1965 tagen sollte. Wenn wir sagen können, dass Edinburgh 1910 die Isolation durchbrochen hatte, in der sich die verschiedenen Zweige des Protestantismus so lange befunden hatten, dann können wir mit dem gleichen Recht sagen, dass die frühen 60er-Jahre des 20. Jahrhunderts in vielerlei Hinsicht Zeuge der Aufnahme von Verbindungen zwischen protestantischen Kirchen, orthodoxen Kirchen und der römisch-katholischen Kirche wurden. Die Massenmedien trugen ihren Teil zum Abbruch der Mauern der Isolation bei und machten benachbarte Kirchen miteinander bekannt.

Außerdem machte es die Weltlage den Kirchen unmöglich, weiterhin abgeschieden auf kleinen Inseln zu leben und sich gegenseitig zu ignorieren. Heute lebt jede Kirche in einem krisenhaften Zustand. Eine Kirche ist entweder immer noch in der Diaspora (z. B. in der Dritten Welt) oder sie kehrt in so eine Lage zurück (im Westen, besonders in Europa). Seit 1960 wurde immer deutlicher, dass der Zweite Weltkrieg ein wichtiger Wendepunkt in der Geschichte der Menschheit war. Der Traum, dass die Welt nach den fieberhaften Jahren des Wiederaufbaus in der Nachkriegszeit wieder „ins Lot gebracht“ werden würde, hat sich wie ein Nebel aufgelöst. Die Spannung zwischen Ost und West würde nicht so schnell verschwinden[236] und jeder weiß, dass die regelmäßig aufleuchtenden Signale der Entspannung keinen neuen Tag verheißen, sondern nur eine trügerische Morgendämmerung.

236Anm. d. Übers.: Diese Aussage spiegelt selbstredend die Einschätzung von Bosch zur Zeit der Veröffentlichung des Originals 1979 wider.

Die Dritte Welt trat in den Machtzentren der Welt in Erscheinung und verlangte ihren Anteil an allem. Der Westen wurde sich zunehmend seiner Fehler, Missgriffe und Unzulänglichkeiten bewusst – oder er wurde darauf hingewiesen. Westliche Kolonisierung und Zivilisation wurden verdammt – oft zusammen mit der „westlichen Religion". Die Schuldgefühle der westlichen Christenheit im Blick auf ihren Anteil an der Kolonisierung mit ihren Überlegenheitsgefühlen führten dazu, dass die Christenheit immer zaghafter agierte und an Selbstsicherheit verlor. Die nicht-christlichen Religionen wurden im Gegenzug mutiger und aggressiver. Entgegen vieler Erwartungen behauptete der Marxismus nicht nur seine Position, sondern brachte ab 1960 weitere neue Gebiete unter seine Kontrolle. Außerdem kam diese Ideologie in vielen Universitäten und unter Intellektuellen wie auch unter Arbeitern in vielen nicht-marxistischen Ländern in Mode.

Vor diesem Hintergrund trat das Zweite Vatikanische Konzil zusammen. Wir wollen an dieser Stelle ein paar missiologische Implikationen dieses historischen Ereignisses hervorheben.

Das Zweite Vatikanische Konzil ist ohne die Anstöße der protestantischen Theologie und insbesondere des protestantischen Missionsdenkens unvorstellbar. Rom hatte schon lange vor dem Zweiten Vatikanischen Konzil begonnen, eine mildere Haltung gegenüber andersdenkenden Christen einzunehmen. Diese Tendenz erreichte während des Pontifikats von Johannes XXIII. ihren Höhepunkt. Die Protestanten wurden Schritt für Schritt von „Söhnen Satans", „Häretikern" und „Abgefallenen" zu „Andersdenkenden", „getrennten Brüdern" und dann zu „Brüdern in Christus". Manchmal kamen sehr feine Nuancen zum Einsatz. *Lumen Gentium*, die vatikanische Konstitution zur Kirche, verweist z.B. nicht einfach auf die „getrennten Brüder", sondern auf die „*von uns* getrennten Brüder". Artikel 15 sagt: Aufgrund der Taufe, der Heiligen Schrift, des Glaubens an Gott und Christus, des Gebets und der Gaben des Heiligen Geistes sind sie der (römisch-katholischen) Kirche verbunden. Ein römisch-katholischer Missiologe, Bernhard Willeke, beschreibt die neue „brüderliche Kooperation" als „Geschenk des Geistes Gottes". Das soll nicht heißen, dass alle Probleme gelöst sind. Noch 1970 konnte ein anderer Missiologe, André Seumois, argumentieren, dass Protestanten, inklusive der Anglikaner, kein „Missionsmandat" hätten, weil sie keinen Anteil an der apostolischen Sukzession hätten.

Mehrere Konzilsdokumente haben direkt oder indirekt Einfluss auf die Missionstheologie. Das gilt insbesondere für *Ad Gentes* (Dekret zur Mission), *Lumen Gentium*, *Unitatis Redinegratio* (Dekret zur Ökumene), *Nostra Aetate* (zu den nicht-christlichen Religionen), *Gaudium et Spes* (zur Kirche in der modernen Welt) und *Apostolicam Actuositatem* (über das Laienapostolat).

Seit vielen Jahrhunderten dominiert das Bild von der Kirche als einer Institution den römischen Katholizismus. Dieses Konzept ist in den Konzilsdokumenten immer noch erkennbar. Es ist jedoch mit zwei weiteren Betonungen verbunden, die sich in den vorausgehenden Jahrzehnten zu entwickeln begonnen hatten: ein erneuertes Verständnis der Kirche als mystischer Leib Christi und als Gottes Pilgervolk in der Welt. Auf diese Weise gewann Roms traditionell statische Ekklesiologie ein unleugbar dynamisches Element. Das erklärt auch, warum – erstmals in der Geschichte – ein Konzil ausdrücklich die Mission behandelte und sogar ein Dekret dazu veröffentlichte. Außerdem ist von Bedeutung, dass Missiologie nicht auf der Ekklesiologie aufgebaut wurde, wie man aufgrund der traditionellen römisch-katholischen Theologie erwarten würde. Man verfolgte einen anderen Kurs: Die Ekklesiologie wurde auf die Missiologie gegründet. Es stimmt nicht, dass es die Mission gibt, weil es die Kirche gibt; vielmehr gibt es die Kirche, weil es Mission gibt.

Diese neue Sicht kommt sowohl in *Lumen Gentium* als auch in *Ad Gentes* zum Vorschein. Die Kirche ist weder eine etablierte Größe noch eine erfolgreiche Firma mit hohen Dividenden. Sie ist Gottes Pilgervolk in der Diaspora und ist aus diesem Grund missionarisch, und das heißt: in die Welt gesandt. Die gesamte apostolische Aktivität ist christuszentriert, nicht kirchenzentriert. Die Kirche darf weder Zentrum noch Ausgangspunkt noch das endgültige Ziel der Mission sein. Die wahre Aufgabe der Kirche ist das Überschreiten von Grenzen, nicht das Festsetzen von Grenzen. Die christliche Botschaft existiert nur „in der Form des Unterwegsseins zu den Nationen". „Das Unterwegssein der Botschaft an die Nationen – das nennen wir Kirche." „Mission ist Ausdruck der irdischen Heimatlosigkeit des Wortes ..." (J. Ratzinger). Der zweite Paragraph von *Ad Gentes* beginnt mit den Worten: „Die pilgernde Kirche ist ihrem Wesen nach »missionarisch« (d.h. als Gesandte unterwegs) ..." Mehrfach wird auf die Kirche als *sacramentum mundi* verwiesen (Sakrament der Welt). Sie wird daher wesentlich nicht in Bezug zu sich selbst, sondern zu Gott und zur Welt beschrieben.

Diese theologischen Erklärungen haben einige definitive Implikationen. Sie sagen beispielsweise, dass die Kirche nicht länger als eine Institution angesehen werden kann, die ihr Zentrum in Rom hat. „Lokale Kirchen" entwickeln überall in der Welt eine missionarische Bedeutung in ihrem jeweiligen Umfeld. *Ad Gentes* bricht jedoch weniger als *Lumen Gentium* mit der traditionellen Aufteilung der Welt in „christliche" und „nicht-christliche" Blöcke und mit der Gründung von Kirchen als wichtigstem Ziel der Mission.

Einige Entwicklungen nach dem Zweiten Vatikanischen Konzil bestätigen die Tendenzen, die sich während des Konzils entwickelt hatten. Wie in der protestantischen ökumenischen Theologie finden wir, dass das Engagement der Kirche in der Welt zunehmend betont wird. Diese Betonung ist so stark, dass es manchmal so aussieht, als ob die Kirche als anbetende Gemeinschaft dahinter verblasst. In dieser Hinsicht verweisen wir auf Johannes B. Metz, W. B. Frazier, J. Schmitz und besonders Ludwig Rütti. Der Letztgenannte definiert Kirche fast ausschließlich in weltpolitischen Kategorien. Die abstrakten Unterscheidungen zwischen Kirche und Welt sind für ihn letztlich bedeutungslos. Laut der Heiligen Schrift, so sagt er, ist die Kirche eine zweitrangige Wirklichkeit. Damit folgt Rütti in mehrfacher Hinsicht den „ultra-protestantischen" Fußstapfen Hoekendijks.

Das vatikanische Dokument *Nostra Aetate* hat für die Missionstheologie eine besondere Bedeutung, da es eine neue Interpretation nicht-christlicher Religionen anregt. Seit dem Zweiten Vatikanischen Konzil sind nur wenige Themen öfter behandelt worden als dieses. In diesen Veröffentlichungen werden die nicht-christlichen Religionen alternativ als „gewöhnliche Heilswege", „anonymes Christentum" oder „latente Kirche" beschrieben.

Theologische Entwicklungen während und seit dem Zweiten Vatikanischen Konzil führten in mehrfacher Hinsicht zu einer Krise der römisch-katholischen Missionsunternehmungen. Es wurden Fragen gestellt. Wenn die Kirche überall missionarisch engagiert ist, warum müssen Missionare immer noch in weit entfernte fremde Länder gehen? Wenn nicht-christliche Religionen ebenfalls Heilswege darstellen, warum müssen wir ihre Anhänger bekehren? Wenn Protestanten unsere „Brüder in Christus" sind, warum müssen wir ihnen auf dem Missionsfeld immer noch Konkurrenz machen? Wenn das Christentum laut *Dignitas Humanae* niemandem untergeschoben werden soll, hat die Mission dann noch ein Existenzrecht?

Die 4. Synode der Bischöfe (Oktober 1974) und das apostolische Schreiben *Evangelii Nuntiandi*, das aus der Synode hervorging, trugen erheblich dazu bei, einige dieser Fragen zu klären. Das Schreiben gehört zu den wertvollsten Dokumenten aus jüngster Zeit. In eindeutiger Sprache pflichtet es der Beteiligung der Kirche an sozio-politischen Geschehnissen in der Welt bei. Doch das Schreiben befürwortet ebenso eindeutig die Berufung der Kirche zur Weltevangelisation, an der alle Gläubigen beteiligt sind. Von zusätzlicher Bedeutung ist die Tatsache, dass Führungspersönlichkeiten aus der ganzen Welt bei der 4. Bischofssynode (und damit ebenso bei den Beratungen, die zur Verfassung von *Evangelii Nuntiandi* führten) eine weit wichtigere Rolle spielten als beim Zweiten Vatikanischen Konzil, das die Diskussionen von vornehmlich westlichen Theologen widerspiegelte.

Östlich orthodoxe Missionstheologie

1961 traten die orthodoxen Ostkirchen dem ÖRK bei. Auf diese Weise durchbrachen auch sie ihre Isolation und nahmen an der Diskussion um die Missionstheologie teil.

Das orthodoxe Missionsverständnis unterscheidet sich in vielerlei Hinsicht von dem der westlichen Christenheit, sowohl in der protestantischen als auch in der katholischen Form.[237] Mission wurde – zum Teil aufgrund der politischen Lage in den Ländern der orthodoxen Kirchen – mit ein paar Ausnahmen (z.B. in Russland) viel weniger aggressiv als im Westen betrieben. Die Heiden sollten nicht mit dem Evangelium überrollt, sondern von ihm angezogen werden. Mission ist daher zentripetal, nicht zentrifugal. Die Liturgie ist der Schlüssel zum orthodoxen Kirchenverständnis. Das beinhaltet, dass auch die Mission in der Liturgie verankert ist. Das Licht der Gnade, das in der Liturgie leuchtet, sollte diejenigen, die in der Dunkelheit des Heidentums leben, wie ein Magnet anziehen. Der Novize wird vom Priester in die Geheimnisse der Liturgie eingeführt.

Im orthodoxen missionarischen Denken kommt der Kirche die Zentralstellung zu. Missionsgesellschaften, sogar Missionsorden, wie wir sie im römischen Katholizismus kennen, sind hier unvorstellbar. Die Kirche ist als Körperschaft die Erfüllung der Mission, nicht deren Werkzeug. Sie ist selbst Teil der Missionsbotschaft. Die Erneuerung der Kirche ist daher als solche schon Mission. Für den einzelnen Zeugen bedeutet dies, dass er sich heiligen muss, wie es Jesus, der Gesandte, tat (Johannes 17,18-19).

Mission und Einheit fallen in der orthodoxen Theologie zusammen. Von daher werden die Fragmentierung der protestantischen Missionsgesellschaften und ihr gegenseitiges Abwerben unermüdlich kritisiert. Die Einheit nimmt den Ehrenplatz ein. Das erklärt zum Teil, warum aktive orthodoxe Missionsarbeit nach dem Bruch mit Rom im Jahre 1054 praktisch total zum Erliegen kam. Die Wiederherstellung der Einheit musste den Vorrang haben. Der Missionar, der kein Repräsentant der *einen* Kirche war, konnte nicht zu den Heiden gehen. Wer wie die Protestanten die Einheit als zweitrangig ansah oder sie in die ferne Zukunft projizierte, machte die vorhandene Verwirrung nur noch größer.

Der Zweck der Mission besteht nach orthodoxer Auffassung in der *Theosis*, der Vergöttlichung des Menschen, der Wiederherstellung

237 Literatur zur orthodoxen Missionstheologie findet sich bei J. J. STAMOOLIS, „A Selected Bibliography of Eastern Orthodox Mission Theology“, in: *Occasional Bulletin of Missionary Research* 1.3 (1977), 24-27.

des göttlichen Ebenbildes. In diesem Prozess der Vergöttlichung, in dieser göttlichen Ökonomie, ist auch Raum für Anhänger nichtchristlicher Religionen. In dieser Hinsicht kommt die orthodoxe Theologie trotz des unterschiedlichen Ausgangspunktes den römischkatholischen Interpretationen ziemlich nahe. Die Tatsache, dass der Heilige Geist laut orthodoxer Theologie nicht aus dem Sohn hervorgeht, sondern nur aus dem Vater, begünstigt die Auffassung, die den Heiligen Geist auch in nicht-christlichen Religionen aktiv am Werk sieht, also außerhalb der Offenbarung in Christus.

In den letzten Jahren, sogar noch bevor sie dem ÖRK beitraten, haben die orthodoxen Kirchen gewisse Betonungsverschiebungen in ihrem Missionsverständnis erlebt. Eine der führenden Figuren ist in dieser Hinsicht Anastasios Yannoulatos, zurzeit (1979) Bischof von Androussa. Seit 1959 gibt es in Griechenland eine Bewegung namens *Porefthendes* („gehet hin ...", Matthäus 28,19), die sich dem Wiedererwachen des missionarischen Interesses und einem stärker ausdrücklich „zentrifugalen" Missionsverständnis widmet. Yannoulatos argumentiert, dass diese Auffassung tatsächlich aus dem Wesen des orthodoxen Kirchenverständnisses fließt. Mit anderen Worten: Sie repräsentiert eine Wiederentdeckung einer lange vernachlässigten Dimension. Damit verbunden ist ein kürzlich erwachtes wachsendes Interesse an der sozialen Dimension der christlichen Mission als einer Auswirkung der traditionellen orthodoxen Auffassung vom Heil.

Von Neu Delhi 1961 bis Nairobi 1975

Der Internationale Missionsrat (IMR) wurde während der dritten Vollversammlung des ÖRK (Neu Delhi 1961) in den ÖRK integriert und in eines seiner beratenden Gremien umgewandelt, in die Kommission für Weltmission und Evangelisation. Bei dieser Gelegenheit wurde das Ziel der Mission wie folgt beschrieben: „Die Proklamation des Evangeliums von Jesus Christus an die ganze Welt mit der Absicht, dass alle Menschen an ihn glauben mögen und gerettet werden." Diese Formulierung spiegelte immer noch die theologischen Einflüsse von Barth und Kraemer wider. Gleichzeitig wurden neue

Stimmen hörbar, welche die Mission zumindest teilweise dazu bewegten, in den folgenden Jahren einen neuen Kurs einzuschlagen.

In einem wichtigen Vortrag führte Joseph Sittler in Neu Delhi das Konzept des „kosmischen Christus" in die ökumenische Diskussion ein. Auf der Grundlage von Kolosser 1,15-20 plädierte er für eine viel engere Beziehung zwischen Schöpfung und Erlösung: Wir sollten Letztere so umfassend denken wie Erstere. Das Ergebnis dieser Interpretation bestand darin, dass Gott als derjenige angesehen wurde, der in jeder Facette der Weltgeschichte aktiv sei. Der Kontrast zwischen Kirche und Welt wurde im Prinzip aufgegeben. Auf gewisse Weise stimmte M. M. Thomas dieser Interpretation auf der Versammlung in Neu Delhi zu. Das provozierte Lesslie Newbigin zu dem Einspruch, dass so ein Ansatz Gott praktisch mit dem historischen Entwicklungsprozess identifizieren würde.

Sittlers Vortrag hatte eine besondere Bedeutung für die Theologie der Religionen. „Dialog" wurde schnell zu einem Schlüsselwort in der Missionstheologie. Es ist interessant, die wechselnden Moden in dieser Hinsicht zu verfolgen. 1963 verwies man immer noch auf „Das *Zeugnis* der Christen gegenüber Menschen anderer Glaubensüberzeugungen". Ein Jahr später hieß es: „Die christliche *Begegnung* mit Menschen anderer Glaubensüberzeugungen". Nach drei weiteren Jahren sagte man: „Christen im *Dialog* mit Menschen anderer Glaubensüberzeugungen". In all diesen Fällen blieb das Zeugnis, die Begegnung oder der Dialog *der Christen* der Ausgangspunkt. 1970 sprach man jedoch vom „Dialog zwischen Menschen lebendiger Glaubensüberzeugungen". Das früheste Zeichen einer Trendwende wurde beim Treffen in Nairobi (1975) erkennbar. Dass es tatsächlich einen veränderten Ansatz gab, wurde bei der Konsultation zur Dialogfrage in Chiang Mai in Thailand deutlicher (April 1977). Das Thema lautete dort „Dialog in Gemeinschaft". Einige der Verlautbarungen dieses Treffens erinnerten sogar an Kraemer und Tambaram. Michael Mildenberger nennt das Treffen von Chiang Mai eine „Denkpause im Dialog".[238]

238 M. Mildenberger, *Denkpause im Dialog: Perspektiven der Begegnung mit anderen Religionen und Ideologien* (Frankfurt: Otto Lembeck, 1978). Siehe auch S.

Zwei Jahre nach Neu Delhi hielt die neu gegründete Kommission für Weltmission und Evangelisation ihre erste Versammlung in Mexiko City ab. Nun traten die Konsequenzen der Integration des IMR in den ÖRK zutage. Wenn Mission zum Wesen der Kirche gehört, dann galt das überall, auch im Westen. Die Kirche ist dann immer die missionarische Kirche, selbst in ihrem eigenen Umfeld. Mexiko City verlieh diesem Gedanken mit dem Slogan Ausdruck: „Mission auf sechs Kontinenten". Mission konnte nicht länger eine Flucht zum „weit entfernten" Heidentum sein und das Heidentum im eigenen Hause ignorieren, z.B. im Westen. Das würde immerhin beinhalten, dass die missionarische Kirche genau den Boden preisgeben würde, auf dem sie selbst stand. Die neue Betonung hat mindestens fünf Vorteile: Sie macht der Kirche ihre missionarische Berufung in ihrem eigenen Umfeld bewusst; sie betont das globale Ausmaß der missionarischen Dimension; sie hilft dabei, antiquierte paternalistische Strukturen zu bekämpfen; sie stellt sowohl die traditionelle missionarische Einbahnstraße als auch den westlichen Besitzerstolz infrage; sie schafft Raum für Reziprozität.[239] Die Vorstellung von „Mission auf sechs Kontinenten" ist jedoch nicht ganz unproblematisch. Die (richtige) Beobachtung, dass sich die Kirche immer in einer missionarischen Situation vorfindet, kann unter bestimmten Umständen zu Kurzsichtigkeiten führen, sodass die Kirche sich nur mit ihrer unmittelbaren Nachbarschaft beschäftigt und vergisst, wie Ralph Winter es ausdrückt, „dass 84% aller Nichtchristen jenseits der normalen evangelistischen Erreichbarkeit leben, da sie sich außerhalb der kulturellen Traditionen irgendeiner nationalen Kirche irgendwo in der Welt befinden" und dass der Slogan von Mexiko City wenig dazu beiträgt, „den gewaltigen Kokon zu durchtrennen, in dem die Kirchen der Welt ... heute leben."[240]

Der Wert der Überlegungen von Mexiko City wurde außerdem dadurch gemindert, dass das Konzept „Mission" sehr vage und verallgemeinernd diskutiert wurde. Eine weitere Wertminderung ist auf

J. Samartha (Hrsg.), *Faith in the Midst of Faiths: Reflections on Dialogue in Community* (Geneva: World Council of Churches, 1977).

239 Vgl. Gensichen 1971, 219-220.

240 R. Winter im *International Review of Mission* 267 (1978), 351.

die sehr positive Bewertung des Säkularisierungsprozesses zurückzuführen, sowie auf den vorherrschenden Geist des Optimismus und den Mangel an Wertschätzung der Tatsache, dass die Welt im Wesentlichen eine negative Haltung gegenüber der Mission einnimmt. Nur W. A. Visser 't Hoofts Vortrag zur „Mission als Glaubenstest" behandelte diese Fragen auf angemessene Weise.

Tatsächlich markierte Mexiko City den Beginn der Ausweitung des Konzeptes „Mission" auf Kosten der Tiefe, die im Begriff *Missio Dei* enthalten war, als er zuerst eingeführt wurde. Die Parole „Mission auf sechs Kontinenten" betonte einseitig die geografischen und sozio-politischen Dimensionen.

Der Optimismus von Mexiko City setzte sich auf der vierten Vollversammlung des ÖRK fort (Uppsala 1968). Wie paradox es auch klingen mag: Der Geist von Uppsala ähnelte in vielerlei Hinsicht dem Geist von Edinburgh 1910. Uppsala repräsentierte den Höhepunkt der ökumenischen Theologie der Säkularisation. Der Schlüsselbegriff lautete „Entwicklung", und in Uppsala war man zuversichtlich, dass die Pläne für diese und andere sozio-politische Unternehmungen Erfolg haben würden.

Uppsala sah Mission größtenteils als *Humanisierung* an. Der Versammlung wurde ein Studienprojekt zum Thema „Die missionarische Struktur der Einzelgemeinde" präsentiert, das sieben Jahre zuvor in Neu Delhi auf den Weg gebracht worden war und das sich hauptsächlich dem damals noch modischen kirchenzentrierten Missionsdenken verdankte. In den Berichten wurde alle Aufmerksamkeit auf Gottes Wirken in der säkularen Welt gelenkt. Die Kirche wurde in einem derartigen Ausmaß relativiert, dass gesagt werden konnte, die Kirche habe keine eigenständige Mission. Mission wurde wie in Willingen immer noch als *Missio Dei* beschrieben, doch das bedeutete nun „Eintritt in die Partnerschaft mit Gott in der Geschichte", „Verstehen der Veränderungen in der Geschichte aus der Perspektive der Mission Gottes", „Verweis auf Gottes Wirken in der Weltgeschichte", „Verweis auf die Menschheit in Christus als Ziel der Mission". In Uppsala wurde alles zur Mission: Gesundheit und Wohlfahrt, Jugendprojekte, Arbeit mit politischen Interessengruppen, konstruktiver Einsatz von Gewalt, Schutz der Menschenrechte. H. Berkhof hat recht, wenn er beobachtet, dass die apostolische Verpflichtung gegenüber der Welt in den 50er-Jahren des 20. Jahrhunderts im nachfolgenden Jahrzehnt in eine diakonische Verpflichtung gegenüber der Welt verwandelt wurde.[241] Dem könnten wir hinzufügen, dass „diakonisch" für viele Leute schrittweise zum Äquivalent von „revolutionär" wurde.

Der Einfluss von Hoekendijks Schalom-Theologie – er war Mitglied der amerikanischen Arbeitsgruppe und Berater der europäischen Gruppe – tritt in den vorbereitenden Dokumenten klar zutage. Im Abschlussbericht „Erneuerung in der Mission" wurden viele der gerade genannten Ansichten aufgrund des Einflusses von John Stott und anderen in gewissem Maße abgeschwächt. Die fast vollständig positive Bewertung der Welt und von Weltereignissen (immerhin hieß es im europäischen Dokument: „Die Welt setzt die Tagesordnung") wurde jedoch im Wesentlichen beibehalten.

Die Kommission für Weltmission und Evangelisation tagte zum zweiten Mal im Januar 1973 in Bangkok. Das Thema lautete: „Das Heil der Welt heute". Die Kräfteverhältnisse von Neu Delhi, Mexiko City und Uppsala traten nun noch deutlicher zutage. Die Eröffnungsansprache von M. M. Thomas, dem Vorsitzenden des Zentralausschusses des ÖRK, offenbarte bereits den theologischen Trend, der die Konferenz dominieren würde. Die Konferenz war tatsächlich von der Frage angestoßen worden, ob das Heil mehr als individuelle Befreiung von Sünde und vom ewigen Tod sei, oder nicht. Es ging um die sozialen und zeitlichen Dimensionen des Heils und daraus folgend der Mission. Nach Bangkok (und in vielen Kreisen natürlich schon vorher) wurden diese Dimensionen axiomatisch akzeptiert und nie infrage gestellt. Die neue Frage lautete vielmehr, ob das Heil überhaupt *mehr* als eine soziale und zeitliche Dimension haben könne!

Thomas verwies *en passant* auf „die eschatologische Hoffnung des endgültigen Heils". Ansonsten schien er nur an den „unendlichen Möglichkeiten" interessiert zu sein, „wie das Eschatologische histo-

241 H. Berkhof, *Christelijk Geloof* (Nijkerk: Callenbach, 1973), 432.

risch wird, sogar politisch". Er konnte daher als eine Selbstverständlichkeit erklären: „Die Mission der Kirche besteht in Folgendem: Beteiligung an den Bewegungen für die Freiheit des Menschen ..." Die Sorge um körperliche Gesundheit, materiellen Wohlstand und soziale Gerechtigkeit wurde als „*Ausdruck* einer bestimmten geistlichen Beziehung zwischen den Menschen und Gott" beschrieben (kursiv hinzugefügt). Angesichts dieser Auffassung argumentierte Klaus Bockmühl: Dachte man bisher, dass der christliche Glaube soziales Engagement stimulieren sollte, so kehrte Thomas diese Reihenfolge um: soziales Engagement erfordere eine bestimmte Spiritualität.[242]

In diesen Zusammenhang gehört Thomas' Behauptung, Mission könne nicht mehr „eine Wahl zwischen dem Christentum und anderen Religionen" beinhalten. In einer Sprache, die an Kaj Baago und Georges Khodr erinnert,[243] stellte er die Gültigkeit von Bekehrung und Taufe im heutigen Indien infrage und schlug vor, die Aufgabe der Kirche sollte darin bestehen, „neue Sekten im Sinne von Gruppen mit einer prophetischen und evangelistischen Berufung zu gründen, und zwar innerhalb der Bewegungen kultureller Kreativität und sozialer Befreiung. Man sollte nicht versuchen, eine einzige organisierte Kirche von Indien aufzubauen, denn das könnte nur bedeuten, dass mehrere kleine Ghettos ihre Kräfte zu einem großen Ghetto zusammenspannen."

Die Berichte der einzelnen Sektionen der Konferenz von Bangkok befürworteten die Auffassungen von Thomas in verschiedener Hinsicht. Die Bibelarbeiten von Christoph Barth, Ulrich Wilckens und Paul Minear halfen jedoch zusammen mit den Beiträgen von Arthur Glasser und anderen, einige der Empfehlungen in gewissem Maße abzuschwächen. In diesem Zusammenhang verweisen wir auf das Dokument „Das Heil der Welt heute", das ursprünglich aus einer der

242 Vgl. K. Bockmühl, *Was heißt heute Mission?* (Basel: Brunnen Verlag, 1974), 14. [2. Aufl.: Bockmühl-Werkausgabe, Abt. 1: Die Hauptschriften, Bd. 3. Gießen, Basel: Brunnen, 2000].

243 Vgl. K. Baago, „The Post-Colonial Crisis in Missions", in: *International Review of Missions* 219 (1966), 322-332; G. Khodr, „Christianity in a Pluralistic World", in: *Ecumenical Review* 32.2 (1971), 118-128.

Bibelgruppen kam und danach im Plenum an die Mitgliedskirchen weitergegeben wurde.

Die fünfte Konferenz der Kommission für Weltmission und Evangelisation fand 1975 in Nairobi statt. Es gibt Hinweise, die darauf schließen lassen, dass hier das erste Mal seit 1961 ein Wendepunkt im ökumenischen missionarischen Denken aufgespürt werden kann[244] (trotz der Tatsache, dass P. Beyerhaus in mehreren Kritiken argumentiert hat, Nairobi habe sich in keiner Weise von den vorhergehenden Vollversammlungen des ÖRK unterschieden). In Nairobi wich die Euphorie von Uppsala einem stärker nüchternen Realismus. Der Ton war etwas gedämpfter. Zu wenige der großen Pläne von Uppsala waren realisiert worden. Der Traum von einer „Theologie der Entwicklung" als Schlüssel zur Lösung der Weltprobleme war erschüttert. Die Jahre seit Uppsala hatten mehr Versagen als Erfolge gebracht, sowohl für den ÖRK als auch für die Mitgliedsstaaten. Die „Theologie der Geschichte", also die Vorstellung, dass Gottes Wille direkt aus den Weltereignissen abgeleitet werden könne und dass von uns erwartet wird, uns an diesen Ereignissen zu beteiligen – eine Vorstellung, die seit Neu Delhi in Mode gekommen war – hatte sich als mehrdeutiger erwiesen als viele zuerst erwartet hatten. Das Programm des Dialoges mit anderen Religionen war in vielerlei Hinsicht in eine Sackgasse geraten. Die einseitige Vorstellung vom Heil als Humanisierung oder Schalomisierung hatte sich als eine zu sehr beschränkte Grundlage für das Engagement der Kirche in der Welt erwiesen.

Der Vortrag, der die meiste Aufmerksamkeit in Nairobi erregte, war derjenige von Mortimer Arias „That the World May Believe" („Damit die Welt glaube"). Er unterschied zwischen „Mission" und „Evangelisation" und urteilte, dass der ÖRK sich zuletzt recht wenig um die Letztere gekümmert habe. Er rief den Rat zu seiner „wesentlichen Priorität" zurück und zu der Tatsache, dass Evangelisation die vornehmliche und ständige Verantwortung der Kirche ist. Er wies

---

244Siehe D. J. Bosch, „Crosscurrents in Modern Mission", in: *Missionalia* 4.2 (1976), bes. 75-84. Vgl. auch J. H. Kromminga, „Evangelical Influence on the Ecumenical Movement", in: *Calvin Theological Journal* 11.2 (1976), 148-180.

jegliche Dichotomie zwischen vertikal und horizontal, zwischen Evangelisation und sozialer Aktion, zurück und plädierte für einen „ganzheitlichen" Ansatz. Arias' Vortrag fand in den Diskussionen und besonders im Abschlussbericht der Sektion 1 Anklang („Bekenntnis zu Christus heute"). Wir zitieren aus diesem Dokument einige Sätze, die voller theologischer Einsichten stecken:

„Die Verkündigung des Evangeliums umfasst immer folgende Elemente: die Ankündigung des Reiches und der Liebe Gottes durch Jesus Christus; das Angebot der Gnade und Vergebung der Sünde; die Einladung zur Buße und zum Glauben an ihn; den Ruf zur Gemeinschaft in Gottes Kirche; den Auftrag, Gottes erlösende Worte und Taten zu bezeugen; die Verantwortung, sich am Kampf für Gerechtigkeit und Menschenwürde zu beteiligen; die Verpflichtung, all das anzuprangern, was menschlicher Ganzheitlichkeit im Wege steht; und eine Hingabe, die das eigene Leben aufs Spiel setzt.

> Die Welt ist nicht nur Gottes Schöpfung; sie ist auch Gottes Missionsfeld. Denn Gott hat die ganze Welt geliebt, die Kirche darf deshalb keinen Teil aussparen – nicht diejenigen, die den heilbringenden Namen schon gehört haben, und sogar [sic!] gar nicht die große Mehrheit derjenigen, die ihn noch nicht gehört haben. Unser Gehorsam gegenüber Gott und unsere Solidarität mit der menschlichen Gemeinschaft fordern von uns, Christi Gebot zu erfüllen und Gottes Liebe allen Menschen, allen Klassen und Rassen, auf allen Kontinenten, in allen Kulturen, in allen Situationen und in allen geschichtlichen Zusammenhängen kundzutun."[245]

Die neue „evangelikale" Missionstheologie

In unserem Abschnitt über das Treffen des Internationalen Missionsrates in Ghana lenkten wir die Aufmerksamkeit auf die Tatsache, dass die Integration des Rates in den ÖRK viele Missionsgesellschaf-

245 H. KRÜGER und W. MÜLLER-RÖMHELD (Hrsg.), *Bericht aus Nairobi: Ergebnisse – Erlebnisse – Ereignisse* (Frankfurt: Otto Lembeck, 1976), 17-18.

ten ohne irgendeine Verbindung untereinander zurückließ. Einige von diesen knüpften zusammen mit anderen, die niemals irgendeine Verbindung zum IMR gehabt hatten, während der 60er-Jahre gegenseitige Kontakte und versuchten auch, evangelikale Kirchen im Westen und in der dritten Welt einzubinden. Der daraus resultierende Kongress zum Thema „The Church's World-Wide Mission" („Die weltweite Mission der Kirche") im April 1966 in Wheaton, Illinois, war ein Versuch, die evangelikalen Kräfte zu konsolidieren.

Wheaton war ein vorwiegend amerikanisches Treffen. Im selben Jahr folgte ein zehntägiger Kongress in Berlin, an dem 1200 Delegierte aus einhundert Ländern teilnahmen. Das Thema lautete: „Eine Menschheit, ein Evangelium, ein Auftrag". Sowohl in Wheaton als auch in Berlin wurden Anstrengungen unternommen, alle Evangelikale unter ein Dach zu bekommen. Evangelikale versuchten auch, die Versammlung des ÖRK in Uppsala (1968) zu beeinflussen. Donald McGavran und John Stott können in diesem Zusammenhang erwähnt werden.

Nach Uppsala trat besonders Peter Beyerhaus als Wortführer der evangelikalen Sache hervor. Er war z.B. der Hauptarchitekt der „Frankfurter Erklärung zur Grundlagenkrise der Mission" (1970).[246] In ihr werden „Sieben unaufgebbare Grundelemente der Mission" aufgelistet:

1. „Die christliche Mission erfährt ihre Begründung, Zielsetzung, Arbeitsaufgabe und den Inhalt ihrer Verkündigung allein aus dem Auftrag des auferstandenen Herrn Jesus Christus."

2. „Das erste und oberste Ziel der Mission ist die Verherrlichung des Namens des einen Gottes", also nicht Humanisierung.

3. „Jesus Christus unser Heiland und wahrer Gott und wahrer Mensch, wie Er uns in der Heiligen Schrift in Seinem Persongeheimnis und Seinem Heilswerk vor Augen gestellt ist, ist Grund, Inhalt und Autorität unserer Sendung. Ziel dieser Sendung ist es, allen

246 Der Text, aus dem die nachfolgenden Zitate stammen, findet sich unter http://www.institut-diakrisis.de/fe.pdf. Er ist auch abgedruckt in R. Bäumer, P. Beyerhaus, F. Grünzweig (Hrsg.), *Weg und Zeugnis: Bekennende Gemeinschaften im gegenwärtigen Kirchenkampf 1965-1980* (Bad Liebenzell: VLM; Bielefeld: Missionsverlag der evgl.-luth. Gebetsgemeinschaften, 1980), 202-208.

Menschen in allen Lebensbereichen die Gabe Seines Heils bekannt zu machen."

4. „Die Zueignung dieses Heils an die einzelnen Menschen geschieht jedoch erst durch die in die Entscheidung rufende Verkündigung und durch die Taufe, die die Glaubenden in den Dienst der Liebe stellen. Ebenso wie der Glaube in Buße und Taufe das ewige Leben empfängt, führt der Unglaube durch seine Ablehnung des Heilsangebotes in die Verdammnis."

5. „Das vorrangige und sichtbare Arbeitsziel der Mission ist die Sammlung der messianischen Heilsgemeinde aus und unter allen Völkern."

6. „Das Heilsangebot in Christus richtet sich ausnahmslos an alle Menschen, die Ihm noch nicht im bewussten Glauben verbunden sind. Die Anhänger fremder Religionen und Weltanschauungen können an diesem Heil nur dadurch Anteil bekommen, daß sie sich von ihren vormaligen Bindungen auf ihren falschen Hoffnungen befreien lassen, um durch Glaube und Taufe in den Leib Christi eingegliedert zu werden. Auch Israel soll sein Heil in der Bekehrung zu Jesus Christus finden."

7. „Die christliche Weltmission ist das entscheidende fortschreitende Heilshandeln Gottes unter den Völkern zwischen Auferstehung und Wiederkunft Jesu Christi."

Eines der Probleme derjenigen, die die Frankfurter Erklärung zusammengestellt hatten, war ihre Tendenz, all jene, die nicht mit ihnen übereinstimmten, als Feinde der Sache Christi zu brandmarken. Nach Bangkok 1973 bereitete die Sektion „Mission, Evangelisation und Ökumene" der „Konferenz bekennender Gemeinschaften in den Evangelischen Kirchen Deutschlands" unter Führung von Beyerhaus eine weitere Erklärung vor, in der Bangkok komplett abgelehnt und des „Verrats" und eines „antichristlichen Charakters" beschuldigt wurde. Zu Himmelfahrt 1974 folgte eine weitere Erklärung, die Berliner Ökumene Erklärung „*Freiheit und Gemeinschaft in Christus*", die fünf Abschnitte enthielt:

„I. Die Sichtungsstunde der Ökumene"
„II. Das Befreiungsprogramm der Ökumene"
„III. Die Einheitsvision der Ökumene"
„IV. Die Einflusskraft der ideologischen Ökumene"
„V. Die Bekennende Gemeinde antwortet der Ökumene".[247]

In der Zwischenzeit hatten Evangelikale aus aller Welt mit Vorbereitungen für einen neuen Kongress begonnen. Das führte zum Kongress für Weltevangelisation, der im Juli 1974 in Lausanne tagte. Hier wurde das Konzept „evangelikal" breiter interpretiert als es die deutschen Aktionsgruppen taten. Wir haben bereits darauf hingewiesen, dass „evangelikal" nicht für alle dasselbe bedeutet und dass Beyerhaus nicht weniger als sechs unterschiedliche evangelikale Gruppierungen identifiziert. In Lausanne waren Repräsentanten von allen sechs Gruppierungen anwesend. Das hatte den Vorteil, dass die Redner sich ergänzten und dass Lausanne weniger polemisch war als es ein Treffen von Anhängern nur einer der „evangelikalen" Gruppierungen gewesen wäre. Das erklärt, warum die Lausanner Verpflichtung nicht nur eine Richtung widerspiegelt, sondern vielmehr eine dynamische Interaktion zwischen vielen verschiedenen Ansätzen. Das wird in den Abschnitten 4 und 5 am deutlichsten, die vom „Wesen der Evangelisation" und von der „sozialen Verantwortung der Christen" handeln.[248]

Wir haben erwähnt, dass die Versammlung des ÖRK in Nairobi (1975) eine leichte Veränderung im Ton offenbart, wenn man sie mit früheren ÖRK Versammlungen vergleicht. Man kann nicht bestreiten, dass sich diese Veränderung zumindest teilweise dem Einfluss der vierten römisch-katholischen Bischofssynode (1974) und besonders von Lausanne verdankte. Die Ähnlichkeiten zwischen den Dokumenten dieser drei ökumenischen Versammlungen sind in der Tat bemerkenswert, wenn auch die wichtigen Unterschiede nicht unterschätzt werden sollten.[249] Während die Tendenz bis in die frühen

247 Siehe http://www.institut-diakrisis.de/boee.pdf.

248 Die Lausanner Verpflichtung findet sich unter http://www.lausannerbewegung.de/data/files/content.publikationen/55.pdf.

249 Siehe z.B. R. Thaut, „Evangelisation heute – Ein Vergleich der Dokumente von

70er-Jahre eine polarisierende war, scheint es nun ein bestimmtes Maß an Annäherung zu geben. Das gilt natürlich nur für Teile der evangelikalen und ökumenischen „Lager". Einige Fundamentalisten und Konfessionalisten in der ersten Gruppe sowie bestimmte Wortführer der Befreiungstheologie und Revolution in der zweiten Gruppe bekunden wenig Interesse an einer möglichen Annäherung.

Im letzten Teil dieses Buches werden wir eine Bewertung der verschiedenen gegenwärtigen Strömungen in der Missionstheologie wagen. Bis dahin betonen wir schlicht, dass die Debatten darüber, was Mission ist, in den verschiedenen Gruppen weitergehen.

Diese ganzen Fragen sind mit Sicherheit nicht nur von akademischem Interesse. Sie haben entscheidende Auswirkungen auf die Missionspraxis und auf die Rolle der Kirche in der Welt.

Von 1979 bis zur Gegenwart[250]

Trotz heftiger Proteste aus der evangelikalen Richtung setzt der ÖRK und die zu ihm gehörende *Kommission für Weltmission* ihre Arbeit nach dem Kongress in Uppsala fort und sucht nach Grundlagen des interreligiösen Zusammenlebens (z.B. Konsultation in Chiang Mai/ Thailand **1977**). In **Vancouver**/Kanada erkennt man **1983** Gottes schöpferisches Wirken auf der religiösen Suche nach Wahrheit in anderen Religionen, neben dem christlichen Zeugnis stehe der Dialog, der zeige, wie Gott in der Welt unter anderen Religionen wirke. Insgesamt wendet man sich von der universalen Christusherrschaft mehr und mehr der Königsherrschaft Gottes und der Trinität zu; manche Äußerungen sprechen davon, dass eine Christozentrische Ausrichtung der Theologie den Dialog der Religionen verbaue, während eine theozentrische ihn ermögliche.

Gegen diese Ziele erheben sich breite Widerstände besonders auf

---

Lausanne, Rom und Nairobi", in: *Ökumenische Rundschau* 26.4 (1977), 451-458.

250 Ergänzt aus: Klaus Meiß:2011: Kirchengeschichte zwischen Moderne und Postmoderne. Spuren des lebendigen Gottes – Band 3. Marburg: Francke, S 249-252.

Seiten der Evangelikalen, die die Bedeutung der Evangelisation betonen.

Im weiteren Verlauf hat die Lausanner Bewegung die „soziale Verantwortung“ nicht immer in ihr Zentrum gerückt. Der folgende Kongress in Pattaya/Thailand **1980** hat sich wieder ganz auf die Evangelisation konzentriert und schon in der Vorbereitungsphase die soziale Verantwortung ausgeklammert. So entsteht mitten unter den Teilnehmern ein Votum (*A Statement of Concerns on the Future of the Lausanne Committee for World Evangelization*), das zunächst Afrikaner, Asiaten, Lateinamerikaner und schwarze Nordamerikaner verfassen und zu dem West- und Osteuropäer wie Australier und Angloamerikaner ihre Beiträge leisten. In wenigen Stunden unterzeichnen fast ein Drittel der Anwesenden das Dokument. Deutlich übt man am Lausanner Komitee Kritik, das sich nicht stärker mit sozialen, politischen und wirtschaftlichen Fragen beschäftigt. Künftig sollen aber alle Teile der Verpflichtung verfolgt werden.

In den folgenden Jahren führen die Evangelikalen intensive Debatten über das Verhältnis von Evangelisation und soziale Aktion. Für die einen ist soziale Aktion ein Teil bzw. eine Konsequenz der Evangelisation, die aber vor allem Wortverkündigung ist (Arthur P. Johnston, Billy Graham, John Stott). Für die anderen sind Evangelisation und soziale Aktion zwar zu unterscheiden, aber beide haben die gleiche Bedeutung: Evangelisation ist daher nicht nur Seelengewinnung, sondern geschehe ganzheitlich in Wort und Tat (David Bosch, René Padilla, Ronald J. Sider, Samuel Escobar, Orlando E. Costas). In **Grand Rapids** führt die Evangelische Allianz und das Komitee der Lausanner Bewegung 1982 eine Konsultation durch, um die Verhältnisse zu klären. Mission soll danach Evangelisation und soziale Verantwortung bestehen, man hält also an der Lausanner Verpflichtung fest. Aus der Begegnung mit Gott erwachse der Wunsch, die erfahrene Liebe weiterzugeben in Wort und Tat. Zwar bleiben unterschiedliche Sichtweisen erhalten, aber beide Aspekte werden von allen Seiten anerkannt. Bedeutsam wird noch einmal ein Kongress in **Wheaton 1983**, als auf der dritten Teilkonsultation über *Die Antwort der Kirche auf die menschliche*

Not verhandelt wird. Statt dem bis dahin gebrauchten Begriff der *Entwicklung* setzt man nun auf die *Transformation* (Umwandlung) der Verhältnisse.

Transformation bezeichnet ein Konzept, das vom alttestamentlichen Bild vom Frieden (Schalom) und der Herrschaft Gottes bis zur Herrschaft über die Kirche des Neuen Testaments und das Reich Gottes ausgeht, wobei der Friede Gottes zur ganzheitlichen Erneuerung der gefallenen Schöpfung führe. Transformation ist also Teil von Gottes anhaltender Aktion in der Geschichte, um die Schöpfung zu heilen bzw. mit sich zu versöhnen. Sie ist ein Korrektiv gegenüber individueller wie Institutionalisierter Sünde. In Anlehnung an Kol 1,20 begründe Transformation das Heilswerk Christi, an dem Menschen mitwirken. Dazu gehören z.B. Freiheit, Gleichheit, Gerechtigkeit, kulturelle Sensibilität, Menschenwürde, Mitbestimmung, ökologische Gesundheit, Hoffnung und geistliche Erneuerung.

Hier versteht man den Heilswillen Gottes universal, Gott hat alle Völker im Blick, daher hat er sich in der Weltgeschichte wie in der Heilsgeschichte offenbart. Der Riss zwischen geistlicher und profaner Geschichte werde zwar erst mit der Wiederkunft Christi geheilt, aber Christi Sieg bestimme schon die ganze Geschichte. Daher dürfe man nicht streng zwischen weltlicher und geistlicher Herrschaft unterscheiden, da so die Gefahr bestehe, dass man sich zu wenig um Verbesserungen kümmere. Schon jetzt setze Gottes Herrschaft an, die sich zukünftig vollendet. Transformation ist nicht Erlösung, aber in das verändernde Handeln Gottes sei die ganze Menschheit hineingenommen.

Der 2. große Weltkongress für Evangelisation in Manila 1989 hat dann unter dem Thema *Zeugnis in Wort und Tat* gestanden; hier hält man an den Ergebnissen der vorigen Konsultationen und Kongresse fest. In der konkreten Umsetzung mag manches unterschiedlich ausgeprägt sein, was in einer internationalen Bewegung kaum anders sein kann. Den radikalen Evangelikalen, die für eine ganzheitliche Evangelisation in Wort und Tat eintreten und die gesellschaftlichen Strukturen umgestalten wollen, stehen die evangelistischen Evangelikalen gegenüber, die vor allem auf die Verkündigung Wert legen. Vermittelnd stehen die Wort- und Tat-Evangelikalen, die Wortverkündigung und soziale Tat nebeneinanderstellen, ohne beides fest vor- oder zuzuordnen.

Am Ende des Jahrtausends stehen sich so schließlich zwei Blöcke gegenüber, die allerdings auch viele Gemeinsamkeiten haben. Sowohl die Christen in der Lausanner Bewegung als auch die Arbeit des ÖRK sieht Mission als *Missio Dei.* Die Armen werden in beiden Bewegungen in den Blick genommen und entsprechend soziale Gerechtigkeit gefordert. Gemeinsam tritt man für den interreligiösen Dialog ein. Dabei verfolgen beide Gruppen verschiedene Ziele. Während die ökumenische Bewegung Dialog und Zeugnis zusammen sieht, steht das missionarische Zeugnis in Wort und Tat bei den Evangelikalen im Vordergrund.

Teil IV:

Auf dem Weg zu einer Theologie der Mission

18. Die zentrale Rolle der Mission

Missionsdenken als wesentliche Aufgabe

In diesem letzten Teil werden wir versuchen, der Missionstheologie einen Weg in die Zukunft zu bahnen. Nachdem wir uns im ersten Teil der gegenwärtigen Verwirrung auf diesem Gebiet widmeten und im zweiten Teil vier Elemente einer biblischen Missionstheologie identifizierten, studierten wir im dritten Teil die Definition von Mission in den verschiedenen Epochen der Kirchengeschichte. Das förderte ein Mosaik zutage, in dem einige Teile und Farben in krassem Gegensatz zu anderen stehen. Es ist daher ganz wesentlich, nun einen Schritt weiterzugehen und einige Leitlinien für eine verantwortbare Missionstheologie vorzuschlagen.

Es versteht sich von selbst, dass wir uns nicht bemühen sollten, so eine Theologie in ein präzises, unveränderbares Raster einzuzwängen. Doch es ist nur zu menschlich, so etwas zu versuchen. Es vermittelt ein Gefühl von Sicherheit, wenn wir unsere Überzeugungen in verbindlichen Formen vorliegen haben. Doch diese Art von Sicherheit ist nicht ganz unproblematisch. Jede Systematisierung ist in sich selbst bereits ein Hindernis auf dem Weg zur Wahrheit. Gott geht es stärker um Authentizität als um Inhalt. Seine Freiheit ist größer als unsere theologischen Formulierungen. Das heißt natürlich nicht, dass es egal ist, wie wir unsere Glaubensüberzeugungen formulieren. Wir *brauchen* Leitlinien – um unserer selbst und um unserer menschlichen Begrenzungen willen. Auf diese Weise erhalten wir eine größere Klarheit über das, was von uns erwartet wird – solange wir uns daran erinnern, dass solche Leitlinien relativ sind und bleiben.

Wenn wir eine verantwortbare Missionstheologie diskutieren, muss von vorneherein gesagt werden, dass Mission ein wesentlicher Aspekt im Leben der Kirche und des einzelnen Christen ist. Wir haben gesehen, dass dies nicht immer der Fall gewesen ist. Sowohl römisch-katholische als auch protestantische Ekklesiologien entwickelten sich in einer Zeit, als das Christentum praktisch aufhörte, eine missionarische Religion zu sein. Das erklärt die völlige Abwesenheit jeglicher missionarischer Dimensionen in den Definitionen von „Kirche" im 16. und 17. Jahrhundert. Stephen Neill sagt: Die reformatorischen Kirchendefinitionen „beschwören das Bild eines typischen englischen Dorfes mit rund 400 Einwohnern herauf, in dem alle getaufte Christen sind und angehalten, ein mehr oder weniger christliches Leben zu führen, und zwar unter dem achtsamen Auge des Pfarrers und des Gutsherrn. In so einem Kontext hat ‚Evangelisation' kaum noch eine Bedeutung, da alle in gewissem Sinne bereits Christen sind und nur noch vor religiösen Fehlern und lasterhaftem Leben bewahrt werden müssen."[251]

Der missionarische Aspekt der Existenz der Kirche wurde nur schrittweise und sporadisch wiederentdeckt. Diese Entwicklung erreichte zwischen den 30er- und 50er-Jahren des 20. Jahrhunderts ihren Zenit. Wir verweisen hier besonders auf die holländische Theologie des Apostolats. Trotz aller Kritik, die wir gegen Hoekendijk vorbringen könnten, sollten wir doch seinen entscheidend wichtigen Beitrag nicht übersehen. Er konnte z.B. sagen: Wir werden niemals verstehen, was die Apostel lehrten, wenn wir nicht tun, was die Apostel taten: Mission. Apostolizität ohne Apostolat ist keine Apostolizität, sondern Apostasie, Abfall vom Glauben. Bereits 1933 sagte Gerardus van der Leuw, der berühmte Religionshistoriker: Mission ist ein lebenswichtiger Ausdruck des Heiligen Geistes, den wir niemals einengen sollten. Aus diesem Grund saugt jedes Einschränken des Wirkens des Heiligen Geistes in Bezug auf die Einzelperson, die Kirche oder die traditionell orthodoxe Lehre die Lebenskraft aus der Mission.

Mission als wesentlicher Aspekt der Existenz der Kirche ist auch mit der Tatsache verbunden, dass Gottes Gnade – mit Barths Worten – niemals eine „brutale Gnade" ist.[252] Gott will den Menschen nicht gegen dessen Willen zu sich ziehen. Er will dem Menschen die Gelegenheit geben, Gott in Freiheit abzulehnen. Und diese Gelegenheit, die Gott gibt, wird Mission genannt.

251 S. Neill, *The Church and Christian Union* (London: Oxford University Press, 1968), 75.
252 K. Barth, *Kirchliche Dogmatik*, IV/1, 824.

„Dimension" und „Intention"

Wenn man Mission im Allgemeinen schlicht zum „wesentlichen Aspekt" der Kirche erklärt, hat man noch lange nicht alle Unklarheiten beseitigt. In diesem Zusammenhang kommt uns H.-W. Gensichens Unterscheidung zwischen „Dimension" und „Intention" zu Hilfe.[253] Alles, was die Kirche ist und tut, sagt Gensichen, muss eine missionarische *Dimension* haben, aber nicht alles hat eine missionarische *Intention*. Um es anders auszudrücken: Das gesamte Wesen der Kirche ist missionarisch, aber sie richtet sich nicht in allen ihren Aktivitäten ausdrücklich an die Welt. Die Kirche muss unter allen Umständen „missionarisch" sein, aber sie „missioniert" nicht ständig. Die Kirche ist „missionarisch", wenn sie in der Lage ist, Außenstehende willkommen zu heißen, wenn sie nicht nur seelsorgerlich handelt, wenn Laien in die Aktivitäten der Gemeinde eingebunden sind, wenn die Gemeinde strukturell anpassungsfähig ist und wenn sie nicht die Privilegien einer ausgewählten Gruppe verteidigt. Nur eine Kirche, die diese missionarische Dimension aufweist, kann auch bewusst „missionieren", sich also aktiv in die Welt hineinbewegen.

Hoekendijk neigt dazu, die Kirche vollständig unter „Intention" zu klassifizieren: Sie ist nur Kirche, wenn und während sie aktiv unterwegs ist in die Welt. „Intention" kann jedoch nur auf der Grundlage von „Dimension" existieren. Die Gemeinde sollte in ihrer bloßen Existenz eine missionarische Dimension haben, da sie ansonsten einfach nicht zur konkreten Mission kommen wird. Dieser Aspekt ist besonders von D. van Swigchem hervorgehoben worden.[254] Was im Schoß der Kirche geschieht und erlebt wird – Freundlichkeit, Einheit, Liebe zum Nächsten und zu den Geschwistern, Gehorsam, Freude, gute Werke (vgl. Philipper 2,14-16; Kolosser 4,5; 1. Thessalonicher 4,9-12; 1. Petrus 2,12; 3,15) – hat eine missionarische Dimension. Diese Dinge sind bereits eine Verkündigung an die Außenstehenden (vgl. Kolosser 4,5; 1. Thessalonicher 4,12; 1. Korinther

253 Vgl. Gensichen 1971, bes. 80-96 und 168-186. Siehe auch G. F. Vicedom, *Die missionarische Dimension der Gemeinde* (Berlin: Lutherisches Verlagshaus, 1963).

254 Vgl. D. van Swigchem, *Het Missionair Karakter van de Christelijke Gemeente volgens de Brieven van Paulus en Petrus* (Kampen: Kok, 1955).

5,12-13). Die Gläubigen sind aufgrund ihrer bloßen Existenz und bereits bevor sie irgendeine Grenze zur Welt überschritten haben „ein Brief Christi ... erkannt und gelesen von allen Menschen“ (2. Korinther 3,2-3).

Die östliche orthodoxe Kirche definiert Mission wie wir bereits sahen in Kategorien der „Dimension“: das sakramentale Leben der Gemeinde ist das Zentrum der Mission. Das ist sicherlich ein gültiger Standpunkt. Wo jedoch Hoekendijk in der Gefahr steht, „Intention“ zu verabsolutieren, begegnet uns hier die gegenteilige Gefahr: dass man „Dimension“ allein für adäquat hält. Dimension und Intention sollten dynamisch miteinander in Beziehung stehen. Das eine fördert und stimuliert das andere. Die Kirche ist, um einen Ausdruck von Zinzendorf zu benutzen, sowohl „Asyl“ als auch „Pfeilschmiede“. Sie ist Erfüllung, Vorgeschmack, Erstlingsfrucht, Verwirklichung der Erlösung, und gerade *als solche* in die Welt gesandt. Eine bezeugende, dienende, missionierende Kirche ist nur auf der Grundlage einer ganz starken Inspiration vorstellbar. Der rein apostolische Kirchenansatz ist bei genauer Untersuchung nicht zu halten. Ohne Dimension löst sich Intention schnell auf. In seiner breit angelegten Behandlung der Soteriologie diskutiert Karl Barth daher die Kirche mit Recht unter drei Aspekten. Band IV/I, §62 behandelt das Thema „Der Heilige Geist und die *Versammlung* der christlichen Gemeinde“; hier wird auch dem institutionellen Aspekt der Kirche Aufmerksamkeit geschenkt. Band IV/2, §67, behandelt das Thema „Der Heilige Geist und die *Erbauung* der christlichen Gemeinde“; hier wird der gemeinschaftliche Aspekt, die *koinonia*, betont. Band IV/3, §72, präsentiert eine Diskussion des Themas „Der Heilige Geist und die *Sendung* der christlichen Gemeinde“. Keiner dieser drei Aspekte sollte jemals getrennt von den anderen betrachtet werden.

All dies impliziert nicht, dass im Blick auf den Inhalt der „missionarischen Intention“ und auf das Ziel der Mission eine endgültige Klarheit erreicht worden ist. Wir werden uns in den folgenden Kapiteln diesen Fragen widmen. Es versteht sich von selbst, dass unsere „Lösungen“ keine Unfehlbarkeit beanspruchen. Wir alle leiden an den Einschränkungen unserer „theologischen Optik“. Die theologischen Ansichten und Urteile jeder Person sind zumindest zum Teil das Ergebnis eines bestimmten Hintergrundes und Kontextes. Wir können bestenfalls erhoffen, dass wir – soweit es unsere menschlichen Grenzen erlauben – unsere Ohren und Herzen für alle Meinungen öffnen, sie sorgfältig abwägen und dann im Lichte des weiten Rahmens, den Gott uns durch sein Wort vermittelt, eine eigene Position finden – im vollen Bewusstsein der Tatsache, dass andere zu Schlussfolgerungen kommen können, die von unseren an entscheidenden Punkten abweichen.

Wie wir im 4. Kapitel gezeigt haben, gibt es heute im Wesentlichen zwei missiologische Modelle, die um die Vorherrschaft kämpfen. Das evangelikale Modell akzentuiert die Diskontinuität zwischen Gottes Wirken und unserem Wirken, zwischen Heilsgeschichte und Weltgeschichte, zwischen ewigem und zeitlichem Heil. Das ökumenische Modell betont die Kontinuität zwischen Kirche und Welt, Gottes Heil und sozio-politischer Befreiung, Erlösung und Humanisierung. Könnte es sein, dass beide recht haben? Oder liegen vielleicht beide falsch?

19. Ein abgespecktes Evangelium

Schattierungen von Dualismus

In diesem Kapitel wollen wir den Blick auf Mängel richten, die unserer Ansicht nach typisch für die evangelikale Missionstheologie sind.

Unter Evangelikalen besteht die Tendenz, Christus nur als Herrn der Kirche und nicht auch als Herrn des Kosmos anzusehen. Seit der Geburt der Kirche hat es Christen gegeben, die dazu neigten, die Welt zu verachten. Sie haben das Evangelium im Sinne einer Erlösungsreligion in Analogie zu den griechischen Mysterienreligionen interpretiert. Man kümmerte sich um die Erlösung *von* der Welt, statt um die Erneuerung der Welt. Die brennende Überzeugung, die leidenschaftliche Hoffnung, die „sehnsüchtige Erwartung" und das Stöhnen „wie in den Wehen" (Römer 8,19.22) – also die Dinge, die sich darauf richten, dass sich die gesamte Schöpfung Christus unterwerfen soll, sind verloren gegangen.

Heiligung wird in manchen evangelikalen Kreisen von denjenigen, die diese Sicht teilen, als Rückzug von allem definiert, was „weltlich" ist. Die Vergebung persönlicher Sünden wird mit Erlösung gleichgesetzt. Wie Augustinus es ausdrückte: „Unsere Herzen sind unruhig in uns, bis sie Ruhe finden in dir." Wenn jene Ruhe gefunden worden ist, hat der Gläubige seine Bestimmung gefunden. Mission bedeutet von daher die Kommunikation einer Botschaft, die jene „Ruhe" hervorrufen wird. Der Prediger konzentriert sich auf „ewige Heilung" statt auf die bloß zeitliche Verbesserung der Bedingungen in dieser Welt – Letzteres ist anscheinend eine Sache, für die ökumenisch gesinnte Christen kämpfen. Die Veränderung sozialer Strukturen ist von zweitrangiger Bedeutung, weil sie letztlich irrelevant sind.

Diese Haltung gegenüber sozialem und politischem Engagement kann verschiedene Formen annehmen. Die extremste Auffassung besteht darin, jegliche Form von sozialem Engagement als *Verrat des Evangeliums* zu betrachten. So ein Engagement, lautet die Argumentation, repräsentiere ein unberechtigtes Abweichen vom Legitimen zum Illegitimen. Wo dieses Engagement dennoch auftritt – schlicht als Ergebnis der Tatsache, dass der Christ keine Wahl hat und *in* dieser Welt leben muss – geht es oft mit einem schlechten Gewissen einher, einem Gefühl, dass das Geburtsrecht des Evangeliums für ein Linsengericht eingetauscht wurde. Der Gläubige ist jedoch am glücklichsten, wenn er Deiche gegen die drohenden Fluten des sozialen Engagements baut. Er hat wachsam auf die satanischen taktischen Winkelzüge der Ablenkung und jeder Verfälschung des Glaubens zu achten. Schließlich heißt es: „Die gesamte Gestalt dieser Welt vergeht" (1. Korinther 7,31). Bei dieser Auffassung ist der Dualismus zwischen Geist und Leib, ewig und zeitlich, persönlich und sozial, heilig und profan, ein totaler.

Es ist aber auch möglich, soziales Engagement als *Mittel zum Zweck* zu verstehen. Dieses Argument wurde vorgebracht, um in der Mission Initiativen für Bildung und im Gesundheitswesen zu unterstützen. Diese Aktivitäten seien nicht als solche Mission, aber sie könnten dazu dienen, die Missionsobjekte für das Evangelium „weich" zu machen. Diese Initiativen dienen daher als Köder und Vorläufer der „wahren" Mission. „Dienende Angebote sind ein Mittel zum Zweck. Solange solche Angebote es möglich machen, Menschen mit dem Evangelium zu konfrontieren, sind sie nützlich."[255]

Eine dritte Alternative besteht darin, soziale Aktivitäten als *optional* anzusehen. Soziales Engagement ist als solches nicht falsch, aber es hat schlicht keine Priorität. Wenn Zeit vorhanden ist und sich Gelegenheiten ergeben, könnte es sogar gut sein, sich an sozialen Aktionen zu beteiligen.

Der vielleicht beliebteste Ansatz unter Evangelikalen besteht darin, die Beziehung zwischen persönlicher Erlösung und sozialem Engagement als *Saat und Ernte* zu beschreiben oder als eine Beziehung zwischen primären und sekundären Dingen. „Mission steht an erster Stelle, und das Dienen folgt wie die Ernte der Saat."[256] Elton Trueb-

255 H. Lindsell, „A Rejoinder", in: *International Review of Mission* 216 (1965), 439.
256 J. S. Murray, „The Mission and the Ministry of the Church", in: *International Review of Mission* 205 (1963), 29. (Murray definiert „Mission" als Verkündigung und „Dienst" als Dienen.)

lood drückt es folgendermaßen aus: „Wenn wir nicht mit dem beginnen, was Priorität hat, werden wir höchstwahrscheinlich nicht das erreichen, was sekundär ist, denn Letzteres ist ein Resultat des Ersteren. ... Der Ruf, Menschenfischer zu sein, geht dem Ruf, einander die Füße zu waschen, voraus."[257] Die Lausanner Verpflichtung benutzt eine ähnliche Wendung (unter „6. Gemeinde und Evangelisation"): „Bei der Sendung der Gemeinde zum hingebungsvollen Dienst steht Evangelisation an erster Stelle." Evangelikale lenken die Aufmerksamkeit oft auf das, was sie im Bereich der Nächstenliebe, der Nothilfe nach Katastrophen etc. tun. Das ist zweifellos lobenswert; die Frage bleibt jedoch, welche Funktion diese Aktivitäten in ihrem theologischen Gesamtansatz haben.

Eine Variation des Ansatzes, der zwischen primären und sekundären Aufgaben unterscheidet, ist in der weitverbreiteten Auffassung zu finden: Wenn Menschen sich wahrhaftig bekehren, werden sie sich selbstverständlich sozial engagieren. Martin Luther übernahm diese Haltung im Blick auf den Staat. Er glaubte: Wenn dem Wort Gottes nur erlaubt werden würde, ungehindert seine Kreise zu ziehen, dann würde dieses Wort die Herrscher und Reichen verändern und ein väterliches, wohlwollendes Regierungssystem hervorbringen.

In den letzten Jahren ist unter Evangelikalen jedoch die starke Überzeugung gewachsen, dass keiner dieser vier Ansätze adäquat ist. Kürzlich wurden Anstrengungen unternommen, Zeugnis und Dienst enger zu verbinden. Das war jedoch oft nicht von Erfolg gekrönt, was dazu führte, dass der Dienst ein sekundäres Element blieb. Sowohl die Erklärung von Wheaton (1966) als auch die Lausanner Verpflichtung (1974) offenbaren dies. Das Problem besteht darin, dass die Lösung üblicherweise darin gefunden wird, dass die soziale Dimension und das Engagement des Gläubigen in der Welt zur Evangelisation hinzugefügt werden. Trotz bester Absichten bleiben diese Dinge daher nur eine Ergänzung.

257 Trueblood 1972, 98.

Lehre und Leben

Evangelikale sagen oft, die Reinheit der Lehre sei von unvergleichlicher Bedeutung. Die „glaubende Annahme“ der rettenden Tatsachen über den Tod und die Auferstehung Jesu garantiere Erlösung. Die Heilsereignisse werden in der fernen Vergangenheit verortet (in der biblischen Geschichte) oder in der Zukunft (im Kommen des Millenniums) oder sie werden nach innen verlegt (Erlösung findet im Herzen der Menschen statt). Das gegenwärtige Zeitalter bleibt als solches jedoch leer. Die Aufgabe der Kirche besteht darin, die Traditionen der Vergangenheit als einen Schatz zu bewahren und sie vor Verfälschungen zu schützen.

In diesem Prozess wird „gesunde Lehre“ meist ziemlich eng definiert. Es werden feine Unterscheidungen zwischen der Lehre selbst und ihrer „ethischen Anwendung“ vorgenommen. Wir müssen jedoch die dringliche Frage stellen, ob Häresie nur mit Ersterem zu tun hat. W. A. Visser ’t Hooft sprach diese Sache vor der Versammlung in Uppsala (1968) klar und deutlich an: „Es muss deutlich werden, dass Kirchenmitglieder, die in Wirklichkeit ihre Verantwortung für die Bedürftigen in jedem Winkel der Erde leugnen, der Häresie genauso schuldig sind wie diejenigen, die diesen oder jenen Glaubensartikel leugnen.“ Wenn sich eine unchristliche Praxis hinter rechtgläubigen theologischen Formulierungen versteckt, haben wir es nicht nur mit Heuchelei zu tun, sondern auch mit Apostasie. Die Lehre von der Versöhnung darf sich nie mit der frommen Rezitation heilsgeschichtlicher Tatsachen zufriedengeben, sondern bei ihr geht es genauso darum, dem Bekenntnis im Leben hier und jetzt gerecht zu werden. Evangelikale neigen manchmal dazu, den Glauben zu verteidigen, anstatt ihn zu praktizieren. Das führt zu der Auffassung, die wichtigste und beinahe ausschließliche Aktivität der Kirche sei der öffentliche Gottesdienst und alles, was mit ihm verbunden ist: Taufe, Katechese, Gebetstreffen, Beerdigungen etc. Man sorgt sich daher um sakrale Zeremonien, die in Distanz zum täglichen Leben stattfinden, an speziellen Orten und Zeiten. Reformation und Erneuerung der Kirche bedeuten im Wesentlichen: Befestigung der eigenen kirchlichen Institution und Verbesserung der eigenen Programme. Die Kirche ist ein Fort, ein Bollwerk, ein Heiligtum, von der Welt getrennt; sie ist der Besitzer der Wahrheit, die Quelle und der Vermittler der Heilsmittel.

Aufgrund dieser Ansichten neigen einige Evangelikale dazu, ihre eigenen Überzeugungen mit Gottes Willen zu identifizieren und ihre eigenen Unternehmungen ohne zu zögern als „Werk des Herrn" zu bezeichnen. Diese Tendenz offenbart sich in einem offenen Brief von Donald McGavran an die ÖRK-Vollversammlung in Nairobi, in dem er unter Verwendung eines eindeutigen Schwarz-Weiß-Denkens seine eigene Auffassung mit der Sicht Gottes identifiziert. Er schreibt z.B.:

> Wir sind zu dem Schluss gekommen, dass zwei radikal unterschiedliche Lehrsysteme um Akzeptanz ringen. Das eine glaubt, dass die Bibel das inspirierte, autoritative, unfehlbare Wort Gottes ist. Das andere glaubt, dass die Bibel Menschenwort ist, durch das Gott gelegentlich spricht. ... Das eine System glaubt, dass die Kirche die Braut Christi ist. Das andere glaubt, dass die Kirche eines von vielen Instrumenten Gottes ist, um eine gerechtere menschliche Sozialordnung hervorzubringen.

Die Neigung von Peter Beyerhaus, jeden, der mit dem ÖRK kooperiert, als „Feind des Evangeliums" zu brandmarken, ist ein weiteres Beispiel dieses Denkens. Die Implikationen sind klar: Wer mit ihm übereinstimmt, steht auf der Seite des Herrn. Aber was ist mit den anderen?

So ein Ansatz hat natürlich weitreichende Folgen, was in einem Artikel von A. J. R. McQuilkin in dem Band *Crucial Dimensions in World Evangelization* zum Vorschein kommt.[258] Die Identifikation der eigenen Unternehmung mit dem Werk Gottes erreicht hier neue Höhen. Wenn andere keine Evangelisation betreiben (in der Form, wie sie der Autor definiert), wird Gott „neue, dynamische Bewegun-

258 Siehe A. J. R. McQuilkin, „The Foreign Missionary – a Vanishing Breed?", in: *Crucial Dimensions in World Evangelization* (Pasadena: Wm. Carey Library, 1976), 293-305.

gen" hervorbringen, welche die alten ignorieren werden (S. 301). Einheit ist wichtig, darf jedoch niemals als entscheidender Faktor angesehen werden (S. 302). Unsere übermäßige Beschäftigung mit der Einheit sowie die Tatsache, dass wir die Ansichten anderer (z.B. der jüngeren Kirchen) in Betracht ziehen, führt zu einer „Einschränkung der freien Bewegung des Heiligen Geistes" (S. 303, ein Zitat von Herbert Jackson). Konkurrenz und Proselytismus sind daher in Ordnung. „Effektive Evangelisation" ist alles, was zählt, und wenn andere das nicht so sehen wie wir, muss man ihnen widerstehen oder sie beiseitedrängen.

Das Problem spitzt sich zu, wenn sich Evangelikale mit derart hochfliegenden Ansprüchen auf göttliche Sanktionierung aller ihrer Unternehmungen als genauso egozentrisch entpuppen wie die „Welt", die sie bekämpfen. Wenn Christen mithilfe von Entweder-oder Rastern sich gegenüber anderen Christen abgrenzen, laden sie in Wirklichkeit die Welt – und die anderen Gläubigen – dazu ein, ihre Ansprüche einer sorgfältigen Prüfung zu unterziehen. Sie sagen auf vielerlei Weisen: „Bei uns ist es anders", doch dann sollten sie auch in der Lage sein, ihren Anspruch zu untermauern. Der Test besteht nicht einfach darin, ob sie der Versuchung von „pot, pub, and pornography" widerstehen können,[259] sondern noch mehr darin, wie sie ihre Mitmenschen betrachten und behandeln. Mindestens neun der sechzehn „Werke des Fleisches" aus Galater 5,19-21 haben mit der Haltung eines Menschen gegenüber seinem Nächsten zu tun. Von den neun „Früchten des Geistes" haben mindestens sechs wichtige soziale Dimensionen.

Wenn wir nur jenen Teil des Evangeliums kommunizieren, der mit den „gefühlten Bedürfnissen" und den „persönlichen Problemen" korrespondiert („Bist du einsam? Hast du den Eindruck, du hast versagt? Dann komm zu Jesus!"), während wir zu den zwischenmenschlichen Beziehungen, zum Rassismus, zur Ausbeutung und zu schreiender Ungerechtigkeit schweigen, verkündigen wir das Evangelium *gar nicht*. Das ist die Quintessenz dessen, was Bonhoeffer „billige

259 R. J. Sider, *Evangelism, Salvation, and Social Justice* (Bramcote: Grove Books, 1977), 18.

Gnade“ nannte. Immerhin gilt: „Gott wird besonders zum Zorn gereizt, wenn Menschen solchen Praktiken verfallen. Sie werden in seinen Augen widerlich, eine Beleidigung seiner Nase. Angesichts *dieser* Bösartigkeiten kann er ihr religiöses Getue nicht ertragen. Er kann ihre Gebete nicht mehr hören, er hasst ihre Festtage, er hat ihre heuchlerischen Opfer satt, er verabscheut ihre treuen Gottesdienstbesuche als nichts weiter als ein ungebührliches Betreten seines Tempelbezirks: ‚Ich kann Frevel und feierliche Versammlungen nicht ertragen.‘“[260]

Vor einigen Jahren erregte ein Amerikaner, Dean Kelley, Aufsehen, als er sagte, das phänomenale Wachstum konservativer Gemeinden in Amerika sei ihrer Strenge zu verdanken, während der statistische Rückgang in „liberalen“ Kirchen ein direktes Ergebnis ihrer Nachlässigkeit sei. Kelleys These ist aus verschiedenen Richtungen herausgefordert worden. Einige sagen, das Wachstum in evangelikalen Denominationen sollte der Tatsache zugeschrieben werden, dass in diesen Kirchen Rechtgläubigkeit und sozialer Konservatismus Hand in Hand gehen: Menschen bekommen Gelegenheit, die alte, vertraute und tröstliche Botschaft zu hören, ohne im Hinblick auf soziales Engagement irgendwelche Veränderungen in ihrem Lebensablauf vornehmen zu müssen. Trotz ihrer schaurigen Predigten über Sünde, Satan und die Hölle stellen viele Evangelisten keine echte Bedrohung für den Lebensstil ihrer Zuhörer dar. Sie fordern die Menschen nicht auf, ihr soziales Leben umzustellen. Sie versuchen einfach nur, Menschen zu guten Christen zu machen, die die Wiederkunft Christi erwarten. Die Tatsache, dass sich seit Anfang der 70er-Jahre des 20. Jahrhunderts in vielen westlichen Ländern ein nie dagewesener Pessimismus ausgebreitet hat, und dass dieser Pessimismus eine Art fadenscheinigen Transzendentalismus hervorgebracht hat, in dem eine jenseitsorientierte Religiosität blüht, trägt dazu bei, dass ein gewisser Resonanzbodens für diese Art von Predigt erzeugt wird.

260J. D. Gort, „Gospel for the Poor?“, in: *Zending op Weg naar de toekomst. Essays aangeboden aan Prof. Dr. J. Verkuyl* (Kampen: Kok, 1978), 106.

Selektiver Konservatismus

An diesem Punkt müssen wir eine ganz bestimmte Unstimmigkeit demaskieren. Während Evangelikale betonen, dass in dieser Welt alles zeitlich, relativ und daher unwichtig ist, finden wir gerade in diesen Kreisen ein beinahe fanatisches Festklammern an bestehenden Strukturen und Lebensmustern. Das Bekenntnis, dass die Gestalt dieser Welt vergeht, führt paradoxerweise zu einer Absolutsetzung der bestehenden Ordnung. Es scheint, als bestehe die Aufgabe der Kirche darin, den Status quo zu bewahren. Je mehr das Evangelium als eine jenseitige Wirklichkeit verkündigt wird, umso mehr wird die bestehende Ordnung unkritisch aufrechterhalten. Vielleicht kann dieses Phänomen mit dem Verweis auf den Dualismus erklärt werden, der für pietistische Evangelikale typisch ist. Der Mensch lebt auf zwei „Ebenen“. Auf der persönlichen Ebene gehört alles Christus; man gehorcht ihm vorbehaltlos. Auf der Ebene der gemeinschaftlichen Beziehungen der Menschen sind allerdings *andere* konstitutive Faktoren wirksam. Das zeigt sich ganz besonders deutlich in einigen extremen Manifestationen der lutherischen Zwei-Reiche-Lehre. Ein Nazioffizier konnte im Dritten Reich beispielsweise der ideale Familienmensch sein und sonntags fromm zur Kirche gehen, doch ansonsten ohne Gewissensbisse bei der Auslöschung der Juden mitwirken.

Diese Art von selektivem Konservatismus offenbart sich auch dort, wo Evangelikale auf der einen Seite die zunehmende Säkularisierung aller Lebensbereiche beklagen und auf der anderen Seite alle technischen Produkte und Errungenschaften der Säkularisierung als Beweise der „göttlichen Vorsehung“ akzeptieren. In einem bemerkenswert scharfsinnigen Beitrag zu dem Band *American Missions in Bicentennial Perspective* hat Stephen C. Knapp die Aufmerksamkeit auf dieses Phänomen gelenkt.[261] Ein klassisches Beispiel in dieser Hinsicht war laut Knapp John R. Mott. Dieser meinte, Gott statte uns mit vielen wunderbaren Möglichkeiten und Fähigkeiten aus, zweifellos „um einen mächtigen und segensreichen Zweck zu för-

261 S. C. Knapp, „Mission and Modernization“, in: R. P. Beaver (Hrsg.), *American Missions in Bicentennial Perspective* (Pasadena: Wm. Carey Library, 1977), 146-209.

dern". Diese Dinge seien „primär" dazu gedacht gewesen, der Mission als „Magd" zu dienen. Gott habe „eine Tür nach der anderen in den Nationen der Menschheit geöffnet", „die Geheimnisse der Menschheit gelüftet" und „eine Erfindung nach der anderen ans Licht gebracht", z.B. die Dampfmaschine und Elektrizität. „Die Kirche Gottes ist im Aufwind. Sie kann die Macht, den Reichtum und das Wissen der Welt kontrolliert nutzen."

Viele moderne Evangelikale, so sagt Knapp, argumentieren genau wie Mott es tat, während sie gleichzeitig den Säkularisierungsprozess beklagen. Sie scheinen zu akzeptieren, dass es in diesem Prozess gewisse neutrale Elemente gibt, die der Missionar vom Rest abtrennen und benutzen kann. Anscheinend dämmert es dem Missionar nicht, dass er auf diese Weise zum Opfer der kapitalistischen Mentalität wird und oft mit neo-kolonialistischen Kategorien arbeitet. Die Kirche und Missionsgesellschaften werden dann genau wie säkulare Firmen geleitet. Auf diese Weise behalten westliche Gedankenmuster, die mit dem Evangelium als solchem nichts zu tun haben, ihre Dominanz, wenn auch auf sehr subtile Weise. Man muss Erfolge vorweisen können. Die Betonung von numerischem Wachstum hat hier ihren Ursprung. Ein Beispiel dafür ist Donald McGavran. Er glaubt, dass eine Kirche schneller wächst, wenn ihre Mitglieder alle denselben kulturellen Hintergrund haben. Wenn es z.B. in den USA passieren sollte, dass die Integration von Menschen mit unterschiedlichem ethnischen Hintergrund eine Verringerung der Mitgliederzahl einer Gemeinde zur Folge hat, dann empfiehlt er ethnisch getrennte Gemeinden, weil seiner Ansicht nach bewiesen worden ist, dass solche homogenen Gemeinden schneller wachsen als solche, die sich aus Menschen verschiedener ethnischer Gruppen zusammensetzen. Das ist nur einer der Wege, auf denen evangelikale Gemeinden dazu neigen, traditionelle soziale Muster in der amerikanischen Gesellschaft aufrechtzuerhalten. Außerdem führt das dazu, dass der „American way of life" mit dem Willen Gottes identifiziert wird. Kritik an dieser heilig gesprochenen Kultur wird dann oft als antichristliche Verschwörung gebrandmarkt.

Christus als Haupt der Kirche und des Kosmos

Wenn sich die persönliche Frömmigkeit eines Menschen zwischen ihn und seine Mitmenschen schiebt, wenn seine religiösen Verpflichtungen sein Herz gegenüber seinem Nächsten verschließen, wenn das Wirken des Heiligen Geistes auf das Gebiet der persönlichen Ethik beschränkt wird, wenn das Christentum einzig im Sinne von sakralen Handlungen zu bestimmten Zeiten definiert wird, wenn biblische Aussagen über die konkreten Bedürfnisse von Menschen spiritualisiert werden, wenn Erlösung auf die persönliche Beziehung eines Menschen zu Gott eingeschränkt wird, wenn jemand gerettet wird, diese Rettung aber keinerlei Einfluss auf seine Beziehungen hat, wenn strukturelle und institutionalisierte Sünden nicht aufgedeckt werden, dann haben wir es mit einer unbiblischen Einseitigkeit und einem zweifelhaften Christentum zu tun.

Denn Christus ist immerhin nicht nur das Haupt des einzelnen Gläubigen und der Kirche, sondern auch des Kosmos.[262] An dieser Stelle sichert das Konzept vom „kosmischen Christus" ein Wahrheitsmoment ab. Ihm ist „alle Macht im Himmel und auf Erden" gegeben (Matthäus 28,18). Gott hat „alles unter seine Füße getan und hat ihn gesetzt der Gemeinde zum Haupt über alles" (Epheser 1,22). Deshalb dürfen wir mutig beten: „Dein Reich komme, dein Wille geschehe, wie im Himmel, so auf Erden" (Matthäus 6,10). Das Reich kommt überall da, wo Jesus den Bösen überwindet. Das geschieht am vollständigsten in der Kirche (oder zumindest sollte es dort geschehen). Aber es geschieht auch in der Gesellschaft. Christus weigert sich, unser Erlöser zu sein, wenn wir ihn fortwährend als Herrn unseres ganzen Lebens ablehnen. Die Tendenz, sein „Sitzen zur Rechten Gottes" aus dem Glaubensbekenntnis als inaktives Herumsitzen zu interpretieren, basiert auf einem Missverständnis (vgl. Apostelgeschichte 7,55). Die Absicht dieses Glaubensartikels besteht im Gegenteil darin, über eine intensive Aktivität zu sprechen, über Christi absichtsvolle Herrschaft über und Beteiligung am Geschehen dieser Welt. Denn immerhin heißt es in Kolosser 2,15: „Er hat die kosmischen Mächte und Gewalten ihrer Macht

262 Vgl. I. J. du Plessis, *Christus as Hoof van die Kerk en Kosmos* (Groningen, 1962).

entkleidet und sie öffentlich zur Schau gestellt und hat einen Triumph aus ihnen gemacht in Christus."

Die „kosmischen Mächte und Gewalten" spielen in den Paulusbriefen auf die Art und Weise an, auf die übernatürliche Wesen sich sozusagen in Strukturen inkarnieren – in politischen, religiösen und intellektuellen Strukturen (-ologien und -ismen) – die den Menschen versklaven. Christus hat jedoch über sie triumphiert und will sie jetzt für sich selbst auf Erden in Dienst nehmen.[263] Sie wurden von Gott erschaffen, haben aber gegen ihn rebelliert. Diese Rebellion lodert immer mal wieder auf und die Kirche muss in dieser Hinsicht wachsam sein. So geschah es z.B. im Dritten Reich. Schrittweise wurden den Christen die Augen für die Tatsache geöffnet, dass die „kosmischen Mächte und Gewalten" nicht nur in den himmlischen Regionen residierten. Sie wurden Fleisch und Blut in dieser Welt und dämonisierten die Gesellschaft. Man musste die Königsherrschaft Christi im Gegenüber zu solchen dämonischen Strukturen nicht nur bekennen, man musste diese Königsherrschaft auch aufrechterhalten und aktiv ausleben. Wo die Christenheit die Fähigkeit verliert, die Welt wiederherzustellen, werden andere Mächte an ihre Stelle treten – Wissenschaft und Technik, aber auch die atheistische Revolution. Der alte Doketismus, der die körperliche Existenz Christi leugnete, findet seine moderne Analogie in der Tendenz, die Kirche und den Gläubigen außerhalb der turbulenten Ereignisse der Welt zu platzieren; die Konsequenzen sind genauso zerstörerisch.

All dies beinhaltet, dass der christliche Glaube die Ereignisse in der Welt niemals mit einem düsteren Pessimismus und Fatalismus betrachten darf und in einem Gebiet, das von einer Katastrophe getroffen wurde, einfach nur nach Überlebenden sucht. Wenn wir nicht daran festhalten, dass derselbe Gott, der zu biblischen Zeiten handelte, auch heute noch wirkmächtig ist, sind wir Deisten.

Das neue Zeitalter ist mit dem Kommen Christi angekommen; es ist in das alte Zeitalter eingedrungen. Und wir haben daran Anteil.

---

263 Vgl. H. Berkhof, *Christ and the Powers* (Scottdale: Herald Press, 1962) und J. H. Yoder, *Die Politik Jesu – der Weg des Kreuzes* (Maxdorf: Agape-Verlag, 1981).

Eschatologie ist die Lehre von Dingen, die bereits im Prozess der Erfüllung sind. Und wenn es so aussieht, als ob die Kirche vor zu viel realisierter Eschatologie zurückschreckt und sich in eine Jenseitigkeit zurückzieht, dann ist das so, weil sie die Botschaft und das Wirken Jesu Christi nicht verstanden hat und weil die Spannung, in der die Kirche lebt, sich als zu stark für sie erwiesen hat.

Wir lenken die Aufmerksamkeit auf einen letzten Aspekt. Im sozialen Engagement steht auch die Glaubwürdigkeit der Kirche auf dem Prüfstand. Das soll natürlich nicht heißen, dass sich die Kirche mit den sozialen Implikationen des Evangeliums mit der ausdrücklichen Absicht beschäftigen sollte, ihr Image zu verbessern. Das wäre nur eine weitere, subtilere Form der Jenseitigkeit. Vielmehr ist es so, dass sich die Kirche selbst zu verändern beginnt, wenn sie das ganze Evangelium kommuniziert. Keine Kirche, die in der echten Mission engagiert ist, bleibt unverändert. Sie entdeckt neue Dimensionen der Wahrheit, neue Tiefen der Nachfolge. Dies geschieht nicht, wenn die Kirche mächtig ist und von Sieg zu Sieg eilt, sondern wenn sie schwach ist, bedrängt, von allen Seiten infrage gestellt. Das sind die Zeiten, in denen der Heilige Geist sein kraftvolles Zeugnis durch die Kirche gibt. Zeugnis, *martyria*, heißt, den Weg des Kreuzes zu gehen.

20. Ein verwässertes Evangelium

Die Bedeutung der ökumenischen Missionstheologie

Legt das, was wir im vorhergehenden Kapitel gesagt haben, nahe, dass die ökumenische Missionstheologie der evangelikalen vorgezogen werden sollte?

Es kann kein Zweifel daran bestehen, dass die ökumenische Missionstheologie an entscheidenden Punkten tatsächlich ein Korrektiv zu ihrem evangelikalen Gegenstück darstellt. Das Evangelium gilt nicht nur für die Seele des Menschen, sondern für den ganzen Menschen, nicht nur für die Einzelperson, sondern auch für die ganze Gesellschaft. Das Argument, die Kirche sollte nichts mit Politik zu tun haben, ist eine Selbsttäuschung, denn die fehlende Einmischung in die Politik bedeutet öffentliche oder implizite Unterstützung des politischen Status quo. Befasste sich Jesus mit Politik? Evangelikale mögen mit „Nein" antworten. Dennoch wurden seine Aktivitäten als politisch gefährlich wahrgenommen, sowohl von den Juden als auch von den Römern. Er wurde von den politischen Körperschaften aufgrund von politischen Anschuldigungen verurteilt. Wir wollen damit nicht sagen, Jesus sei ein Zelot oder Revolutionär gewesen, was oft in den 60er-Jahren des 20. Jahrhunderts behauptet wurde. Dennoch kann man nicht leugnen, dass nicht nur seine Worte, sondern auch seine Taten die bestehende soziale und religiöse Ordnung in praktisch jeder Hinsicht infrage stellte.[264]

Dazu kommt, dass wir die Kritik aufrechterhalten müssen, die von Ökumenikern im Hinblick auf die übermäßige Beschäftigung einiger Evangelikaler mit dem numerischen Wachstum der Kirche geäußert wurde. Gottes Arithmetik unterscheidet sich von unserer.[265] Orlando Costas fragt, ob wir dann, wenn wir über „Gemeindewachstum" reden, es nicht in Wirklichkeit oft mit Gemeinden zu tun ha-

---

264 Vgl. in dieser Hinsicht unter anderem YODER 1981.

265 Vgl. H.-R. WEBER, „God's Arithmetic", in: G. H. ANDERSON und T. F. STRANSKY (Hrsg.), *Mission Trends No. 2* (Grand Rapids: Eerdmans, 1975), 64-67.

ben, die einfach „fetter" werden. Die Schlüsselfrage lautet nicht, ob Gemeinden zahlenmäßig zunehmen, sondern ob sie in der Gnade zunehmen. Zusätzlich zu einer Betonung des numerischen Wachstums plädiert Costas daher für eine Betonung der „organischen" Ausdehnung (der internen Beziehungen zwischen den Mitgliedern), der „konzeptuellen" Ausdehnung (im Hinblick auf das Wesen und die Mission in die Welt) und des „inkarnatorischen" Wachstums (das Ausmaß des Engagements der Kirche in ihrem sozialen Umfeld).[266]

Von Nächstenliebe zu Revolution

Das Studium der Veränderungen in den Auffassungen über das kirchliche Engagement in der Gesellschaft, die letztlich zur gegenwärtigen ökumenischen Position führten, ist sehr erhellend.

Zu Beginn des 20. Jahrhunderts wurde das missionarische Diakonat im Großen und Ganzen als Hilfsdienst angesehen. Es nahm die Form der Versorgung der Armen an, eine Versorgung, die u.a. in Waisenhäusern, in Krankenhäusern und in der Nothilfe nach Naturkatastrophen oder nach von Menschen verursachten Desastern Ausdruck fand. Über die Veränderung von Strukturen wurde kaum je nachgedacht.

In den 20er-Jahren des 20. Jahrhunderts und besonders zur Zeit der Jerusalemer Konferenz (1928) kam die Vorstellung eines „umfassenden Ansatzes" in der Mission in Mode. Medizinische Dienste (inklusive Präventivmedizin), Bildung und Landwirtschaft wurden betont. Es sei besser, so lautete die Argumentation, an einer gefährlichen Klippe eine Schutzmauer zu errichten, als ein hervorragendes Krankenhaus am Fuße der Klippe zu bauen. Strukturen müssen tatsächlich verändert werden, jedoch auf eine Weise, die Allmählichkeit und Evolution betont. In den 1960er-Jahren wurde dieser Ansatz in der „Theologie der Entwicklung" ausgeweitet. Hoekendijks Schalom-Theologie und auch die Vorstellung der Humanisierung als Ziel der Mission trafen in diesem Ansatz in gewissem Maße zusammen. Sowohl das Zweite Vatikanische Konzil als auch die Vollversammlung

---

266Siehe O. E. COSTAS, *The Church and Its Mission* (Wheaton: Tyndale House, 1974), 90.

des ÖRK in Uppsala (1968) standen unter dem Motto der Entwicklung. A. Th. Van Leeuwens imposantes Werk *Christentum in der Weltgeschichte: Das Heil und die Säkularisation*, in dem er die technologischen und säkularisierenden Einflüsse des christlichen Westens auf die Dritte Welt sehr positiv bewertete, kann in gewissem Sinne als symptomatisch für diesen Trend angesehen werden.

Schon vor Uppsala wurden jedoch bereits andere Stimmen laut. Während der Konferenz zum Thema Kirche und Gesellschaft (Genf 1966) wurde eine definitive Alternative zur Theologie der Entwicklung verteidigt. Die Lösung sollte in der Revolution gefunden werden, nicht in der Evolution. Die Beziehung zwischen dem Westen und der Dritten Welt war keine Beziehung zwischen Entwicklung und Unterentwicklung, sondern zwischen Dominanz und Abhängigkeit, oder noch genauer: zwischen Unterdrücker und Unterdrückten. Die Kluft zwischen arm und reich wurde nicht kleiner, sondern größer, trotz (oder vielleicht sogar wegen) riesiger Entwicklungsprojekte. Gustavo Guttierez drückte es folgendermaßen aus: Es gibt Armut, weil es Reichtum gibt. Der kolonisierende Westen hat einen Vorsprung, den kein evolutionäres oder Entwicklungsprojekt jemals ein- oder überholen kann. Diese Einsicht war der Anstoß für die Befreiungstheologie. Man forderte ein Ende der bestehenden Ordnung und einen vollständigen Neuanfang.

Oft wird die Meinung vertreten, die Befreiungstheologie sei in ihren vielen Manifestationen ein direkter Nachfahre des älteren Liberalismus. Das ist jedoch überhaupt nicht der Fall. Im klassischen Liberalismus wurde Erlösung als Befreiung vom Aberglauben und als allmähliche Verbesserung der Menschheit beschrieben. Das Reich Gottes wurde in immanenten, progressiven und evolutionären Kategorien beschrieben. Es würde durch Bildung, Verbreitung von Kultur sowie durch soziale und politische Anweisungen kommen. Es gab keinen Zweifel an den Fähigkeiten des Menschen. Die Betonung lag auf Kontinuität.

Die Befreiungstheologie bekennt jedoch im Einklang mit vielen Evangelikalen, dass die Welt böse ist und dass die erforderliche Veränderung nur durch eine Katastrophe herbeigeführt werden kann.

Auf dieser Seite der Katastrophe gibt es nur Elend und Kummer, jenseits der Katastrophe wartet ausschließlich Herrlichkeit. Der Dualismus zwischen den beiden Zeitaltern ist ein absoluter. Befreiungstheologie ist daher eine Form von Apokalyptik und ein Kind des Prämillenarismus. Sie unterscheidet sich vom klassischen Prämillenarismus darin, dass sie glaubt, die Hebel der Veränderung seien für den Menschen erreichbar und der Mensch dürfe nicht herumsitzen und passiv auf Gottes Eingreifen warten.

Allerdings wird die Befreiungstheologie jedoch gerade im Hinblick auf diesen Aspekt letztlich doch zum Erben des klassischen Liberalismus. Sie pflegt denselben unauslöschlichen Optimismus: Der Mensch *kann* es schaffen, er ist der Architekt seiner eigenen Zukunft und wird aus ihr eine Erfolgsgeschichte machen. Die extremeren Formen der Befreiungstheologie können daher sogar die Gewalt gutheißen. Der Zweck heiligt die Mittel. Unter bestimmten Umständen kann sogar für ein atheistisches, säkulares Christentum plädiert werden.

Obwohl die Dokumente der Vollversammlung von Nairobi (1975) an dieser Stelle eine gewisse Mehrdeutigkeit verraten – es ist nicht ganz klar, ob in ihnen politische und innerweltliche Befreiung als solche mit Erlösung identifiziert wird – wird so eine Identifikation anderswo rückhaltlos vorgenommen. Erlösung wird außerdem in manchen Kreisen vollständig von der sozio-politischen Befreiung absorbiert. Sünde wird ohne weitere Qualifikation mithilfe der Kategorien Unterdrückung und Ausbeutung definiert. Erlösung taucht ausschließlich im Kampf für Befreiung auf. Ein Dokument, das für Uppsala (1968) vorbereitet wurde, sagt: „Wir haben Humanisierung zum Ziel der Mission erhoben", und Gibson Winter argumentiert: „Die Kategorien des biblischen Glaubens werden von ihren wundersamen und übernatürlichen Kleidern befreit. ... Warum werden die Menschen nicht einfach dazu aufgerufen, in ihren jeweiligen historischen Verpflichtungen menschlich zu sein, da dies doch das wahre Ziel und die wahre Erlösung des Menschen ist?"[267]

Hier wird Evangelisation von politischer Aktion verschlungen; Erlösung ist soziale Gerechtigkeit.

267 G. Winter, zitiert bei Sider 1977, 6.

Die Reduktion des Evangeliums

Wir können diese und verwandte Ansichten der ökumenischen Missionstheologie nicht akzeptieren. Was sind die Gründe für diese Ablehnung?

In der ökumenischen Missionstheologie besteht die Gefahr, dass Bekehrung als eine Entscheidung, die der Mensch vor Gottes Angesicht trifft, über Bord geworfen wird. In einem vorbereitenden Dokument vor Uppsala lesen wir: „Durch die Auferstehung des neuen Menschen, Jesus Christus, ist jeder Mensch ein Mitglied der neuen Menschheit geworden" – also ohne jede Entscheidung vonseiten des Menschen. Das hätte Barth „brutale Gnade" genannt, mit der der Mensch schlicht überrollt wird, ein Szenario, in dem jeder zur Erlösung verurteilt ist. P. G. Aring schreibt: „Kirche, die mit der Welt als einer zu versöhnenden, zu missionierenden Welt rechnet, klammert sich aus der versöhnten Gotteswelt aus, weil sie die Welt, über die Gottes Entscheidung gefallen ist, zum Objekt ihres eigenen Handelns macht."[268] Aus dieser Sicht hat die Kirche höchstens noch die Aufgabe, der Welt zu sagen, dass sie bereits gerettet ist. Damit wird dem Universalismus Tür und Tor geöffnet.[269]

Man muss zweitens fragen, ob die ökumenische Missionstheologie nicht in der Gefahr steht, das aufzugeben, was man den „eschatologischen Vorbehalt" nennt. Das geschah zweifellos in Uppsala und in etwas geringerem Maße auch in Nairobi.[270] Die für die biblische Eschatologie charakteristische Spannung zwischen dem „schon jetzt" und dem transzendenten, ultimativen „noch nicht" wird nicht aufrechterhalten. Im Gegensatz zur evangelikalen Botschaft individualistischer Frömmigkeit und jenseitiger Hoffnung begegnet uns hier die Versuchung des historisch immanenten Humanismus. Der Mensch, der keine Geduld mit einem Gott hat, der auf sich warten lässt, definiert das Reich Gottes neu, nimmt die Dinge selbst in die

268 P. G. Aring, *Kirche als Ereignis: Ein Beitrag zur Neuorientierung der Missionstheologie* (Neukirchen-Vluyn: Neukirchener Verlag, 1971), 101.

269 Siehe Braaten 1977, 115-119. Vgl. auch J. Triebel, *Bekehrung als Ziel der missionarischen Verkündigung* (Erlangen: Verlag der ev.-luth. Mission, 1976), 101-221.

270 Vgl. jedoch §20 des Nairobi-Dokuments „Bekenntnis zu Christus heute".

Hand und versucht, die Zukunft aus eigener Kraft zu gestalten. Besonders in der Befreiungstheologie besteht die Gefahr eines monistischen Geschichtsbildes, in dem die Heilsgeschichte vollständig von der Weltgeschichte aufgesogen wird und als Heilsgeschichte verschwindet. Wo jedoch der Leuchtturm der Eschatologie zu leuchten aufgehört hat, wird der Mensch notwendigerweise orientierungslos auf dem Meer hin und her treiben, in den Wellen versinken oder an den Klippen zerschellen.[271]

Wir fügen eine dritte Anmerkung hinzu, die eng mit den beiden vorhergehenden verbunden ist. In ökumenischen Kreisen passiert es nur zu leicht, dass der Mensch und sein Urteil normativ werden. Hier tritt eine neue Erfahrungstheologie zutage. Diesmal ist es keine pietistische Erfahrungstheologie, welche die persönliche Erfahrung des Menschen zu einer Mine oder einem Steinbruch macht. Diesmal werden die Gesellschaft, die Geschichte und die Ereignisse in der Welt zur Mine gemacht, aus der der Mensch immer genau die Erfahrungen zutage fördert, die ihm passen. Auf diese Weise wird der Geber von den Gaben getrennt. Das Reich Gottes wird auf der Erde domestiziert – damit handelt es sich um eine schlichte Variation der alten Häresie, die das Reich Gottes entweder in der Kirche oder im menschlichen Herzen verortet. Auf der tiefsten Ebene haben wir hier eine Rückkehr zum Konstantinismus und zur Vorstellung von der christlichen Welt: Die bewohnte Welt wird mit dem Reich Gottes synonym. Die Begrenztheit der menschlichen Urteilskraft wird hier jedoch übersehen und die Mehrdeutigkeit der historischen Wirklichkeit wird nicht gewürdigt. „Gott, der Herr der Geschichte, ist zugleich der Richter der Geschichte. Es ist naiv, alle revolutionären Bewegungen als Zeichen göttlicher Erneuerung zu bejubeln. Der neue Status quo enthält manchmal mehr Ungerechtigkeit und Unterdrückung als die Ordnung, die er ersetzt hat."[272]

Viertens: Die logische Folge vieler Elemente der gegenwärtigen ökumenischen Missionstheologie ist nichts Geringeres als die Abwicklung der Kirche. Gensichen weist darauf hin, dass die Doku-

---

271 Vgl. Braaten 1977, 45, 101-102, 144.
272 J. Stott 1976, p. 14.

mente zur Studie über „Strukturen missionarischer Gemeinden", die für Uppsala vorbereitet wurden, eine „beinahe monomane Opposition gegen die herkömmliche Parochialgemeinde" verraten.[273] Das Problem besteht auch hier wieder in der menschlichen Tendenz, in sich gegenseitig ausschließenden Kategorien zu denken, als ob wir einfach zwischen der Kirche, die sich selbst bestätigt, und der Kirche, die sich selbst abwickelt, zu wählen hätten. Und dort, wo Christen (wieder)entdeckt haben, dass sich die Kirche niemals selbst bestätigen darf, wird beinahe masochistisch ihre Beseitigung gefordert. Die Kirche wird komplett zu einem Teil der Welt, ununterscheidbar von anderen Elementen in der Welt. „Die abstrakte Unterscheidung von Kirche und Welt ist letztlich nichtssagend".[274] Die frühere Existenz im Ghetto der Isolation weicht einer bedingungslosen Eingliederung in die Welt. Die Menschen werden zu einem neuen Exodus aufgerufen, diesmal heraus aus dem „Ägypten" der Kirche.

Die vier hier diskutierten Aspekte können wie folgt zusammengefasst werden: In der ökumenischen Missionstheologie begegnet uns eine ernste *Reduktion des Evangeliums*. Sie entbehrt oft einer kraftvollen biblischen Betonung der Wirklichkeit der Sünde in jedem Menschen. Daraus folgt, dass sie auch eines resoluten Aufrufs zur Buße und Bekehrung entbehrt, zu jener radikalen Revolution im Zentrum des Lebens, die das dynamische Christentum immer betont hat. Die befreiungstheologische eindimensionale Interpretation der Geschichte lässt herzlich wenig Raum für göttliche Rechtfertigung und Heiligung. Immerhin verkündigt das Evangelium nicht nur die Inkarnation, sondern auch das Kreuz, die Auferstehung und die Einwohnung des Geistes. Eine der Häresien, die von der frühen Kirche verworfen wurde, war Monophysitismus, nach dem Christus nur ein Wesen hatte, das göttliche. In der Befreiungstheologie begegnen wir einem umgekehrten Monophysitismus, in dem der „neue Mensch in Christus" ebenfalls nur ein Wesen hat, diesmal das menschliche. Das

273 Vgl. Gensichen 1971, 168-169.

274 J. B. Metz, „Kirchliche Autorität im Anspruch der Freiheitsgeschichte", in: J. B. Metz, J. Moltmann und W. Oelmüller, *Kirche im Prozess der Aufklärung: Aspekte einer neuen „politischen Theologie"* (München: Kaiser, 1970), 82 Anm. 65.

Evangelium wird hier auf eine gebilligte politische Theorie und Praxis reduziert. Wenn dies geschieht, wird das Evangelium in Gesetz verwandelt, worauf Braaten zu Recht hinweist. Das Evangelium ist dann kein Geschenk mehr, sondern nur noch eine Forderung. Eschatologie und Soteriologie werden auf Ethik reduziert.[275]

Evangelikale neigen oft dazu, die „Armen“ in den Evangelien als die „geistlich Armen“ zu verstehen. Das ist eine bequeme Häresie, die Frucht eines Jahrhunderte währenden Doketismus und Monophysitismus sowie eine Verstümmelung des Evangeliums.[276] Es ist eine Botschaft der billigen Gnade, in der sich die materiell Reichen in großer Leichtigkeit mit den geistlich Armen zusammentun und dabei der Forderung nach Umkehr im Hinblick auf Besitz und Lebensstil ausweichen.

Eine Häresie mit einer anderen zu bekämpfen kommt dem Austreiben des Teufels mit Beelzebub gleich (vgl. Lukas 11,19). Das geschieht, wenn die „Armen“ in den Evangelien *ausschließlich* als die materiell Armen und Unterprivilegierten angesehen werden. Dann ist das Evangelium nur für diese Gruppe bestimmt. Für die Reichen gibt es keine Botschaft und keine Hoffnung mehr. Der Weg zu ihrer *metanoia*, zu Buße und Bekehrung, ist versperrt. Gott selbst wird dann in der Ausübung seiner Gnade eingeschränkt: Er kann und darf nur die materiell Armen retten. Der Radius seiner Aktivitäten wird vom Menschen festgelegt, Gottes Agenda wird vom Menschen geplant. Damit degradieren Menschen Gott zu einem Gott ohne Gnade.[277]

Die Grenzen der Erlösung

Wir haben kein Mandat, die biblische Vorstellung von der Erlösung nach unserem Geschmack zu verändern. Wenn wir die Bibel weiterhin für normativ halten (und wo das nicht der Fall ist, bricht die

275 Vgl. Braaten 1977, 151-152.

276 Vgl. bes. Harvie Conns Reaktion auf einen Beitrag von David C. Jones, „Who Are the Poor?“, in: *Evangelical Review of Theology* 2.2 (1978), 229-235, und auch Gort 1978b, 81-88.

277 Vgl. in dieser Hinsicht den außerordentlich erhellenden Artikel von Gort 1978b, bes. 88-103.

Basis für gemeinsame Überlegungen sowieso weg), müssen wir uns von der Bibel leiten lassen. Erlösung ist nach dem Zeugnis der Bibel mehr als Rettung aus physischem Elend. Schalom ist mehr als ein „soziales Geschehen“ (Hoekendijk). Erlösung ist mehr als ein politisches Programm. Als Jesus in Nazareth predigte (vgl. Lukas 4,18-19), beabsichtigte er natürlich, auf politische Ereignisse wie den Exodus aus Ägypten und die Rückkehr aus dem Exil anzuspielen, doch er tat dies in einem Kontext, der signalisiert: „Hier ist mehr als der Exodus“. In seiner Aussage: „Heute, da ihr dies hört, ist dieser Text wahr geworden“ (Lukas 4,21) geht es um *seine* Gegenwart und Taten, und damit um eine Aufforderung zur *metanoia*, zu einer Bekehrung zu *ihm*.

Es stimmt, dass die Evangelien das Wort *sozein* (retten) oft im Sinne von „heilen“ benutzen, doch man muss registrieren, dass *sozein* immer mit der Vorstellung vom „Glauben“ verbunden ist, etwas, das nicht für die beiden anderen Wörter gilt, welche die Evangelien auch noch für „heilen“ benutzen (*iaomai* und *therapeuein*). Beim vornehmlichen Gebrauch von *sozein* im Neuen Testament (in den Evangelien und anderswo) geht es jedoch nicht um das Heilen. Der Begriff verweist vielmehr auf die völlige Veränderung des Menschen in Bezug auf alle seine Beziehungen, seine Aufnahme in eine neue Gemeinschaft, die Vergebung der Sünden und die Rettung vor der ewigen Verurteilung. Wir kommen nicht darum herum: *soteria*, Erlösung, ist vornehmlich etwas, das in der *Kirche* stattfindet, hier und jetzt.

Paulus benutzt das verwandte Konzept *apolytrosis* mehr oder weniger als Synonym von *soteria*, jedoch so, dass *apolytrosis* den eschatologischen Charakter der Erlösung betont. In einem knappen, aber erhellenden Überblick über diese Konzepte sagt Ronald Sider:

Es ist von Bedeutung, dass Paulus das einzige Mal, als er die Sprache von der Rettung und Erlösung für etwas anderes als für die Rechtfertigung und Wiedergeburt verwendete, die jetzt in der Kirche stattfindet, diese Sprache im Hinblick auf die eschatologische Wiederherstellung bei der Wiederkunft unseres Herrn verwendet. Die Sünde ist viel zu ungezügelt, um diese Sprache in Verbindung mit den tragischerweise unvollkommenen menschlichen Versuchen zu verwenden, soziale Gerechtigkeit in der Zwischenzeit zwischen Golgatha und dem Eschaton herzustellen.[278]

Die Implikationen sind klar. Kirche und Welt decken sich nicht. Es ist eine Fehldeutung der Schrift, wenn man aus Amos 9,7 ableitet, Gott hätte keine besondere Beziehung zu seinem Bundesvolk im Unterschied zu seinen Beziehungen zu anderen Nationen. Diese Worte sind im Gegenteil ein Aufruf an Israel, eine Aufforderung, in die Bundesbeziehung zurückzukehren. Natürlich gilt: Wenn Israel versucht, JHWH als eine Stammesgottheit zu monopolisieren, steht der Fortbestand des Bundes auf dem Spiel. Israel macht sich dann zu einem Volk wie alle anderen, zu einer heidnischen Nation. Diese Gefahr droht auch der Kirche ständig, sowohl, wenn sie versucht, Gott zu monopolisieren als auch, wenn sie ihre besondere Beziehung zu ihm verachtet.

Gerade um ihres Dienstes an der Welt willen muss die Kirche von der Welt unterscheidbar sein. Sie kann nur dann auf bedeutungsvolle Weise apostolisch sein, wenn ihr In-der-Welt-Sein gleichzeitig ein *Anders*-in-der-Welt-Sein ist. Das Neue Testament hält eine Grenze aufrecht, eine Trennung zwischen Kirche und Welt, zwischen denjenigen „draußen" und denjenigen „drinnen" (1. Korinther 5,12-13). Der Aufruf zur Antithese zwischen Kirche und Welt ist mindestens so markant wie die Forderung, sich der Welt zuzuwenden. Epheser 4,17-24 ergänzt Epheser 3,1-10, Kolosser 2,20-3,11 ergänzt Kolosser 1,15-29.[279]

Die Fürbitte gehört zu den entscheidenden Verantwortungen, welche die Kirche gegenüber der Welt hat. Auch das setzt wieder den wesentlichen Unterschied zwischen Kirche und Welt voraus. In ihrem Gebet tut die Kirche stellvertretend für die Welt das, was die Welt für sich selbst nicht tut und auch nicht tun kann. Die Welt kann nicht beten. Nur Gläubige, nur die Kirche, können das. Die Konferenz von Willingen sagte: „Je näher wir Christus kommen, umso näher kommen wir der Welt." Der Umkehrschluss geht jedoch nicht. Wenn wir uns in unseren Erneuerungsexperimenten von der Kirche abwenden oder zulassen, dass sie von der Welt absorbiert wird,

278 Sider 1977, 11.Vgl. auch 14-16.
279 Vgl. Berkhof 1973, 432, 434.

gehen wir das Risiko ein, nicht nur die Kirche zu verlieren, sondern auch Christus. „Frustrierte Erneuerung kann gut und gerne als ernsthafter Exodus enden – nicht nur aus den Häusern Ägyptens, sondern aus dem Haus Gottes.“[280]

280 Aargaard 1965, 259.

21. Die Kirche und die Welt

Kreative Spannung

Evangelikale neigen dazu, die Menschheit in die „Geretteten" und die „Verlorenen" zu unterteilen, während Vertreter der Befreiungstheologie eine funktional ähnliche Unterscheidung zwischen den „Unterdrückten" und den „Unterdrückern" treffen. Beide Gruppen sind in ihren Klassifizierungen naiv, weil sie nicht die Beziehung der Spannung zwischen Kirche und Welt aufrechterhalten. Die eine Gruppe steht der Welt gegenüber, die andere sieht sich selbst als Gruppe an, die komplett mit der Welt solidarisch ist. Es ist in der Tat schwierig, *für* die Welt und *in* der Welt zu sein, ohne *von* der Welt zu sein. Der Dualismus liegt uns im Blut; es ist menschlich und natürlich, der einen oder anderen Seite zuzuneigen.

Wir können das Problem nicht umgehen. Wir müssen mit ihm umgehen. Die überwältigende Mehrheit der Christen verbringt die meiste Zeit in der Welt, nicht in der Kirche als Institution. Viele versuchen, zwischen Kirche und Welt hin und her zu pendeln. Sie schwanken hin und her, einfach weil sie nicht wissen, wie sie ihre Glaubensüberzeugungen in der Welt anwenden sollen, und sie schaffen es auch nicht, die Welt von montags bis samstags mit ihrem Leben als Christen in Beziehung zu bringen. Die Kirche neigt daher dazu, die Rolle einer Sozialeinrichtung zur Linderung schmerzhafter Enttäuschungen einzunehmen. Sie ist der Ort, an dem unerkannte Ängste unterdrückt, unangenehme Erinnerungen und peinliche Erwartungen verschleiert werden. Sie wird ein gemütliches Ghetto gleichgesinnter Seelen, eine Höhle, in die man fliehen kann, wenn einen die Alltagsprobleme überwältigen.

Andere haben aufgehört, zwischen Kirche und Welt hin und her zu „reisen". Die Trennwand zwischen beiden ist abgerissen worden. Die Welt ist in die Kirche eingedrungen.

Die richtige Beziehung zwischen Kirche und Welt ist eine äußerst wichtige Frage. Christus ist das Haupt sowohl der Kirche als auch des

Kosmos, aber seine Führungsrolle wird nur in der Kirche anerkannt und bekannt. Die Welt hat keinen Glauben zu bekennen. Sie kann weder beten noch glauben. Sie kann nicht in eine persönliche Beziehung zu Gott eintreten. Die Kirche ist jenes Segment in der Welt, das sich bewusst Christus unterordnet, ihm gehorcht und dient, wenn auch stockend und stotternd. Die Kirche ist nicht die Welt, denn das Reich Gottes hat sich bereits in der Kirche zu manifestieren begonnen. Dennoch ist die Kirche nicht das Reich Gottes, da das Reich Gottes in der Kirche nur teilweise und unvollkommen anerkannt und verwirklicht wird.

Das bedeutet, dass die Kirche in der Welt ein Fremdkörper ist. Sie passt nirgendwo hinein. Das Alte und das Neue überlappen in ihr. Sie ist „zu früh für den Himmel und zu spät für die Erde" (O. Noordmans). Sie lebt in einer doppelten Beziehung: einerseits zur *Welt*, denn sie ist Teil der Welt und der säkularen Geschichte; andererseits zu *Gott*, als Ausdruck seiner rettenden Liebe, welche die Hand nach einer vergehenden Welt ausstreckt. Diese beiden Beziehungen greifen ineinander. Ohne einen treuen und andauernden Kontakt zu Gott verliert die Kirche ihre Transzendenz. Ohne eine echte Solidarität mit der Welt verliert sie ihre Relevanz.

In der Welt gibt es in der Tat Sünde. Diese Wirklichkeit sollte nie unterschätzt werden. „Welt" und „Sünde" sind jedoch keine Synonyme. Wenn es stimmt, dass es Sünde in der Welt gibt, dann stimmt es genauso, dass es in der Kirche Sünde gibt, denn die Kirche ist selbst ein Fragment der Welt.[281] Dennoch ist die Kirche anders, denn sie ist der von Gott erwählte Akteur. Wir können diesen „Partikularismus" nicht ausblenden. Er gehört „zum Anstoß des Evangeliums dazu, zum Anstoß des Kreuzes. Theologische Spekulation hat versucht, Gott breitere Brücken zu bauen, um das Ziel der Universalität zu erreichen, aber es ist ein Schlag ins Gesicht der Mission, wenn die Spekulationen in die Höhen des Universalismus auf Kosten der Partikularität der historischen Vermittler der Erlösung gehen."[282] Wir begegnen hier einem dualistischen Element – wenn wir es denn so

281 Vgl. auch Haight 1976, 620-649.
282 Braaten 1977, 117.

nennen können –, das man nicht leugnen kann. Christus ist wirklich das Haupt sowohl der Kirche als auch der Welt, aber die Welt ist nicht sein Leib. Das ist nur die Kirche.

Die neue Gemeinschaft

Die Kirche kann nur als eine Gemeinschaft missionarisch sein, die gleichzeitig von der Welt unterscheidbar und mit der Welt solidarisch ist.

Die Kirche ist die Gemeinschaft der Gläubigen. Sie ist durch die göttliche Erwählung, Berufung, Wiedergeburt und Bekehrung zusammengerufen worden. Sie lebt in Gemeinschaft mit dem dreieinigen Gott. Ihr ist die Vergebung der Sünden gewährt. Sie ist in die Welt gesandt, um dieser in Solidarität mit allen Menschen zu dienen (vgl. sowohl den Heidelberger Katechismus, Frage 54-56, als auch das Niederländische Glaubensbekenntnis, Artikel 27). Kirche zu sein impliziert von daher bewusste Entscheidungen, ein neues Leben unter einem neuen Herrn, ein Unterwegssein in eine neue Zukunft. Bekehrung ist vornehmlich nicht eine emotionale Erfahrung oder ein Austausch von Empfindungen, sondern eine neue Art des Lebens (vgl. Lukas 3,10-14). Bekehrung ist also nicht einfach die Zustimmung zu einer neuen Lehre oder Religion; Bekehrung heißt Nachfolge Christi, Jüngerschaft (vgl. Matthäus 16,24).

Die Kirche ist jedoch Jüngerschaft in Gemeinschaft. Sie ist Gottes neue Schöpfung, die messianische Gemeinschaft, die „eine neue Menschheit" in Christus, der die trennende Mauer niedergerissen und Juden und Heiden „in dem einen Leib durch das Kreuz mit Gott versöhnt hat" (Epheser 2,14-16). Die gegenseitige Solidarität innerhalb dieser Gemeinschaft wird nicht von den Loyalitäten und Vorurteilen der Angehörigen, der ethnischen Gruppe, des Volkes, der Sprache, der Kultur, der Klasse, der politischen Überzeugungen, der religiösen Bindungen oder des Berufs vorgegeben. Sie übersteigt alle diese Unterschiede. In der frühen Kirche hatten einfache Fischer aus Galiläa Platz, ebenso auch ehemalige Zeloten wie Simon und einstige Steuereintreiber wie Matthäus, Leute wie Paulus, der gebildete Pharisäer, Mitglieder des Adels wie Manaën, der mit Herodes Antipas aufgewachsen war (Apostelgeschichte 13,1), Juden und Griechen, Schwarzafrikaner wie der Eunuch aus Äthiopien und Simeon genannt Niger, der mit Paulus als Ältester in Antiochia diente (ebenfalls Apostelgeschichte 13,1), der Sklave Onesimus ebenso wie sein Herr Philemon, Gefangene sowie auch Mitglieder der kaiserlichen Leibgarde und auch ein Hauptmann der römischen Armee.

Diese neue Gemeinschaft gab den ersten Christen oft Anlass zur Verwunderung. Mit echtem Erstaunen sagte Petrus zu der Gruppe, die im Haus von Kornelius versammelt war: „Nun erfahre ich wahrhaftig, dass Gott niemanden bevorzugt behandelt!“ (Apostelgeschichte 10,34). Paulus schreibt den Ephesern von dem Geheimnis, das ihm offenbart wurde, dass nämlich „die Heiden Miterben sind und mit zu seinem Leib gehören und Mitgenossen der Verheißung in Christus Jesus sind durch das Evangelium“ (Epheser 3,6). Wir haben bereits im 6. Kapitel darauf hingewiesen, dass Jesus die göttliche Rache abgewendet hat, die wie eine drohende Wolke über den Nationen hing und dass er Gläubige aus allen Nationen zu Mitgliedern seines Leibes gemacht hat. Sie sind keine Fremden mehr, die ohne Hoffnung und ohne Gott in der Welt leben (Epheser 2,12), sondern Mitbürger des Gottesvolkes und Hausgenossen Gottes (2,19). In dieser neuen Gemeinschaft gibt es weder Juden noch Griechen, weder Sklaven noch Freie, weder Männer noch Frauen; alle sind eins in Christus Jesus (Galater 3,28). Paulus kann daher ausrufen: „Denn in Christus Jesus gilt weder Beschneidung noch Unbeschnittensein etwas, sondern eine neue Kreatur.“ (Galater 6,15).

Die neue Gemeinschaft ist nicht nur ein Ergebnis der Mission, sondern auch ihr Akteur. Zur Zeit der ersten Christen wurden Heiden immer wieder von dem Erstaunen angezogen, das das neue Leben in der Gemeinschaft hervorrief. Paulus und Barnabas hatten nur drei Wochen in Thessaloniki verbracht, und es gab bereits eine klar etablierte Bruderschaft zwischen neu bekehrten Juden und Griechen. Das war den anderen Juden zu viel des Guten. Sie heuerten einige Nichtsnutze an und attackierten das Haus von Jason, dem Gastgeber der Apostel. Ihr Vorwurf? „Diese, die den ganzen Weltkreis erregen, sind jetzt auch hierhergekommen" (Apostelgeschichte 17,6). Wenn Juden und Griechen sich gegenseitig als Brüder annahmen, dann bedeutete das in der Tat, dass die Welt auf den Kopf gestellt war. Die Menschen bemerkten das und wurden durch dieses erstaunliche Ereignis für Christus gewonnen.

Der Verlauf der Ereignisse in Thessaloniki beweist, dass dies jedoch nicht alles war, was ablief. Am Pfingsttag riss der Heilige Geist die Türen der Kirche auf und erlaubte den Mächten des kommenden Zeitalters hineinzuströmen. Doch auch die Gegenmächte fließen hinein. Die Kirche wird an die Tatsache erinnert, dass sie nirgendwo hineinpasst und nirgendwo akzeptiert wird. Evangelikale haben das immer gewusst, aber sie ziehen daraus oft die falschen Schlüsse. Sie definieren die Kirche als eine Ghettogemeinschaft. Alles wird spiritualisiert. Materielle, soziale und politische Fragen sind Tabu für die Kirche. In ökumenischen Kreisen geschieht genau das Gegenteil. Der Unterschied zwischen Kirche und Welt wird relativiert. Die Kirche wird säkularisiert und gibt ihre Identität auf. Eine säkulare Kirche hat der Welt jedoch wenig zu bieten. In der Kirche sollte sichtbar werden, was das Reich Gottes der Welt zu bieten hat, aber wenn die Kirche und die Welt nicht mehr zu unterscheiden sind, dann verliert das Reich Gottes sein Profil. Die Kirche muss als Gemeinschaft ausreichend unterscheidbar sein, um den homogenisierenden Mächten der Welt zu widerstehen und diese herauszufordern. Nur als prophetische Minderheit kann die Kirche in der heutigen säkularisierten Welt ihrer Rolle treu bleiben, ein Fremder in der Welt zu sein.[283]

Die Kirche ist gerade als ein Fremder Gottes Experimentiergarten in der Welt. Sie ist ein Zeichen des kommenden Zeitalters und gleichzeitig eine Garantie seines Kommens. Sie lebt auf der Grenze zwischen dem „schon jetzt" und dem „noch nicht". Sie ist ein Fragment des Reiches Gottes, Gottes Kolonie in der Welt der Menschen, sein Vorposten und Brückenkopf. Nur die Kirche besitzt die „Erstlingsfrüchte des Geistes" als „Zusage dessen, was noch kommt" (vgl. Römer 8,23; 2. Korinther 1,22; 5,5; Epheser 1,14). Die Kirche „existiert als Beispiel" in der Welt (Karl Barth).

283 Vgl. Knapp 1977, 167-169.

Außerdem ist die Kirche gerade als Fremder und Gottes Experimentiergarten auf Erden die Kirche für andere. Am 3. August 1944 schrieb Dietrich Bonhoeffer aus dem Gefängnis an Eberhard Bethge: „Die Kirche ist nur Kirche, wenn sie für andere da ist. ... Sie muß an den weltlichen Aufgaben des menschlichen Gemeinschaftslebens teilnehmen, nicht herrschend, sondern helfend und dienend. Sie muß Menschen jeder Berufung sagen, was es heißt, in Christus zu leben, für andere da zu sein."[284] In Band IV/3 seiner Kirchlichen Dogmatik greift Barth das Thema unter der Überschrift „Die Gemeinde für die Welt" auf. Die westeuropäischen und nordamerikanischen Studiendokumente, die in Vorbereitung der Vollversammlung des ÖRK in Uppsala (1968) herausgegeben wurden, wurden unter den Titeln *Kirche für andere* und *Kirche für die Welt* herausgegeben.[285]

Die Konferenz von Lund zum Thema „Glaube und Kirchenverfassung" (1952) drückte es folgendermaßen aus: „Die Kirche ist immer und gleichzeitig aus der Welt herausgerufen und in die Welt gesandt." Die beiden Elemente dieser „Doppelbewegung" schließen sich niemals aus, sondern immer ein – das Leben der neuen Gemeinschaft, miteinander und mit Christus, sowie das Leben für andere, in dem die Verkündigung des Evangeliums mit den gesamten Bedürfnissen des Menschen in Beziehung gesetzt wird. Gemeinschaft und Anbetung führen zu Mission, Mission führt zu Gemeinschaft und Anbetung.

Karl Barth weist darauf hin,[286] dass des Christen persönlicher Genuss der Erlösung nirgends zum Thema von biblischen Bekehrungsgeschichten wird – weder im Falle derer, die der Predigt Johannes' des Täufers zuhörten (Lukas 3,10-14), noch im Falle von Zachäus oder Paulus oder dem Gefängniswärter in Philippi. Der Genuss der Erlösung ist ein wahrhaft biblisches Element (vgl. Kolosser 3,15; 1. Timotheus 6,12; Hebräer 9,15; 1. Petrus 5,10; Offenbarung 19,9) und von daher nicht unwichtig. Die Bibel verweist jedoch eher beiläufig darauf. Die Menschen kommen sozusagen in diesen Genuss,

284 D. BONHOEFFER, *Widerstand und Ergebung* (München: Kaiser, 1977), 41-42.
285 Beide Dokumente wurden in einem Band veröffentlicht (ÖRK Genf, 1968).
286 K. BARTH, *Kirchliche Dogmatik*, IV/3.2, 656.

ohne ihn zu erwarten oder zu suchen. Nicht die persönliche Erfahrung der Gnade oder Erlösung macht einen zum Christen, sondern der Dienst. Bekehrung und Berufung bedeuten in der Bibel, dass man eine Aufgabe bekommt.

Newbigin sagt im Wesentlichen dasselbe und verweist auf die Taufe: „Die Taufe, welche die Kirche spendet, ist die Handlung, durch die wir in jene Taufe Christi einverleibt werden, die sich im Kreuz fokussiert. Sie ist nicht nur eine Taufe für unsere eigene Rettung ... Vielmehr ist unsere Einverleibung in jene eine Taufe auf die Rettung der Welt ausgerichtet. Sich taufen zu lassen heißt von daher, sich dazu zu verpflichten, mit Christus in seinem Dienst für alle Menschen zu stehen."[287]

Die Kirche ist eine „alternative Gemeinschaft". Das heißt *nicht*, dass sie – wie einige radikale evangelikale Gruppen, die dem Beispiel der Täufer im 16. Jahrhundert folgen – die Notwendigkeit von weltlicher Regierung zugesteht, sich aber weigert, sich an ihr zu beteiligen. Es bedeutet auch nicht, dass eine alternative christliche *Gesellschaft* geschaffen wird, als Ausdruck der Überzeugung, dass Christen die bestehende säkulare und sündige Gesellschaft nicht verbessern können. „Wenn Christen sich aus der Zivilgesellschaft ausklinken und evangelikale Inseln gründen ... bekennen sie sich zu einem eingeschränkten und trennenden Verständnis des Wirkens Gottes. Es bedeutet, Gott stärker für die Kirche in Anspruch zu nehmen, als Gott selbst es will. Das ist die neuste Form des Triumphalismus."[288]

A. van Ruler erläutert die Rolle der Kirche in der Welt unter Verwendung der Unterscheidung zwischen „besonderer" und „allgemeiner Gnade", die Abraham Kuyper vornahm. Der Strom der besonderen Gnade durchbricht alle Deiche und ergießt sich über die ganze Welt. Die allgemeine Gnade wird von der besonderen Gnade „gedüngt", sagt van Ruler. Es besteht von daher ein wesentlicher Unterschied zwischen Kirche und Welt im Hinblick auf die „Dichte der

287 L. Newbigin, „The Future of Missions and Missionaries", in: *Review and Expositor* 74.2 (1977), 217.

288 A. C. Krass, „On Dykes, the Dutch and the Holy Spirit", in: *Milligan Missiogram* 4.4 (1977), 5.

Gnade“, aber beide haben an der Gnade Anteil.[289] Die Kirche muss deshalb als unterscheidbare Gemeinschaft aufrechterhalten werden. Stephen Knapp sagt: Nicht die Vorstellung einer abgesonderten Gemeinschaft als solche verwandelt die Kirche in ein Ghetto, „sondern die Neigung von Gemeinschaften, in Spiritualismus abzurutschen, in eine Entmaterialisierung und Entpolitisierung des Evangeliums.“[290] Knapp argumentiert, dass sich diese Neigung genau dort manifestiert, wo die wahre Unverwechselbarkeit der Kirche verdunkelt und die Kirche ein Gefangener von Kultur und Politik wird. Das Problem dadurch zu lösen, dass man die Unverwechselbarkeit der Kirche bewusst preisgibt und sie in die Welt integriert, ist ebenfalls sinnlos.

Die Reichweite der Mission

Wir müssen das missionarische Engagement der Kirche in der Welt genauer bestimmen. Was ist das Wesen und die Reichweite der Mission? Seit den 20er-Jahren des 20. Jahrhunderts, als sich das Konzept des „ganzheitlichen Ansatzes“ in der Mission zu entwickeln begann, wurde anerkannt, dass Mission mehr als Verkündigung ist. Dieses Bewusstsein wird auf verschiedene Weisen ausgedrückt. Die angemessenste Formulierung fasst die gesamte *missio* der Kirche unter das biblische Konzept *martyria* (Zeugnis).[291] Dieses Konzept kann man in das *kerygma* (Verkündigung), die *koinonia* (Gemeinschaft) und die *diakonia* (Dienen) unterteilen. Die Konferenz von Willingen (1952) drückte es folgendermaßen aus: „Dieses *Zeugnis* wird durch *Verkündigung, Gemeinschaft* und *Dienst* gegeben.“ Wir sollten einen fünften Aspekt hinzufügen, den der *leitourgia*, der Liturgie, also der Begegnung der Kirche mit ihrem Herrn. Sie ist letztendlich die Quelle der ganzen Mission der Kirche und die Garantie ihrer Unverwechselbarkeit.

289 Im Blick auf van Rulers Beitrag in dieser Hinsicht, vgl. KRASS 1977, 12-13.

290 KNAPP 1977, 168.

291 Zur Zentralstellung des Konzeptes „Zeugnis“ im Neuen Testament vgl. TRITES 1977, bes. 222. [Anm. des Übers.: Eine neuere Studie, die u.a. das Zeugniskonzept innerhalb des Motivs des Bundesstreites JHWHs mit seinem Volk als Hintergrund des Johannesevangeliums entwickelt und die ganze Thematik mit der Wahrheitsfrage in der Postmoderne verbindet, ist A. T. LINCOLN, *Truth on Trial: The Lawsuit Motif in the Fourth Gospel* (Peabody: Hendrickson, 2001)].

Wie sind die drei Elemente des Zeugnisses der Kirche, *kerygma*, *koinonia* und *diakonia*, miteinander verbunden? Es besteht die Tendenz, das erste und dritte Element als Zeugnis durch das Wort dem Zeugnis durch die Tat gegenüberzustellen oder sie zumindest nebeneinanderzustellen. Damit wird das Evangelium jedoch geschwächt. Gottes Wort ist eine vernehmbare Tat und seine Taten sind sichtbare und greifbare Worte. Wenn wir die Bilder untersuchen, die in Matthäus 5,13-16 für die christliche Gemeinschaft verwendet werden – Salz, Licht, eine Stadt – dann ist es unmöglich zu bestimmen, welches dieser Bilder auf das *kerygma* der Kirche und welches auf ihre *diakonia* verweist. Sider argumentiert mit Recht, dass es wenig Sinn ergibt, den „Missionsbefehl" (Matthäus 28,18-20) unter *kerygma* einzuordnen und das „größte Gebot" (Matthäus 22,39) unter *diakonia*.[292] Beide ähneln vielmehr den zwei Schneiden einer Schere, die zusammenwirken. Beide Elemente werden von der koinonia zusammengehalten, von der Gemeinschaft, die ebenfalls kein separater „Teil" der Aufgabe der Kirche ist, sondern vielmehr der „Zement", der das *kerygma* und die *diakonia* zusammenhält, das „Gelenk", mit dessen Hilfe die beiden Schneiden arbeiten. „Wort", „Dienst" und „Gemeinschaft" sind nicht drei separate missionarische Aktivitäten, sondern die drei Farben, die von einem einzigen Prisma erzeugt werden. Alle Formen des Dienstes an der Welt „erhalten ihre rechte missionarische Begründung und Perspektive nur, wenn sie ganz wesentlich zu der Kategorie des Zeugnisses, der Predigt und der Evangelisation gehören."[293]

Damit soll nicht gesagt werden, *kerygma* und *diakonia* seien dasselbe. Es soll auch nicht heißen, dass *martyria*, Zeugnis, schlicht die Summe aus Evangelisation und sozialem Engagement ist. Es stimmt nicht, dass wir dann, wenn wir bereits ein Element des Paares haben, nur noch das zweite Element hinzufügen müssen, um eine schöne „Ausgewogenheit" zu erhalten. Mission ist nicht die Gesamtsumme aus Evangelisation plus Dienst. Authentisches *kerygma* hat eine inhä-

292 R. Sider 1977, 19.

293 H. Kraemer, *Die christliche Botschaft in einer nichtchristlichen Welt* (Zürich: Schulthess, 1940), 380.

rente soziale Dimension, echte *diakonia* hat eine inhärente Verkündigungsdimension. Sider sagt zu Recht: „Die Zeit ist gekommen, dass sich alle biblischen Christen weigern, folgenden Satz zu benutzen: ‚Die Hauptaufgabe der Kirche besteht darin ...' Es ist mir egal, ob du den Satz mit dem Hinweis auf Evangelisation oder auf soziale Aktion beendest. Er ist in jedem Fall unbiblisch und irreführend."[294] Beide Dimensionen sind untrennbar miteinander verbunden. Wenn man eine verliert, verliert man auch die andere.

Das impliziert natürlich nicht, dass wir kontrollieren müssten, dass jedes Fragment des Zeugnisses alle nötigen Elemente beinhaltet. Wenn wir das täten, wären wir bei der „Theologie der Ausgewogenheit", die wir bereits zurückgewiesen haben. Das Neue Testament erwähnt eine Vielfalt an Gaben: Heilung, Prophetie, Erkenntnis, Dienst usw. Daraus folgt, dass unterschiedliche Christen unterschiedliche Rollen übernehmen. Und noch wichtiger ist, dass die Situationen unterschiedlich sind und eine Auffächerung der Formen des christlichen Zeugnisses erfordern. Der barmherzige Samariter hielt dem Opfer der Räuber keine Predigt. Er goss Öl in seine Wunden. Das erforderte die Situation. Wer hungert, braucht Essen, wer Durst hat, Wasser (vgl. Matthäus 25,35).

Ein ÖRK-Dokument aus dem Jahr 1959 drückt es folgendermaßen aus: „Es gibt nicht nur einen Weg, Jesus Christus zu bezeugen. Die Kirche hat zu verschiedenen Zeiten und an verschiedenen Orten auf verschiedene Weise Zeugnis gegeben. Das ist wichtig. Es gibt Gelegenheiten, die dynamische Aktionen in der Gesellschaft erfordern. Es gibt andere Gelegenheiten, in denen ein Wort gesagt werden muss. Es gibt wieder andere Gelegenheiten, in denen das Verhalten der Christen untereinander ein beredtes Zeugnis ablegt. Und manchmal ist die stille Gegenwart einer anbetenden Gemeinschaft oder einer anbetenden Person das Zeugnis. Diese unterschiedlichen Dimensionen des Zeugnisses für den einen Herrn sind immer eine Sache des konkreten Gehorsams. Sie voneinander zu isolieren hieße, das Evangelium zu verzerren."[295] Emilio Castro pflichtet dem bei: „Bei der

294 Sider 1977, 17-18.
295 Zitiert von Löffler 1977, 341.

Ausführung der Mission Gottes *können wir uns nicht dauerhaft* für den einen oder anderen Aspekt der Mission *entscheiden*, sei es für Befreiung, Entwicklung, Humanisierung oder Evangelisation. All diese Aspekte sind wesentliche, integrale Bestandteile der Mission, die uns anvertraut ist. Man kann sie nicht in Gegensatz zueinander setzen, ohne dass sie schlicht und einfach zu Karikaturen dessen werden, was sie wirklich sind."[296]

Der *Kontext* zeigt von daher an, wo unsere Betonung liegen sollte, und die *Umstände* diktieren die Art und Weise, auf die unser Zeugnis kommuniziert werden muss. Ein missionarisches und evangelistisches Modell, das in den USA verwendet wird, ist in Ländern mit marxistischer Herrschaft oder mit einem dominanten Islam höchstwahrscheinlich nicht nur unangemessen, sondern völlig unmöglich. In *jedem* Fall muss das Zeugnis jedoch auf der Grundlage der Solidarität mit den Menschen kommuniziert werden, an die es sich richtet. Eine *stille* Präsenz kann unter gewissen Umständen authentische Solidarität signalisieren, z.B. als Hesekiel zu den Weggeführten an den Fluss Kebar kam und sieben Tage sprachlos bei ihnen saß (vgl. Hesekiel 3,15).

Nur echte Solidarität verleiht unserer *martyria* Glaubwürdigkeit. Die Menschen werden niemals glauben, was sie hören – wie attraktiv es auch klingen mag – wenn das, was sie sehen und erleben, im eklatanten Widerspruch dazu steht. Alle unsere Erneuerungsversuche im Bereich Evangelisation, Katechese, Liturgie etc. sind vergeblich, solange nichts für die Glaubwürdigkeit der Qualität unseres Lebens getan wird. In Wirklichkeit gilt: Je attraktiver unsere verbale Verkündigung tönt, um so krasser kann der offenkundige Gegensatz zwischen dieser Botschaft und der beklagenswerten Qualität unseres Lebens sein. Die Kirche ist oft ein Hindernis statt eine Hilfe für das Evangelium, weil sie ihrem Leben und Verhalten erlaubt, ihr Zeugnis zu verdunkeln und ihm die Kraft zu nehmen. Ronald Sider, selbst ein Evangelikaler, legte seinen evangelikalen Geschwistern seine Sorge in dieser Hinsicht folgendermaßen ans Herz: „Nur wenn wir biblischen Christen uns so unmissverständlich in den Kampf um soziale Ge-

296 Castro 1978, 88.

rechtigkeit für die Elenden der Erde werfen, dass die Armen und Unterdrückten über alle Zweifel erhaben wissen, dass wir im Kampf gegen ökonomische und politische Unterdrückung alles riskieren – nur dann werden Theologen der Dritten Welt bereit sein, unsere Kritik an unbiblischen Definitionen der Erlösung zu hören. Und nur dann werden die Unterdrückten der Erde in der Lage sein, unsere gute Nachricht vom auferstandenen Herrn Jesus zu hören.“[297]

297 Sider 1977, 20.

22. Mission, Geschichte und Eschatologie

Theologie der Geschichte?

In einigen früheren Kapiteln haben wir die Frage nach der theologischen Bewertung der Geschichte und geschichtlicher Ereignisse angerissen.

Wir haben bereits argumentiert, dass Evangelikale dazu neigen, die Heilsgeschichte getrennt von der Weltgeschichte zu betrachten. Die logische Konsequenz dieser Haltung bestand oft darin, dass Gott als jemand angesehen wurde, der ausschließlich in der Heilsgeschichte aktiv ist. Die säkulare Geschichte steht unter der Herrschaft böser Mächte und droht ständig, die Heilsgeschichte zu ersticken.

Die Heilsgeschichte wird außerdem üblicherweise als detailliertes Programm dargestellt, in dem Gott alles minutiös geplant hat, noch bevor die Welt erschaffen wurde. Er kennt die Schachzüge des Bösen im Voraus und erlaubt sie. Sein Plan entfaltet sich anhand seines Entwurfs und wird zu einem festgesetzten Zeitpunkt enthüllt. In diesem Entwurf kommt der globalen Mission der Kirche eine Schlüsselrolle zu, die so bedeutsam ist, dass wir sozusagen aus der geografischen Ausdehnung der Mission ableiten können, welche Stunde auf Gottes Uhr geschlagen hat und wie nah wir der abschließenden Entfaltung der Heilsgeschichte sind. Wir müssen nur die „Zeichen der Zeit" erkennen. Es ist eine Tatsache, dass sich manche religiöse Gruppen praktisch ausschließlich auf die Spekulationen über die Zeichen der Zeit konzentrieren. Das theologische Steckenpferd so einer Gruppe liefert dieser Gruppe üblicherweise den hermeneutischen Schlüssel für alles. Gottes Handeln wird nur dort wahrgenommen, wo es der Gruppe passt. Alle anderen Ereignisse werden den Machenschaften des Bösen zugeschrieben, denen jedoch glücklicherweise in Gottes sorgfältig vorbereitetem Plan ein Platz zugewiesen wurde.

In ökumenischen Kreisen hat es eine Reaktion auf diese enge heilsgeschichtliche Interpretation gegeben. Dabei wurde die Heilsgeschichte jedoch vollständig entsakralisiert, ein Vorgang, der genauso naiv und inakzeptabel ist. Hier handelt es sich schließlich ebenfalls um eine Zeichen-der-Zeit-Theologie, mit dem Unterschied, dass Gott hier gerade in den Bereichen aktiv am Werk gesehen wird, in denen er es nach Auffassung der Evangelikalen nicht ist, also in der säkularen Welt. „Die Entsakralisierung der Heilsgeschichte führt zur Sakralisierung der Weltgeschichte!“[298] Die Weltgeschichte *ist* Heilsgeschichte.

Sowohl die Evangelikalen als auch die Ökumeniker arbeiten also mit dem gleichen Modell, auch wenn sie zu ganz anderen Ergebnissen kommen. Beide sind subjektivistisch. Es gab z.B. eine Zeit, in der das koloniale Ausdehnungsprogramm der europäischen Länder als göttliche Vorsehung angesehen wurde, als „Heilsgeschichte“. Im Gegensatz dazu wird heute die Entkolonialisierung als Beweis des direkten Eingreifens Gottes angesehen. In der Vergangenheit wurde der Kapitalismus als „christlich“ bezeichnet. Ende der 1970er-Jahre sagte man dasselbe vom Sozialismus. Immer wieder tritt also die Tendenz zutage, denjenigen soziologischen Kräften göttliche Vorsehung zuzuschreiben, die in einer bestimmten Phase dominant sind. Im Hintergrund dieser Haltung steht historischer Positivismus. Warneck konnte sagen: „Was historisch zustande gekommen ist, hat auch ein göttliches Recht.“

Eine „Theologie der Geschichte“ präsentiert sich also in unterschiedlichen Formen. Emanuel Hirsch begrüßte den „deutschen Umbruch“ von 1933 vorbehaltlos als göttliches Eingreifen. Bruno Gutmann erhob ethnische Zugehörigkeit und die sogenannten „urtümlichen Bindungen“ jedes bestimmten Volkes zu unverletzlichen Schöpfungstatsachen und erklärte alles, was dem Volk dient und es aufrechterhält, zu etwas, das im Einklang mit Gottes Willen steht. Anderswo bauten Adventisten nationale Desaster und alle möglichen Weltereignisse in eine apokalyptische Geschichtsauffassung ein. Befreiungstheologen interpretierten hingegen gewalttätige Revolutionen als direkte Fortsetzung des biblischen Exodusereignisses.

Wenn wir diese und ähnliche Interpretationen zurückweisen, wollen wir damit nicht sagen, dass Gott nirgendwo in der Geschichte

298 Vgl. Beyerhaus 1969, 49; vgl. Knapp 1977, 159-162.

am Werk ist. Wenn wir das täten, müssten wir die Geschichte als eine Aneinanderreihung von Zufällen verstehen oder als Spielwiese des Schicksals. Wir müssten dann mit Jean-Paul Sartre in den Abgrund des Nichts blicken und die Vergangenheit, Gegenwart und Zukunft als völlig leer und bedeutungslos einstufen. Alles wäre nichts als *hominum confusio* (die Verwirrtheit des Menschen) ohne die Perspektive der *providentia dei* (Vorsehung Gottes). Dann wäre Gott – wenn wir denn überhaupt noch auf ihn verweisen – der abgedankte Gott des Deismus. Unsere Kritik richtet sich daher nicht gegen die Vorstellung von einem Gott, der in der Geschichte am Werk ist – ganz und gar nicht! –, sondern gegen die eindimensionale Geschichtsinterpretation, die so oft sowohl von Evangelikalen als auch von Ökumenikern präsentiert wird.

Wir bekennen, dass Gott in der Geschichte am Werk ist. Die Seiten des Alten und Neuen Testaments offenbaren einen Gott, der in den Ereignissen der Welt aktiv wird. Die Heilsgeschichte ist nicht von der Weltgeschichte isoliert. Wir sollten nach Gottes Einwirkungen nicht nur im Herzen der Menschen suchen, sondern auch in ihrem täglichen Leben. Jesus wurde zur Zeit des Augustus geboren und unter Pontius Pilatus gekreuzigt. Religion ist nicht Privatsache, sondern die Anerkennung, dass Gott in dieser Welt aktiv gegenwärtig ist. Das neutestamentliche Bekenntnis zu Jesus als *kyrios* (Herr) hatte soziologische und politische Obertöne, weil dieses Bekenntnis das konkrete Herrsein anderer Herrscher relativierte. Die Kirche muss sich nicht aus der Welt zurückziehen, um der Leib Christi zu werden; sie ist dieser Leib vielmehr dadurch, dass sie mitten in der Welt ist. Die Kirche ist, so haben wir vorgeschlagen, gleichzeitig eine theologische und eine soziologische Größe. Das bedeutet, dass sie nicht immer weniger „soziologisch" werden muss, um mehr und mehr „theologisch" zu werden. Wenn man alle Aspekte bedenkt, dann bedroht die soziologische Dimension die theologische nicht. Im Gegenteil. Die Kirche ist „ein Phänomen der Weltgeschichte, historisch, psychologisch, soziologisch fassbar wie alle anderen."[299]

Der Brennpunkt des Engagements Gottes in der Weltgeschichte

299 Barth, *Kirchliche Dogmatik* IV/1, 728.

wird Mission genannt. Das christliche Bewusstsein von der Geschichte ist ein missionarisches Bewusstsein, das einen göttlichen Auftrag anerkennt. Es ist sich daher der Widersprüchlichkeit bewusst, die dieser unerlösten Welt innewohnt, und es ist sich des Zeichens des Kreuzes bewusst, unter dem die christliche Mission und Hoffnung steht.[300] Daher gilt: Selbst wenn es starke apokalyptische Tendenzen im frühen Christentum gab: Die Mission bewahrte die Apokalyptik davor, die christliche Gemeinschaft von der Weltgeschichte zu isolieren. Letzteres passierte der Gemeinschaft von Qumran. A. A. van Ruler hat oft darauf hingewiesen, dass selbst der Heilige Geist sein Wirken nicht auf die Herzen von Menschen oder auf religiöse Erweckungen beschränkt; er ist auch im täglichen Leben aktiv, in der Welt der Geschichte und Kultur.

Dass Gott in der Welt am Werk ist, kann nur mit den Augen des Glaubens erkannt werden. Aufgrund des Todes und der Auferstehung Christi sowie der Gabe des Heiligen Geistes kann der Glaubende etwas von Gottes Vorhersehung inmitten der menschlichen Verwirrung wahrnehmen.

Die Interpretation, die der Glaubende den Taten Gottes in der Geschichte gibt, bleibt dennoch eine ambivalente Sache. Gottes Wirken kann nicht direkt aus der Geschichte abgeleitet werden. Die Geschichte ist voller Widersprüche, Lücken, Diskontinuitäten, Rätsel, Überraschungen, Geheimnisse, Versuchungen und Verwirrungen. Immerhin ist nicht nur Gott in der Geschichte am Werk, sondern auch die Gegenkräfte. Gottes Wirken in der Geschichte ist daher den Augen des Glaubens gleichzeitig offenbar und verborgen.

Wir müssen daher einer Zeichen-der-Zeit-Theologie sehr skeptisch gegenüberstehen. Das römisch-katholische apostolische Schreiben *Evangelii Nuntiandi*, das nach der 4. Bischofssynode (Oktober 1974) veröffentlicht wurde, weist mit Recht darauf hin, dass die Zeichen der Zeit für verschiedene Glaubende in verschiedenen Ländern und Kontexten unterschiedliche Bedeutungen haben.

Dass dem so ist, wird unmittelbar klar, wenn wir einzelne Chris-

300 Vgl. J. Moltmann, *Theologie der Hoffnung*. 2. Aufl. (München: Kaiser, 1964), 202f.

ten fragen, was sie in der gegenwärtigen Weltgeschichte als „Zeichen der Zeit" ansehen. In einem kürzlich erschienenen Artikel über Mission und die Zeichen der Zeit listet B. H. Willeke vier solcher Zeichen auf: 1. Das Mündigwerden der Völker der Welt. 2. Der Kampf um Befreiung und Entwicklung. 3. Die weltweit wachsende Säkularisierung. 4. Die Sehnsucht nach neuen geistigen Werten.[301] In seinem Buch *I Believe in the Great Commission* diskutiert Max Warren sieben „Zeichen der Zeit", die nur zum Teil mit denen von Willeke überlappen.[302] Die Zeichen, die Willeke und Warren identifizieren, unterscheiden sich allerdings total von denjenigen, die John Mott in der Welt des Jahres 1910 wahrnahm. Diese sogenannten „Zeichen" sind von daher mit Sicherheit mehrdeutig.

Sollten wir daher lieber davon absehen, „Zeichen" zu interpretieren? In seinem Buch *Christ the Meaning of History* urteilt H. Berkhof, dass wir nicht versuchten sollten, uns vor dieser Verantwortung zu drücken.[303] Wir sollten natürlich sehr bescheiden in unseren Versuchen sein, da wir die Geschichte niemals fassen können. Wir dürfen niemals einfach zwischen Licht und Finsternis unterscheiden – besonders, da unsere Interpretation ganz leicht von unseren eigenen Vorurteilen und Vorlieben bestimmt wird; wir sehen Gott nur da und dann am Werk, wenn es uns gut passt.

Die Gleichnisse aus Matthäus 24 und 25, besonders diejenigen, die uns zur Wachsamkeit ermahnen, sollten uns an dieser Stelle vorsichtig sein lassen. Menschen, die wachsam bleiben, sind Menschen, die nicht wissen, welchen Verlauf die Ereignisse nehmen werden. Sie warten weiterhin auf die Enthüllung und nehmen das Endgericht nicht vorweg. Sie müssen die Wirklichkeit interpretieren, in der sie leben, jedoch nicht so sehr dadurch, dass sie diese beurteilen, sondern dadurch, dass sie ihre Lampen brennen lassen und das Beste aus dem machen, was ihnen anvertraut ist. Während sie das tun, entwickeln sie einen „Instinkt", der sie befähigt, wie unvollkommen auch immer

301 Vgl. B. H. Willeke, „Mission und die Zeichen der Zeit", in: *Zeitschrift für Missions- und Religionswissenschaft* 62.3 (1978), 169-182.

302 Vgl. Warren 1976, 139-147.

303 Vgl. H. Berkhof, *Christ the Meaning of History* (Richmond: John Knox Press, 1966), 194-205.

zu erkennen, wer diejenigen sind, die mit ihnen dienen und wer diejenigen sind, die ihre Hilfe brauchen (vgl. Matthäus 25,31-46). Wer wachsam ist, interpretiert damit die geschichtlichen Tatsachen, wenn auch auf fehlbare Weise. So jemand hat den Mut, Entscheidungen zu treffen, auch wenn sie relativ sind. Er weiß jedoch, dass der beste Weg, die Geschichte zu interpretieren, darin besteht, Gott zu erlauben, ihn in die Welt zu senden. Mission ist eine Exegese der Geschichte.

Mission als eschatologisches Ereignis

Wir haben nun das Thema „Eschatologie" de facto wieder eingeführt, auch wenn wir es nicht ausdrücklich genannt haben. Im dritten Teil des Buches haben wir die Rolle und Bedeutung der Eschatologie für das Missionsverständnis im Verlaufe der Jahrhunderte diskutiert und haben in dieser Hinsicht besonders die Bereicherung hervorgehoben, welche die Wiederentdeckung der eschatologischen Dimension während der 30er-Jahre des 20. Jahrhunderts bedeutete. Der besondere Beitrag der Wiederentdeckung bestand darin, Eschatologie und Geschichte in eine dynamische Beziehung zueinander zu setzen.

Bereits vor dem Ende der 50er-Jahre wurde diese eschatologische Dimension jedoch durch die radikal transzendente Eschatologie von Barth auf der einen Seite und durch die existenzialistische Eschatologie Bultmanns auf der anderen Seite teilweise verdunkelt. Erst in den 60er-Jahren machten die theologischen Beiträge von Wolfhart Pannenberg und besonders die Theologie der Hoffnung von Jürgen Moltmann den Weg für ein stärker historisches Verständnis der Eschatologie frei, in dem die Zukunft den Vorrang erhielt. Die lateinamerikanische Befreiungstheologie stimmt in verschiedener Hinsicht mit dieser Entwicklung überein. Dasselbe gilt für Cullmanns heilsgeschichtlichen Ansatz. José Miguez-Bonino ist z.B. ein Schüler Cullmanns und trug 1967 zu dessen Festschrift bei.[304]

304Vgl. J. Miguez y Bonino, „An Approach to the Discussion of Tradition in a Heilsgeschichte Frame of Reference", in: *Oikonomia. Heilsgeschichte als Thema*

Für diese gesamte Entwicklung war Eschatologie nicht mehr die „Lehre von den letzten Dingen". Eschatologie hat auch mit dem Hier und Jetzt zu tun. Das hat wiederum mit der Wiederentdeckung der engen Verbindung zwischen Eschatologie und Christologie zu tun. Dieses unzertrennbare Band wurde allerdings zu oft nicht gesehen. Eschatologie wurde dann entweder ein *Archaismus*: Die Menschen träumten von der Wiederherstellung einer vergangenen goldene Ära. Oder sie wurde zu einem *Futurismus*: Die Menschen kehrten der Vergangenheit den Rücken zu und nahmen in einem utopischen Geist die Zukunft ein. Oder sie wurde zum *Eskapismus*: Die Menschen versuchten, aus dieser Welt in eine andere zu fliehen.[305]

Die Wiederentdeckung der eschatologischen Dimension des christlichen Glaubens, die enge Verbindung zwischen Eschatologie und Christologie und das Bewusstsein von einer dynamischen Spannnung zwischen Eschatologie und Geschichte machen eine kurze Diskussion des Weges erforderlich, auf dem Mission als eschatologisches Ereignis verstanden werden könnte.

Zunächst wollen wir betonen, dass Mission niemals als Vorbedingung oder Grundvoraussetzung für das Kommen des Endes angesehen werden sollte. Auch sollte die Kirche nicht durch ihre missionarische Leidenschaft das Ende beschleunigen wollen. Mission ist kein Griff nach der Weltenuhr. Das hohe eschatologische Fieber in manchen christlichen Kreisen, der daraus hervorströmende fanatische missionarische Enthusiasmus und die bizarren Berechnungen und grotesken Spekulationen, die diese begleiten, verwandeln Eschatologie in Apokalyptik und schreiben dieser ein Eigengewicht getrennt von der Christologie zu.

Bereits vor rund einem Jahrhundert hat Martin Kähler die Auffassung zurückgewiesen, Matthäus 24,14 fordere dazu auf, Missionsarbeit zu tun, um die Wiederkunft Christi zu beschleunigen. Missionare, die dieser Auffassung seien, würden nicht wirklich darauf hinarbeiten, die Nationen zu christianisieren. Sie wollten den Nationen vielmehr das Evangelium „zum Zeugnis" predigen, damit diese

der Theologie (Hamburg: Herbert Reich Verlag, 1967), 295-301.
305 Vgl. Arnold J. Toynbee, auf den BRAATEN 1977, 127, verweist.

keine Entschuldigung hätten. Sie haben kein Mitgefühl mit den Massen und es stört sie nicht, ob sie zugrunde gehen, solange die Erwählten gerettet werden und die Wiederkunft Christi beschleunigt wird. Wie gering denken sie von unserem Erlöser, sagt Kähler, dass sie in seinen Zeitplan für die Welt eingreifen wollen! Und wie hoch denken sie von sich selbst![306]

Zweitens: Mission als eschatologisches Ereignis bedeutet auch nicht, dass die Kirche in Reaktion auf das gerade Gesagte eine Ghettomentalität entwickeln und sich schlicht nach innen kehren sollte. Die alttestamentlichen Verweise auf den „Rest" und Jesu Verweise auf die „kleine Herde" (Lukas 12,32) wurden oft auf diese Weise interpretiert. Einige jüdische Gemeinschaften teilten diese Mentalität der kleinen Gruppe, die sich um den Tempel sammelte, voller Angst, die Welt könnte sie verschlingen. Die christliche Kirche hat oft dieselbe Mentalität an den Tag gelegt. Mission, eschatologisch verstanden, möchte im Gegensatz dazu die Berufung und Verantwortung der Kirche in den größtmöglichen Kontext stellen: bis an die Enden der Erde und Zeit. Die Mission der Kirche ersetzt die apokalyptische Selbstbewahrung im Angesicht des Endes.[307]

Drittens: Mission als eschatologisches Ereignis erinnert die Kirche daran, dass ihre Aufgabe nie beendet ist. „Eschatologisch verstandene Mission ist ein ständiger Antrieb für die Kirche."[308] Gottes Plan zur Rettung der Welt wird nur im missionarischen Engagement der Kirche in der Welt enthüllt. Wenn Glaubende die Botschaft über alle Grenzen hinweg verbreiten, wird das Geheimnis den Menschen erläutert.[309] Jesu einzige Antwort auf die Frage nach dem Kommen des Reiches Gottes besteht in der Mission der Kirche, in ihrer Sendung in die Welt (Apostelgeschichte 1,6-8). Das Warten auf das Ende beinhaltet niemals Passivität, sondern intensive Aktivitäten im Hier und Jetzt. Unser Engagement in der Welt ist

306 Vgl. Kähler 1971, 67, 159, 459-460.
307 Vgl. Moltmann 1964, 73.
308 F. Kollbrunner, *The Splendour and Confusion of Mission Today: An Essay on the Theology of Mission* (Gwelo: Mambo Press, 1974), 20.
309 Vgl. W. Bieder, *Das Mysterium Christi und die Mission* (Zürich: EVZ Verlag, 1964), 46.

einer der Hauptwege, auf denen wir uns auf die Wiederkunft vorbereiten.

In mehrfacher Hinsicht ist ein viertes Element noch wichtiger als die drei bereits erwähnten. Mission als eschatologisches Ereignis geht in der Gewissheit voran, dass das Reich Gottes nicht nur eine zukünftige Wirklichkeit ist, sondern dass es bereits in unserer Mitte gegenwärtig ist. Die neutestamentliche Eschatologie manifestiert sich in drei Zeitabschnitten: Vergangenheit, Gegenwart, Zukunft. Israel erwartete die Erlösung ausschließlich in der Zukunft. Christus spaltete diese Zukunft in zwei Teile auf. Wenn Christen die Erlösung ausschließlich in die Zukunft projizieren, halten sie an einer vorchristlichen Position fest. In Christus sind die Kräfte des neuen Zeitalters in die Gegenwart eingedrungen.

Die Zukunft, inklusive der Zukunft *vor* dem Ende, ist nicht leer, sondern vom Reich Gottes erfüllt. Zugegeben: Das Reich Gottes ist noch verborgen und kann nur mit den Augen des Glaubens wahrgenommen werden. Zugegeben: Die Form, die das Reich Gottes momentan annimmt, ist immer noch unvollkommen. Das heißt jedoch nicht, dass die Gegenwart des Reiches Gottes eine Illusion ist. Wir leben auf der Grundlage des „schon jetzt" und sind unterwegs zu dem, was „noch nicht" ist, doch auf eine Weise, die bedeutet, dass die Herausforderung des „schon jetzt" die Vision dessen, was „noch nicht" ist, überwiegt, dass also das „schon jetzt" bestrebt ist, das in Besitz zu nehmen, was „noch nicht" ist.[310] Eschatologie verweist nicht nur auf eine zukünftige göttliche Antwort, die wir blind oder auf der Grundlage einer Autorität akzeptieren müssen. Eschatologie verweist auch auf Antizipationen in gegenwärtigen menschlichen Erfahrungen. Die Bedeutung der Geschichte kann erhoben werden, da das Ziel der Geschichte offenbart worden ist.

Gegenwärtig existieren das „schon jetzt" und das „noch nicht" noch in gegenseitiger Spannung zueinander. Wir können dieser Spannung nicht entkommen; außerdem sollten wir dazu auch gar nicht in der Lage sein. Der Glaubende ist bereits ein Bürger des neu-

310 Vgl. O. Cullmann, *Heil als Geschichte: Heilsgeschichtliche Existenz im Neuen Testament*. 2 Aufl. (Tübingen: Mohr, 1967), 153-155.

en Zeitalters, doch er lebt immer noch voll in dieser Welt. Es gibt hier zugegebenermaßen ein dualistisches Element. „Ein Mensch mit einer Eschatologie, der mitten in dieser Welt lebt, ist wohl oder übel ein Bürger zweier Welten."[311] Der einzige Grund, warum er diese beinahe nicht auszuhaltende Spannung ertragen kann, ist in der Tatsache zu finden, dass diese beiden Welten in Christus überlappen, dass die neue angekommen ist, während die alte noch nicht vergangen ist.

Fünftens: Mission als eschatologisches Ereignis bedeutet, dass wir uns in unserem Missionieren der *Erfüllung* nähern. Das Reich Gottes ist bereits gegenwärtig, wie wir sahen, doch wir können nur dann über das gegenwärtige Reich Gottes sprechen, wenn wir es aus der Perspektive des kommenden Reiches Gottes betrachten. Eine der größten Gefahren, der die Kirche heute begegnet, besteht darin, dass alle Erwartungen auf eine von Gott vorbereitete Zukunft aus unserem Blickfeld geraten könnten, dass die Zukunftserwartungen vollständig in diesseitigen Kategorien gefasst werden. Aargaard drückt es folgendermaßen aus: „... die soziale Herausforderung ist heute so groß, dass die Hoffnung auf unsichtbare Dinge ziemlich frustrierend und nutzlos zu sein scheint, wenn doch so viele sichtbare Dinge der Hoffnung wert sind."[312] Wir werden so leicht verleitet zu glauben, dass die Erlösung in unserer Verfügungsgewalt steht.

Gerade die Mission sollte die Hoffnung auf eine göttliche Vollendung des Reiches Gottes lebendig halten. Wo die Erwartung des Eingreifens Gottes verkümmert, verliert die Mission ihren wahren Charakter. Eschatologie wird dann auf Ethik reduziert. Sie wird dann entweder zu bloßer humanitärer Verbesserung ohne transzendente Dimension oder zu einer Privatsache, bei der man sich nicht um die Erneuerung der gesamten Schöpfung kümmert, sondern schlicht um die eigene Erlösung, um ein Weiterleben nach dem Tod.

Außerdem bedeutet Mission als eschatologisches Ereignis: Der Welt wird Hoffnung injiziert. Mission ist treue Hoffnung in Aktion und manifestiert sich daher in der geduldigen Ungeduld der Hoffnung.

---

311 C. Braaten 1977, 47.
312 Aargaard 1965, 256.

Hoffnung enthüllt sich im Gehen des nächsten Schrittes. Hoffnung ist Aktion und nur als solche authentisch.[313] Es geht dabei um Hoffnung nicht nur auf einen neuen Himmel, sondern auch auf eine neue Erde – die ersten Christen erwarteten beides![314]

In ihrer Mission erfüllt die Kirche ihre Verpflichtungen gegenüber der Welt. Gerade aufgrund dieser hoffnungsvollen Zuversicht im Blick auf das „Letzte" kümmert sich der Christ um das „Vorletzte". Die Kirche setzt sich daher auch für Veränderungen im „Vorletzten" ein – nicht weil sie ihre Hoffnung auf das Letzte aufgegeben hat, sondern gerade aufgrund jener Hoffnung. Das Vorletzte darf wegen der letzten Wirklichkeit weder verachtet noch vernachlässigt werden. Die Vorstellung, dass die Dinge so bleiben können, wie sie sind, ist das absolute Gegenteil des Evangeliums. Der Christ, der sich mit dem Argument, die gegenwärtigen Dinge seien nur vorläufig und würden vergehen, nur mit „letzten Dingen" beschäftigt, hat die christliche Hoffnung nicht verstanden.

Schlussendlich: Mission als eschatologisches Ereignis wappnet die Kirche vor Mutlosigkeit. Das eschatologische Motiv treibt uns wie wir sahen an, uns in den Angelegenheiten dieser Welt zu engagieren, uns für die Aufrichtung von Zeichen des Reiches Gottes im Hier und Jetzt einzusetzen. Doch gleichzeitig bewahrt uns die Mission als eschatologisches Ereignis vor der Gefahr von Enttäuschung, Desillusionierung und Frustration. Die Botschaft vom transzendenten Reich Gottes und das Wissen, dass letztlich alles in Gottes Händen ist, gibt uns die notwendige Distanz und Nüchternheit im Blick auf alle Dinge in dieser Welt.[315] Gott ist der Eine, der das Fest vorbereitet. Wir sind nur die Diener, die die Einladungen verteilen. Dieses Bewusstsein legt unseren Erwartungshorizont fest. Wenn wir diese Perspektive verlieren, hört das Evangelium auf, ein Geschenk zu sein, und wird

313 Vgl. K. Barth, *Kirchliche Dogmatik* IV/3, 1066-1083, unter der Überschrift „Das Leben in der Hoffnung".

314 Anm. des Übers.: Siehe dazu jetzt T. Wright, *Von Hoffnung überrascht: Was die Bibel zu Auferstehung und ewigem Leben sagt* (Neukirchen-Vluyn: Aussaat, 2011) – eine Eschatologie der Erneuerung der gesamten Schöpfung aus Himmel *und* Erde.

315 Vgl. H.-W. Heidland, „Das Defizit an Eschatologie", in: *Deutsches Pfarrerblatt* 74.1 (1974), 7-11.

zu einem Gesetz. Dann zeigen unsere Aktivitäten eine Unruhe und Nervosität, weil alles von uns abzuhängen scheint. Diese Gefahr ist keine imaginäre. Nur eine gesunde eschatologische Perspektive kann uns vor ihr bewahren.

23. Missio Dei

Mission aus trinitarischer Perspektive

Wir haben uns in diesem Buch mit der Missionstheologie beschäftigt – mit der Grundlage, dem Motiv, dem Ziel und dem Wesen des Auftrags, der die Kirche in die Welt sendet. Wir folgten dem Verlauf der Mission durch die Jahrhunderte und stellten fest, dass die Mission in vielen Zeitperioden ihr eigentliches Wesen einbüßte und zu nicht viel mehr als einem Ausdruck des vorherrschenden Zeitgeistes oder zu einem bequemen Mechanismus verkommen war, der den Interessen gewisser Gruppen diente. Wir sahen, wie die Grundlage, das Motiv, das Ziel und das Wesen der Mission pervertiert wurden und bis heute immer noch verzerrt werden. Wir lenkten die Aufmerksamkeit auf kurzsichtige und einseitige Elemente, auf die Unfähigkeit von Menschen, authentische Einsichten bei anderen Menschen zu entdecken, und auf die allgemeine Neigung, die eigene Meinung zu verabsolutieren.

In diesem letzten Kapitel wollen wir uns noch einmal aus einer etwas anderen Perspektive mit dieser ganzen Problematik auseinandersetzen. Wir werden versuchen, zum Zentrum einer echt theologischen Reflexion der Mission vorzudringen. Wir werden das vornehmlich durch die Beschreibung der Mission als *Missio Dei* tun, als Mission Gottes.

Mission hat ihren Ursprung weder in der offiziellen Kirche noch in speziellen kirchlichen Gruppen. Sie hat ihren Ursprung in Gott. Gott ist ein missionarischer Gott, ein Gott, der Grenzen auf die Welt hin überschreitet. Bereits in der Schöpfung war Gott der Gott der Mission, sein Wort und sein Geist waren die „Missionare“ (vgl. Genesis 1,2-3). Gott sandte auch sein inkarniertes Wort, seinen Sohn, in die Welt. Und er sandte an Pfingsten seinen Geist. Mission heißt: Gott gibt sich selbst auf, wird Mensch, legt seine göttlichen Vorrechte ab und nimmt unsere Menschheit an. Gott kommt in die Welt, in seinem Sohn und seinem Geist.

Das bedeutet, dass der dreieinige Gott das Subjekt der Mission ist.[316] Viele Jahrhunderte lang wurde das Wort *missio* in der Kirche als Konzept in Verbindung mit der Trinitätslehre benutzt, als Verweis auf die Sendung des Sohnes durch den Vater, und auf die Sendung des Geistes durch den Vater und den Sohn. Erst seit dem 16. Jahrhundert begann das Konzept *missio*, seine moderne Konnotation von der Kirche zu entwickeln, die in die Welt gesandt ist. Unglücklicherweise wurde die Beziehung zwischen der ursprünglichen und der modernen Bedeutung von *missio* lange Zeit nicht erkannt. Abraham Kuyper war einer der ersten Theologen, der ausdrücklich darauf hinwies. Auch Warneck spielte in seiner *Evangelischen Missionslehre* auf die trinitarische Grundlage der Mission an. Karl Hartenstein erkannte, was das beinhaltete und entwickelte diesen Gedanken weiter, zunächst 1933 und dann insbesondere in seinem Beitrag zur Konferenz von Willingen (1952), wo das Konzept der *Missio Dei* eingeführt wurde. Mission ist nicht „der apostolische Weg von Kirche zu Kirche“, wie es Karl Graul vor mehr als einem Jahrhundert ausdrückte, sondern sie ist der dreieinige Gott, der in die Welt kommt.

Diese Sicht wird heute von römisch-katholischen und auch von protestantischen Theologen anerkannt. Wir sind von einer ekklesiologischen zu einer trinitarischen Missiologie fortgeschritten. Es besteht jedoch die Gefahr, dass die Trinitätslehre in Kirche, Mission und Theologie eine nur recht vage Funktion ausübt. Es ist daher notwendig, detaillierter auszuführen, was wir unter einer trinitarischen Grundlage der Mission verstehen.

Mission hat ihren Ursprung im Vaterherzen Gottes. Er ist die Quelle der sendenden Liebe. Das ist die tiefste Quelle der Mission. Es ist nicht möglich, noch tiefer vorzudringen: Es gibt Mission, weil Gott die Menschen liebt. Allein im Johannesevangelium sagt Jesus sechsundvierzigmal, dass der Vater ihn gesandt hat, und er fügt oft hinzu, dass dies zur Rettung der Welt geschah. Mehrere Gleichnisse haben dasselbe Thema. Die Ursache der Mission ist Gottes *agape*

316 Siehe in dieser Beziehung insbesondere L. NEWBIGIN, *The Relevance of Trinitarian Doctrine for Today's Mission* (London: Edinburgh House, 1963), und L. LOPÉZ-GAY, „Trinitarian, Christological and Pneumatological Dimensions of Missions“, in: *Omnis Terra* 87 (1977), 14-27.

(Liebe) oder seine *charis* (gnadenhafte Liebe). „Denn Gott ist die Liebe. Darin ist erschienen die Liebe Gottes unter uns, dass Gott seinen eingebornen Sohn gesandt hat in die Welt, damit wir durch ihn leben sollen." (1. Johannes 4,8-9). „Denn also hat Gott die Welt geliebt, dass er seinen eingeborenen Sohn gab, damit alle, die an ihn glauben, nicht verloren werden, sondern das ewige Leben haben." (Johannes 3,16).

Im gerade Gesagten haben wir bereits die Rolle und Bedeutung der zweiten Person der Trinität berührt. Es war insbesondere Karl Barth, der die Mission nicht nur auf die Trinitätslehre gründete, sondern sehr viel spezifischer auf die Christologie. Damit wollte er der Möglichkeit einer spekulativen Interpretation der Begründung der Mission auf der Trinität bereits an der Wurzel das Wasser abgraben. Die Inkarnation, das Kreuz und die Auferstehung zwingen uns, die *Geschichte* ernst zu nehmen und damit auch Mission als historisches Engagement in dieser Welt. Am Kreuz offenbarte Gott, dass er die Welt ernst nahm, indem er sie richtete. Doch er richtete sie nicht nur; genau wie in der Inkarnation und in der Auferstehung nahm er auch am Kreuz die Welt für sein Reich in Anspruch, er versöhnte die Welt mit sich selbst. Im Zeichen des Kreuzes, dem Symbol sowohl von Gericht als auch von Versöhnung, ist die Kirche in die Welt gesandt. Mission hat daher tatsächlich eine trinitarische Grundlage, doch auf eine christologisch konzentrierte Weise, da es gerade die Christologie ist, die Gottes Eintritt (seine Mission) in die Welt akzentuiert.

Mission markiert eine neue Dimension der Sorge Gottes um die Welt. Noch wichtiger ist, dass die Mission der endgültige und definitive Ausdruck der Sorge Gottes um die Welt ist. Seit Christus gekommen ist, können wir keine andere Erlösung mehr erwarten außer der, die er eingeläutet hat. Wir können auch keinen anderen Erlöser mehr erwarten. Jesus ist als Missionar sowohl das Modell für unsere Mission (die Inkarnation) als auch ihre Grundlage.

Die trinitarische Grundlage der Mission manifestiert sich auch in der *Pneumatologie*. Der Geist ersetzt Christus nicht; seine Gegenwart *ist* die Gegenwart Christi. Die Mission des Sohnes setzt sich in der Mission des Geistes fort und wird von der Mission der Jünger in der

Welt konkretisiert. „Wie der Vater mich gesandt hat, so sende ich euch. Dann hauchte er sie an und sprach: Nehmt hin den Heiligen Geist." (Johannes 20,21-22).

Christologie, Pneumatologie und Missiologie sind daher auf das Engste miteinander verbunden. Bei der Taufe Jesu im Jordan offenbarte der Geist unmittelbar den missionarischen Charakter des Wirkens Jesu. Gegen Ende seines irdischen Lebens verhieß Jesus seinen Jüngern seinen Geist im Rahmen seiner missionarischen Beauftragung (vgl. Lukas 24,49; Apostelgeschichte 1,8).

Das Neue Testament, insbesondere in den paulinischen Briefen, offenbart den Geist in seiner Sorge um die Heiligung des Glaubenden und der Kirche. Diese Heiligung ist nicht nur nach außen, sondern auch nach innen gerichtet. Diese beiden Aspekte wurden zunächst als solche verstanden, die in einer dynamischen Beziehung zueinander stehen. Später wurde der erste Aspekt praktisch komplett ignoriert. Ab dem 2. Jahrhundert wurde die Betonung fast ausschließlich auf den Geist als „Besitz" des Glaubenden und der Kirche gelegt. Seine Aufgabe bestand darin, die Glaubenden zu reinigen und zu erleuchten. Insbesondere in der Liturgie der Ostkirchen wurde er zum Geist der Wahrheit, des Lichts und des Lebens. Die Reformation änderte daran nur in geringem Maße etwas. Weil Fanatiker behaupteten, sich besonderer Offenbarungen des Geistes zu erfreuen, neigten sie dazu, den Heiligen Geist fast ausschließlich als denjenigen anzusehen, der die Schrift interpretiert, der Exeget, der die Kirche in alle Wahrheit leiten würde.[317]

Obwohl die missionarische Dimension der Pneumatologie zur Zeit des Aufkommens der protestantischen Missionsbewegung im 18. Jahrhundert wiederentdeckt wurde, spielte sie in der protestantischen Theologie keine signifikante Rolle. Die Pneumatologie lief in mehr oder weniger traditionellen Bahnen weiter. Roland Allen war einer der Ersten, die dagegen Einspruch erhoben. Später legte Harry Boer eine gründliche Untersuchung der engen Beziehung zwischen

317 Vgl. F. W. Dillistone, „The Holy Spirit and the Christian Mission", in: Anderson 1961, 269-280.

dem Heiligen Geist und der Mission vor.[318] Was die systematische Theologie betrifft, so war es insbesondere Karl Barth, der im vierten Band seiner *Kirchlichen Dogmatik*, in der er die Soteriologie behandelt, die missionarische Dimension der Pneumatologie diskutierte. Berkhof weist mit Recht darauf hin, dass der Heilige Geist dem Neuen Testament zufolge primär keine institutionelle oder innerliche Kraft ist, sondern eine historische. Wir sollten erkennen, so sagt er, dass diese dritte Person der Trinität „Gottes Personsein in seiner nach außen gerichteten Wirkungsweise ausdrückt." „Der Name für den in Richtung auf die Welt aktiven Gott lautet: Geist."[319]

Der Kompromiss, der den Traum zerstört

Aufgrund ihrer trinitarischen Grundlage ist christliche Mission immer *Missio Dei.* Das bedeutet – wir haben im vorherigen Kapitel bereits darauf hingewiesen – dass Mission von Anfang bis Ende Gottes Werk ist. Im Verlaufe der Zeit verwandelte sich das Konzept der *Missio Dei.* Es wurde auf ein bloßes theologisches Vorwort zu einem anthropologischen Text zusammengestutzt. Gott wurde zu einer blutleeren deistischen Figur, zum großen Entdecker und Initiator der Mission, der sich dann jedoch schrittweise zurückzog und die Ausführung seiner Mission seiner Bodentruppe überließ.[320] Auf diese Weise wurde Mission zu *unserer* Unternehmung, sie wurde von uns abhängig, und man erwartete von uns, dass wir uns zu immer größeren Anstrengungen und Opfern antreiben würden. In dem Moment bewegte sich Mission aus dem Bereich des Evangeliums in den Bereich des Gesetzes.

Wenn wir der ursprünglichen Absicht Hartmanns treu bleiben wollen, müssen wir daran festhalten, dass es bei der Mission um Gottes Reich geht, dass sie auf der Grundlage der Erwartung jenes Reiches existiert und dass die Erlösung, die zu jenem Reich gehört, von Gott selbst herbeigeführt wird.

---

318 Vgl. ALLEN 1962, und BOER 1961).
319 BERKHOF 1973, 346-349.
320 Vgl. J. C. Hoekendijk, zitiert bei MANECKE 1972, 113.

Das impliziert, dass unser missionarischer Erfolg niemals das Kriterium sein darf, anhand dessen wir die *Missio Dei* messen. Wenn das der Fall wäre, und aufgrund der Langsamkeit, mit der das Reich Gottes Gestalt gewinnt, könnten wir versucht sein, unmittelbar wirksame Techniken zu entwickeln, um die Ankunft des Reiches Gottes zu beschleunigen. Dies ist dort eine echte Gefahr, wo wir das Reich Gottes als etwas rein Transzendentales ansehen, aber auch dort, wo es als etwas Diesseitiges verstanden wird. Die Gefahr ist im zweiten Fall sogar größer.

Immer, wenn wir das bloß relative und unbeständige Wesen dieser Welt aus den Augen verlieren und so handeln, als ob sie perfektionierbar sei, kehren wir dem göttlichen Königreich im Grunde unseren Rücken zu und wenden unser Angesicht der vergehenden Welt zu. Wir arbeiten dann mit selbst gemachten Entwürfen, mit Plänen, die wir aus eigener Kraft ausführen. Wir rufen dann recht schnell ein euphorisches „Heureka!" in dem Glauben aus, dass unser Entwurf endlich realisiert werden wird. Das macht uns blind für die Pockennarben der Sünde, die selbst die perfekteste menschliche Gemeinschaft entstellen. Dann rühmt man sich schnell einmal, dass das, was wir tun, allein Gottes Werk ist. Unsere Kreuzzugsmentalität verlangt, dass die ganze Gesellschaft nach *unserem* Bilde neu erschaffen werden muss. Unsere Religion wird zu einem Mechanismus, um Gott zu kontrollieren. Erlösung wird von der richtigen Art von religiöser, moralischer und politischer Aktivität abhängig gemacht und wir vergessen, dass die „Mächte und Gewalten" erst endgültig entthront werden, wenn Christus wiederkommt. Wir sind dann unfähig, auch in den besten unserer menschlichen Versuche die tragische Unvollkommenheit zu erkennen.

All dies soll auf keinen Fall nahelegen – und wir sagen das mit dem größtmöglichen Nachdruck –, dass wir uns nun genauso gut zurücklehnen können, mit dem Argument, dass letztlich doch alles von Gott kommt und dass wir nichts ändern können. Die Flucht in den Quietismus ist uns prinzipiell verwehrt. Aktivismus und Quietismus leiden letztlich an derselben Voraussetzung: Dass nämlich dann, wenn Gott wirkt, der Mensch in den Hintergrund gerückt wird, und dass dann, wenn der Mensch wirkt, er dem Wirken Gottes in die Quere kommt. Beide Ansätze sehen Gott und den Menschen als Konkurrenten an.

Unsere Beschreibung der *Missio Dei* impliziert jedoch in keiner Weise, dass wir passiv zuschauen, während „Gott allein" wirkt. Wir können die Weigerung, soziale Ungerechtigkeit zu bekämpfen, nicht mit der Berufung auf Jesu Worte in Markus 14,7 begründen („Arme habt ihr immer bei euch"), denn das wäre nichts als eine Verleugnung des Evangeliums. Gerade weil das Reich Gottes kürzlich angebrochen ist, dürfen wir uns nicht mit den Dingen zufriedengeben, wie sie sind. Gerade weil wir glauben, dass alles von Gott kommt, sollen wir uns rückhaltlos seiner Mission in der Welt verschreiben.

Es besteht unter Christen die Tendenz, sich mit begrenzten Zielen und gemäßigten Erwartungen zufriedenzugeben. So ein nüchterner und realistischer Ansatz empfiehlt sich auf mancherlei Weise. Immerhin werden unsere missionarischen Unternehmungen nur teilweise erfolgreich sein. Nicht alle werden das Evangelium annehmen. Nicht alles Böse, Ungerechte und Ausbeuterische wird beseitigt werden. Wir sollten daher – so lautet diese Argumentation – nicht nach den Sternen greifen oder von Utopien träumen, sondern uns mit Kompromissen zufriedengeben.

A. C. Krass erzählt uns, dass auch er in der Versuchung stand, diesen Ansatz zu übernehmen. Doch dann hörte er wieder auf van Ruler und andere und sah sich diese „realistische" Sichtweise näher an. Dann erkannte er: „... Diese Sicht repräsentiert den Kompromiss, der den Traum tötet. Sobald wir Kompromisse im Blick auf unsere Hoffnung eingehen – sobald wir aufhören, die ‚ganzheitlichen Transformationen' zu erwarten, auf die wir der Bibel zufolge hoffen sollen – bekennen wir unsere Zweifel, dass Christus wirklich der König ist ... Wir fangen dann an, diese Transformation in die ferne Zukunft zu verlegen, auf das eschatologische Hochzeitsmahl zur Zeit der Wiederkunft Christi."[321] Doch dann können wir auch nicht mehr das

321 A. C. Krass, „Calling the Nations to Faith and Obedience", in: *Milligan Missiogram* 4.4 (1977), 21. Siehe auch sein Buch *Five Lanterns at Sundown* (Grand Rapids: Eerdmans, 1978).

Vaterunser beten – „dein Reich komme, dein Wille geschehe, wie im Himmel, so *auf Erden*". Wer dieses Gebet spricht, glaubt implizit, dass Christen in dieser Welt einen Unterschied machen, dass die Dinge nicht so bleiben müssen, wie sie sind. Das Gebet impliziert, dass man eine Vision von einer neuen Gesellschaft hat und dafür so arbeitet, als sei sie erreichbar. Mit anderen Worten: Es bedeutet, sich an Gottes Mission in der Welt zu beteiligen und Menschen zum Glauben an Jesus zu rufen, und zwar nicht nur mit der Absicht, dass sie kommen und in der Kirche Lieder singen, sondern vielmehr, dass sie – die Gemeinschaft derjenigen, die einen Vorgeschmack der Vollendung genossen haben – an seiner Mission der Transformation der Welt Anteil haben.

Glaube, Hoffnung, Liebe

Die Annahme, Missiologie sei eine theologische Nebensache, eine entbehrliche Beigabe, ein spezielles Forschungsgebiet ausschließlich für diejenigen, die planen, Missionsarbeit in der Dritten Welt in Angriff zu nehmen, ist eine Fehlannahme. Nach vielen Jahrhunderten hat es uns schrittweise zu dämmern begonnen, dass die Kirche wesentlich missionarisch ist, oder sie ist nicht Kirche Jesu Christi.

Diese „Entdeckung" ist nicht nur die Frucht vertiefter theologischer Einsicht. Sie verdankt sich zumindest teilweise auch der Tatsache, dass die Kirche des Westens ihre vorherrschende Rolle verloren und begonnen hat, sich selbst als Kirche für andere zu verstehen. Feitse Boerwinkel erwähnt verschiedene wichtige Veränderungen des Bildes und der Rolle der Kirche im Westen, wie sie sich insbesondere seit 1945 manifestiert haben. Die mächtige Kirche der Vergangenheit ist zu einer kleinen Gemeinschaft geworden. Die „Sekten" werden heute nicht mehr verfolgt, sondern man sucht den Dialog mit ihnen. Ereignisse wie die in Deutschland zur Nazizeit haben uns auf den Dialog und gemeinsame Studienprojekte mit Juden vorbereitet. Zwischen der Kirche und dem Staat hat sich eine kritische Distanz entwickelt. Es wird nicht mehr davon ausgegangen, dass alle Menschen im Westen Kirchenmitglieder sind. Es hat sich eine neue Theologie der Hoffnung und Erwartung entwickelt. Pfingstliche Gaben und charismatische Ämter wurden wiederbelebt. Der materielle Reichtum der Kirche wird zunehmend kritisiert. Und Jesus Christus ist wieder zum Brennpunkt des Interesses geworden, sogar in außerchristlichen und nichtchristlichen Kreisen.[322]

Diese Entwicklungen zeigen mehrere Veränderungen in der Mission und in der Missiologie an. In der Vergangenheit war die Mission fast ausschließlich am „religiösen Menschen" interessiert, in dem Sinne, dass so ein Mensch als Anhänger einer nichtchristlichen Religion angesehen wurde. Heute wird die Betonung zunehmend auf den säkularen Menschen gelegt. Die missionarische Front ist heute überall, nicht nur bei dem einsamen missionarischen Außenposten auf heidnischem Gebiet. Unser ganzes Leben in der Welt ist Leben in der Mission. Die Kirche in der Welt ist nur Kirche, insofern sie eine missionarische Dimension hat. „Die pilgernde Kirche ist ihrem Wesen nach ‚missionarisch'." (Vatikan II: Dekret *Ad Gentes*).

Die Kirche schuldet der Welt Glauben. In ihrer Mission ruft sie Menschen zum Glauben an Christus, „damit, die da leben, hinfort nicht sich selbst leben, sondern dem, der für sie gestorben und auferstanden ist" (2. Korinther 5,15). Als Mitglieder der Kirche wissen wir, dass Gott uns durch Christus mit sich versöhnt hat, uns in den „Dienst der Versöhnung" gestellt hat (2. Korinther 5,18) und uns die „Botschaft von der Versöhnung" anvertraut hat (5,19). Als Botschafter Christi wenden wir uns den Menschen zu, als ob Gott sie durch uns ansprechen würde, und wir bitten sie inständig: „Lasst euch versöhnen mit Gott!" (5,20). Wir tun das, weil uns die Liebe Christi keine Wahl lässt (5,14).

Dieser Aufruf zum Glauben kommt nicht aus der Höhe einer überlegenen Position, sondern aus der Tiefe der Solidarität. Wir sind an dieser Stelle nur Bettler, die anderen Bettlern sagen, wo es Brot gibt. Wo das missionarische Unterfangen nicht in diesem Geiste geschieht, wird es scheitern, selbst wenn viele vorzeigbare Erfolge zu verzeichnen sind. Die erste missionarische Aufgabe der Kirche be-

322 Vgl. Boerwinkel 1974, 67-72.

steht in der Tat nicht darin, die Welt zu verändern, sondern sich selbst zu verändern.

Die Kirche hat keine „Rechte“, auf die sie pochen kann. Es ist Gott, der durch die Kirche Ansprüche auf die Welt für sein Reich erhebt. Ihre Mission in der Welt hat daher nichts mit Arroganz, Herablassung oder Selbstgefälligkeit zu tun. Es ist möglich, gleichzeitig nicht aggressiv und doch missionarisch zu sein. Das ist in Wirklichkeit der einzige Weg, um wahrhaft missionarisch zu sein. Die Kirche hat daher keine Garantie, dass ihr Zeugnis akzeptabel ist oder akzeptiert wird. Im Gegenteil: Sie wird denselben Reaktionen begegnen, denen auch ihr Herr begegnete: Loyalität oder Opposition, oft auch eine Mischung aus beidem.

Das impliziert in keiner Weise Verschwommenheit und Unschlüssigkeit in der Kirche. Sie hat einen einzigartigen Auftrag und eine einzigartige Botschaft, und sie hat nur dann ein Recht auf Fortbestand, wenn das, was sie anbietet, einzigartig bleibt.

Die Kirche schuldet der Welt Hoffnung – sowohl für diese als auch für die ultimative, neue Welt. Weil die Kirche weiß, dass sie ein beauftragter Zeuge der kommenden neuen Ordnung ist, muss sie bereits jetzt Zeichen des Reiches Gottes aufrichten. Weil sie weiß, dass die Pforten der Hölle sie nicht überwinden können, kann sie das Unmögliche wagen. Weil sie Gott gehört hat, der sagt: „Siehe, ich mache alle Dinge neu!“ (Offenbarung 21,5), kann sie schon jetzt Neues beginnen. Nichts muss davon unberührt bleiben. Satan trägt einen unglaublichen Sieg davon, wenn ans Tageslicht kommt, dass diejenigen, die an Christus glauben, sich so oft mit den sündigen Strukturen in der Gesellschaft und mit den Interessen der Mächtigen identifizieren. Hannas Lobgesang (1. Samuel 2,1-10) und Marias *Magnifikat* (Lukas 1,46-55) hätten uns schon längst vom Gegenteil überzeugen sollen. Der Vorschlag, die Dinge sollten so bleiben, wie sie sind, ist das genaue Gegenteil des Evangeliums. Er ist nichts anderes als eine Leugnung der Auferstehung Christi und des Anbruchs des neuen Zeitalters.

Jemand, der weiß, dass Gott eines Tages alle Tränen abwischen wird, kann nicht resignierend die Tränen derjenigen akzeptieren, die heute leiden und unterdrückt sind. Wenn wir glauben, dass eines Tages alle Krankheiten verschwinden werden, können wir nicht anders als zu beginnen, hier und jetzt den Sieg über die Krankheiten von Einzelpersonen und Gemeinschaften zu antizipieren. Wenn wir akzeptieren, dass der Feind Gottes und der Menschen, der Teufel, letztendlich vollständig überwunden sein wird, können wir nur sofort beginnen, seine List im Einzelnen, in der Familie und in der Gesellschaft zu demaskieren. Wir glauben nicht an Gott, weil wir an der Gegenwart und Zukunft verzweifeln. Wir glauben vielmehr an die Gegenwart und Zukunft sowohl des Menschen als auch der Welt, weil wir an Gott glauben. Gerade weil wir auf die ewigen und ultimativen Dinge hoffen, hoffen wir auch auf die zeitlichen und vorläufigen.

Wenn die Kirche jedoch eine Botschaft der Hoffnung an die Welt richten will, dann muss etwas von jener Hoffnung und von jenem neuen Zeitalter in der Kirche selbst Gestalt gewinnen. Sie ist „die eine neue Menschheit“ (Epheser 2,15) aus Juden und Heiden,[323] und den Prozess, der die neue Menschheit hervorbringt, nennen wir Mission. Die Grenzen zwischen Menschen sind hier im Prinzip aufgehoben und die „trennende Wand“ ist eingerissen (Epheser 2,14). Ein neues Volk wurde ins Leben gerufen, in dem alle, die an Christus glauben, „der Same Abrahams“ sind (Galater 3,29). Hier wird niemand mehr nach „weltlichen Maßstäben“ gerichtet (2. Korinther 5,16). Hier sind alle „eine Person in Christus Jesus“ (Galater 3,28). Hier ist „die alte Ordnung vergangen und eine neue Ordnung hat bereits begonnen“ (2. Korinther 5,17). Hier gibt es keine „Fremden im fremden Land“ mehr (Epheser 2,19).

Die Kirche schuldet der Welt Liebe. Die Liebe, die sie erfahren hat, muss an andere weitergegeben werden. Die Liebe Christi konstituiert das Modell und den Maßstab für die Liebe der Kirche für die Welt. Christi Liebe offenbarte ihre tiefste Dimension am Kreuz. Das wird im Blick auf die Kirche nicht anders sein.

Das Kreuz ist das Gütesiegel der Kirche. So war es auch bei Jesus.

---

323 Vgl. P. F. Theron, *Die Ekklesia as Kosmies-Eskatologiese Teken* (Pretoria: D. R. C. Booksellers, 1978), 69-73.

Die Beweise der Identität Jesu waren seine Wundmale. Aufgrund dieser Male glaubten die Jünger (Johannes 20,20). Ebenso wird die Welt aufgrund der Wundmale der Kirche glauben.

In der Vergangenheit war davon oft herzlich wenig zu sehen. Das Kreuz war ein Symbol der Macht und des Sieges der Kirche, nicht ihrer Schwachheit, ihrer Wunden und ihrer Niederlagen. Aus genau diesem Grund steht die Kirche in vielerlei Hinsicht vor der Welt gerichtet dar. Sie hat vergessen, dass sie berufen ist, entsprechend dem Vorbild dessen zu leben, der gesagt hat: „Hier bin ich unter euch wie ein Diener“ (Lukas 22,27).

Die Christenheit als *Corpus Christianum* ist zusammengebrochen. Viele haben das beklagt. Viele beklagen es noch heute. In Wirklichkeit ist das jedoch eine Befreiung. Die Kirche kann nun wieder wahrhaftig Kirche sein. Aus den Ruinen des *Corpus Christianum* ersteht das *Corpus Christi*, der Leib Christi, befreit von seiner vormaligen Selbstsicherheit, Selbstgewissheit und seinem Größenwahn. Gerade in ihrer Mission bekennt die Kirche ihre Schuld im Blick auf die Art und Weise, auf die sie immer versucht hat, die Welt zu beherrschen. „Mission ist ... die Buße der Kirche, die sich vor Gott und den Menschen schämt.“[324] Mission ist die Kirche, die Grenzen überschreitet – aber in der Gestalt eines Dieners.

324 Bavinck 1961, 303.

Bibliografie

AAGAARD, J. 1965. „Some Main Trends in Modern Protestant Missiology", in: *Studia Theologica* 19, 238-259.

ALLEN, R. 1962. *The Ministry of the Spirit.* Grand Rapids: Eerdmans.

ANDERSEN, W. 1958. *Auf dem Wege zu einer Theologie der Mission: Ein Bericht über die Begegnung der Mission mit der Kirche und ihrer Theologie.* 2. Aufl. Beiträge zur Missionswissenschaft und evangelischen Religionskunde, Bd. 6. Gütersloh: Bertelsmann.

ANDERSON, G. H. 1960. *The Theology of Missions: 1928-1958.* Ann Arbor: University Microfilms.

______. (Hrsg.) 1967. *Christian Mission in Theological Perspective.* Nashville: Abingdon Press.

ANDERSON, H. 1964. „The Rejection at Nazareth Pericope of Luke 4,16-30 in the Light of Recent Critical Trends", in: *Interpretation* 18.3, 266-270.

ARIAS, M. 1978. „Evangelization: Incarnational Style", in: *The Other Side* 84, 30-43.

ARING, P. G. 1971. *Kirche als Ereignis: Ein Beitrag zur Neuorientierung der Missionstheologie.* Neukirchen-Vluyn: Neukirchener Verlag.

BAAGO, K. 1966 „The Post-Colonial Crisis in Missions", in: *International Review of Mission* 219, 322-332.

BARTH, K. 1932/1957. „Die Theologie der Mission in der Gegenwart", ursprünglich veröffentlicht in *Zwischen den Zeiten* 1932, neu veröffentlicht in *Theologische Fragen und Antworten.* Vorträge, 3. Band. Zollikon: Evangelischer Verlag, 1957, 100-126.

BASSHAM, R. C. 1978. „Seeking a Deeper Theological Basis for Mission", in: *International Review of Mission* 267, 329-337.

BAUM, G. 1974. „Is There a Missionary Message?", in: G. H. ANDERSON und T. F. STRANSKY (Hrsg.), *Mission Trends No. 1.* Grand Rapids: Eerdmans.

BAUM, H. 1977. *Mut zum Schwachsein – in Christi Kraft.* St. Augustin: Steyler Verlag.

BÄUMER, R., P. BEYERHAUS und F. GRÜNZWEIG (Hrsg.) 1980. *Weg und*

Zeugnis: Bekennende Gemeinschaften im gegenwärtigen Kirchenkampf 1965-1980. Bad Liebenzell: VLM; Bielefeld: Missionsverlag der evgl.-luth. Gebetsgemeinschaften.

BAVINCK, J. H. 1961. *An Introduction to the Science of Missions*. Grand Rapids: Baker.

BEAVER, R. P. 1961. „Eschatology in American Missions", in: J. Hermelink und H. J. Margull (Hrsg.), *Basileia: Walter Freytag zum 60. Geburtstag*. Stuttgart: Evangelischer Missionsverlag, 60-75.

BERKHOF, H. 1962. *Christ and the Powers*. Scottdale: Herald Press.

______. 1966. *Christ the Meaning of History*. Richmond: John Knox Press.

______. 1973. *Christelijk Geloof*. Nijkerk: Callenbach.

BEYERHAUS, P. 1969. *Humanisierung: Einzige Hoffnung der Welt?* Bad Salzuflen: Verlag für Missions- und Bibelkunde.

BEYREUTHER, E. 1960. „Mission und Kirche in der Theologie Zinzendorfs", in: *Evangelische Missionszeitschrift* 17.2, 65-76, und 17.4, 97-113.

______. 1961. „Evangelische Missionstheologie im 16. und 17. Jahrhundert", in: *Evangelische Missionszeitschrift* 18.1, 1-10, und 18.2, 33-43.

BIEDER, W. 1964. *Das Mysterium Christi und die Mission*. Zürich: EVZ Verlag.

BLASER, K. 1978. *Gottes Heil in heutiger Wirklichkeit*. Frankfurt: Otto Lembeck.

BOCKMÜHL, K. 1974. *Was heißt heute Mission?* Basel: Brunnen Verlag. [2. Aufl.: Bockmühl-Werkausgabe, Abt. 1: Die Hauptschriften, Bd. 3. Gießen, Basel: Brunnen, 2000].

BOER, H. 1961. *Pentecost and Missions*. London: Lutterworth.

BOERWINKEL, F. 1974. *Einde of Nieuw Begin?* Bilthoven: Ambo.

BONHOEFFER, D. 1977. *Widerstand und Ergebung*. München: Kaiser.

BOSCH, D. J. 1959. *Die Heidenmission in der Zukunftsschau Jesu*. Zürich: Zwingli Verlag.

______. 1972a. „The Question of Mission Today", in: *Journal of Theology for Southern Africa* 1, 5-15.

______. 1972b. „Systematic Theology and Mission: The Voice of an Early Pioneer", in: *Theologia Evangelica* 5.3, 165-189.

______. 1976. „Crosscurrents in Modern Mission“, in: *Missionalia* 4.2, 54-84.

BRAATEN, C. E. 1977. *The Flaming Center*. Philadelphia: Fortress.

BRADLEY, I. 1976. *The Call to Seriousness: The Evangelical Impact on the Victorians*. London: Jonathan Cape.

BRECHT, M. (Hrsg.) 1993. *Geschichte des Pietismus*, Bd. 1: *Der Pietismus vom siebzehnten bis zum frühen achtzehnten Jahrhundert*. Göttingen: Vandenhoeck & Ruprecht.

BROWN, S. 1977. „The Two-fold Representation of the Mission in Matthew's Gospel“, in: *Studia Theologica* 31.1, 21-32.

BÜHLMANN, W. 1977. *The Coming of the Third Church*. Maryknoll: Orbis Books.

BÜRKI, H. 1969. *The Christian Life in the World*. Reprint IFES Journal.

BUSS, E. 1876. *Die christliche Mission: ihre principielle Berechtigung und practische Durchführung, eine von der Haager Gesellschaft zur Vertheidigung der christlichen Religion gekrönte Preisschrift*. Leiden: Brill.

CAMPENHAUSEN, H. VON. 1974. „Das Martyrium in der Mission“, in: *Kirchengeschichte als Missionsgeschichte*, Bd. 1. München: Kaiser, 71-85.

CAREY, W. 1998 [urspr. 1792]. 1998. *Eine Untersuchung über die Verpflichtung der Christen, Mittel einzusetzen für die Bekehrung der Heiden: Mit wissenschaftlichen Anmerkungen zur Identifizierung der geografischen und ethnologischen Begriffe*. Übers. und hrsg. von K. Fiedler und T. Schirrmacher. 2. Aufl. Edition AfeM, Mission Classics, Bd. 1. Bonn: Verlag für Kultur und Wissenschaft.

CARINO, F. V. 1978. „Whitby: Partnership in Obedience“, in: *International Review of Mission* 267, 316-328.

CASTRO, E. 1978. „Liberation, Development, and Evangelism: Must We Choose in Mission?“ in: *Occasional Bulletin of Missionary Research* 2.3, 87-90.

CHANEY, C. L. 1976. *The Birth of Missions in America*. Pasadena: William Carey Library.

CLEMENTS, R. E. 1978. *Old Testament Theology: A Fresh Approach*. London: Marshall, Morgan & Scott.

CONN, H. 1978. „Who Are the Poor?“, in: *Evangelical Review of Theology* 2.2, 229-235.

Costas, O. E. 1974. *The Church and Its Mission*. Wheaton: Tyndale House.

Cullmann, O. 1967. *Heil als Geschichte: Heilsgeschichtliche Existenz im Neuen Testament*. 2. Aufl. Tübingen: Mohr.

Damsteegt, P. G. 1977. *Foundations of the Seventh-Day Adventist Message and Mission*. Grand Rapids: Eerdmans.

Dawson, C. 1935. *Die Gestaltung des Abendlandes: Eine Einführung in die Geschichte der abendländischen Einheit*. Leipzig: Hegner.

______. 1950. *Religion and the Rise of Western Culture*. London: Sheed & Ward.

Deist, F. 1977. „The Exodus Motif in the Old Testament and the Theology of Liberation", in: *Missionalia* 5.2, 58-69.

Deschner, J. W. 1960. „The Spirit of God and the Christian Witness", in: *The Christian Mission Today* (Hrsg.: Joint Section of Education and Cultivation of the Board of Missions of the Methodist Church). Nashville: Abingdon Press.

Dillistone, F. W. 1961. „The Holy Spirit and the Christian Mission", in: G. H. Anderson (Hrsg.), *The Theology of the Christian Mission*, 269-280.

du Plessis, I. J. 1962. *Christus as Hoof van die Kerk en Kosmos*. Groningen: V.R.B.

Dürr, J. 1947. *Sendende und werdende Kirche in der Missionstheologie Gustav Warnecks*. Basel: Missionsbuchhandlung.

______. 1951. „Die Reinigung der Missionsmotive", *Evangelisches Missionsmagazin* 95, 2-10.

Eliade, M. 1966. *Kosmos und Geschichte: Der Mythos der ewigen Wiederkehr*. Reinbek: Rowohlt.

Frend, W. H. 1974. „Der Verlauf der Mission in der Alten Kirche bis zum 7. Jahrhundert", in: *Kirchengeschichte als Missionsgeschichte*, Bd. I, 32-50.

Frick, H. 1922. *Die evangelische Mission: Ursprung, Geschichte, Ziel*. Bücherei der Kultur und Geschichte, Bd. 26. Bonn/Leipzig: Schroeder.

Frohnes, H. (Hrsg.) *Kirchengeschichte als Missionsgeschichte*. München: Kaiser.

1974: Band 1: *Die alte Kirche*
1978: Band 2.1: *Die Kirche des frühen Mittelalters* (Hrsg. K. Schäferdiek).

GÄBLER, U. 1978. „Die Anfänge der Erweckungsbewegung in Neu-England und Jonathan Edwards, 1734/1735", in: *Theologische Zeitschrift* 34.2, 95-104.

GEIJBELS, M. 1978. „Evangelization, Its Meaning and Practice", in: *Al-Mushir* 20.2, 73-82.

GENSICHEN, H.-W. 1971. *Glaube für die Welt: Theologische Aspekte der Mission*. Gütersloh: Mohn.

GORT, J. D. 1978a. „Jerusalem 1928: Mission, Kingdom, and Church", in: *International Review of Mission* 267, 278-281.

______. 1978b. „Gospel for the Poor?", in: *Zending op Weg naar de toekomst. Essays aangeboden aan Prof. Dr. J. Verkuyl*. Kampen: Kok.

GREEN, M. 1977. *Evangelisation zur Zeit der ersten Christen*. Neuhausen: Hänssler.

GRUCHY, J. DE. 1978. „The Great Evangelical Reversal: South African Reflections", in: *Journal of Theology for Southern Africa* 24, 45-57.

GRUNDMANN, W. 1974. *Das Evangelium des Lukas*. Berlin: Evangelische Verlagsanstalt.

HAHN, F. 1965. *Das Verständnis der Mission im Neuen Testament*. 2. Aufl. WMANT 13. Neukirchen-Vluyn: Verlag des Erziehungsvereins.

HAIGHT, S.J., 1976. „Mission: The Symbol for Understanding the Church Today", in: *Theological Studies* 37.4, 620-649.

HARDY, E. R. 1960. „The Mission of the Church in the First Four Centuries", in: *History's Lessons for Tomorrow's Mission*. Genf: WSCF, 29-38.

HARNACK, A. VON. 1924. *Die Mission und Ausbreitung des Christentums in den ersten drei Jahrhunderten*. 4. Aufl. Leipzig: Hinrichs.

HARTENSTEIN, K. 1939. „Was haben wir von Tambaram zu lernen?", in: M. SCHLUNK (Hrsg.), *Das Wunder der Kirche unter den Völkern der Erde: Bericht über die Weltmissionskonferenz in Tambaram (Südindien) 1938*. Stuttgart und Basel: Evang. Missionsverlag, 193-203.

HASTINGS, A. 1968. *A Concise Guide to the Documents of the Second Vatican Council*, Bd. I. London: Darton, Longman & Todd.

HEIDLAND, H.-W. 1974 „Das Defizit an Eschatologie", in: *Deutsches Pfarrerblatt* 74.1, 7-11.

HENGEL, M. 1971. „Die Ursprünge der christlichen Mission", in: *New Testament Studies* 18.1, 15-38.

HOCKING, W. E. 1940. *Living Religions and a World Faith*. New York: Macmillan.

HOEDEMAKER, L. A. 1976. „De oorspronkelijkheid van het Apostolaat", in: *Nederlands Theologisch Tijdschrift* 30.2, 141-154.

HOEKENDIJK, J. C. 1966. *The Church Inside Out*. London: SCM Press.

______. 1967. *Kirche und Volk in der deutschen Missionswissenschaft*. München: Kaiser.

HOEKSTRA, H. T. 1979. *The World Council of Churches and the Demise of Evangelism*. Wheaton: Tyndale House.

HOGG, R. 1952. *Ecumenical Foundations*. New York: Harper & Brothers.

HOLL, K. 1974. „Die Missionsmethode der alten und die der mittelalterlichen Kirche", in: *Kirchengeschichte als Missionsgeschichte*, Bd. I, 3-17.

HOLLENWEGER, W. J. 1973. *Evangelisation gestern und heute*. Stuttgart: Steinkopf.

HOLSTEN, W. 1953. *Das Kerygma und der Mensch*. München: Kaiser.

HUPPENBAUER, H. W. 1977. „Missionarische Dimensionen des Gottesvolkes im Alten Testament", in: *Zeitschrift für Mission* 3.1, 37-47.

JANSEN SCHOONHOVEN, E. 1974. *Variaties op het Thema Zending*. Kampen: Kok.

______. 1978. „Tambaram 1938", in *International Review of Mission* 267 (1978), 299-315.

JEREMIAS, J. 1956. *Jesu Verheißung für die Völker*. Stuttgart: Kohlhammer.

JOHNSTON, A. P. 1978. *The Battle for World Evangelism*. Wheaton: Tyndale House.

DE JONG, J. A. 1970. *As the Waters Cover the Sea: Millennial Expectations in the Rise of Anglo-Saxon Missions 1640-1810*. Kampen: Kok.

Kahl, H.-D. 1978. „Die ersten Jahrhunderte des missionsgeschichtlichen Mittelalters: Bausteine für eine Phänomenologie bis ca. 1050", in: *Kirchengeschichte als Missionsgeschichte*, Bd. II/1, 11-76.

Kähler, M. 1971. *Schriften zur Christologie und Mission*. München: Kaiser.

Kasting, H. 1969. *Die Anfänge der urchristlichen Mission*. München: Kaiser.

Khodr, G. 1971. „Christianity in a Pluralistic World", in: *Ecumenical Review* 32.2, 118-128.

Kingsbury, J. D. 1974. „The Composition and Christology of Matt. 28:16-20", in: *Journal of Biblical Literature* 93.4, 573-584.

Knapp, S. C. 1977. „Mission and Modernization", in: R. P. Beaver (Hrsg.), *American Missions in Bicentennial Perspective*. Pasadena: Wm. Carey Library, 146-209.

Kollbrunner, F. 1974. *The Splendour and Confusion of Mission Today: An Essay on the Theology of Mission*. Gwelo: Mambo Press.

Kraemer, H. 1940. *Die christliche Botschaft in einer nichtchristlichen Welt*. Zürich: Schulthess.

Krass, A. C. 1977a. „On Dykes, the Dutch and the Holy Spirit", in: *Milligan Missiogram* 4.4.

______. 1977b „Calling the Nations to Faith and Obedience", in: *Milligan Missiogram* 4.4.

______. 1978. *Five Lanterns at Sundown*. Grand Rapids: Eerdmans.

Kretschmar, G. 1974. „Das urchristliche Leben und die Mission in der frühen Kirche", in: *Kirchengeschichte als Missionsgeschichte*, Bd. I, 94-128.

Kromminga, J. H. 1976. „Evangelical Influence on the Ecumenical Movement", in: *Calvin Theological Journal* 11.2, 148-180.

Krüger, H., und W. Müller-Römheld (Hrsg.), *Bericht aus Nairobi: Ergebnisse – Erlebnisse – Ereignisse*. Frankfurt: Otto Lembeck, 1976.

Küng, H. 1965. *Christenheit als Minderheit: Die Kirche unter den Weltreligionen*. Einsiedeln: Benziger.

Künneth, W., und P. Beyerhaus (Hrsg.). 1975. *Reich Gottes oder Weltgemeinschaft?* Bad Liebenzell: VLM.

KUEPERS, J. J. 1978. *The Dutch Reformed Church in Formosa 1627-1662.* Immensee: Neue Zeitschrift für Missionswissenschaft.

LABUSCHAGNE, C. J. 1975. „De Godsdienst van Israel en de Andere Godsdiensten", in: *Wereld en Zending* 4.1, 4-16.

LEUBA, J.-L. 1953. *New Testament Pattern: An Exegetical Enquiry into the „Catholic" and „Protestant" Dualism.* London: Lutterworth.

LINCOLN, A. T. 2001. *Truth on Trial: The Lawsuit Motif in the Fourth Gospel.* Peabody: Hendrickson.

LINDE, J. M. VAN DER. 1973. „De Zending als kritische Factor in de Geschiedenis", in: *Kerk aan het Werk.* Amsterdam: Agon Elsevier, 52-87.

LINDER, A. 1978. „Christlich-jüdische Konfrontation im kirchlichen Frühmittelalter", in: *Kirchengeschichte als Missionsgeschichte,* Bd. II/1, 397-441.

LINDSELL, H. 1965. „A Rejoinder", in: *International Review of Mission* 216, 437-440.

LITTELL, F. H. 1972. *The Origins of Sectarian Protestantism: A Study of the Anabaptist View of the Church.* New York: Macmillan.

LÖFFLER, P. 1977. „The Confessing Community", in: *International Review of Mission* 264, 339-348.

LOPÉZ-GAY, L. 1977 „Trinitarian, Christological and Pneumatological Dimensions of Missions", in: *Omnis Terra* 87, 14-27.

LÖWE, H. 1978. „Pirmin und Bonifatius", in: *Kirchengeschichte als Missionsgeschichte,* Bd. II/1, 192-226.

MALINA, B. 1970/1971. „The Literary Structure and Form of Matt. XXVIII 16-20", in: *New Testament Studies* 17.1, 87-103.

MANECKE, D. 1972. *Mission als Zeugendienst.* Wuppertal: Brockhaus.

MANSON, W. 1953. „Mission and Eschatology", in: *International Review of Mission* 42, 390-397.

MARIUS, R. 1976. „The Reformation and Nationhood", in: *Dialog* 15.1.

MARTIN-ARCHARD, R. 1962. *A Light to the Nations.* London: Oliver Boyd.

MARTIN, R. P. 1978. *New Testament Foundations,* Bd. 2. Grand Rapids: Eerdmans.

MCQUILKIN, A. J. R. 1976. „The Foreign Missionary – a Vanishing

Breed?", in: *Crucial Dimensions in World Evangelization*. Pasadena: Wm. Carey Library, 293-305.

METZ, J. B., J. Moltmann und W. Oelmüller. 1970. *Kirche im Prozess der Aufklärung: Aspekte einer neuen „politischen Theologie"*. München: Kaiser.

MIGUEZ Y BONINO, J. 1967. „An Approach to the Discussion of Tradition in a Heilsgeschichte Frame of Reference", in: *Oikonomia. Heilsgeschichte als Thema der Theologie*. Hamburg: Herbert Reich Verlag, 295-301.

MILDENBERGER, M. 1974. *Heil aus Asien?* Stuttgart: Quell-Verlag.

______. 1978. *Denkpause im Dialog: Perspektiven der Begegnung mit anderen Religionen und Ideologien*. Frankfurt: Otto Lembeck.

MOBERG, D. O. 1972. *The Great Reversal*. London: Scripture Union.

MOLTMANN, J. 1964. *Theologie der Hoffnung*. 2. Aufl. München: Kaiser.

______. 1975. *Gott kommt und der Mensch wird frei*. München: Kaiser.

MORITZEN, N. P. 1966. *Die Kirche als Mission*. Wuppertal-Barmen: Jugenddienst Verlag.

MULDERS, A. 1950. *Inleiding in de Missiewissenschap*. Bussum: Paul Brand.

MURRAY, J. S. 1963. „The Mission and the Ministry of the Church", in: *International Review of Mission* 205, 25-32.

NEILL, S. 1966. *Colonialism and Christian Missions*. London: Lutterworth.

______. 1968. *The Church and Christian Union*. London: Oxford University Press.

______. 1976. *Salvation Tomorrow: The Originality of Jesus and the World's Religions* Cambridge: Lutterworth Press.

______. 1990. *Geschichte der christlichen Missionen*. 2., erg. Aufl. Erlangen: Verlag der Ev.-luth. Mission.

NEWBIGIN, L. 1963. *The Relevance of Trinitarian Doctrine for Today's Mission*. London: Edinburgh House.

______. 1969. *The Finality of Christ*. London: SCM.

______. 1977. „The Future of Missions and Missionaries", in: *Review and Expositor* 74.2, 209-218.

______. 1978. „The Church as Witness", in: *Reformed World* 35.1, 5-9. Zugänglich unter: http://www.newbigin.net/assets/pdf/78caw.pdf

NIDA, E. A. *Religion Across Cultures.* New York: Harper & Row.

NIEBUHR, H. R. 1948. *Der Gedanke des Gottesreichs im amerikanischen Christentum.* New York: Church World Service.

______. 1956. *Christ and Culture.* New York: Harper.

NILES, D. T 1962. *Upon the Earth: The Mission of God and the Missionary Enterprise of the Churches.* London: Lutterworth Press.

NOLAN, A. 1976. *Jesus Before Christianity.* Cape Town: David Philip.

O'BRIEN, P. 1976. „The Great Commission of Matthew 28:18-20: A Missionary Mandate or not?", in: *The Reformed Theological Review* 35.3, 66-78.

ODENDAAL, D. H. 1970. *The Eschatological Expectation of Isaiah 40-66 with Special Reference to Israel and the Nations.* Philadelphia: Presbyterian and Reformed Publications.

OHM, T. 1962. *Machet zu Jüngern alle Völker.* Freiburg: Wevel.

OOSTERWAL, G. o.D. *Mission in einer veränderten Welt.* Hamburg: Advent-Verlag.

OUSSOREN, A. H. 1945. *William Carey, Especially His Missionary Principles.* Leiden: Sijthoff.

PATON, D. M. 1996. *Christian Missions and the Judgment of God.* 2. Aufl. Grand Rapids: Eerdmans.

PIET, J. H. 1970. *The Road Ahead: A Theology for the Church in Mission.* Grand Rapids: Eerdmans.

POPKES, W. 1978. „Zum Verständnis der Mission bei Johannes", in: *Zeitschrift für Mission* 4.2, 63-69.

RAD, G. VON. 1970. *Weisheit in Israel.* Neukirchen-Vluyn: Neukirchener Verlag.

RICHTER, J. 1927. *Evangelische Missionskunde*, Bd. 2. Leipzig: A. Deichertsche Verlagsbuchhandlung.

ROOY, S. H. 1965. *The Theology of Missions in the Puritan Tradition.* Delft: Meinema.

ROSENKRANZ, G. 1977. *Die christliche Mission.* München: Kaiser.

ROSIN, H. 1972. *Missio Dei: An Examination of the Origin, Contents and Function of the Term in Protestant Missiological Discussion.* Leiden: Inter-University Institute for Missiology and Economics.

RULER, A. A. van. 1954. „Theologie des Apostolats", in: *Evangelische Missionszeitschrift* 11.1, 1-11.

RÜTTI, L. 1972. *Zur Theologie der Mission: Kritische Analysen und neue Orientierungen.* München: Kaiser.

RZEPKOWSKI, H. 1974. „The Theology of Mission", in: *Verbum SVD* 15.1, 79-91.

SAMARTHA, S. J. (Hrsg.) 1977. *Faith in the Midst of Faiths: Reflections on Dialogue in Community.* Geneva: World Council of Churches.

SCHÄRER, H. 1944. *Die Begründung der Mission in der katholischen und evangelischen Missionswissenschaft.* Theologische Studien, Bd. 16. Zürich: Evangelischer Verlag.

SCHÄUFELE, W. 1966. *Das missionarische Bewusstsein und Wirken der Täufer.* Neukirchen: Verlag des Erziehungsvereins.

SCHERER, J. A. 1968. „Ecumenical Mandates for Mission", in: N. A. HORNER (Hrsg.), *Protestant Crosscurrents in Mission.* Nashville: Abingdon Press, 19-49.

SCHLATTER, A. *Der Evangelist Matthäus.* Stuttgart: Calwer Verlag.

SCHNEIDER, R. 1978. „Politisches Sendungsbewusstsein und Mission", in: *Kirchengeschichte als Missionsgeschichte,* Bd. II/1, 227-248.

SEUMOIS, A. 1961. „The Evaluation of Mission Theology among Roman Catholics", in: G. H. Anderson (Hrsg.), *The Theology of the Christian Mission.* London: SCM Press.

SHAULL, R. 1968. „Towards a Reformulation of Objectives", in: N. A. HORNER (Hrsg.), *Protestant Crosscurrents in Mission.* Nashville: Abingdon.

SIDER, R. J. 1977. *Evangelism, Salvation, and Social Justice.* Bramcote: Grove Books.

STAMOOLIS, J. J. 1977. „A Selected Bibliography of Eastern Orthodox Mission Theology", in: *Occasional Bulletin of Missionary Research* 1.3, 24-27.

STOTT, J. 1976. *Gesandt wie Christus: Grundfragen christlicher Mission und Evangelisation.* ABCteam, Bd. 62. Wuppertal: Brockhaus.

SUNDKLER-FRIDRICHSEN, B. 1937. „Jésus et les paiens“, in: ders., *Contributions à l'étude da la Pensée Missionaire dans le Nouveau Testament*. Uppsala: Neutestamentliches Seminar.

TEMPLE GARDINER, W. H. 1910. *Edinburgh Conference 1910*. Edinburgh.

THAUT, R. 1977. „Evangelisation heute – Ein Vergleich der Dokumente von Lausanne, Rom und Nairobi“, in: *Ökumenische Rundschau* 26.4, 451-458.

THERON, P. F. 1978. *Die Ekklesia as Kosmies-Eskatologiese Teken*. Pretoria: D. R. C. Booksellers.

TOEWS, J. A. 1967. „The Anabaptist Involvement in Missions“, in: A. J. KLASSEN (Hrsg.), *The Church in Mission*. Fresno: Board of Christian Literature, 85-100.

TRIEBEL, J. 1976. *Bekehrung als Ziel der missionarischen Verkündigung*. Erlangen: Verlag der ev.-luth. Mission.

TRITES, A. A. 1977. *The New Testament Concept of Witness*. Cambridge: Cambridge University Press.

TRUEBLOOD, E. 1972. *The Validity of the Christian Mission*. New York: Harper & Row.

VAN LEEUWEN, A. T. 1966. *Christentum in der Weltgeschichte: Das Heil und die Säkularisation*. Stuttgart, Berlin: Kreuz-Verlag.

VAN SWIGCHEM, D. 1955. *Het Missionair Karakter van de Christelijke Gemeente volgens de Brieven van Paulus en Petrus*. Kampen: Kok.

VAN 'T HOF, I. P. C. 1972. *Op zoek naar het geheim van de zending : in dialoog met de wereldzendingsconferenties 1910 - 1963*. Wageningen: Veenman.

VERKUYL, J. 1978. *Contemporary Missiology: An Introduction.* Grand Rapids: Eerdmans.

VICEDOM, G. F. 1963a. *The Challenge of the World Religions*. Philadelphia: Fortress.

______. 1963b. *Die missionarische Dimension der Gemeinde*. Berlin: Lutherisches Verlagshaus.

WALKER, G. S. 1970. „St. Columban: Monk or Missionary?“, in: G. J. CUMMINGS (Hrsg.), *The Mission of the Church and the Propagation of the Faith*. London: Cambridge University Press, 39-44.

WARNECK, J. 1897. *Evangelische Missionslehre*, Bd. III/1: *Der Betrieb der Sendung: Erste Hälfte*. Gotha: Perthes.

______. 1908. *Die Lebenskräfte des Evangeliums: Missionserfahrungen innerhalb des animistischen Heidentums*. Berlin.

WARREN, M. 1948. *The Truth of Vision: A Study in the Nature of the Christian Hope*. London: Canterbury Press.

______. 1976. *I Believe in the Great Commission*. Grand Rapids: Eerdmans.

______. 1978. „The Fusion of I.M.C. and W.C.C. at New Delhi: Retrospective Thoughts After a Decade and a Half", in: *Zending op Weg naar de Toekomst: Essays aangeboden aan Prof. Dr. J. Verkuyl*. Kampen: Kok, 190-202.

WEBER, H.-R. 1975. „God's Arithmetic", in: G. H. ANDERSON und T. F. STRANSKY (Hrsg.), *Mission Trends No. 2*. Grand Rapids: Eerdmans.

WEISER, A. 1957. *Einleitung in das Alte Testament*. 4. Aufl. Göttingen: Vandenhoeck & Ruprecht.

WIEDENMANN, L. 1965. *Mission und Eschatologie: Eine Analyse der neueren deutschen evangelischen Missionstheologie*. Konfessionskundliche und kontroverstheologische Studien, Bd. 15. Paderborn: Verl. Bonifacius-Druckerei.

WILLEKE, B. H. 1978. „Mission und die Zeichen der Zeit", in: *Zeitschrift für Missions- und Religionswissenschaft* 62.3, 169-182.

WINTER, R. 1978. „Ghana: Preparation for Marriage", in: *International Review of Mission* 267, 338-353.

WRIGHT, T. 2011. *Von Hoffnung überrascht: Was die Bibel zu Auferstehung und ewigem Leben sagt*. Neukirchen-Vluyn: Aussaat.

YANNOULATOS, A. 1969. „Monks and Mission in the Eastern Church During the Fourth Century", in: *International Review of Mission* 230, 208-226.

YODER, J. H. 1981. *Die Politik Jesu – der Weg des Kreuzes*. Maxdorf: Agape-Verlag.

Tobias Faix, Johannes Reimer,
Volker Brecht (Hg.)
Die Welt verändern
Grundfragen einer Theologie der Transformation
ISBN 978-3-86827-122-5
300 Seiten, Paperback

Wie sollen Christen auf die weitgreifenden gesellschaftlichen Veränderungen in der heutigen Welt reagieren? Mit Rückzug?
Im Gegenteil, sagen die Herausgeber dieses Buches und gehen die Grundfragen einer Theologie der Transformation offensiv an. Kirchen und Gemeinden haben den öffentlichen Auftrag, Glauben zu leben und darüber zu diskutieren, welche Rolle sie im 21. Jahrhundert spielen.
20 Autoren geben Antworten, wie transformatorische Prozesse und ganzheitlicher Glaube gesellschaftsrelevant gelebt werden können. Der Bogen wird weit gespannt: von der biblischen Grundlage und dem interdisziplinären Dialog über die Lehren der Geschichte bis zur Praxis transformatorischer Theologie.